Klemens Diez

CONSTANZE ... GEWESENE WITWE MOZART

Ihre ungeschriebenen Lebenserinnerungen

KLEMENS DIEZ

CONSTANZE
. . . gewesene Witwe Mozart

Ihre ungeschriebenen Lebenserinnerungen

Nach vorwiegend authentischen Unterlagen

In siebzehn Kapiteln, mit sieben farbigen und
sechsundzwanzig schwarz-weißen Bildern

Mit einem Vorwort des Autors

ÖSTERREICHISCHE VERLAGSANSTALT, WIEN, UND
VERLAG ANTON SCHROLL & CO, WIEN – MÜNCHEN

Für Toms Mutter

Gesamtherstellung: Agens-Werk Geyer + Reisser, Wien
ISBN 3-85202-079-4 Ln.
ISBN 3-85202-080-8 Br.

EIN VORWORT, DAS IM NACHHINEIN ZU LESEN IST

Eine unscheinbare kleine Gedenktafel an einem Gebäude am Salzburger Mozartplatz zeigt an, daß die Weggefährtin des größten Genies in der Geschichte der Musik – es sei denn, man stelle Bach ebenso hoch –, und gewiß eines der größten der Menschheit, hier die letzten Jahre ihres Lebens verbracht hat und gestorben ist: auf der weiten Welt ist dies das einzige sichtbare Zeichen, das an sie erinnert.

Dies mag sein, wie es sein soll, denn was wäre an ihr bemerkenswert gewesen, hätte sie nicht Mozarts Weg gekreuzt? Eben deshalb aber erweckt die kleine Gedenktafel die Neugier des Vorübergehenden. Sie erweckte eines Tages auch die meine.

Vieles in Constanzes Leben ist bezeugt und dokumentarisch belegt, meist im Zusammenhang mit Ereignissen in Mozarts Leben, denn sie war, wie gesagt, an sich eine unbedeutende Frau; was man über sie zu sagen gehabt hat, ist immer im Hinblick auf ihre Rolle in Mozarts Leben gesagt worden, wenn auch nicht immer in seinem Sinn. Er selbst sprach von ihr mit Liebe, mit inniger Zuneigung, oft mit der ihm eigenen unverhüllten und gesunden Sinnlichkeit und manchmal mit der Eifersucht, die das Kennzeichen sinnlicher Liebe ist. Die Musikwissenschaft aber ist brutal mit Constanze verfahren: man hat diese Tote gehaßt, beschimpft, verunglimpft mit der Virulenz, die wirklich hassenswerte Frauen nur zu Lebzeiten in ihren Feinden wachrufen. Von Mozarts Geldnot und Mißerfolgen bis zu seiner Krankheit und seinem Tod hat man ihr alles in die Schuhe geschoben. Ihr Bild ist reduziert worden auf das, was sie für Mozart war, oder nicht war, oder hätte sein sollen.

Man hat ihr vorgeworfen, daß sie ihm nicht ebenbürtig war, und der Vorwurf ist begründet: wer hätte dies denn sein können? Gewiß nicht Constanze, denn sie war eine einfache Frau. Die meisten von uns sind jedoch die Kinder einfacher Frauen; „einfache" Frauen haben uns getragen, ernährt und erzogen; sie haben uns sprechen, lachen und weinen gelehrt; sie lieben uns; sie verdienen es, gehört zu werden.

Mir schien es immer, daß Constanze es verdient, gehört zu werden; ich wünschte, daß sie das große Abenteuer ihres Lebens aus ihrer eigenen Sicht selbst niedergeschrieben hätte, nicht aus der des Musikwissenschaftlers, der auf Mozarts Seite steht und stehen soll. Leider hat sie es nicht getan.

Manches wissen wir über sie: da gibt es Briefe von ihr und über sie, Aufzeichnungen, Berichte, Bilder, Taufscheine, Heiratsregister. Da gibt es aber auch weite Lücken, die sich über Jahre ausdehnen, vergleichbar der Terra Incognita *auf alten Landkarten: sie war ja eine „einfache", eine „unbedeutende" Frau, wie all die Millionen unbedeutender Frauen, deren Söhne und Töchter die Menschheit sind. Ich hätte zu gerne Constanzes Geschichte erzählt, aber wer konnte die Lücken füllen?*

Constanze selbst half mir schließlich aus der Verlegenheit. Mir schien, ich sei so vertraut mit der alten Frau, die in dem Haus am Mozartplatz auf den Tod wartete, daß sie mir ihre geheimsten Gedanken und Erinnerungen anvertraute; und wenn auch das, was ich über sie hätte erzählen können, zum Teil hätte Erfindung sein müssen, war doch das, was sie mir selbst über sich anvertraut hat und was ich in ihrem Namen niederschreiben konnte, notwendigerweise die reine und volle Wahrheit; denn wenn mir über dieses oder jenes Jahr ihres Lebens kein Beleg vorliegt, so weiß ich doch von ihr selbst, was vorfiel – oder so schien es mir wenigstens. Durch lange Bekanntschaft bin ich ja so vertraut mit ihrer Seele, daß ich zu wissen glaube, was denkbar ist und was nicht. Allerdings mögen die einen oder anderen meine Auslegung in Frage stellen, aber Meinungsverschiedenheiten sind ja unvermeidlich, wenn man sich auf psychologische Beweisführung oder auf die vertraulichen Mitteilungen einer alten Frau verläßt.

So ist es gekommen, daß ich Constanzes Erinnerungen, die sie nie niedergeschrieben hat, dem Leser als authentisches Dokument vorlegen kann.

Kl. D.

Meine liebe Sophie!

Wenn Du dieses Bündel beschriebener Blätter am Boden meiner Truhe findest, hin und her wendest, und schließlich diese Zeilen zu lesen beginnst, werde ich nicht mehr sein. Du bist nur um vier Jahre jünger als ich; Du bist Witwe wie ich; Du wirst mich und meine Einsamkeit verstehen, denn Du hast ja noch dazu auf das Glück verzichten müssen, Kinder zu haben, während von meinen sechs wenigstens zwei am Leben geblieben sind, wenn auch fern von mir. Ich bitte Dich als Deine Schwester, dieses Bündel beschriebener Blätter meinen Söhnen Karl und Wowi zu übergeben.

Ich will mich an dem sanften und wohltuenden Gefühl erfreuen, daß ich die Erinnerung an mein Leben in Ohren flüstern kann, die aufhorchen. Ich will, daß sie die Wahrheit hören, so gut ich sie sagen kann, und daß diese Blätter vielleicht einmal für mich zeugen. Die Wahrheit aber will ich sagen, auch wenn sie manchmal weh tut – mir oder selbst meinen Lieben, wenn sie diese Blätter einst lesen.

Wenn ich nicht mehr da bin, macht es mir nichts aus, wenn fremde Augen in mein Herz schauen und man über die einsame alte Frau lachen mag, die so viel erlebt zu haben glaubte – die mit sich selbst ein Zwiegespräch über ihre Vergangenheit geführt hat. Das hast Du wohl nicht gedacht, daß Deine Schwester Erinnerungen niederschrieb? Daß sie Blatt auf Blatt, Stoß auf Stoß, Ries auf Ries von Papier mit Schriftzügen bedeckte und in die Truhe legte? Wann ich das alles schrieb? Abends, nachdem ich auf mein Zimmer gegangen war und da bei meiner Lampe saß, wenn der Regen über die Fensterscheiben rieselte und die Glocken des Doms, die von St. Peter und von der Franziskanerkirche elf schlugen. Du glaubtest dann wohl, ich lese; ich aber schrieb an mich selbst; oder, wenn Du dachtest, ich korrespondiere wieder einmal mit Fremden in der Ferne, wie mit jenem Friedrich Schwaan, dem Musiklehrer in Rostock, der sich als unbekannter Mozartverehrer an mich gewandt hatte, und dem ich zum Dank für seine netten Worte ein Menuett von

Mozarts eigener Hand als Geschenk sandte – da schrieb ich mein Leben nieder. Ich protokollierte das Gute und das Schlimme, bis es zu dem Bündel Papier wurde, das Du nun in Händen hältst. Der liebe Herrgott ist mein Zeuge, daß ich es nicht aus Eitelkeit tat, weil ich mir etwa einbildete, andere etwas lehren zu können: ich begann damit, weil ich einsam war und mir mein Leben entschlüpfte; weil ich Angst hatte. Du warst damals krank, und ebenso unser Dienstmädchen Luise. Schon sah ich mich allein in der Welt. Karl, den ich seit zehn Jahren nicht mehr gesehen hatte, und der mich zum ersten Mal hier in Salzburg besucht hatte, war wieder abgereist; nie hat er Nissen, meinen guten Mann, oder Nannerl, die Schwester seines Vaters, gekannt; beide waren schon tot, als er hier war. Sein Bruder wiederum, der noch in der Wiege lag, als Mozart starb, hat diesen seinen Vater nie gekannt. Ich fühlte mich damals allein, nicht nur in der Welt, sondern in meinem Jahrhundert, und deshalb begann ich zu schreiben. Deshalb korrespondierte ich ja auch mit wildfremden Menschen in aller Welt, schrieb diesem und jenem, dankte überschwenglich für ihr Interesse, sandte ihnen noch ein Familienbildchen und noch ein blaues Seidenbändchen, das Mozart gehört hatte; wie eine Verdurstende zur Oase einer Fata Morgana lief ich in ein Haus in der Getreidegasse, als ich hörte, daß dort zwei Theologiestudenten aus Tübingen abgestiegen seien, sich nach meiner Adresse erkundigt hätten und mich aufsuchen wollten; ich ließ meine Visitenkarte für sie zurück, hoffte mit Bangen, daß sie auch wirklich kommen würden, und war überglücklich, als sie erschienen. Ich tat all das, weil ich nicht allein sein wollte.

Eines Tages, als es wieder regnete, wie so oft hier in Salzburg, saß ich hier mit meiner Einsamkeit. Du warst damit beschäftigt, draußen in der Küche mit Scheuersand einen hartnäckigen Brandfleck aus unserem großen Kochtopf zu reiben; es klang gedämpft, wie das Scharren einer emsigen Maus. Das seltsame Geräusch brachte mir, ich weiß nicht warum, die Vergangenheit zum Bewußtsein, aber nur wie einen Schimmer, der bald zu verblassen drohte. Da saß ich nun, eine alte Frau, die schon 26 Jahre alt gewesen war, als die unglückselige Revolution in Frankreich ausbrach, von der man jetzt noch spricht, und die lange genug gelebt hat, um auf dem Zeitungsblatt, das jetzt vor mir auf dem Tisch liegt, zu lesen, daß man nun mit einer neuen Dampfeisenbahn – welch seltsames Wort – in wenig mehr als einer Stunde werde von Floridsdorf nach Deutsch Wagram fahren können. Wieviel ist doch geschehen in all diesen Jahren! Und doch bin ich dieselbe, die vor endlos langer Zeit in Freiburg auf dem Nacken meines Vaters zum Jahrmarkt ritt; die hinter einem Türvorhang hervorspähte, als unsere Schwester Aloysia, schlank wie eine Gerte, fünfzehn Jahre alt, mit ihrer Nachtigallenstimme bei einer Akademie im Hause Cannabich in Mannheim Mozarts Arie sang, die er für sie geschrieben hatte; dieselbe, die sich auf Mozarts Bett warf, als man ihn aufgebahrt hatte; dieselbe, die am Arm des guten Nissen über den Graben zum Stephansdom ging, um die tausende Lichter zu sehen, die man in die Fenster gestellt hatte, als Napoleons Soldaten aus Wien abgezogen waren und der Kaiser aus Preßburg zurückkehrte. Das alles war irgendwo in meinem Kopf aufgespeichert, aber die Bilder der Erinnerung verblaßten so schnell wie sie aufleuchteten, und ich war dann wieder allein, wieder in meinem Zimmer im dritten Stockwerk unseres Salzburger Wohnhauses, an dessen Scheiben der Regen trommelte. Draußen war es Nacht. Ich hatte damals Angst; mehr Angst als sonst. Mein Leben war zu Papier geworden. Da lagen in einer Schatulle die Briefe meiner Söhne, denn aus meinen Kindern waren Briefe geworden. Da lagen oben auf dem Schrank Stöße von Nissens Mozart-Biographie, und so war auch meines Nikolaus' Leben zu Papier geworden. Da lagen in Schubladen Briefe von meiner Kusine Schonstrup in Kopenhagen; von Madame Spontini, der Witwe des Generalmusikdirektors in Berlin; von Abt Stadler – denn alle meine Freunde sind Briefschreiber in der Ferne. Der Postdienst war zur Zeit meiner Kindheit noch eine Neuheit gewesen, und für den alten Mozart, wie für Nissen und viele Zeitgenossen wurde das Briefschreiben zur Leidenschaft. Da lagen in Unordnung – denn ich war je unordentlich gewesen, bevor Nissen mich Ordnung lehrte, und bin es seit seinem Tode wiederum geworden –, da lagen in Unordnung meine alten Einkaufszettel und Haushaltsbücher, in deren eines ich in der Eile die Theologiestudenten aus Tübingen ihre Unterschriften hatte setzen lassen – Dr. Friedrich Hauber und G. Schick – unter den Vermerk: ‚Für Milch, 3 Kreuzer!' Was die sich wohl von mir gedacht haben! Hätte ich nicht längst alle Handschriften Mozarts an André verkauft und seine Briefe, Zettel und Notizen an Breitkopf und Haertel, und alles weggeschickt, ich könnte in meiner Klause unter Papier schier ersticken.

Als ich an jenem Abend mit den Händen in die Schublade fuhr, zog ich aus dem Durcheinander ein kleines Heft, das ich erst nicht erkannte. Ein Datum stand oben rechts: „. . . 1829". Und dann: „Gastein". Mein göttliches Gastein! Ich erinnerte mich. Im September 1829 war ich mit Mona, meinem dienstbaren Geist, nach Gastein gefahren. Ich führte damals eine Weile lang ein Tagebuch. Das war es! Ich begann hier und dort zu lesen: „. . . in Werfen für Nachtlager 1 fl. 36 kr. mit Trinkgeld . . . Kaffee in St. Johann . . . dem Badewaschel geschenkt 24 Kreuzer . . . Innigen Dank an meinen himmlischen Vater für ein gutes Bad, das mir wohlgetan hat . . . Ich machte eine kleine Promenade, speiste dann sehr gut zu Mittag, ging nachher auf mein Zimmer und las dort Mona aus Kotzebues ‹Menschenhaß und Reue› vor."

Mit einem Mal erstanden die lange vergangenen Tage in Gastein in lebhaften Farben. Da stand ich wieder auf der Schreckensbrücke, unter mir die Ache; da kletterten wir, Mona, ich selbst und die kleine Karoline, deren Mutter mit ihr in Gastein zur Kur weilte, den Hang hinunter, Alpenblumen in den Händen; Karolines Hündchen Makrel lief uns voraus den Hang hinab, kam dann wieder herauf und bellte; sein Gebell übertönte das Scheuern in der Küche und das Regengeriesel; er wedelte mit dem Schwanz; dann merkten wir, daß wir uns verirrt hatten; ein Hagelwetter zog am Himmel herauf, und es wurde dunkel. Ich las nicht nur in meinem Tagebuch, ich erlebte jenen Tag wieder, den ich vor vielen Jahren aufgezeichnet hatte. Ich blätterte weiter. Und da saß ich bei Straubinger im Speisesaal, Zeitungen vor mir auf dem Tisch:

„Heute nur eine Tasse Rindsuppe, sonst kann ich wiederum nicht schlafen", hörte ich mich sagen. Herr Straubinger fragte mich, ob der

Brief von meiner Schwester Sophie, der mit dem Postwagen aus Salzburg gekommen war, gute Nachricht enthalte:

„Ja, alles ist in Ordnung“, hörte ich meine Stimme, „und auch meinem kleinen Tierchen, dem Hund, geht es gut, aber Forte, Sophies Hund, ist wieder krank.“ Dann hörte ich mich von Herrn Straubinger eine Uhr ausleihen, die er mich zu behalten bat, bis Sophie mir eine aus Salzburg schicken würde. Ich wollte die folgenden Tage später als gewöhnlich mein Bad nehmen, denn es gab nur eine Badestube, und ein Mann aus London, der versprochen hatte, Briefe für mich dorthin mitzunehmen, beharrte darauf, nackt zu baden – dieser schreckliche Mensch!

Mir schien es mit einem Mal, als dringe der scharfe Geruch der Föhren durch die Spalten im feucht-duftigen Gebälk der Badestube in mein Greisenzimmer, und ich hörte das Brausen der Ache. Als ich aufblickte, war das aber nur das Rauschen des Regens. Ich war zugleich im Jahre 1836 in meinem Zimmer in Salzburg, und im Herbst 1829 in Gastein. Ich sah mit völliger Lebendigkeit den Apotheker in Gastein, wie er mir eine Schreibfeder zurechtschnitt, und wie ich ihm ein Exemplar von Nissens Buch lieh. Ich erinnerte mich nun, welche trunkene Freude es mir damals gemacht hatte, wenn ich mein nichtssagendes Tagebuch führen konnte; schreiben, schreiben, immer wieder und immer mehr, wertlosen Unsinn, nur um weiterzuschreiben. Ich sah deutlich und lebendig den reichen Engländer mit seiner Frau in dem Viergespann mit dem Wappen am Wagenschlag; der Kutscher schnalzte mit der Zunge und knallte mit der Peitsche, der Engländer nickte mir zu, seine Frau lächelte, und sie fuhren los in einen unbekannten Winkel der Vergangenheit. Ich sah die elfjährige Karoline, die seit vier Jahren krumm war und kaum gehen konnte, und ich sah ihre Mutter, wie sie aufsprang, sich den Knöchel verrenkte und aufschrie; dann hörte ich sie sagen: „Ich wollte gerne den Rest meines Lebens weiterhumpeln, wenn nur das Kind gehen könnte.“ Und ich fühlte wieder das alte Herzweh wie damals.

Mir dünkte, daß ich einen Ausweg aus meiner einsamen Angst gefunden haben mochte und nicht mehr ganz allein sein mußte. Die

Toten, die nicht mehr waren, konnten mir Gesellschaft leisten. Ich dachte, daß ich mein Leben, das zu Papier geworden war, wieder aus dem beschriebenen Papier erstehen lassen und die verblaßte Vergangenheit noch einmal mit farbigem Leben füllen konnte. Ich wollte meine Erinnerungen niederschreiben. Für's erste nur für mich, für mich allein, ohne Plan und Ordnung, ein Durcheinander. Später aber auch, damit die, welche nach mir kommen, eines Tages erfahren, wie alles wirklich gewesen ist. Das Durcheinander war ja mein Element, bevor Nissen kam: da konnte ich mich wohl fühlen. Mein Elternhaus war ein Durcheinander. Der Haushalt, den ich für Mozart führte, war ein Durcheinander, wenn er auch tat, als machte ihm das nichts aus. Meine Erinnerungen sind nun wieder ein Durcheinander, so sehr ich mich auch bemüht habe, Ordnung in meine Gedanken zu bringen. Das waren meine schönsten Stunden, in diesen letzten Jahren, wenn ich schrieb und in der Vergangenheit lebte – nicht weil sie so schön war, sondern weil das meine Vergangenheit war.

Und nun weißt Du, meine liebe Sophie, warum Du diese Papiere in meiner Truhe gefunden hast. Ich war manchmal versucht, sie zu vernichten, aber als ich fühlte, daß die Zeit dazu gekommen war, brachte ich es nicht über mich, denn diese Papiere sind mein Leben.

* * *

Hier sitze ich nun, hinter mir an der Wand die Bilder meiner Toten, und mit meiner ungelenken Schrift, die allmählich zittrig wird, da die Gichtschmerzen mich plagen, schreibe ich meine Erinnerungen. Constanze schreibt ihre Erinnerungen! Ich muß lächeln, denn ich bin ja dieselbe, die einst kaum einen ordentlichen Satz zu Papier bringen konnte. Und gar meine Rechtschreibung!

Drei Monate vor der Trauung schrieb ich meinen ersten Brief an Mozarts Schwester Nannerl, der mir die Tür ins Mozartsche Heim öffnen sollte. Was für ein armseliger Brief wurde das! Mozart sandte damals seiner Schwester eine eben vollendete Fuge, und ich sollte an seinen Brief daranschreiben. Er stand hinter mir, tappte mit dem Fuß auf den Boden und mit der flachen Hand auf den Rücken meines Stuhls, und ich schrieb, was er mir vorsagte, wenn auch die Worte meine eigenen waren. Dann brachten wir den Brief mit der Fuge zur Post, aber aus Salzburg kam keine Antwort. Lag das daran, daß ich so tölpisch geschrieben hatte:

„Niemals würde ich so kühn gewesen sein, mich so ganz gerade meinem Triebe und Verlangen, an Sie, wertheste Freundin, zu schreiben, zu überlassen, wenn mich der Herr Bruder nicht versichert hätte, dass Sie mir diesen Schritt, welcher aus zu grosser Begierde, mich mit einer obschon unbekannten doch durch den Namen Mozart mir sehr schätzbaren Person . . .“

So klang der Brief, nachdem Mozart meinen Stil bereits verbessert hatte. Einen Monat später mußte ich sogar an Vater Mozart schreiben. Ich fürchtete ihn damals, ohne ihn je gesehen zu haben. Das Herz schlug mir bis in den Hals hinauf, aber ich konnte dieser Probe nicht entgehen. Es war Posttag, und die Gelegenheit, an seinen Vater zu schreiben, wollte Mozart nie versäumen. Ich war bei ihm, in seinem Zimmer am Graben. Er hatte einen Brief begonnen, ohne ihn zu beenden; das war wohl meine Schuld. Er bat mich, den Brief zu beenden und seinem Vater zu erklären, daß er zu einer Klavierlektion bei Gräfin Thun hatte eilen müssen. Als wir im Jahr darauf in Salzburg waren, stand sein Vater eines Tages nach dem

Mittagessen vom Tisch auf, ging zu seinem Schreibpult, öffnete eine der Laden und zog jenen Brief hervor: er wußte ja immer, wo er seine Briefschaften finden konnte. Ich erkannte das Blatt. Mit seinem spitzen Zeigefinger, ohne zu lächeln, tappte er, mit der Geste, die ich von seinem Sohne kannte, auf das Papier und gab mir eine Lektion in Orthographie und seinen väterlichen Rat bezüglich der Wahl meiner Worte. Mozart lächelte verlegen, und mir schoß das Blut in die Wangen. Diese Briefe liegen nun unter meinen Papieren; sie befanden sich wohl in den Bündeln von Briefschaften und Noten, die Nannerl mir bei verschiedenen Gelegenheiten, wie nach dem Tod ihres Vaters, im Laufe der Jahre überlassen oder letzten Endes testamentarisch vermacht hat:

„So öben ist Ihr lieber Sohn zur Gräffin Thun gerufen worden und hat also die Zeit nicht, seinem lieben Vatter den Brief zu entigen, was ihm sehr leit ist. Er hat mir die Comesion gegeben, Ihnen es wissen zu machen, weil nun heit der Posttag ist, damit Sie nicht ohne Brif von ihm seyn. Das nöchtemal wird er seinem lieben Vatter schon das mehrer schreiben. Bitte also um Verzeiung, dass ich schreibe das, was Ihnen nicht so angenem ist als das, was Ihnen Ihr Herr Sonn geschrieben hätte. Ich bin Ihre ware Dinerin und Freindin . . ."

Es war nicht meine Schuld, daß meines Vaters Gehalt nicht auf Schulgeld gereicht hatte, und viel konnte man eben in der unentgeltlichen Klosterschule in Mannheim nicht lernen; als alte Frau habe ich nun dennoch ordentlich schreiben gelernt. Seinerzeit war das wohl auch nicht so wichtig, ob ein Mädchen eine gute Schulung hatte. Der Fürst von Ligne, dem niemand Geschmack absprechen kann, soll gesagt haben: „Ich, für meinen Teil, liebe die Zeit, als die Frauen noch orthographische Fehler machten." Überdies steht es einem ja hier in Österreich gar nicht übel an, wenn man spricht und schreibt, wie einem der Schnabel gewachsen ist, und so bin ich Mannheimerin letzten Endes doch noch eine echte Österreicherin geworden. Bei einer unserer frohen Zusammenkünfte im Hause Jacquin sagte selbst die gelehrte Karoline Pichler einmal, sie spräche zwar Welsch wie Dante, wie Cicero Lateinisch, wie Pope und Thomson Englisch, wie Demosthenes Griechisch, wie Diderot

Französisch, aber Deutsch wie ihre Amme, und schämte sich doch ihres Ammenwienerisch nicht.

Als ich aber eine wirkliche Mozartische werden wollte, und Worte, Briefe, Beredsamkeit meine einzigen Fürsprecher sein konnten, da fehlte mir die Gewandtheit mit Worten. In meiner kindischen Hilflosigkeit, ohnmächtig, für mich zu plädieren, versuchte ich es mit kleinen Geschenken, die ich nach Salzburg sandte, und Mozart machte das Spiel mit: ein paar Uhrenbänder; zwei Hauben für Nannerl, an denen ich zwei Wochen lang gestrickt hatte; ein Kreuzlein als Anhänger für sie; ein Herzlein von einem Pfeil durchbohrt. Viel Geschmack hatte ich auch nicht! Ich brachte das Zeug zu Wolfgang in seine Wohnung am Graben; vielleicht war das auch nur ein Vorwand, um zu ihm laufen zu können. Weit war es ja nicht von uns zu ihm, aber für mich junges Ding, die ich wußte, es sei eine Sünde, zu tun, was ich tat, war es ein Weg von vielen Meilen. Einmal sandten wir eine Miniatur, gemalt von Luises Gatten, dem begabten Josef Lange, die Mozart und mich zeigte, und ich hoffte, Vater Mozart würde mich anerkennen, wenn er mich nur erst kannte. Für ihn aber war Papier der allmächtige Zauberstoff; bei ihm mußte man Worte oder Musik zu Papier zu bringen wissen. Darin war er, der Augsburger, ein echter Bürger Österreichs geworden, wo alles früher oder später zu Papier, zu Eingaben, Gesuchen, Erledigungen, Beschwerden, Berufungen und Akten wird; oder zu Liedern, Sonaten, Arien und Messen. Es scheint fast, als hätte er in die Zukunft blicken können, als er Nannerl, seinem Sohn und seiner guten Frau, die weder das große Glück noch die großen Leiden mehr miterlebt hat, streng auftrug, auch nicht das kleinste Stückchen beschriebenen Papiers je wegzuwerfen, und so die Salzburger Wohnung mit Briefen, Merkzetteln, Tagebüchern, Einkaufslisten und bekritzelten Kalenderblättern füllte. Nach seinem Tod nahm Nannerl dann musikalische Handschriften Wolfgangs an sich, die sie in ihres Vaters Haus fand – Wolfgang sandte ja anfangs das Original oder eine Abschrift jeder seiner Kompositionen nach Salzburg –, und schickte sie zurück nach Wien, an ihren Bruder. Der warf sie unters Klavier, auf den Fußboden, denn was er in früheren Tagen geschrieben hatte, interessierte ihn nicht mehr. Da lag dieser gewaltige Haufen Papier, von dem auch unser Haus überquoll, und die Kopisten, die bei uns ein und aus gingen, konnten sich in unbewachten Augenblicken nehmen, was ihnen beliebte, und Sonaten, Concerti und Quartette zu ihrem eigenen Nutzen verschleißen. Ach, da muß viel Geld verlorengegangen sein!

Nannerl, ihres Vaters Liebling, steckte die Liebe zum Schreiben im Blut. Als Kind schon führte sie ein Tagebuch. Als Mozart starb, war ihre Geste des Trostes für mich wiederum ein großes Paket von Briefen, die bis dahin bei ihr gelegen waren.

Auch für Wolfgang war es natürlich, niederzuschreiben, was ihm am Herzen lag, in Worten oder in Musik. Auf Blonde, Barbarina, Susanna und Zerlina war ich darum immer ein wenig eifersüchtig, und noch mehr auf die anderen, mit anderen Namen, für die er den lieblichsten, dunkleren Gesang geschrieben hat, auf die mir unbekannten Donna Annas und Paminas. Die Eifersucht quälte mich umso mehr, als ich wußte, daß ich vielleicht nur seine Papagena war, die stottern, aber nicht singen konnte.

Auch für mich griff Wolfgang allerdings zur Feder, wenn er auch nicht viel Musik für mich geschrieben hat, wenn er sagen wollte, daß er mich lieb hatte. Dann schrieb er eine Melodie für mich oder ein Briefchen, das ich beim Erwachen, wenn er schon ausgegangen war, in der leeren Wohnung auf der Bettdecke fand, eines jener Blätter, die ich auswendig weiß:

„Guten Morgen, liebes Weibchen! Ich wünsche, daß Du gut geschlafen habest, daß Dich nichts gestört habe, daß Du nicht zu jäh aufstehst, daß Du Dich nicht erkältest, nicht bückst, nicht streckst, Dich mit Deinen Dienstboten nicht erzürnst, im nächsten Zimmer nicht über die Schwelle fällst. Spare häuslichen Verdruß, bis ich zurückkomme." So neckte er mich, nach seiner Gewohnheit, weil ich ihm immer meine kleinen Leiden und Tribulationen klagte. Aus der Ferne, wenn er auf Reisen war, schrieb er oft täglich; so aus Dresden:

„Denke, daß ich alle Nacht, ehe ich ins Bett gehe, eine gute halbe Stunde mit Deinem Porträt spreche, und so auch beim Erwachen . . . O stru! stri! ich küsse und drück' Dich 1,095.060,437.082mal . . ."

Hin und wieder hat Nissen da ein paar Zeilen unleserlich gemacht, die er zur Verwendung in der Biographie für unpassend hielt. Ob ihn da wohl auch eine Art Eifersucht plagte?

Mit meiner armseligen Schreiberei gehörte ich damals wahrhaftig nicht zu den Mozartischen und noch weniger zu Mozarts Gönnern und zu deren Welt. Briefe, Papiere, Worte! Mozart spielte gern mit Worten, wie er mit Tönen spielte. Als wir auf der Landstraße wohnten, holte Gottfried Jacquin, der Sohn des Botanikers, den Mozart so lieb hatte, uns einmal zu einem Spaziergang ab. Die beiden Männer warteten im Nebenzimmer auf mich, während ich mir vor dem Spiegel einen meiner geliebten Strohhüte zurechtrichtete. Ich suchte ein Band, mit dem ich ihn schmücken wollte, konnte es nicht finden und rief Mozart zu Hilfe:

„Liebes Mandl! . . . Wo ist's Bandl?“ Gottfried wiederholte den Satz, um mir nachzuäffen; er fand meine Mannheimer Aussprache drollig. Wolfgang, als sein Echo, leierte die Worte ein paarmal herunter, schon im Takt und mit der Stimme modulierend, und begann, das Bändchen zu suchen. Gottfried entdeckte es im Sitzzimmer, hielt es hoch, und Wolfgang versuchte, es ihm zu entreißen. Pizzipankerl bellte und sprang hoch.

„Liebes Mandl, wo ist's Bandl?“ brummte Wolfgang. „D'rin im Zimmer glänzt's mit Schimmer.“

„Leuchte mir, ja, ja, leuchte mir, ja, ja, ich bin schon hier und bin schon da!“ in Gottfrieds Baß. „Ein Terzett!“ schlug er vor.

„Oder ein Quartett?“ Mozart besänftigte den Hund. Er notierte die Worte und schrieb drei Stimmen nieder. Sopran, Tenor und Baß probten an Ort und Stelle, die erste Aufführung folgte im Prater, im Marschieren.

Unsinn! Unsinn, der nicht hierher, und wahrscheinlich nirgends hin gehört. Wie kommt es nur, daß Einzelheiten, die nun so klar und lebendig vor mir stehen, daß sie sich förmlich in die Feder und auf das Papier drängen, mir nicht einfallen wollten, als Nissen sie für seine Mozartbiographie brauchte? Ich blieb damals stumm. Ich erinnerte mich nicht, oder ich bemühte mich nicht genug, weil ich all diese Dinge ganz allein behalten wollte. Jetzt aber fließt das alles leicht aus der Feder. Das Briefschreiben ist meine Schreibschule gewesen; mein Leben lang habe ich Briefe schreiben müssen.

An Wowi schrieb ich selbst. Nissen behauptete, ich liebe ihn mehr als Karl, aber da täuschte er sich. Die Briefe an Karl, in Mailand, der so viel Rat und Hilfe, so viele finanzielle Ratschläge und geschäftliche Erläuterungen brauchte, überließ ich gerne Nissen allein aus diesem Grund: Nikolaus war klug in diesen Dingen, und die italienische Adresse konnte ich nie recht schreiben lernen. Mit Wowi aber, so weit von mir entfernt, im Osten, in Polen, wollte ich immer selbst plaudern; so blieb er mein Sohn, und ich seine Mutter, während all der Jahre der Trennung. Er blieb es, weil ich recht vom Herzen mit ihm über Hunderte von Meilen hinweg sprechen konnte. Letzten Endes habe ich dann von Nikolaus sogar gelernt, würdige und wirksame Geschäftsbriefe zu schreiben. Diese Kunst war ein wertvoller Teil des Vermächtnisses, das mein guter und umsichtiger Nissen mir hinterlassen hat. Nur mit seinem Beistand hatte ich mich der Versuche des Musikverlages erwehren können, der mich nach Mozarts Tod um Erinnerungen, Notizen, Mementi und Anekdoten als Material für eine Biographie bestürmt hatte; nachdem ich ihnen geschickt hatte, was ich besaß, und auf Bezahlung drängte, beklagten sie sich bei Nannerl über meine Geldgier. Weiß Gott, ich konnte damals wohl Geld gebrauchen, um meine zwei Kleinen zu füttern. Armen Leuten fällt es schwer, großzügig zu sein. Wie kleinlich der Verlag war, sah ich deutlich, als man mir zumutete, Herrn Haydn eines seiner Manuskripte für den Bettel von 50 Gulden abzusprechen. Der Etatsrat von Nissen aber war diesen diebischen Elstern eben gewachsen. Falls Mozarts Ruhm wirklich ein dauernder sein sollte, wird die Nachwelt es mir am Ende übelnehmen, daß ich seine Werke für Geld verkauft habe, anstatt nur seinem Ruhm zu dienen, ohne daß dann einer ein gutes Wort für mich wird einlegen können. Allenfalls könnten diese Erinnerungsblätter meine Fürsprecher sein. Unter den noch erhaltenen Briefschaften des alten Mozart, die heute schon in verschiedenen Händen sind, fände ich jedenfalls keinen.

Wäre ich nicht Wolfgangs Frau geworden, so hätte ich nur Achtung und Liebe für Vater Mozart gehegt, für den ruhigen, würdigen Mann, der so einfach und bescheiden seine Pflicht tat und sich immer seines Werkes bewußt war; den alle als Musiker schätzten; der seine Familie aufrichtig liebte; der für Wolfgang das Beste wollte, wenn er auch ein anspruchsvoller und strenger Lehrer war. Für mich gab es nie ein Plätzchen in seinem Herzen. Als Mozart in seiner Jugend auf seiner Pariser Reise nach Mannheim kam, und sein Vater zwischen den Zeilen seiner Briefe lesen konnte, daß er sich in meine Schwester Aloysia verliebt hatte, bangte Leopold Mozart um die Zukunft seines Sohnes, und das war die Wurzel seiner Abneigung gegen uns Weberische. Als ich Wolfgangs Briefschaften, die er ebenso sorgfältig aufbewahrte wie sein Vater die seinen, zum ersten Mal durchflog, fand ich in Leopold Mozarts Briefen an seinen Sohn Anwürfe gegen uns Weberische, und oft in derben Worten, denn die Mozartischen nahmen sich weder im Ernst noch im Scherz ein Blatt vor den Mund – das hatten sie alle gemein. Als mein guter Engel, Baronin Waldstädten, vor unserer Trauung als meine Fürsprecherin an Leopold Mozart schrieb, fiel ihr kein höheres Lob ein, als ihm zu versichern, ich sei aus der Weberischen Art geschlagen. Da sie von Adel war, widersprach er ihr nicht. Dennoch weiß ich, was er von mir dachte. Weinend habe ich später viele dieser Briefe verbrannt. Bündel von Papier gingen da in Flammen auf, Briefe, die der alte Mozart hätte bewahrt wissen wollen. Ich zerriß einen nach dem anderen in kleine Stückchen, die ich ins Feuer warf, wo die Papierfetzen wie ein Schneegestöber in der Hitze der Flammen in die Höhe flogen, schrumpften, braun wurden, entflammten, sich in graue Asche verwandelten und aus meinem Leben verschwanden. Der alte Mozart, so hatte er geschrieben, hielt mich „unwürdig eines Mannes, der etwas auf sich und seine Kunst hält", und „unfähig, ihn oder seine Kunst zu verstehen". Ich las all das und verbrannte Brief um Brief.

Was Mozarts Schwester von mir dachte, hat die Welt seit ihrem Tode hie und da lesen können: „Er heiratete ein für ihn nicht passendes Mädchen gegen den Willen seines Vaters; daher die große häusliche Unordnung bei und nach seinem Tode", schrieb sie an einen Biographen.

Es gibt jedoch, dem Herrgott sei Dank, auch Zeugen, die für mich ihre Stimme erhoben haben. Da war Niemetschek, ein Gelehrter, dessen Urteil wohl mehr gilt als das Nannerls. In seinem Buch schrieb er: „In seiner Ehe mit Konstanze lebte Mozart vergnügt. Er fand an ihr ein gutes, liebevolles Weib, die sich an seine Gemütsart vortrefflich anzuschmiegen wußte und dadurch sein ganzes Zutrauen und eine Gewalt über ihn gewann, welche sie nur dazu anwendete, ihn oft von Übereilungen abzuhalten. Er liebte sie, vertraute ihr alles, selbst seine kleinen Sünden, und sie vergalt es ihm mit Zärtlichkeit und treuer Sorgfalt."

Mein getrocknetes Edelweiß liegt als Lesezeichen an dieser Stelle im Buch des guten Niemetschek. Ich hatte ihm seinerzeit die entsprechenden Unterlagen gesandt, die ihn über die wahre Sachlage aufklärten. Nannerl konnte ja auch kein rechtes Urteil über solche Dinge haben. Sie selbst hat nie, wie ich, einen Gatten gehabt, der sie liebte. Einen Zufallsfreier, und, zehn Jahre später, einen jungen Mann, den sie aufrichtig liebte, schlug Vater Mozart, auf weltliches Wohlergehen bedacht, aus, weil sie unbemittelt waren. Mit dreiunddreißig Jahren, als alte Jungfer, hat sie dann eine Vernunftehe mit einem fünfzehn Jahre älteren zweifachen Witwer eingehen müssen, der ein sicheres Einkommen und fünf ungezogene Rangen in die Ehe mitbrachte. Wie hätte sie denn ein giltiges Urteil über ihres Bruders Ehe mit mir fällen können? Wolfgang, immer unendlich gut, auch seiner Schwester gegenüber, und gerade ihr gegenüber, vergaß nie die Tage, als sie beide mit ihrem Vater Europa bereist und als Wunderkinder miteinander konzertiert hatten. Ich aber bin ihr nie nähergekommen, und auch sie blieb kühl gegen mich, obwohl wir zuletzt beide hier in Salzburg wohnten. Selbst als sie einsam wurde und erblindete, blieben wir einander meist fern, und nun sind ihre blinden Augen schon seit sieben Jahren geschlossen.

Vielleicht hätte mich Wolfgangs Mutter in ihr Herz geschlossen, aber die habe ich ja nur flüchtig in Mannheim gesehen, als sie ihn nach Paris begleitete, und ich noch ein Kind war. Dort starb sie plötzlich in der Fremde, die arme Frau. Ihr Leben hatte sich zwischen ihrer Küche und ihrem Wohnzimmer in Salzburg abgespielt, und mehr Schulbildung als ich hatte sie auch nicht. Vielleicht gleiche ich ihr auch in anderer Weise. Wolfgang hatte wohl mehr von ihr als Angebinde erhalten als nur seinen Taufnamen, welcher auch der ihres Vaters gewesen war: er sah ihr ähnlich; seine Handschrift ähnelte der ihren; sein Talent hatte er vielleicht auch zum Teil vom Vater der guten Frau geerbt, der Musiklehrer gewesen war; ganz gewiß hatte er von ihr die Gewohnheit, sich mit derben Worten Luft zu machen, wenn etwas schiefging. Vielleicht hat er sie in mir geliebt!

Wie dürstete ich danach, von dieser Familie aufgenommen zu werden. Ängstlich wartete ich all die Monate vor meiner Hochzeit an jedem Posttag auf ein Zeichen aus Salzburg, daß meine kleinen Geschenke und meine ungelenken Briefe Gnade gefunden hatten, daß Leopold Mozart und Nannerl mich Tochter und Schwester nennen wollten. Ich warb um sie noch mehr, als Mozart je um mich. Ich rief verzweifelt in diesen Wald hinein, aber da gab es kein Echo. Wolfgang selbst plädierte für die Zustimmung seines Vaters zu unserer Ehe, und diese wurde endlich widerwillig gegeben, traf aber erst am Tage nach der Trauung ein.

Diesen langen Kampf um die Zuneigung der Mozartischen führte ich wohl, weil meine Familie nach dem plötzlichen Tod meines guten Vaters zerfallen, und ich ohne wahres Heim war. Kaum einen Monat nach unserer Ankunft in Wien, als uns noch schwindlig war von dem Getriebe dieser Stadt, war mein Vater schon tot. Meine Mutter stand vor dem Nichts: ich war erst sechzehn Jahre alt; Aloysia begann gerade ihre Laufbahn als Sängerin in der deutschen Oper am Burgtheater, eine junge Schönheit mit einer hellen Stimme, die nur Gedanken für sich hatte und bald heiraten sollte; – Luise nenne ich sie immer, wenn ich an sie als meine liebe Schwester denke; Josefa, die älteste von uns, trat auch seit kurzem als Sängerin auf, bangte um ihre Zukunft und wußte noch nicht, daß sie einst die Königin der Nacht sein würde; Thorwart wurde unser Vormund und sprach mit mir nie anders, denn als ein Zuchtmeister; Sophie war noch ein Kind, zwölf Jahre alt. Ich war in meiner Familie allein, unter Fremden in einer fremden Stadt. Wie bangte mir danach, bei den Mozartischen ein Heim zu finden!

Der unerbittliche Engel, der mir das Paradies mit flammendem Schwert versperrte, war der alte Mozart. Dennoch muß ich mir keine Vorwürfe machen, die Ursache der Spannung zwischen Vater und Sohn gewesen zu sein: dieses Zerwürfnis wurde ein Jahr vor unserer Ehe unvermeidlich, als Mozart sich mit Seiner Erzbischöflichen Hoheit, Graf Hieronymus Josef Franz Colloredo, dem Fürsterzbischof von Salzburg, überwarf, den er den ‚Erzlümmel', und seine gute Mutter den ‚Mufti' nannte. Wie einen Diener, um dessen Meinung man nicht fragt, hatte dieser Wolfgang, als er einen Urlaub in München überschritten hatte, um dort den Karneval und den Erfolg seiner Oper ‚Idomeneo' auszukosten, unverzüglich nach Wien befohlen. „Ich würde mir mit seinem Dekret den Hintern geputzt haben, wäre es nicht um Deinetwillen", schrieb Wolfgang damals an seinen Vater in Salzburg, der, wie er selbst, dort in Diensten des Erzbischofs stand. Derb konnte er schon sein! Das hatte er, wie gesagt, von seiner Mutter. Verspätet reiste er nach Wien, und da nannte ihn der Erzlümmel Lausbube, Lump und liederlicher Fex, und ließ ihn im Deutschen Haus an einem Tisch mit der Dienerschaft essen. Wolfgang wollte nicht liebedienern – der gute Nissen, Friede sei seiner Asche! würde es mir nicht vergeben, hörte er, wie ich von einem adeligen Herrn spreche. Als sich Mozart schließlich mit dem Herrn Erzbischof völlig überwarf und seiner Stellung als Konzertmeister der Erzbischöflichen Kapelle in Salzburg enthoben wurde, mißbilligte sein Vater das Verhalten seines Sohnes: vielleicht hatte er einen weniger starren Kopf als Wolfgang; auch bangte er um seine Stellung als Vizekapellmeister. Er gehörte einer älteren Generation an und hatte sich damit abgefunden, daß Musiker von großen Herren wie Lakaien behandelt wurden. Das war ganz gewiß der wahre Anlaß zur Entfremdung zwischen ihm und Wolfgang, nicht aber mein Erscheinen. Konnte Wolfgang anders handeln? Wollte er es? Rot vor Scham erzählte er mir, wie der Oberküchenmeister des Erzbischofs ihn mit einem Fußtritt aus der Tür gejagt hatte. Wolfgang, so sanft und gut er auch sonst war, hatte sich allerdings auch kein Blatt vor den Mund genommen, als er den entscheidenden Wortwechsel hatte. Viele Monate zögerte er dann, bevor wir schließlich nach Salzburg reisten; er hatte Bedenken, sich in das Machtgebiet und in die Gewalt seines Feindes zu begeben. Ich dummes Ding zitterte, daß sein Vater mich nicht hübsch genug finden würde: schön bin ich ja wirklich nie gewesen mit meiner spitzen Nase, die ich von meiner seligen Mutter habe – Spitzignas nannte mich Wolfgang. Ich wollte von Leopold Mozart und Nannerl in Salzburg in die Arme geschlossen werden. Als Wolfgang mir endlich, fast ein volles Jahr nach unserer Trauung, sagte, es sei soweit, und wir würden nun abreisen, meinte er, ich sei von Sinnen: ich weinte vor Freude. Ich kündigte Nannerl unsere baldige Ankunft an und beschwor sie, ihrem Vater nichts davon zu sagen: ich malte mir seine Überraschung aus.

Am 4. August 1782 waren wir im Stephansdom vor dem geistlichen Herrn gestanden, um getraut zu werden. Johannes Chrysostomus Wolfgangus Theophilus Mozart und Constanze Maria Weber. Wir hatten unsere Unterschriften im Copulationsbuch geleistet. Die Namen hatte man entstellt: Hr. Wolfgang Adam Mozart, ein Kapellmeister, und J. Konstanzia Weberin. Wolfgang pflegte zu sagen, er ziehe Amadé dem altmodischen Theophilus vor: es heiße ohnedies dasselbe – von Gott geliebt, Gottlieb. In diesem Wien, wo jedes Gespräch zur Hälfte daraus besteht, wahre oder falsche Gerüchte weiterzugeben, hatten sich die Tribulationen, die unserer Trauung vorausgingen, herumgesprochen. Das Gesicht des geistlichen Herrn war ein heller Fleck im Halbdunkel der Kirche. Hinter ihm flackerten Kerzen vor dem Altar. Ich war verwirrt und zerstreut. Das war für mich das Ende eines langen Weges und der Beginn eines neuen. Der Anfang war schwer gewesen; ich wußte nicht, was die Zukunft bringen würde. Wolfgang wiegte sich von einem Bein auf das andere: er konnte nie lange still stehen. Ich sah meine Mutter an; ich liebe sie trotz allem, sagte ich mir; Thorwart stand neben ihr; ich nahm seine Züge kaum aus, und das war mir recht, denn ich wußte, daß er streng dreinblickte, es sei denn, er stünde gerade vor einem Vorgesetzten; die kleine Sophie stand knapp hinter mir; dann war da ein Freund meines Vormundes Thorwart; weiters der Salzburger Gilowsky, das ‚Schlankerl', der Wolfgangs Trauzeuge war; seine lustigen Züge verrieten nie, wie wenig er in der Tasche hatte und wieviel Geld er letzthin durchgebracht hatte; nach Mozarts Tod war er der einzige, der ihm Geld schuldete – volle dreihundert Gulden.

„Ja", sagte Mozart laut.

„Ja", sagte ich.

Der geistliche Herr leierte Worte herunter. Thorwart hustete heftig.

„. . . bis der Tod euch scheidet." Die Augen des geistlichen Herrn hatten sich mit Tränen gefüllt, als Wolfgang mit erstickter Stimme sein „Ja" sagte. Dann sah ich das lustige Gesicht Gilowskys von Tränen überströmt. Meine Mutter umarmte mich; dann Sophie. Ich merkte, wie auch mir Tränen über die Wangen liefen. Dann sah ich Thorwart verstohlen seine flache Hand ans Auge führen. Als wir zum Kirchentor kamen, waren wir alle ein heulender Haufen.

Im Wagen fuhren Mozart und ich zu Baronin Waldstädten, zu unserer Wohltäterin. Sie hatte uns 1500 Gulden geschenkt und gab ein Hochzeitssouper für uns. Nach dem Mahl, als allen der Wein zu Kopf gestiegen war, erschien ein kleiner Chor und überraschte uns mit einem Lied von Mozart.

Die Melodie, der Weinnebel jenes Sonntags und die Seligkeit jenes Jahres ziehen jetzt noch in Schwaden durch meine Erinnerung.

Drei Wochen vor der Trauung war ‚Die Entführung aus dem Serail' aufgeführt worden: Wolfgangs erster großer Erfolg in Wien, und auch meiner: der Name war ja Zufall, aber ich war stolz darauf, daß die Constanze dieser Oper, ihrem und meinem Namen getreu, Belmonte die Treue hielt. Da ich meines Belmonte nicht ganz sicher sein konnte, wäre ich eifersüchtig gewesen, wenn meine Schwester Aloysia die Rolle der Constanze gesungen hätte. Ich konnte nicht vergessen, daß sie seine große Liebe gewesen war. Diese Rolle hat er gewiß für sie und nur für sie geschrieben, so unbeständig und flatterhaft sie auch war; später hat sie diese Constanze denn auch gesungen. Ihre schöne Stimme schien erst zu schwach für die Rolle, welche daher die Cavalieri als erste sang. Diese sang wie ein Engel, so häßlich sie auch war: einäugig, mißgestaltet, eine schlechte Schauspielerin. Aber welche Stimme! Überdies war sie ja die Geliebte des Herrn Hofkapellmeisters Salieri, dieses Giftmischers.

Leopold Mozart – Wie konnte dieser gütige Mann so hart gegen die Frau sein, die sein Sohn liebte?

Wolfgangs ältere Schwester Nannerl, dieses anziehende Mädchen, wurde hart und bitter.

Mozarts Mutter hätte ich wohl verstehen und lieben können.

Constanze ist nicht häßlich, aber auch nichts weniger als schön; ihre ganze Schönheit besteht in zwei kleinen schwarzen Augen und in einem schönen Wachstum.

Der wohlklingende italienische Name trug auch zum Erfolg bei: wer wußte denn schon, daß die Cavalieri von der Währinger Hauptstraße stammte, und daß ihr Vater ein Schullehrer Kavalier aus Böhmen war? Jedermann wollte die Oper sehen. Zwei Tage nach der Hochzeit war auf Ersuchen Herrn Ritters von Gluck eine Aufführung angesetzt worden, der er beiwohnen konnte. Er war gütig und voll des Lobes, dieser alte Mann, der sonst recht unnahbar war. Mozart schien ihm wohl zu jung, um als ernster Rivale zu gelten. Er lud uns in seine Wohnung auf der Wiedener Hauptstraße zum Mittagessen ein. Seine Frau teilte ihm das Essen vor wie einem Kind, und fast hätte sie den Wein in seinem Glas mit einem Tropfenzähler bemessen. Der Arzt hatte ihm strengen Auftrag gegeben, Maß zu halten; Wolfgang tat sich gütlich an dem Überfluß. Ich konnte vor dem berühmten Mann kein Wort hervorbringen und war rot wie eine Pfingstrose. Herr Ritter von Gluck schien mich kaum zu bemerken. Fünfzehn Aufführungen der ‚Entführung aus dem Serail‘ gab es damals in einem Jahr. Als das russische Großfürstenpaar anonym nach Wien kam – jeder wußte dennoch, wer Paul, Comte du Nord, und seine Gemahlin wirklich waren –, leitete Mozart selbst die Festvorstellung. Bei den Subskriptionskonzerten im Kasino am Mehlmarkt spielte man im Herbst Stücke aus dem neuen Werk. Die Oper brachte über vierhundert Gulden. Ich glaubte uns reich, Mozart aber war trotz seiner Jugend an dergleichen gewohnt. Er hatte ja Erfolge selbst in fremden Ländern erlebt. Nur in Salzburg hatte man geknausert. Bald sollte er in Wien dieselbe Erfahrung machen. Nach wenigen Wochen wußten wir nicht mehr, wohin das Geld verflogen war.

Ich traf mit Herrn Ritter von Gluck noch einmal zusammen. Das war im März des nächsten Jahres. Wolfgang erfreute sich seiner Erfolge, und mir fehlte nichts zu meinem Glück als die ersehnte Reise nach Salzburg. Wolfgang spielte bei einer Akademie meiner Schwester Luise im Burgtheater ein Klavierkonzert; sie sang ‚Non so d'onde viene‘, eine ‚ihrer‘ Arien; wegen ihrer schönen Stimme schreibe er gern für sie, sagte Mozart. Nach dem Klavierkonzert klatschte man; diese neue Sitte kam damals in Wien auf. Der Applaus wollte nicht enden, selbst als Mozart schon die Bühne verlassen hatte.

,Platzregen' nannte er das. Er mußte das Rondo wiederholen; später gab er eine Symphonie dazu. Ich saß neben Luises Gatten Josef in einer Loge; von Zeit zu Zeit sah ich diesen und jenen zu uns herüberstarren; die Neugier galt ihm, dem Burgtheaterschauspieler, nicht mir. Der Kaiser kam Mozarts wegen zu diesen Akademien, aber wer sollte denn mich beachten, oder auch nur kennen? Ritter von Gluck, der in der Nebenloge saß, klatschte auch, wandte sich zu uns und sagte:

„Das ist ganz beglückend, wirklich beglückend." Der berühmte Mann küßte mir die Hand, und Hunderte von Augenpaaren richteten sich auf mich. Er lud Josef Lange und meine Schwester, so wie uns, für den kommenden Sonntag zu sich ein.

Die Faschingszeit in Wien – so nennt man dort den Karneval – dauerte fast vom Dreikönigstag bis zum Aschermittwoch. Mozart tanzte gern; er liebte den Wein und gute Küche; wenn es eine Gelegenheit zum Spaßmachen gab, wurde er zu einem munteren Kind.

Unsere erste Wohnung war im Haus ,Zum roten Säbel' gewesen, bei der Hohen Brücke, wo Mozart schon mit zwölf Jahren geweilt hatte, als er mit seinen Eltern aus Salzburg nach Wien gekommen war. Er hatte damals nur mäßigen Erfolg gehabt, und sein Vater verdächtigte Ritter von Gluck, eine Intrige gegen ihn zu leiten. Unser Hausherr und Gönner, Raimund Wetzlar, Freiherr von Plankenstern, bot uns bald eine geräumigere Wohnung in einem anderen seiner Häuser an. Der gute Baron zahlte sogar die Übersiedlungskosten unter dem großmütigen Vorwand, er benötige die Wohnung bei der Hohen Brücke für sich selbst; in Wien ist es ja immer so schwer, eine Wohnung zu finden. Wolfgangs Zimmer in dem seltsam verbauten Haus war tausend Schritte lang und einen breit, wie er sagte. Zwei große Zimmer blieben ganz leer, da wir kein Geld für Möbel hatten. Das waren dennoch Zeiten des Glücks, und wir gaben dort unseren ersten Hausball. Jeder Chapeau zahlte zwei Gulden Eintrittsgebühr, und dafür konnte man tanzen, lachen, trinken und meine Schwester Luise singen hören – ,Vorrei spiegarvi, oh Dio', wenn ich mich recht erinnere: eine andere ,ihrer' Arien. Josef konnte seine Augen nicht von seiner lieblichen Frau wenden. Wir waren damals mit den beiden sehr eng verbunden: wir waren alle jung, und das waren unsere ersten Faschingswochen. Baron Wetzlar kam zu unserem Hausball, unser gütiger, freigebiger und offenherziger Freund, da er sich bei uns und unseren Freunden wohl fühlte; Gilowsky, der Windmacher, wie Wolfgang ihn nannte, war da; Gottlieb Stephanie mit seiner Frau, der Bühnendichter des Burgtheaters, der den Operntext für ‚Entführung' bearbeitet hatte; der Tenor Adamberger und seine Gemahlin, der Belmonte sang; Baronin Waldstädten, von allen umworben, über die man sich fragwürdige Skandalgeschichten erzählte, und die stolz auf ihren schlechten Ruf war.

Für die Pause während des großen Balls im Redoutensaal am Faschingmontag erdachte Mozart eine kleine Einlage; ein Schauspieler half ihm mit den Knittelversen. Komponist, Bühnendichter und Regisseur in einem, hatte Wolfgang sich die Rolle des Harlekin auf den Leib geschrieben und vollführte drollige Sprünge; Josef Lange gab einen würdevollen Pierrot ab und Luise eine anmutige Colombine. Alle trugen Masken, nur ich nicht, da ich keine Rolle hatte.

Ich war schwanger. Mein erstes Kind. Der kleine Raimund. ‚Ein kugelrunder Bub', wie Mozart nach der Geburt an seinen Vater schrieb. Der erste meiner sechs Kleinen. Der erste, der sterben sollte, bevor er richtig mein war. Was wäre aus ihnen geworden? Wie hätten sie wohl alle ausgesehen? Wie ich? Wie Mozart? Wären sie kurzsichtig gewesen wie er? Hätten sie eine Spitznase gehabt wie ich, mein schwarzes Haar und meine kleinen Augen? Augen, die leicht weinen?

Wir übersiedelten im April auf den Judenplatz. Dort kam der Kleine auf die Welt. Unsere Tageseinteilung in den ersten Monaten unserer Ehe hatte mir durch ihre Regelmäßigkeit eine Art Zuflucht und Sicherheit gewährt. Wolfgang verbrachte den Morgen mit Klavierunterricht; zwölf Dukaten zahlte man für sechs Lektionen. Meist unterrichtete er im Hause seiner Schülerinnen. Das beunruhigte mich ein wenig. Stubenmädeleien konnte ich ihm verzeihen; wenn ich ihm im Dunkel die Wange streichelte, beichtete er sie meist selbst. Aber unter den Damen, die sich von ihm unterrichten ließen, gab es musikalisch begabte. Eine Pamina? Eine Donna Anna? Wenn ich ihn neckte und vorgab, unbekümmert zu sein, lachte er mich aus. Dann war ich sein dummes Stanzerl:

„Die Einzige, die mir gefällt, ist die Aurnhammer." Er sagte g'fallt statt gefällt. „Die Aurnhammer! Weil sie halbnackt ist, mit ihrem Spitzenausschnitt, wenn sie mir vorspielt. Und was mir am besten g'fallt –, daß sie so fett ist und so stark schwitzt." Die Arme war in ihn verliebt; sie spielte wie ein Engel.

Wolfgang kam gegen zwei Uhr von seinen Lektionen nach Hause. Vor unserer Ehe hatte er am frühen Morgen, bevor er ausging, gewöhnlich geschrieben; er schrieb alles nieder, bevor er ans Klavier ging und das eben Komponierte spielte:

„Jetzt bleib' ich lieber ein bissel länger im Bett, nicht wahr, Stanzerl?" sagte er.

Nach dem Mittagessen hielten wir Siesta, und am späten Nachmittag schrieb Wolfgang gewöhnlich, wenn er nicht gerade an einer Akademie teilnehmen mußte. Meine Schwangerschaft ließ ihm kaum Zeit, auch nur drei Takte zu schreiben. Da lag ich auf dem Sofa und dachte, ich müßte bald sterben. Es war schlimm, als ich den kleinen Raimund trug – der liebe Gott bewahre seine Seele! Mozart saß beim Tisch und schrieb. Wenn ich stöhnte, sprang er auf und eilte zu mir. Er arbeitete damals an einem der Streichquartette, die Papa Haydn veranlaßten, als er sie später mit ihm spielte, zu Vater Mozart zu sagen, er halte seinen Sohn für den größten Komponisten, den er kenne. Papa Haydn war zu allen gütig.

Als ich mich eines Tages besser fühlte, ließ Mozart seine Arbeit meinetwegen, so daß ich im Prater frische Luft schöpfen konnte. Meist aber lag ich zitternd da und dachte an den Tod. Meine Mutter hatte ich nicht gesehen, seit es eines Abends wieder Streit gegeben hatte, wir auf und davon liefen, und Mozart schwor, ihr Haus nicht mehr zu betreten. Seit einer Weile hatte ich Sophie nicht gesehen, von Josefa und Luise nichts gehört.

Um vier Uhr morgens fühlte ich die ersten Wehen. Wolfgang wartete eine Weile, dann holte er die Hebamme. Franziska hieß sie.

Es war ein Junimorgen. Als es hell geworden war, sandte Mozart nach meiner Mutter. Ich dachte, vor Schmerzen zu vergehen, und doch wurden diese Schmerzen immer noch schlimmer. Wie lang jener Tag war, habe ich nie gewußt. Als ich merkte, daß meine Mutter bei mir war, ging es ein wenig leichter. Sie blieb den ganzen Tag bei mir, die Nacht, die ihm folgte, und den nächsten Tag. Alles war vergessen. Ich hörte Raimunds ersten Schrei. Ich hörte seinen Atem. Wolfgang hielt Blätter in der Hand: das war das Menuett und das Trio eines Quartetts, die zugleich mit Raimund geboren wurden. Später hat meine Mutter mir erzählt, daß sie Wolfgang tränenüberströmt gefunden habe, als sie vor der Entbindung ins Sitzzimmer kam, voll Angst und ratlos.

„Für dein Leben habe ich dem lieben Gott eine Messe gelobt, Stanzerl", sagte er, als der Kleine da war. Wolfgang küßte mich. Ich bleibe noch heute dabei, daß man in dem Quartett an einer bestimmten Stelle mein Stöhnen hören kann.

Wir hatten Vater Mozart versprochen, das Kind nach ihm zu nennen. Unser erster Besucher nach der Geburt war jedoch Raimund Wetzlar. Im Vorzimmer lief Mozart ihm in die Arme.

„Ein Bub", rief Wolfgang, „ein kugelrunder Bub!"

„Ich will gern' sein Pate sein", sagte der Baron, herzlich und aufrichtig wie immer. Mozart wußte keinen Ausweg. Er konnte ihm den Wunsch nicht ausschlagen nach dem, was der Baron für uns getan hatte. So erhielt mein Kleiner einen getauften Juden als Paten und in der Kirche am Hof die Namen Raimund Leopold; lange hat er sie ja nicht tragen dürfen. Mozart mußte seinem Vater brieflich erklären, warum der Name Leopold nicht der erste war; Leopold Mozart vergab ihm das nicht. Seine Verstimmung war vielleicht auch ein Grund, warum er uns nicht herzlicher aufforderte, ihn endlich zu besuchen.

Ich genas erst wirklich, als wir endlich abreisten. Das war die große Freude, auf die ich gewartet hatte.

Am Tag der Abfahrt tauchte ein mir Unbekannter auf und verlangte, ehe er uns abreisen lassen wollte, dreißig Gulden, die Mozart ihm schuldete. Wolfgang trieb das Geld bei unserem Baron

Wetzlar auf. Ich war mit meinen Gedanken kaum mehr in Wien, sonst hätte mich der Zwischenfall an manche bitteren Augenblicke erinnert, als mein guter Vater mit einem Seufzer ausgezogen war, um von Freunden bis zum Monatsende ein paar Taler für den Haushalt zu leihen. Es war Juli, und die Landschaft muß grün und leuchtend gewesen sein wie immer, aber ich sah davon nichts; meine Gedanken eilten der Postkutsche voraus. Mozart selbst war nie ein Bewunderer von Landschaften.

Franziska, die Hebamme, hatte in der Wiener Vorstadt Neustift im Haus ‚Zum roten Pfauen' eine Verwandte, in deren Obhut wir das Kind gegen Entgelt zurückließen. Der kleine Raimund war erst fünf Wochen alt. Übertriebene Liebe der Eltern für ihre Kinder wurde damals fast als eine Schwäche angesehen; bei vielen galt es als ungesund und gewagt, die Kleinen mit Muttermilch zu ernähren. Selbst der berühmte Rousseau soll seine fünf unehelichen Kinder einem Findelheim übergeben haben. Außerdem denkt man kaum an Tod und Unheil, wenn man blutjung ist. So blieb denn der kleine Raimund zurück; vielleicht liegt es an den Zeiten, wenn man so etwas tut.

Ich kann das Bild der Festung, der Berge rund um sie, der Brücke über die Salzach, wie sie mir damals zum ersten Mal erschienen sein müssen, so sehr ich mich auch bemühe, nicht mehr heraufbeschwören. Die einzige Erinnerung, die ich von jenem heißen Julitag noch habe, ist der kühle Empfang. Ich höre Wolfgangs Stimme, ich fühle seines Vaters Hände auf meinen Schultern, ich sehe Nannerl langsam auf mich zuschreiten; wir umarmten einander; der kleine Hund bellte mich wütend an.

Dabei blieb es. Mein Traum war tot. Im Laufe der Zeit, wenn wir abends beisammensaßen, zeigte man mir dieses und jenes kleine Geschenk, das Wolfgang als Kind von seinen großen Reisen heimgebracht hatte; goldene Döschen, Uhren, Elfenbeinfigürchen, allerlei. Man gab mir kein Stückchen davon: ich blieb eine Fremde. Als einander Fremde verbrachten wir drei frohe Monate miteinander in Salzburg, machten Musik, suchten Freunde auf, gingen ins Theater, lagerten am Flußufer, um Speise und Trank zu teilen.

Leopold Mozart sprach nicht von der Vergangenheit, aber er hatte sie nicht vergessen: nicht Mannheim, wo Wolfgang als junger Mann am Weg nach Paris bei uns fast steckengeblieben wäre; nicht die Alarmbriefe, die seine Mutter von dort an ihren Gatten in Salzburg geschrieben hatte; nicht Wolfgangs Schwärmerei für Luise; nicht seinen Bruch mit Colloredo, seine Flucht in die Freiheit, nach Wien, und schon gar nicht seine Ehe mit mir.

Die Messe, die Wolfgang unserem lieben Herrgott als Dank für die glückliche Entbindung und für das Wiedersehen mit der Familie gelobt hatte, sollte zum Abschied gesungen werden. Er wollte, daß ich dabei das Sopransolo singe. Es war ja meine Messe. Am Tag vor der Abreise wurde sie beim sonntäglichen Hochamt in der Peterskirche aufgeführt. Ich sang voll Trauer, denn ich war enttäuscht; vielleicht ahnte ich auch, was mich in Wien erwartete. Mozart war ungeduldig, da wir am nächsten Morgen recht zeitig abreisen sollten. In der Eile des Packens müssen einige Notenblätter verlegt worden sein; sie sind nie mehr aufgetaucht, und nun denke ich mit doppelter Wehmut an Wolfgangs zärtlichstes Agnus Dei, dessen Melodie wie ein Schatten in meine Erinnerung weht. Mozart liebte diese c-Moll-Messe, da er sie dem lieben Gott für wohl überstandenes Leid geweiht hatte, und deshalb hat er wohl die Melodien später wieder verwendet, aber das süße Agnus Dei habe ich nie mehr gehört. Mozarts Liebe zu seinem Vater hatte sich schmerzhaft gelöst; ich war um eine zarte Hoffnung ärmer; der Himmel war kalt, die Wolken hingen tief zwischen den Bergen. So fuhren wir nach Wien.

Im freundlichen Linz erwartete uns eine Freude, denn Graf Thun, der Bruder einer Schülerin Mozarts, sandte eine Kutsche zu unserem Gasthof, um uns als Gäste zu sich einzuladen. Mozart wurde nicht oft von großen Herren als ihresgleichen empfangen, glaubte aber umso eher, daß er das Recht dazu habe. Auf Verlangen des Grafen wurde eine Akademie im Linzer Theater angesetzt, und nur zwei Tage blieben Mozart, um in aller Eile eine Symphonie für die Gelegenheit zu schreiben. Er hatte letzthin oft von Händel gesprochen, mit dessen Musik er bei Herrn van Swieten bekanntgeworden war. Als man bei der Akademie im Linzer Theater den ersten Satz spielte, hörte ich das große Halleluja aus dem ‚Messias'. Mozart war immer fromm und gläubig, aber damals waren seine Gedanken vielleicht noch mehr als sonst auf Gott gerichtet. Fühlte auch er das Leid in Wien voraus? Er war gläubig und abergläubisch; ich bin es auch; wer kann denn sagen, auf welche Art unser Herrgott zu uns spricht? Am Abend des 13. November saßen wir noch spät nachts in unserem Zimmer beieinander; den ganzen Tag war Wolfgang ernst und traurig gewesen. Ein Blatt Papier lag vor uns auf dem Tisch; Wolfgang hatte zu zeichnen begonnen; dann reichte er mir stumm das Blatt, auf dem er das heilige Antlitz des leidenden Herrgottes gezeichnet hatte. Seine Augen waren verschleiert, und er seufzte. Da mußte ich weinen. Mich fröstelte, und es wollte mich in Linz nicht mehr leiden. Der kalte österreichische Herbst war hereingebrochen. Wir fuhren eilig nach Wien zurück. Unsere Wohnung am Judenplatz war still und kalt. Am nächsten Morgen fuhren wir hinaus nach Neustift zum ‚Roten Pfauen'. Die Ziehmutter öffnete die Tür. Sie schwieg, und ich wußte, was geschehen war.

„Sie haben ihn bei der St.-Ulrichs-Kirche begraben", sagte sie; „Gedärmfrais, meinte der Arzt." Gerade eine Woche vor der Messe in der Peterskirche war das geschehen.

Wolfgang gab ihr dreißig Kreuzer. Das waren die Begräbniskosten. Wir gingen nach Hause in die leeren Zimmer.

* * *

Wenn alte Menschen wie ich an ihre Kinder denken, dann wird in der Erinnerung die eigene Kindheit lebendig. Wie seltsam: das kleine Mädchen, das ich einmal war, das bin nun ich, die alte Frau, die hier träumt und kritzelt; und es fällt mir gar nicht schwer, mir vorzustellen, daß ich dieses selbe kleine Mädchen noch immer bin; ein alt gewordenes kleines Mädchen. Sobald ich mir das vorstelle, wird es lebendig um mich; mein Zimmer weitet sich, und ich bin wieder in Mannheim, in der Wohnung, die mir kleinem Ding eine trauliche Zuflucht schien, aber wohl nur eine dürftige Unterkunft war; meine Schwestern, meine Mutter, mein Vater, mein Bruder gehen da ein und aus; bei uns gibt es mehr Bewegung als anderswo, mehr Kommen und Gehen, mehr Lärm, mehr Streit, mehr grundlose Fröhlichkeit und mehr Unordnung, aber das merke ich Zehnjährige wohl nicht. Ich glaube fürs erste noch, alles müsse sein, wie es ist: meine Mutter, die kein bestimmtes Alter hat und, für mich, ihr ganzes Leben lang dieses unbestimmte Alter bewahrt, immer in Bewegung, immer auf dem Weg, von einem Zimmer ins andere, von einer Wohnung in die andere, von einer Stadt in die andere, ruhelos, immer scheltend, immer unzufrieden, immer darauf aus, mehr zu verlangen, als man ihr gibt; mein guter Vater, der nie Zeit hat, zu leben, und der doch immer Zeit hat, mich huckepack zu tragen; Josefa, fünf Jahre älter als ich, etwas schwerfällig, etwas zu beleibt, meist in der Küche, um ein Süppchen zu kochen oder einen Kuchen zu backen, nach Köchinnenart davon zu kosten und, wenn sie satt ist, in Gesang ausbrechend mit ihrer schönen Stimme, wie ein Vogel, der ein Körnchen gefunden hat; Luise, unsere liebliche Luise, nur drei Jahre älter als ich, schlank, flink – Luise, die immer läuft und nie geht, die oft hell auflacht ohne Grund, und deren Gesang meinem Vater die Tränen in die Augen treibt; unsere Jüngste, Sophie, die selbstzufrieden unter dem Tisch aus Spulen, Lappen und Holzblöcken einen Puppenhaushalt baut, während mein kleiner Bruder Johann, zwei Jahre älter als sie, ihrem kindlichen Spiel meist verachtungsvoll zusieht. Irgendwo im Haus geisterten wohl auch die Seelen des kleinen Jungen und des

Mädchens herum, die ich nie kannte, die das Licht der Welt erblickt hatten, aber nur kurz Gäste auf dieser Erde geblieben waren.

Mein Vater lief immer atemlos hinter irgend etwas her; er muß damals schon gewußt haben, daß die Oase, die er zu sehen meinte, Wüste, und er am Zusammenbrechen war. Mir Zehnjährigen erschien damals alles richtig. Aus Brocken von Gesprächen, aus Erzählungen meiner Mutter, aus Ahnung und Erinnerung habe ich später alles verstehen gelernt.

In unserem Haus gab es zwei segensvolle Freuden: Musik und gutes Essen. Meine Mutter kochte mit Inbrunst, Geschick und ohne Geld; das aber kümmerte uns nicht. Sie muß hie und da von diesem und jenem Geld geliehen haben, um Leckerbissen zu kaufen; ihre Erbin am Herd war die beleibte Josefa; Mahlzeiten waren für uns das immer erneute Liebesfest der Familie, aber sie waren das einzige Liebesfest. Der Tisch war dann reich gedeckt und schwer beladen; wir alle trugen auf, und Mutter überwachte die Zeremonie. Sie war die Hohepriesterin des Gaumens, mein Vater der Hohepriester der Musik, aber, wie in allem, was der Arme liebte, fand er auch darin keine Erfüllung. In der grauen Vorzeit, die sich von der Erschaffung der Welt bis zu meiner Geburt erstreckte, war er Amtsmann in Zell im Wiesental gewesen. Das Amt hatte er von seinem Vater ererbt, der lange bevor ich geboren wurde, schon gestorben war. Wie sein Amt hatte mein Vater von ihm auch das Musizieren ererbt, denn mein Großvater spielte die Orgel und die Geige; er lehrte seine Söhne Gesang und Notenlesen. Mein Vater ging nach Freiburg, an die Universität, um die Rechte zu studieren, aber als mein Großvater starb, mußte er unvermittelt sein Studium abbrechen, um sich sein Leben zu verdienen. So erwarb er nie einen richtigen akademischen Titel, aber als Staatsbeamter in Vorderösterreich hatte er das Recht, ein ‚von‘ vor seinen Namen zu setzen. Für meine Mutter war das wichtig; es kann schon sein, daß ich diesen eitlen Stolz von ihr geerbt habe. Meine Visitenkarte sieht jedenfalls danach aus: Constanza, Etatsrätin von Nissen, gewesene Witwe Mozart. Mein Vater ehelichte meine Mutter zwei Jahre nach seines Vaters Tod und nach seinem Amtsantritt. Sie erwartete mehr vom Leben, als Zell bieten konnte. Am Tag als sie von Mannheim nach Freiburg zur Trauung fuhr und dann mit meinem Vater nach Zell zog, muß sie gewußt haben, daß sie dort nicht als Amtmannsgattin, wenn auch mit einem ‚von' vor ihrem neuen Namen, ihr Leben beschließen wollte. Wir alle außer Sophie kamen aber noch in Zell auf die Welt, und da gab es wohl anfangs genug Liebe, Leben, Lärm, Kindergeschrei und Küchendampf, um meine Mutter ans Haus zu fesseln. Dank dem Gehalt meines Vaters war auch genug Geld da, um alle Mäuler zu stopfen. Meine Mutter konnte jedoch ihr Mannheim nicht vergessen. Das muß damals eine göttliche Stadt gewesen sein, mit ihren schnurgeraden Straßen, reich und geschäftig; eine Stadt, die jedermann mit offenen Armen aufnahm, Katholiken, Lutheraner, Freidenker, Juden, Mennoniten, Maler, Baumeister, Sänger, Schauspieler; deren Hof ein zweites Versailles war, und deren Lebensart man in Europa bewunderte; deren Kurfürst vielleicht etwas gottlos war – ein Freund Voltaires, der liebe Gott vergebe es ihm! – aber ein leutseliger Herr; eine Sternwarte, ein Kunstinstitut, eine wissenschaftliche Akademie, eine Kupferstichsammlung, ein Naturalienkabinett, ein französisches Theater und das beste Orchester Europas. Meine selige Mutter hat gewiß an all dem nie teilgenommen: sie war ja keine Dame und keine Theaterbesucherin, weit davon entfernt, weiß Gott! – aber sie hatte im Abglanz der Stadt gebadet, und danach sehnte sie sich zurück. Sie ließ meinem Vater keine Ruhe: er hatte eine schöne Baßstimme, und sie machte ihn glauben, er sei zu Besserem bestimmt.

Als ich noch ein Nesthäkchen von zwei Jahren war, gab mein Vater sein Amt auf, und die Familie übersiedelte nach Mannheim. Von dort stammen meine frühesten Kindheitserinnerungen. Später, viel später erst verstand ich allerdings, woran ich mich erinnerte. Mein Vater lief mit dem Leben um die Wette, und er sollte diesen Wettlauf verlieren. Seine Stimme reichte dazu aus, ihm eine Stelle im Kirchenchor zu verschaffen. Sein Vorgesetzter war ein Jesuitenpater, Abt Vogler, Leiter der Kirchenmusik und ein berühmter Mann, von dem mein Vater nur mit Abscheu sprach. Der Abt war den Mächtigen gegenüber ergeben und dienstfertig, für Untergebene ein anmaßender Tyrann. So war er denn der Liebling des Hofes, aber bei den Musikern verhaßt. Er tat sich viel auf seine Fachkenntnisse als Musiker zugute und spielte sich als Beschützer unserer Familie auf. Er wurde daher auch der Lehrer meines Vetters, der sich später mit seinem ‚Freischütz' selbst in London einen Namen machen konnte und dort auch gestorben ist. Mein Vater jedoch verdächtigte Abt Vogler, im Geheimen gegen ihn zu intrigieren.

Gott vergebe mir, daß ich während der heiligen Messe oft nicht auf das Credo hörte, weil ich darauf wartete, daß der Baß meines Vaters von der Empore erklang. Er wurde auch ans Theater engagiert, aber dort bestand nicht viel Bedarf für Bassisten, und so übernahm er zugleich die Pflichten eines Souffleurs. Später erst verstand ich, daß man ihn engagiert hat, weil eine Baßstimme mit ihren langsamen Schwingungen weniger leicht in den Zuschauerraum dringt. So endete die künstlerische Laufbahn meines Vaters, der seine Amtmannschaft aufgegeben hatte, um Sänger zu werden, bevor sie noch begonnen hatte. Das war unser Anteil am Glanz Mannheims, den meine Mutter nicht hatte entbehren wollen.

Meines Vaters Gehalt betrug zweihundert Gulden im Jahr. Dank der glorreichen Küche meiner Mutter haben wir Kinder trotzdem nicht gehungert, aber Mangel war unser ständiger Gefährte; er beherrschte unser Leben und unser Denken; er war um uns und mit uns Tag und Nacht; wir sprachen von ihm; wir lernten ihn fürchten und hassen, aber wir waren hilflos gegen ihn und nannten ihn nie bei seinem wahren Namen. Wir konnten keinen Gedanken fassen und keine Pläne machen, ohne dabei an Geld zu denken, ob es sich nun um ein neues Kleid oder einen Ausflug nach Schwetzingen handelte; wenn unser Jüngstes sich einen Kreisel wünschte, wurde die Erfüllung dieses Wunsches als Verschwendung abgeschlagen; Geld war unser erster Gedanke beim Erwachen und unser letzter vor dem Einschlafen. Wir waren keineswegs arm, aber uns Kindern erschien der Mangel als Armut. Geld wurde unser Schicksal. Heute, da alles längst vergangen und fast vergessen ist, hasse und fürchte ich die Armut noch immer, obwohl man mich leicht für wohlhabend, oder gar für vermögend halten könnte: Nissens Nachlassenschaft allein belief sich auf siebentausendfünfhundert Gulden. Als aber die beiden Theologiestudenten aus Tübingen mich aufsuchten, um, wie sie sagten, „die Witwe des Mannes zu sehen, den sie so sehr bewunderten und hochhielten“, trieb mich ein Teufel dazu, eine Bemerkung über meine geringe Pension nach Mozarts Tod und über die noch unverkauften Exemplare seiner Lebensbeschreibung, deren Preis ich damals schon von fünfzehn auf fünf Gulden herabgesetzt hatte, ins Gespräch einzuflechten; ich glaube fast, ich hatte die Studenten schon so weit, daß sie mir von ihrem dürftigen Reisegeld, das zum Kauf eines Buches nicht ausreichte, eine kleine Spende zur Unterstützung geben wollten, aber, Gott sei Dank, kam es dazu nicht. Solche unwürdige Schritte, halb Bettelei, halb Erpressung, drängte es mich gelegentlich in den letzten Jahren zu unternehmen, ohne recht zu wissen, warum. Dieser Trieb, die Angst vor Mangel, ist stärker als ich, aber seltsamerweise gepaart mit einem Hang zur Verschwendung. Seit den Tagen in Mannheim weiß ich, daß Not eine Menschenseele aushungern, zermürben, foltern, ersticken kann. Vielleicht wäre meine selige Mutter eine gütige, sanfte Frau geworden, hätte sie nicht täglich um die paar Kreuzer für ihre Bohnen und ihren Knoblauch bangen müssen; vielleicht hätte Sophie nicht erst mit fast vierzig Jahren einen Musiker geheiratet, mit dem sie ins dunkelste Slawonien verschlagen wurde; vielleicht wäre meine Schwester Luise statt meiner Mozarts Frau geworden, hätte der Durst nach Erfolg und Geld sie nicht an die Oper, nach München, nach Wien, nach Hamburg, nach Amsterdam getrieben, so daß auch ihre Ehe mit Josef Lange darüber in Brüche ging. Und was wäre aus mir geworden, wenn Geld nicht mein Tyrann gewesen wäre?

Um Brot zu verdienen, mußte mein Vater mit seinem armseligen Souffleurgehalt allezeit hier und dort einem halben Gulden nachjagen; die Stunden seines Lebens in Geld ummünzen; um Mitternacht Notenblätter für das Orchester kopieren. Er hatte nie recht Zeit für irgend etwas; nur scheu und flüchtig konnte ich ihn manchmal mit den Lippen auf die Schläfe küssen, bevor ich zu Bett ging, um ihn, der immer müde, immer geschäftig war, nicht zu stören. Damals wurde aus mir die Constanze, die ich geblieben bin. Ich bin nun älter, müder, klüger und eine bessere Schreiberin, etwas ordentlicher, aber immer noch zerfahren, und im großen und ganzen doch die Constanze aus der Zeit der Not, die gerne Geld ausgibt, bevor es sich verflüchtigt, wenn gerade welches da ist.

Man wußte in Mannheim, daß Fridolin Weber immer Aufträge suchte. Mein Vater bestand längst nicht mehr auf dem ‚von' vor seinem Namen und auf seiner Berufswürde als Hofmusiker. Nach zwölf Jahren in Mannheim war er kirre. Als Mozart nach Mannheim kam und einen Kopisten brauchte, sandte man ihn zu Fridolin Weber.

Mozart kannte schon diesen und jenen in der Stadt, wohl vor allem Musiker, aber er war immerhin auch in Audienz vor dem allerdings leicht zugänglichen Kurfürsten erschienen, der Künstler immer gern kennenlernte. Kurfürst Karl Theodor hatte mit Mozart die Möglichkeit besprochen, den Kindern der Gräfin Haydeck Klavierunterricht zu erteilen. Diese ehemalige Schauspielerin am Hoftheater spielte in der Mannheimer Gesellschaft eine angesehene Rolle als Gattin des Grafen, obwohl jeder außer mir, der Vierzehnjährigen, wohl wußte, daß der Kurfürst der Vater ihrer Kinder war. Wie hat die Welt sich doch geändert! Heutzutage, und besonders hier in Österreich, wäre so etwas vielleicht unmöglich, aber Mannheim war ja schließlich eine halb französische Stadt! Als Mozart damals, einundzwanzig Jahre alt, zum ersten Mal in unser Haus kam, sprach er völlig unbefangen und rundheraus, wie das seine Gewohnheit war, von diesen Dingen; ich dachte, er müsse ein erfahrener Kavalier und ein Sendbote aus der großen Welt sein. Ich tat, als hörte ich seinen Berichten nicht zu, die auch nicht für meine Ohren bestimmt waren, aber ich erlauschte, was ich konnte.

Mozart wohnte mit seiner Mutter bei einem Hofkammerrat, dessen Tochter in meinem Alter war, und der er, als Entgelt für die Wohnung, Klavierstunden gab. Die ‚unbegabte Hausnymphe' nannte er sie. Er gab schon damals gerne allen Spitznamen; später war ich sein Spitzbub, Knallerballer, Stanzi-Marini oder einfach Weibchen; diesen Kosenamen hat Schikaneder vielleicht von seinen Lippen für die ‚Zauberflöte' aufgelesen.

Mozart hatte auch zahlende Schülerinnen gefunden; er gab wenig Geld aus, da er oft eingeladen war; es war ja noch nicht lange her, daß er und Nannerl von ganz Europa bewundert worden waren, und man wollte in der Mannheimer Gesellschaft gern seinen Gästen das ehemalige Wunderkind vorführen. Die beiden waren vor Kaiserin Maria Theresia in Schönbrunn erschienen; sie hatten vor ihrer Tochter Marie Antoinette in Versailles gespielt. Wer wäre da nicht neugierig gewesen? Mozart war verstrickt in die Freuden der Mannheimer Feste; da gab es Bälle, Konzertakademien, Soupers, Opern und Theateraufführungen. Mozart, nur an sein biederes, altväterisches Salzburg gewohnt, war überall dabei und erfreute sich seiner ungewohnten Freiheit und Unabhängigkeit.

Ich war für ihn ein Kind, und kein sehr hübsches oder anziehendes, mit meinen ungeschickten Gliedern, die mir immer im Weg waren; da ich jedoch schüchtern und verschreckt war durch das Bewußtsein meiner Armut, und nie Umgang mit Fremden gehabt hatte, war ich wortkarg, wenn man mit mir sprach. Das löste Mozart nach meinen Klavierlektionen die Zunge. Er übte gern mit mir, da er fand, daß ich begabter war als die Hausnymphe, und er schätzte mich als Zuhörerin, weil ich ihn nur halb verstand und daher nie unterbrach. Ich hörte eifrig zu, denn was er erzählte, war für mich Vierzehnjährige das Echo der Welt. Ich verstand nicht, daß auch er fast noch ein Kind war; Nannerl hat ja sogar behauptet, er sei immer eines geblieben. Er konnte nie lange ruhig sitzen; bald begann er, mit dem Fuß zu tappen, mit dem Finger seinen Nasenrücken zu reiben, auf und ab zu gehen, oder er lief ans Fenster, sah hinaus und trommelte mit den Fingern lautlos auf den Fensterpolster. Und dann erzählte er seiner stummen Zuhörerin, was ihm gerade in den Sinn kam.

In Salzburg war er im Dienst des Erzbischofs gestanden, der als Fürst sein Ländchen regierte und als Fürst lebte. Im Laufe der letzten drei Jahre, seit seiner Rückkehr von einer großen Kunstreise durch Italien, wollte er an die hundert Kompositionen geschrieben haben. Ich hielt das für eine Prahlerei, aber er fand daran nichts Ungewöhnliches. Schon mit sechs Jahren habe er allerlei Kleinigkeiten geschrieben; dann Menuette, Sonaten, Symphonien, ein Oratorium – ‚Die Schuldigkeit des Ersten Gebots' –; Serenaden; selbst Opern – ‚Tamos, König in Ägypten'; ‚Lucio Silla', als er erst sechzehn Jahre alt gewesen sei; ‚Il Re Pastore' –, anderes. Nissen hat mir das später bestätigt. Für den Empfang Herzog Maximilians, des Sohnes der Kaiserin, in Salzburg habe er ‚Il Re Pastore' als Festoper geleitet; reiche Salzburger hätten oft zu Hochzeiten und Festen bei ihm eine Komposition in Auftrag gegeben.

Er war stolz auf sein Handwerk. Ich bewunderte ihn dessentwillen, denn mir selbst mangelte es an Selbstbewußtsein, darin war ich die wahre Tochter meines Vaters.

Mozarts Vater, der auch sein Lehrer gewesen war, und dem er seine Kunst ganz verdankte, sah für seinen Sohn keine Zukunft im verschlafenen Salzburg; Mozart selbst litt es dort nicht, da er in Diensten des Fürsterzbischofs als Subalterner behandelt wurde. Der alte Mozart träumte von einer großen Zukunft für seinen Sohn; dieser selbst von Unabhängigkeit. Mich sprach dieser Durst nach Freiheit an. In einer Zeit, als Musiker von der Gunst und Großmut eines Hofs abhingen, wollte er das Gesetz seiner Zeit durchbrechen und erreichen, was erst viel später einem Beethoven, Schubert oder Spontini mit Mühe geglückt ist. Klar konnte mir das damals nicht sein, wenn er von der Zukunft sprach, aber schön klang es dennoch. Er war für mich ein Klavierlehrer, dem ich gern zuhörte.

Vater Mozart wollte seinen Sohn nach Paris bringen, wo man sich vielleicht noch seiner als Kind erinnern konnte. Außerdem war Paris, selbst für Mannheimer Musiker, eine Art Magnet. Der Fürsterzbischof von Salzburg lehnte das Urlaubsgesuch des Vaters und seines Sohnes kurzerhand ab. Daraufhin hatte Wolfgang seinen Abschied genommen, um auf Kosten seines Vaters die Reise nach Paris zu unternehmen; wegen seiner Jugend reiste er in Begleitung seiner Mutter. Mehrmals wöchentlich gingen Briefe hin und her, von Mozarts Mutter an ihren Gatten, von diesem an Mozart, von ihm nach Salzburg.

Mozart las mir hie und da einen dieser Briefe vor, und ich fand sie lustig oder rührend. Leopold Mozart und Nannerl hatten rotgeweinte

Augen nach Mozarts Abreise; eine ‚großaugete Mundbäckentochter', offenbar in Mozart verschossen, lief schnurstracks aus ihrer Klosterschule nach Hause, als sie von seiner Abreise hörte, und war untröstlich, zu spät gekommen zu sein, um ihm Lebewohl zu sagen; Leopold Mozart belustigte sich mit seinen Kumpanen beim sonntäglichen Preisschießen seines Schützenvereins über das arme Mädchen. Das fand ich traurig.

Der erste Aufenthalt auf der Reise nach Paris war München gewesen. Mozart wäre gerne gleich in dieser großen Stadt geblieben. In Nymphenburg bewarb er sich also um eine Anstellung beim Fürsten, aber dieser bedeutete ihm, er sei zu jung, zu unerfahren und zu wenig berühmt. Als hinge etwas von meiner Zustimmung ab, legte mir Mozart einen Plan dar, den sein Vater als kindisch verworfen hatte: wenn jeder seiner Freunde in München auch nur einen Dukaten spendieren wollte, und er im übrigen sich mit Essen auf Einladungen verließe, könnte er in München fürs erste sein Auslangen finden. Jung, aber geldklug, gab ich Mozarts Vater recht. Ich merkte an Mozarts abenteuerlichem Plan, daß er kein richtiger Armer war wie ich: er verlor nie die Hoffnung; er glaubte, daß immer, irgendwo, ein Tisch für ihn gedeckt sei.

Von München war es nach Augsburg gegangen, wo Mozart Verwandte hatte, da sein Vater aus dieser Stadt stammte. Dort hatte er eine ‚Bettelakademie' gegeben, die ihm nichts eintrug; das Stadtorchester sei ‚zum Fraisenkriegen' schlecht gewesen. Mit einer angeblich sehr drolligen, dicklichen Base, die er auf gut Schwäbisch ‚Bäsle' nannte, habe er ‚die Leute gefoppt' – seine österreichischen Ausdrücke waren neu für mich und belustigten mich. Das Bäsle war wohl auch in ihn verschossen, obwohl er kein Adonis war: klein, etwas zerfahrene Bewegungen, ein bleiches Gesicht, aber schöne Augen; und dann war er sanft und herzensgut.

Und nun Mannheim! Was Mozart von der Mannheimer Gesellschaft erzählte, blendete mich fast ebenso wie seine Berichte über die weite Welt, denn ich kannte kaum den Widerschein des Mannheimer Lebens. Während ich auf meinem Klavierstuhl hockte, ließ er vor mir die Feste im Hause Cannabich erstehen, wo er ein und aus ging, wenn man ihm glauben durfte. Dort traf er alle, die in Mannheim Rang und Namen hatten. Dort verkehrten jene, von deren freien und leichten Sitten man mit Ablehnung, Neid und Bewunderung sprach – Musiker, Schauspieler, Künstler. Das Treiben bei Cannabichs schien mir gottlos und ungezügelt, und doch anziehend. Cannabichs Tochter Liesl war, so sagte Mozart, die Rädelsführerin. Man trank viel, genoß Leckerbissen, die ich nur vom Hörensagen kannte, und spielte Gesellschaftsspiele, die mehr als risqué waren. Die Zusammenkünfte dauerten bis Mitternacht, meinte Mozart mit einer großartigen Kapellmeistergeste seiner linken Hand, und seine Mutter mißbillige solche Ausschweifungen; in Salzburg sei um spätestens neun alles schon im Bett; sie habe seinem Vater auch davon berichtet, und dieser habe ihm zornige, ungeduldige Briefe geschrieben, das Treiben in Mannheim verurteilt, ihm vorgeworfen, daß er dort Zeit und Geld vergeude, und ihn gedrängt, schleunigst nach Paris weiterzureisen.

Cannabich war der Kurfürstliche Kapellmeister. Er hatte Mozart auch bei Wendling, dem Flötisten, eingeführt. Die Feste im Hause Wendling waren Stoff für weitere Erzählungen, die auf meine Schwester Luise Eindruck machten. Das waren die Kreise, zu denen sie gerne gehört hätte.

Mozart gab der reizenden kleinen Tochter Wendlings, Rose, damals dreizehn Jahre alt, Klavierunterricht; er pries ihr Talent und schrieb eine Klavierkomposition für sie. Wendlings Frau, Dorothea, die Primadonna des Theaters, probte mit Mozart, dessen Klavierspiel selbst mir unerfahrenem Kind ein Wunder schien. Mozart trug bei Wendlings oft am Klavier vor und begleitete den Gesang der Mademoiselle Gustel, wie er sie nannte. Sie war Wendlings Tochter und die wahre Primadonna, nicht nur im Hause Wendling, sondern in Mannheim. Ihre Schönheit war sprichwörtlich; jeder kannte sie in der Stadt. Mit ihren blauen, etwas matten Augen – sie war kränklich – und ihrem hellblonden Haar glich sie der Heiligen Jungfrau – Gott vergebe mir den Vergleich! Sie war seit langem des Kurfürsten Maitresse, um den Ausdruck zu gebrauchen, den man damals aus Frankreich übernommen hatte. Ich hatte das Wort gehört und verstand, was es bedeutete. Mozart erzählte von einem Klaviervortrag bei Wendlings, nach dem er alle Damen geküßt hatte, selbst die Mademoiselle Gustel; ich fragte ihn, ob er die Maitresse meine. Er lachte auf und sprang wie ein ausgelassener Junge über den Stuhl:

„Die ist gar kein Hund!“ Wieder solch ein lustiger österreichischer Ausdruck.

In der Silvesternacht des Jahres 1777 fiel der Vorhang, und die Mannheimer Feste waren zu Ende. Am Nachmittag brachte mein Vater aus dem Theater die Nachricht, daß der Kurfürst von Bayern in München gestorben sei. Unser Kurfürst reiste noch in derselben Nacht nach der bayrischen Hauptstadt ab, um dort seine Rechte als Erbe sicherzustellen. Der Hof folgte bald. Es wurde in Mannheim bekannt, daß nun München die Residenzstadt sein werde, und daß den Künstlern die Möglichkeit geboten werden sollte, dem Kurfürsten dorthin zu folgen. Wenn wir bisher schon im Schatten gelebt hatten, so sahen wir uns nun vom Dunkel der Nacht bedroht: war mein Vater einer der Künstler? Würde man sich in München des Souffleurs Fridolin Weber erinnern? Wir lebten in der Angst, ins Nichts zu versinken, aber schwiegen davon, als bestünde unter uns eine Verabredung, das Schlimmste nicht zu erwähnen.

Mozart kam weiter ins Haus. Ich fragte mich, warum. Da der Hof nun in München war, hätte er wohl Mannheim verlassen können, wo er ja auf keine Anstellung mehr hoffen konnte. Die Reise nach Paris schien aus mir unbekannten Gründen aufgeschoben, wenn auch nicht aufgehoben. Schließlich rückte Mozart mit einem Plan heraus, über den ich mir meine Gedanken gemacht hätte, wäre ich nicht letzten Endes doch noch ein unerfahrenes Kind gewesen: eine Kunstreise mit meiner Schwester Luise, um sich vor der Prinzessin von Oranien zu produzieren. Meinen Vater sprach die Idee an, denn er und Mozart waren Freunde geworden; ihre gemeinsame Ansicht über Abt Vogler hatte diese Freundschaft zementiert:

„Ein Jesuit im bösen Sinne, wenn ich so sagen darf“, meinte mein Vater.

„Und ein Scharlatan und Nichtwisser, auch wenn ich es nicht sagen darf“, fügte Mozart hinzu.

Er kam häufiger ins Haus, seitdem mein Vater Partituren und Stimmen für die geplante Kunstreise abzuschreiben hatte. Die Prinzessin, die ein Orchester erhielt und Akademien veranstaltete, hatte Mozart als neunjährigen Knaben im Haag gehört. Er erinnerte sich dessen, und, findig wie immer, erspähte er da eine wertvolle Gelegenheit. Luises schöne Stimme, doppelt schön, da sie einer siebzehnjährigen Elfe gehörte, schien ihm die richtige Ergänzung zu Vorträgen seiner eigenen Stücke am Klavier. Er schrieb Arien für meine Schwester, deren Stimme ihn fesselte. Er probte das Programm mit ihr.

Mozart liebte es, Unfug zu treiben – ich meine damit: er liebte Unsinn; er tollte manchmal gerne herum wie ein Junge; er trällerte Gassenhauer; er leierte sinnlose Reimworte herunter; er verdrehte zum Spiel Worte, indem er die Silben vertauschte; er erdachte aus dem Stegreif drollige Verschen, und wenn ihm ein derbes oder gelegentlich ein unflätiges Wort entschlüpfte, machte ihm das umso mehr Spaß; dann lachte er auf oder klatschte in die Hände. Damals war man ja nicht so zimperlich wie heute, wenn es galt, das Kind beim Namen zu nennen. Vielleicht verfiel er in diese Kindereien, weil die endlosen Kunstreisen, die sein ehrgeiziger Vater mit ihm als sechsjährigem Kind unternommen hatte, ihn seiner Kindheit beraubt hatten: Wien, Paris, London, Rom, Bologna – alle Landstraßen hatte er schon befahren, als er den Kinderschuhen erst zu entwachsen begann. Wenn es jedoch ans Musizieren ging, legte er sein knabenhaftes Narrengewand ab: wenn man sang oder spielte, oder wenn er selbst spielte, geriet er über den geringsten Lärm, die geringste Störung außer Rand und Band. Sobald dann der letzte Ton verklungen war, wenn auch nicht eine Sekunde vorher, sprang er auf, tat einige Schritte, rieb sich die Hände und begann von einem abliegenden Thema zu sprechen, meist von unwesentlichen oder alltäglichen Dingen, aber beileibe nicht von Musik. All dies habe ich später Nissen geschildert, der es in die Lebensbeschreibung Mozarts aufnahm.

Diese seine Gewohnheiten waren mir wohl vertraut. Ich merkte jedoch eine Veränderung in seinem Verhalten, wenn er mit Luise probierte; andere mögen dies nicht bemerkt haben, aber ich war eine Vierzehnjährige, und noch dazu einsam in dem Alter, wenn die Sinne für solches Wetterleuchten der Gefühle geschärft sind. Wenn Luise ihre letzte Note gesungen und Mozart seine letzte Taste angeschlagen hatte, blieb er eine Weile vor dem Klavier sitzen, als horchte er noch, die Finger auf den Tasten, dann nickte er zustimmend und schwieg.

Es war wie ein plötzliches Erwachen an einem sehr hellen und nie geahnten Morgen, als mir der Gedanke einschoß, daß Mozart meine Schwester Luise liebte. Ich wußte aber nicht, wie tief und ernst er sie liebte. Wenn es um Gefühle ging, war Mozart immer tief und ernst: wer, wie ich, noch das Agnus Dei der c-Moll-Messe gehört hat, weiß das.

Vier Tage vor seinem zweiundzwanzigsten Geburtstag verließen Luise und er, begleitet von meinem Vater, Mannheim. Alle drei waren voll Hoffnung. Mozart hatte meine Schwester zur Musik erweckt, Luise ihn zur Liebe – denn das Bäsle und die großaugete Mundbäckentochter sowie eine von Nannerls Freundinnen, wie er mir einmal gestand, das zählte nicht. Zehn Tage später waren sie zurück in Mannheim, verliebt wie vorher und nicht viel reicher: die fürstliche Gönnerin hatte Mozart sieben Louis d'or geschenkt und Luise fünf.

„Es steht schlimm um die Musik, wenn unsere Gönner keine Ohren haben", meinte mein Vater. „Knauserei", sagte Mozart.

Der Bericht von Luises und Mozarts Erfolg erreichte Mannheim; die beiden erschienen bei den letzten Akademien vor der Abreise nach München im Hause Cannabich; das war von Bedeutung, denn Europa hatte nur einen Cannabich. Luise sang Glanznummern ihres Programmes in Kirchheim-Poland, am Hof der Prinzessin, und Arien aus Mozarts ‚Lucio Silla'. Cannabich und seine Musiker klatschten Beifall. Ich war zu jung, um eingeladen zu sein, aber man hatte hinter einer Draperie einen Platz für mich gefunden, und so erntete ich meinen Anteil an dem Erfolg meiner Schwester. Mozart war verschwenderisch, da er verliebt war, und verteilte Gaben mit vollen Händen: ein Klavierkonzert für Rose Wendling; ein Flötenkonzert für ihren Vater; ein Oboenkonzert für Ramm, der in der Kapelle spielte; eine Arie für Dorothea, die Primadonna, und Arietten für die blonde Mademoiselle Gustel. Oft brauchte er nur eine Stunde, um so eine Komposition niederzuschreiben. Luise machte sich die Welt der Musik zu eigen und liebte Mozart offensichtlich ihretwegen.

Mein Vater sah keinen Ausweg aus seiner Lage: ein Sänger ohne Theater, eine Hofbühne ohne Hof, ein Haushalt ohne Geld, eine Familie ohne Liebe. Er hoffte auf ein Wunder. Er hatte die Fähigkeit verloren, Möglichkeiten abzuwägen, leere Hoffnungen zu verwerfen, echte Münze von falscher zu unterscheiden. Mozart, der aus der großen Welt kam, bei Cannabichs geehrt wurde, der die Gabe der Musik hatte, erschien ihm als Retter. Mein Vater, alt vor seiner Zeit, hoffte, daß dieser Zweiundzwanzigjährige ihm das Heil bringen würde. Darum begünstigte er die Liebe zwischen Mozart und Luise; er besprach mit meiner Mutter Möglichkeiten, die sich ergeben könnten; er ermunterte Aloysia mit halben Worten, ihren Freier zu ermutigen, und machte das siebzehnjährige Herz meiner Schwester dadurch wohl schneller schlagen.

Mozart hörte von seiner Mutter tadelnde Worte, weil er im oberflächlichen Leben Mannheims seine Gaben verpraßte; er erhielt von seinem Vater fast täglich zornig-ungehaltene Briefe; er floh zu uns; wir wurden für ihn seine neue Familie, während die Spannung zwischen ihm und seinem Vater wuchs. Eines Abends, vielleicht seiner klaren Sicht beraubt durch süßen Wein und Liebe, schlug er wieder eine wunderbare Kunstreise vor: der Plan trug seine Marke und sollte ihm und uns Ruhm, Erfolg und Reichtum bringen; er würde eine neue Oper schreiben und sie in Venedig zur Aufführung bringen; Luise sollte die Primadonna sein; er kenne Italien und seinen Geschmack, er sei ja dort gewesen; keiner dürfe sich wahrhaft Künstler nennen, ohne vorerst Italien erobert zu haben; ihm sei dies gelungen; mit dreizehn Jahren habe er in Rom an der Kardinalstafel gesessen; habe vom Heiligen Vater den Orden vom Goldenen Sporn erhalten, wie einst der große Orlando di Lasso, und dürfe sich seitdem Ritter von Mozart nennen; seine Oper ‚Mitridate‘ habe in Mailand solchen Erfolg gehabt, daß man ihm einen zweiten

Opernauftrag auf einen Text des großen Metastasio erteilt habe; das glanzvolle Venedig besitze neun Opernhäuser.

Wir Mädchen waren noch jung genug, um an Wunder zu glauben; meine Eltern verzweifelt genug, um ein Wunder zu brauchen; mein Bruder zählte sich nicht mehr zur Familie. So sahen wir uns bereits in Italien. Der Plan wurde weiter gesponnen: mein Vater sollte Luise und Mozart als Impresario begleiten. Mein armer Vater klammerte sich an diese neue Hoffnung. Venedig sei eine ungleich bedeutendere Opernstadt als Mailand, versicherte Mozart, und schilderte weiter das gepriesene Italien: wer konnte seiner jugendlichen Zuversicht den Glauben versagen? Auf einer Reise mit seinem Vater habe er als Vierzehnjähriger in der Sixtinischen Kapelle in Rom das Miserere von Gregorio Allegri gehört, das unter Androhung der Exkommunikation, um die Verbreitung der Musik zu verhindern, niemals notiert werden durfte, aber er habe es nach einmaligem Zuhören trotz des Verbotes des Heiligen Vaters zur Gänze aus dem Gedächtnis niedergeschrieben; er kenne sein Italien wohl; die Academia Filarmonica in Bologna habe ihn, obwohl er das Mindestalter von zwanzig Jahren damals noch nicht erreicht hatte, zu ihrem Mitglied ernannt, nachdem er in einer halben Stunde vier Stimmen für einen Gregorianischen cantus firmus ausgeschrieben hatte, während andere Kandidaten drei Stunden für die Arbeit benötigten; er kenne sein Italien ganz genau, sagte er, und verbürge sich für den Erfolg einer Kunstreise. Meine Mutter wollte wissen, wie sich denn während der Abwesenheit meines Vaters der Haushalt in Mannheim würde aufrechterhalten lassen. Wir alle würden mit auf die Reise gehen, sagte Mozart; meine Mutter als eine Art Hausmutter. Wäre das ein Zigeunerhaushalt geworden! Josefa könne für alle kochen, und das würde die Reisekosten senken; Josefa war es zufrieden. Ich wartete auf die Zuteilung meiner Rolle; Sophie träumte von Verona.

Mozart sah sich schon mit Luise in Venedig: da wir ihm nicht widersprachen, nahm er seinen Plan selbst ernst. Er schrieb an seinen Vater und teilte ihm alles mit. Der alte Mozart, nüchtern und durch vertrauliche Mitteilungen seiner Gattin bereits mißtrauisch, sah sich mit einem Mal seiner Todfeindin, der Unvernunft, gegenüber.

Mozart erhielt von seinem Vater einen harschen, zornigen Brief. Er hing an seinem Vater weit mehr als andere junge Leute seines Alters. Zum ersten Mal sah er sich von ihm verurteilt, des Ungehorsams geziehen; zum ersten Mal war er in offenem Widerspruch zu ihm. Er war zornig, aber nie hätte er seinem Vater die Ehrfurcht versagt, die er ihm schuldete. Er erhielt von ihm den Befehl, unverzüglich Mannheim zu verlassen und nach Paris weiterzureisen.

Briefe aus diesen Tagen sind unter jenen, die Nannerl mir seinerzeit sandte; man muß wissen, wie sanft und gut Wolfgang zu jenen war, die er liebte, um zu verstehen, wieviel Enttäuschung aus den Briefen spricht, die er damals an seinen Vater schrieb: „Ich bitte, alles von mir zu glauben, nur nichts Schlechtes. Es gibt Leute, die glauben, es sei unmöglich, ein armes Mädel zu lieben, ohne schlechte Absichten dabei zu haben, und das schöne Wort Maîtresse, zu teutsch Hure, ist halt gar zu schön."

Zwei Tage blieb Mozart uns fern, eingeschlossen in sein Zimmer beim Hofkammerrat. Er verkroch sich in sein Bett, als hätte er ein Nervenfieber, und selbst seine Mutter mied ihn. Dann ließ er alle wissen, daß die Abreise bevorstand. Cannabichs gaben eine Abschiedsakademie für ihn: Rose Wendling, Luise und eine andere Schülerin spielten sein Konzert für drei Klaviere; er übergab Luise eine für sie geschriebene Arie, ‚Non so d'onde viene', sein Abschied von ihr. Die Soirée wurde ein trauriger Triumph. Mozart kam zu uns. Man ließ ihn und Luise einige Augenblicke allein; es gab Tränen. Mein Vater, an Armut gewohnt, aber nun um eine Hoffnung ärmer, brachte einen Stoß von Büchern als Abschiedsgeschenk – seinen Molière in deutscher Sprache. Wir umarmten einander.

Am nächsten Morgen fuhr Mozart mit seiner Mutter nach Paris. Aloysia erhielt regelmäßig Briefe von ihm. Das musikalische Paris stehe im Banne Glucks, der von der Königin Marie Antoinette, deren Lehrer er in Wien gewesen war, in die französische Hauptstadt berufen worden war; ein wahrer Kampf sei um Glucks neuen Opernstil entbrannt, und er habe letzten Endes triumphiert; die Herzogin von Chabot habe Mozart gnädig empfangen und ihm erlaubt, sich am Klavier zu produzieren, was er mit steifgefrorenen

Fingern in einem ungeheizten Riesensaal auch getan habe, während die Herzogin und einige Damen und Herren, ohne ihm Aufmerksamkeit zu schenken, sich im Zeichnen geübt hätten; der Herzog von Guines lasse seiner Tochter von ihm Unterricht in musikalischer Komposition erteilen, aber leider sei der jungen Dame bisher noch keine Melodie eingefallen; ein Unterrichtsentgelt von drei Louisdor habe Mozart dankend abgelehnt; der berühmte Tanzmeister Noverre habe in der Oper mit Erfolg ein Ballett von Mozart unter dem Titel ‚Les petits riens' in Szene gesetzt, aber ansonsten sei Paris für ihn als Musiker ein übler Boden.

Im Mai blieben die Briefe aus. Unsere muntere Luise wurde still und gedrückt. Sie ging allmorgendlich in die Kapuzinerkirche, um zu beten und um Hilfe zu flehen. Ihre Augen waren verweint.

Im Sommer kam die offizielle Mitteilung, daß die Hofhaltung des Kurfürsten sich von nun an in München befinden würde; die Künstler, Musiker und Schauspieler mögen sich zur Abreise bereithalten; wir allerdings und unseresgleichen, so wurde uns bedeutet, müßten uns gedulden. Das war das Urteil, das wir mit Bangen erwartet hatten. Mein Vater wurde bei der Theaterdirektion vorstellig und verbrachte viele Vormittage damit, den verzweifelten Kampf auszufechten, von dem er wußte, daß es sein letzter sein würde. Meine Mutter hielt ihm diese und jene Fehler vor, die er begangen hätte, ihre Anklage war jedoch so unbestimmt und nebelhaft, daß sie ebenso als Mitgefühl ausgelegt werden konnte; Josefa machte sich in der Küche zu schaffen; Aloysia schluchzte.

Unser Schicksal wurde vom Zufall entschieden. Mein Vater brachte unerwartet die Heilsbotschaft: in München benötige man einen Sopran für die Oper, und man biete Luise, wohl auf Cannabichs Empfehlung, einen Vertrag für tausend Gulden im Jahr an; ihm selbst wolle man als Opernsänger zweihundert Gulden und als Souffleur weitere zweihundert bezahlen.

Ich habe nie erfahren, ob man meinen Vater anstellte, um sich Luises Stimme zu sichern, oder ob er selbst sein eigenes Engagement als Bedingung für das seiner Tochter gestellt hatte. Er mußte wissen, daß er nur als Begleiter Luises nach München ging, aber er hatte seinen Stolz längst geschluckt und sprach davon nie. Er hatte keine Wahl mehr. Unser armseliger Haushalt wurde in zwei Kisten verpackt, und im Oktober 1778 übersiedelten wir nach München. Mein Bruder Johann, der in Mannheim bleiben wollte, um dort Musiker zu werden, aber in Wahrheit wohl nur, um von uns loszukommen, sagte uns ein trockenes Lebewohl; ein Jahr später starb er fern von uns, vierzehn Jahre alt.

Die Übersiedlung brachte eine Umwälzung in unserem Familienleben, ein neues régime, aber wie das auch bei politischen Umwälzungen der Fall ist, wurden wir uns der Änderung erst bewußt, als sie Tatsache war. Während mein Vater sich damit abgefunden hatte, sein Leben als Nutznießer seiner achtzehnjährigen Tochter zu fristen, wurde seine Frau ganz die Mutter der Primadonna und übernahm die Führung des Haushalts. Wir lebten nun, im Vergleich mit unserer gewohnten Lebensweise, im Wohlstand. Obwohl wir fürs erste noch keinen Kreuzer der Luise und meinem Vater zugesprochenen Entlohnung erhalten hatten, mietete meine Mutter eine geräumige Wohnung in einem angesehenen Stadtviertel; wir gingen zu Tischlern, Schneidern und Schuhmachern, bestellten dieses und jenes, berieten, kauften ein, schmiedeten Pläne und bereiteten uns auf ein neues Leben vor. Mein Vater wußte nie, wie viele Schulden wir hatten, und meine Mutter nie, wieviel Geld im Hause war. Er brachte Handschriften und Noten nach Hause, schrieb Rollenbücher und Stimmen ab und arbeitete an seiner ersten Aufführung. Man hatte Luise noch keine Rolle zugewiesen, aber sie war sich ihrer Bedeutung bereits bewußt; sie änderte sich; sie äffte in Gesten und Worten, in ihrer Kleidung und in ihrem Betragen die Wendlings nach; sie war in Berührung mit Künstlern, die sie von Akademien bei Cannabichs aus Mannheim kannte, von denen sie aber früher nicht als ebenbürtig behandelt worden war; sie ging zu ungewohnten Stunden ein und aus, in die Stadt oder ins Theater, und war mit geheimnisvollen Besorgungen beschäftigt, immer begleitet von meiner Mutter; sie war zu Festen eingeladen und nahm an Akademien teil. Die berühmten Namen ihrer neuen Freunde waren uns bekannt, die Freunde selbst nicht. Sophie und ich machten endlose Spaziergänge in der uns unbekannten Stadt, die unsere Neugier erweckte. Wir waren Schwestern: auf diesen Spaziergängen wurden wir Freundinnen.

Meine Eltern erwähnten ab und zu Mozarts Namen und fragten sich, was aus ihm geworden sei. Luise schien nicht mehr auf einen Brief von ihm zu hoffen, war aber dessentwegen nicht bedrückt. Eines Tages aber kam ein solcher Brief. Er enthielt die Unheilsnachricht, und dem ersten folgten andere in regelmäßiger Folge, meist an Luise, manchmal auch an meinen Vater gerichtet.

Mozart hatte seine Mutter verloren. Ein armseliges Quartier, wie es deren in Paris so viele geben soll; eine unerklärliche Erkrankung; ein Auf und Ab in ihrem Befinden; Fieber; Störungen des Gehörs; Verlust des Bewußtseins. Der Tod. Die gute Frau aus dem fernen Salzburg war bei der Kirche St-Eustache bestattet worden. Mozart hatte Paris, das ihm nichts zu bieten hatte, enttäuscht verlassen; in Salzburg waren der erzbischöfliche Hoforganist und der Kapellmeister verstorben, und Mozarts Vater sah da neue Möglichkeiten sowohl für sich selbst als auch für seinen Sohn. Seine eigenen Hoffnungen sollten enttäuscht werden, aber er hatte es immerhin erreicht, die Ernennung seines Sohnes zum Konzertmeister mit fünfhundert Gulden im Jahr durchzusetzen.

Luise lächelte. Mein Vater, dem der Traum von der italienischen Reise nicht aus dem Sinn wollte, schüttelte enttäuscht den Kopf. Mozart schrieb, er ginge zwar ungern zurück in das verschlafene Salzburg, das nicht einmal eine Oper habe, und wo man Musiker als Valets behandle, aber man habe ihm das Recht auf Urlaub zugesagt, sollte er Opern in anderen Städten aufführen wollen. Sein Vater erlaube sich, Herrn Weber und seiner Tochter Aloysia für eine Weile freies Quartier in seiner Wohnung anzubieten, so daß das Fräulein um eine Audition für die Kirchenmusik ansuchen könne; dies eröffne unerwartete Möglichkeiten des Glückes für die Zukunft, derentwegen er, Mozart, trotz allem dem Ruf nach Salzburg folgen wolle.

Luise lächelte; mein Vater war verwundert. Mozart war sich dessen nicht bewußt, daß er einer zukünftigen Primadonna der Münchner Oper eine Audition für die Salzburger Kirchenmusik vorgeschlagen hatte. Man schrieb ihm nach Straßburg, um ihm von der glücklichen Änderung in unserer Lage Mitteilung zu machen. Er schien von unserer Übersiedlung nach München, nicht aber von allen anderen Erfolgen erfahren zu haben. Mein Vater betonte das ansehnliche Gehalt Luises. Der nächste Brief Mozarts berichtete von Konzerten in Straßburg und von einem dreitägigen Aufenthalt in unserem Mannheim. Er hoffte noch immer auf eine Anstellung dort; der Kurfürst, dessen theatralische und musikalische Einrichtungen die Summe von achtzigtausend Gulden im Jahre verschlängen, werde wohl bald der bayrischen Mostschädel müde werden und seine Ausgaben wiederum auf sein schönes Mannheim beschränken. Vielleicht aber war Mozart in Wahrheit nur nach Mannheim gekommen, um dort die Vergangenheit zu suchen.

Am Weihnachtsabend erschien Mozart in München. Wir hatten ihn erwartet, aber nicht gerade in jenem Augenblick. Ein befreundeter Prälat hatte ihn unverhofft in seinem Reisewagen mitgenommen. Die Tür ging auf, und da stand er, gleichsam in einem Rahmen. Wir saßen bei Tisch; während eines Augenblicks, der länger schien, als er war, starrten wir ihn an. Sein gepudertes Haar war vom Wind zerzaust; sein fahles Gesicht schien ein Fleck im Halbdunkel; er trug einen roten Frack, wie er ihn gerne hatte, mit weißen Hals- und Handkrausen. Mozart legte Wert auf sorgfältige Kleidung und gab mehr Geld für sie aus, als er sich leisten konnte. So stand er denn da, in seinem prächtigen Aufzug, nach einer langen Fahrt, die er, um Geld zu sparen, im Reisewagen eines Gönners zurückgelegt hatte. Er trat in den Lichtkreis, und man sah, daß sein Spitzenjabot verdrückt, seine Beinkleider von Kot bespritzt waren. Ich fühlte Mitleid mit ihm. Mein Vater erhob sich, öffnete die Arme, rief ihn beim Namen und trat auf ihn zu. Man bemerkte nun, daß die Metallknöpfe seines roten Fracks von schwarzem Flor umwickelt waren: der Tod seiner Mutter. In der Totenstille lachte Aloysia hell und kurz auf. Wie auf der Bühne, wenn im Aufflammen des Magnesiumstaubs eine gespenstische Gruppe grell aus dem Dunkel auftaucht und im Nu wieder versinkt, sah ich Mozart und meine Schwester als Akteure in einer Pantomime: der erzbischöfliche Konzertmeister auf dem Weg nach Salzburg, und die Primadonna auf ihrem Weg zum Ruhm. Im nächsten Augenblick löste das Bild sich auf, man umarmte einander, man entkorkte eine Flasche, und man konnte denken, alles sei wieder wie in Mannheim.

Mozarts Erscheinen war für mich einer jener Augenblicke im Leben, da man wähnt, man habe die Szene, deren Zeuge man ist, schon einmal beobachtet – und man wähnt, man wisse, was folgen wird, aber dann fällt Nebel ein und verhüllt den Blick in die Zukunft. Mein Auge blieb jedoch geschärft für das, was bald folgen sollte: ein garstiges Schauspiel, bitter, grotesk und derb, wie die Szenen, die man damals im Theater sehen konnte, in abscheulichen Dramen, die Kindsmörderinnen, Blutschänder und Vatermörder auf die Bühne brachten.

Am Stephanitag hörten wir schon am Morgen den betäubenden Lärm der Pferdehufe auf dem Straßenpflaster, als die Reiter sich zur Stephanikirche begaben, um dort nach Münchener Brauch den Kirchhof zu umreiten; die ganze Stadt schien auf dem Weg. In der Ecke unseres großen Zimmers stand ein Fortepiano. Mozart spielte eine Arie, die er mitgebracht hatte, und Luise sang vom Blatt mit; der Lärm der Hufe übertönte ihre Stimme, und Mozart sprang auf und schlug ungeduldig mit der flachen Hand auf die Klaviatur, so daß ein lauter Mißton erklang. Er stand nun Luise gegenüber, und unvermittelt begann er von der Zukunft zu sprechen: von Salzburg, von seiner Stellung, die es ihm möglich machen sollte, eine Familie zu gründen. Später stellte sich heraus, daß sein Gehalt sich nur auf vierhundertfünfzig Gulden statt der zugesagten fünfhundert belief. Er war in höchster Erregung, und ich verstand, daß er in jenem Augenblick mehr um Luises Zuneigung als um seine Zukunft bangte; weder er noch sie war sich dessen bewußt, daß die kleine Constanze im Zimmer war, oder, wenn sie es merkten, maßen sie dem Umstand keine Bedeutung zu. Mozart sagte, daß die Musik sie verbinden werde; daß er als Musiker und sie als Sängerin gewaltige Möglichkeiten haben würden. Die Audition wurde wieder erwähnt, und Mozart pries in dringendem Ton die Stadt, die er verabscheute. Ich hatte wieder das Gefühl, Agierende auf einer Bühne zu sehen, und ich durchblickte Mozarts Gefühle und seine Motive. Er war gegen seinen Willen am Weg in jene Stadt; er war ausgezogen, um Paris zu erobern, und kam geschlagen zurück. Würde man ihn bei seiner Heimkehr verspotten? heimlich über ihn lächeln? ihn voll Schadenfreude willkommen heißen? Mit zweiundzwanzig Jahren schmerzen Wunden des Ehrgeizes! Selbst der Zuneigung seines Vaters konnte er nicht mehr sicher sein. Je mehr er sich der Stadt näherte, die er mit seiner Mutter verlassen hatte, desto schrecklicher mußte für ihn der Gedanke sein, daß er nun ohne sie nach Hause kam. Sollte er sich mit zweiundzwanzig Jahren fürs Leben geschlagen geben? Wenigstens das Mädchen, das er liebte, wollte er nicht verlieren.

Das Mädchen, das er liebte, sprach jedoch nicht von Liebe. Sie erklärte ihm vernünftig und entschlossen, daß sie mit bedeutenden Persönlichkeiten, wie dem Intendanten Seeau oder Kapellmeister Cannabich, täglich als Sängerin in Berührung komme; daß Dorothea Wendling, deren Schwägerin Lisel und der zwar ausgesungene, aber immerhin doch hochberühmte Sänger Raaff oder der Kastrat Dal Prato nun ihre engsten Freunde seien; sie erwähnte ihre Bezahlung, die das Doppelte der seinen betrage; sie meinte, sie habe Verbindungen, die ihr nützlicher sein könnten als seine Hilfe und Unterstützung. Sie lachte wieder auf, kurz und hell, wie am Abend vorher; Mozart drehte sich scharf um – eine für ihn ungewohnte Bewegung. Mit einer Geste, die anzeigen sollte, wie unbekümmert er war, begann er, einen jener derben bayrischen Bauerntänze zu klimpern, deren Text jedermann kannte, und den er halblaut trällerte, indem er das Wort ‚Bua' durch das Wort ‚Mad'l' ersetzte:

Schnupftabak, Rauchtabak
und an Prisil,
leck mi da Bua im Arsch,
der mi net will.

Verzweifelt wie er war, hatte er sich durch eine laute und vulgäre Flegelei Luft gemacht. Luise schoß der Zorn in die Wangen. Sie lief aus dem Zimmer und warf die Tür zu. Mozart sprang auf. Er schlenderte gewissermaßen unbekümmert durchs Zimmer, begann plötzlich zu laufen und war auch schon draußen. Die unwürdige Szene hatte nur Minuten gedauert.

Meine Luise ist nun eine alte Frau wie ich; wie ich lebt sie seit kurzem hier in Salzburg. Ich liebe sie als meine Schwester, wie ich sie immer geliebt habe. Dennoch teile ich mein Heim mit Sophie, nicht mit ihr. Seit jener Münchener Weihnacht kann ich für sie nicht mehr die letzte, tiefe Zärtlichkeit empfinden, die mich mit Sophie verbindet. Wolfgang deutete manchmal an, ich sei eifersüchtig auf Luise, wenn ich solche Gefühle verriet; ich glaube nicht, daß dem so war. Ich habe einfach nie die Erinnerung an Luises Selbstsucht und Grausamkeit loswerden können, wenn auch nicht ich ihr Opfer war. Ich habe nie den Schleier in Wolfgangs Augen und Luises kaltes Lachen vergessen. Das ist die Wahrheit, die Luise eines Tages vielleicht lesen wird, wenn sie unser Herrgott nicht vor mir ruft; ich spreche sie dennoch aus. Es ist ja meine letzte Gelegenheit, die Wahrheit zu sagen. Ich habe mich oft gefragt, warum jene Szene einen so tiefen Eindruck auf mich gemacht hat; schließlich und endlich ist es alltäglich, daß Verliebte einander weh tun, als wären sie bittere Feinde. Die einzige Erklärung, die ich heute, nach so vielen Jahrzehnten, als alte Frau finden kann, die sich dennoch dieser schrecklichen Szene in allen Einzelheiten, als stünde sie wie eine in allen Details gezeichnete Miniatur vor mir, erinnert, ist meine Jugend: junge Menschen wollen glauben, daß alle Gefühle echt und wahr sind und daß sie dauern werden. Zum ersten Mal in meinem Leben sah ich damals in kalter Klarheit die Wahrheit, die Vergänglichkeit der Liebe; sie war umso schrecklicher, als meine eigene Schwester sie verkündete. Ich wäre keine Weberische, glaubte ich an Liebe auf den ersten Blick, aber als Mozart die Tür zuschlug, aus dem Zimmer und aus Luises Leben lief, fühlte ich unsagbares Mitleid mit ihm. Dieses Mitleid war es, das später, als ich ihn in Wien wiedersah, sich in Liebe wandelte.

Mein Vater war bestürzt über den Bruch zwischen Mozart und Luise; meine Schwester hat ihm sicherlich nie eine Erklärung abgegeben. Meine Mutter, die davon ebensowenig sprach, war von Herzen froh, denn sie sah nun keine Hindernisse mehr auf Luises Weg zu Ruhm und Reichtum.

Mozart brauchte irgend jemanden, als er von uns fortlief, um von seinem Jammer zu sprechen, getröstet zu werden, zu weinen. Er hatte jedoch keine Freunde in München; am liebsten hätte er sich in die Arme seines Vaters werfen wollen, wäre der in München gewesen. So klagte er denn sein Leid einem Flötisten, den er als Freund seines Vaters kannte, und der zufällig in der Nähe wohnte; dieser schrieb an Leopold Mozart; später berichtete er uns über alles. Mozarts Beichte habe mit einem Weinkrampf geendet, der ihn vier Tage lang mit einer Art Nervenfieber ans Bett fesselte. Dann richtete er an seinen Vater einen verzweifelten Hilferuf mit der Bitte, ihm seine Liebe und Zärtlichkeit zu bewahren, obwohl er seine Ratschläge letzthin in den Wind geschlagen habe; an den Fürsterzbischof von Salzburg richtete er ein untertäniges Gesuch um formelle Anstellung als Konzertmeister; und an sein dickliches, drolliges Bäsle im nahen Augsburg eine rührende Bitte, ihn nach Salzburg zu begleiten. Es tat ihr vielleicht ein wenig weh, denn am Ende hatte sie, seit dem Besuch in Augsburg, gehofft, Wolfgang werde für sie einmal mehr als ein Vetter sein; wie dem auch sein mag, sie schluckte das Weh hinunter, kam nach München und fuhr im Wagen eines Salzburger Kaufmannes, der mit den Mozarts befreundet war, mit Mozart bis Salzburg, in die Verbannung.

Bei uns in München dachte niemand mehr an ihn. Nicht ich; nicht meine Mutter; ganz gewiß nicht Luise, unsere Primadonna. Vielleicht, ab und zu, mein Vater.

* * *

Wolfgang war neben mir gesessen, sein Profil im Gegenlicht; ich hatte ihm über die Schläfe gestrichen.

Ich habe Karl als mein teures Kind herzlich geliebt, das weiß Gott, aber sein kleiner Bruder Wowi blieb eben immer das Nesthäkchen.

Nikolaus sah gut und stattlich aus, trotz seiner achtundvierzig Jahre.

Wowi – mein kleines Söhnchen –, ein vierunddreißigjähriger Mann!

Karl – wie verschieden er von seinem Bruder ist: Oft denke ich, es fehle ihm an Lebenskraft.

Obwohl meine Erinnerung mir darüber keine Auskunft gibt, muß das Geschehene mir damals unklar und verworren erschienen sein. Ich war noch ein halbes Kind, und die Fäden des Gewebes haben erst im Lauf der Jahrzehnte Formen, Farben und Gestalten gebildet, die aus der Perspektive des Alters nun deutlich erscheinen. Mit fünfzehn Jahren ahnte ich viel, aber verstand wenig, obwohl jene, die in Armut aufwachsen, früher reifen als die Wohlhabenden; die wirkliche Reife kam jedoch erst ein Jahr später, und sie kam nicht allmählich, sondern plötzlich, von einem Tag auf den anderen. Ich wußte dann mit einem Mal, daß ich erwachsen war, denn damals begegnete ich zum ersten Mal dem Tod.

Am 23. Oktober 1779, um zehn Uhr morgens, tat mein Vater vier Schritte, um im großen Zimmer unserer Wohnung am Kohlmarkt in Wien vom Fenster an den Tisch zu gehen, blieb plötzlich stehen, wankte, neigte den Kopf nach rechts, öffnete die Lippen, um Gott weiß was zu sagen, sagte es aber nicht mehr, fiel zu Boden und war tot. Das Ereignis ist in meiner Erinnerung als eine groteske Folge stummer Bilder aufgespeichert, die ich auch in Träumen gelegentlich gesehen habe; ich kenne die Reihenfolge dieser Bilder, ich will sie aufhalten, unterbrechen, werde von Angst ergriffen und wache auf. Auf dem Boden der Körper, der nun ein Leichnam ist, aber eben noch mein Vater war; Luise, die ins Zimmer läuft, niederkniet, aufschreit und dann ohnmächtig hinfällt; meine Mutter, dann Nachbarn, die, vom Lärm angelockt, erscheinen; ein hagerer Mann, der ein Fläschchen in der Hand hält, daran riecht und Luise die Flüssigkeit einflößt; Sophie, die mit einem Arzt auftaucht und mit angstvollen Augen dessen Handreichungen folgt; wieder Luise, sehr bleich, die endlich aus ihrer langen Ohnmacht erwacht, unbeteiligt scheint und einen Schwindelanfall hat; ein ungezügelter Schreikrampf meiner Mutter, die feststellt, man habe Luise irrtümlich Schminkwasser von ihrem Toilettetisch zur Labung gegeben; später am Tage ein kleiner, mißgestimmter Mann, der sich als der Totenbeschauer erweist und sich um den Leichnam zu schaffen macht; zwei in Schwarz gekleidete Männer, die meinen Vater davontragen. Einige Tage nachher ein Magistratsbeamter, der die Verlassenschaft meines Vaters aufnimmt. Er blieb nicht lange: eine kleine Truhe mit Unterwäsche. Das war alles. Der Beamte hinterließ einen Totenschein: Fridolin Weber, 46 Jahre alt, geboren in Zell im Wiesental, verehelicht mit der geborenen Maria Cäcilia Cordula Stamm, und so weiter. Nur sechsundvierzig Jahre alt, und mir war er so alterslos alt erschienen. Das war also der Mann, der mich huckepack getragen hatte und von dem ich Notenlesen und Singen gelernt hatte. Als zwölf Jahre später, nach dem Sterben Wolfgangs, wieder eine solche Bilderfolge agiert wurde, ergriff mich panischer Schrecken wie vor der unerbittlich ablaufenden Szenenfolge meines Traums, die ich unterbrechen will, aber nicht kann.

Der Totenbeschauer stellte fest, ein Schlagfluß habe meinem Vater das Leben geraubt. Ich weiß besser, was es war. Mein Vater starb aus Müdigkeit, wie ein Wettläufer, der das Rennen aufgibt, wenn er daran verzweifelt, das Ziel zu erreichen.

Meine Schwester sollte ihr Leben lang an den Folgen des Mißverständnisses mit dem Schminkwasser leiden. Seit damals war sie von Magenkrämpfen geplagt, kränkelte und brauchte ständig ärztliche Fürsorge. Dies hat wohl, ohne daß Luise die geringste Schuld träfe, zur Entfremdung zwischen ihr und ihrem immer frauenhungrigen Gatten, zur Zerrüttung ihrer Haushaltsfinanzen und zum schließlichen Zerwürfnis zwischen ihr und Josef Lange beigetragen. Luises erste Rollen in München hatten ihr Erfolg gebracht. Meine Mutter sang ständig ihren Ruhm. Es eröffneten sich für Luise gleißende Aussichten, denn München liebte seine neue Oper: der glanzvolle Ton und die noch nie gehörte Präzision unseres Mannheimer Orchesters schienen ein Wunder; Cannabich, Dorothea Wendling, Ballettmeister Le Grand wurden legendäre Gestalten, von denen Europa mit ungläubigem Staunen sprach, und der Münchener mit einer Art Stolz auf ein persönliches Besitztum. Sie alle erschienen bei Soirées im Hause des Theaterintendanten Graf Seeau, an denen auch Kurfürst Karl Theodor teilnahm, der es liebte, sich unter Bürger zu mischen. Luise war ein heller Stern an diesem Himmel, und ich fühlte Stolz, Bewunderung und auch ein wenig Neid, wenn ich mir meine eigene Schwester im Glanz der Feste vorstellte: Luise mit ihrem hellblauen Reifrock von Seide; Herren mit gepuderter Perücke; Komplimente in französischer Sprache; der Kurfürst, der sie gnädig lobte. Meine Phantasie kannte keine Grenzen.

Luises Stimme und Erscheinung erregten die Aufmerksamkeit des österreichischen Kriegsministers Hadik, als er in München weilte. Kaiser Josef II. hatte ein Jahr vorher im Wiener Burgtheater, trotz der skeptischen Warnungen des Wiener Publikums und der Wiener italienischen Oper, eine deutsche Oper einrichten lassen, deren Bestehen gleich zu Beginn in Frage gestellt war, da die junge Primadonna Anna Maria Lange im Alter von zweiundzwanzig Jahren plötzlich gestorben war. Gefeiert in Prag und Venedig, hatte diese strahlend schöne Frau den Schauspieler Josef Lange geheiratet. Ich habe sie nie gesehen, aber sie muß ein ungewöhnlich anmutiges und bestrickendes Geschöpf gewesen sein. Josef konnte später ihren Namen nie erwähnen, ohne durch den Klang seiner Stimme seine immerwährende Trauer zu verraten. Seine große Liebe zu ihr war in Wien zur Legende geworden. Sein Glück währte aber nur etwas über drei Jahre. Sie schenkte ihm zwei Knaben, deren älterer der lebenslange Freund meiner eigenen Söhne geworden ist; der dritte wurde tot geboren. Die Mutter, noch geschwächt vom Kindbett, ging in einer kalten Jännernacht zu Fuß vom Theater nach Hause, erkältete sich und erlag einer Lungenentzündung. Als sie um ihr Leben kämpfte, soll die Menge stundenlang angstvoll vor ihrem Haus am Kohlmarkt gestanden haben, um auf Nachrichten zu warten; während der Einsegnung des Leichnams in der Michaelerkirche, gegenüber dem Burgtheater, wo ihr Wiener Publikum sie bewundert hatte, füllte eine dicht gedrängte Riesenmenge von Menschen den großen Platz vor der Kirche, während Josef, unfähig, der bedrückenden Trauer standzuhalten, an jenem Tag weit hinaus in den Wienerwald geflohen war.

Es war Anna Maria Langes Rollenfach, das Luise von Minister Hadik angetragen wurde. Das Angebot war für eine Neunzehnjährige ein fast unglaubwürdiger Glücksfall: Nachfolgerin einer Anna Maria Lange zu werden und in Wien auf der Bühne zu stehen

So kam es, daß wir nach knapp einjährigem Aufenthalt in München nach Wien übersiedelten. Luise hatte das Versprechen erhalten, daß unser Vater seinen künstlerischen Fähigkeiten gemäß angestellt werden würde. Wir nahmen eine Wohnung auf dem Kohlmarkt, und er unterbreitete sein Anstellungsgesuch. Die beleidigende Treue, mit der das Versprechen bezüglich seiner künstlerischen Fähigkeiten eingehalten wurde, hat ihn getötet: man stellte ihn als Theaterkassier an. Das war es, nicht der Schlagfluß!

Das Jahr der Hoffnung war mit Vaters Tod vorbei. Zwölf Jahre später habe ich die Bedrängnis meiner Mutter verstehen gelernt, als ich selbst mit zwei Kleinen als Witwe zurückblieb. Sophie war noch immer ein Kind. Ich selbst war der Kindheit gerade entwachsen, war scheu, in meine eigenen Gedanken verstrickt, unreif und, nach dem Tod unseres Vaters, mehr verschüchtert als je; ich fühlte mich verlassen, da ich den einzigen Menschen verloren hatte, von dem ich sicher sein konnte, daß er mich liebte; ich hatte noch kein Vertrauen zu der Stadt gefaßt, in der ich lebte, und sie sollte mir immer ein wenig fremd bleiben. Josefa wollte Sängerin werden; sie hatte eine gute Stimme, ein weites Register, eine sichere Intonierung, war aber noch immer etwas beleibt und sah nicht anziehend aus; sie war schüchtern wie ich, bescheiden und zurückhaltend; sie bangte um ihre Zukunft. Unsere Hoffnung, mehr noch als zu Lebzeiten unseres Vaters, war Luise; aber sie machte uns Sorge. Seit ihrer langen Ohnmacht war sie reizbar und ungeduldig. Die Hoftheaterverwaltung zahlte ihr einen Vorschuß von neunhundert Gulden aus, und davon lebten wir fürs erste. Aloysia ließ uns fühlen, daß wir von ihr abhingen, oder vielleicht bildeten wir uns dies nur ein; meine Mutter machte ihr Vorwürfe, und das Ergebnis waren Zerwürfnisse, die in Zank, Beschimpfungen und Geschrei ausarteten, die Nachbarn beunruhigten und meine Mutter außer Rand und Band brachten. Ich weiß nicht, wie tief der Tod meines Vaters unsere Mutter getroffen hat; man konnte nicht wissen, ob sie ihn betrauerte und vermißte, oder ob sie es ihm übelnahm, daß er sie verlassen hatte; daß die Hoffnungen, die uns von Zell nach Mannheim, von Mannheim nach München, von München nach Wien getrieben hatten, nun in Rauch aufgegangen waren. Sie fand zwei Mittel, um sich Trost zu schaffen: sie schalt und schrie laut und zügellos, machte uns alle zur Zielscheibe ihrer Wut, wollte aber vielleicht nur ihr Schicksal verfluchen, und tat es so laut, um sicher zu sein, von ihm gehört zu werden; zugleich begann sie zu trinken. Sie wurde nicht zur Trinkerin, aber sie trank. Sie bewahrte eine Flasche Wein in der Küche auf; später war es Rum. Ich habe sie nie betrunken gesehen, aber ihre Wutanfälle endeten mit der Zuflucht zur Flasche, und das schien sie zu beruhigen. Ich war von Beginn an ihr Lieblingsopfer.

Die kleine Sophie wurde verschont, weil sie die kleine Sophie war; Josefa wurde wohl angegriffen, verteidigte sich aber nie und erstickte so den lärmenden Ausbruch durch ihre Ruhe und Gelassenheit; Luise, ihrer Rolle als Familienerhalterin bewußt, war gut imstande, sich zu wehren: so blieb nur ich. Ich mochte tun, was ich wollte, es war nie recht getan. Da wir alle, abgesehen von Luise, keine Geschäfte außer Haus hatten, verbrachten wir den Tag damit, einander anzuzischen. Ein Mann hätte vielleicht Frieden schaffen können.

Damals trat Thorwart auf den Plan. Unser Vater, wenn er auch den Tag nicht mehr erlebt hatte, an dem sein erstes Wiener Gehalt, das höchste, das er je erhalten hätte, fällig geworden wäre, war Hofbeamter gewesen, und es oblag daher dem Obersthofmarschallamt, einen Vormund für seine minderjährigen Töchter zu ernennen. Da Luise Sängerin war, wählte man ein Mitglied des Theaterpersonals, den Rechnungsrevisor des neuen Nationaltheaters und unmittelbaren Vorgesetzten meines Vaters. Johann Thorwart war noch kein bedeutender Mann, aber dazu bestimmt, einer zu werden: als solcher sah er darauf, von kleinen Leuten, wie wir es waren, mit Achtung behandelt zu werden. Er wohnte nur einige Schritte von uns, gegenüber dem Theater, im Großen Michaelerhaus, wo ich selbst später, zur Zeit Nissens, meine Wohnung hatte. Er kam, besonders anfangs, häufig zu uns, um nach dem Rechten zu sehen. Wer ihm begegnete, wenn er langsam den Kohlmarkt entlang schritt, in vollem Ornat, mit seinem Dreispitz, seinen Schnallenschuhen, seinem Stock mit dem Silbergriff, aufrecht, starr vor sich hinblickend, der hätte kaum annehmen können, daß dieser erzürnt dreinblickende Mann auf dem Wege zu drei minderjährigen Halbwaisen war, denen er den Vater ersetzen sollte. In späterer Zeit habe ich ihn auch lächeln und sich verbindlich verbeugen gesehen, aber dies nur, wenn er sich vor Höherstehenden befand. Als er seinen ersten Besuch bei uns machte, wurden wir Mädchen ins Zimmer gerufen, um ihm unsere Aufwartung zu machen. Meine Mutter war von ihm vom ersten Augenblick an eingenommen: hier war ein Mann, der, anders als unser Vater, wußte, was er wollte. Wir zitterten vor ihm. Thorwart wollte Luise und mich, die wir für diese Erkenntnis noch zu jung waren, Härte lehren. Seine eigene Laufbahn war ein schlagender Beweis dafür, daß Härte zum Erfolg führt.

Sein Vater hatte einen Bierausschank geführt. Er selbst begann seine Laufbahn als Kammerdiener in einem adeligen Haus. In dem Alter, in dem man aus Liebe heiratet, hatte er die minderjährige Tochter eines berühmten Chirurgen verführt, so daß der Vater sie ihm zur Ehe geben mußte. Ihre ansehnliche Mitgift bildete die Grundlage für Thorwarts späteren Wohlstand. In der Hoffnung, dadurch Ansehen zu gewinnen, trat er in den Hofdienst über, mußte sich aber vorerst mit der bescheidenen Stellung eines Logenschließers im Hoftheater begnügen. Seine Bewerbung um das Amt eines Totenbeschauers der Stadt Wien wurde abgelehnt, obwohl er für die Funktion vorzüglich getaugt hätte. Eine mächtige Persönlichkeit im Theaterleben wurde er, als Kaiser Josef bei der Gründung des Nationaltheaters ihn zum Finanzkontrollor dieser Bühne ernannte. Fürst von Orsini-Rosenberg, der Theaterintendant, dem die nötigen Kenntnisse zur Führung eines Theaters fehlten, faßte nie einen Entschluß, ohne Thorwarts Rat einzuholen, dem es allerdings neben Kenntnissen auch an Geschmack mangelte. Mozart pflegte zu sagen, daß im Burgtheater nichts ohne Thorwarts Zustimmung geschehen könne. Er war einer der wenigen, die die große Säuberung nach dem Tod unseres Kaisers überlebten, als Kaiser Leopold sich der Günstlinge seines verstorbenen Bruders entledigte. Thorwart war damals seiner Macht so sicher, daß er sogar gegen den Hoftheaterdichter Da Ponte mit Erfolg intrigieren konnte; er hatte das Ohr des

Kaisers, und selbst Hofmusikdirektor Salieri und die bucklige Cavalieri schlugen sich in dieser Intrige auf seine Seite, obwohl ihr Opfer ein Welscher war. Luise und auch mir wäre viel Bitternis erspart geblieben, wäre er nie in das Leben unserer Familie getreten. Nun ist auch er dahin. Er starb reich, als wohlbestallter Oberstkammeramtssekretär, und unser guter Kaiser Franz hat ihm sogar auch das Adelsprädikat verliehen. Mit dem Geld seiner Frau, mit Trinkgeldern der adeligen Logenmieter und mit Bestechungsgeldern von Handelsleuten, denen er durch seinen Einfluß im Theater einträgliche Aufträge zuschanzen konnte, kaufte Thorwart später ein Haus in der Kohlmessergasse, das er mit billig erworbenen Gemälden und Kunstgegenständen bis zum Dach anfüllte, und ein Landhaus nahe dem Kärntnertortheater. Thorwart stiftete dreißig Messen für sein Seelenheil; man soll über Tote nichts Übles sagen, aber ich weiß, daß er sie alle wohl brauchen konnte. Der Kaiser hatte ihm bei der Erhebung in den Adel ein sprechendes Wappen verliehen, das einen Wächter vor einem Tore zeigte, für mich aber blieb er immer eher ein Hausmeister als ein Torwart.

Meine Schwester und ich wußten, daß wir den Erlässen Thorwarts und den Sticheleien unserer Mutter nur durch eine Heirat entrinnen konnten. Fürs erste stand dieser Weg in die Freiheit allerdings nur Aloysia offen, denn als Opernsängerin verkehrte sie in der großen Welt.

In Wien, wo jedes Theaterereignis nicht nur vom Volk, sondern selbst vom Kaiser als Staatsangelegenheit behandelt wird, stand das neue, dem Burgtheater angeschlossene deutsche Singspiel im Brennpunkt des Interesses. Der Tenor Adamberger war eben angestellt worden und verblüffte durch seine Stimme und seine Schauspielkunst; das Publikum hatte noch nicht gemerkt, daß Caterina Cavalieris herrliche Stimme die ersten Zeichen von Schwäche zeigte, und verehrte seine einäugige Primadonna; Luise war in ihrer ersten Rolle als Hannchen im ‚Rosenfest von Salenci' aufgetreten; obwohl der Ruhm der Soubrette Theresia Teyber, der Cavalieri, der Tenoristen Rupprecht und Adamberger den ihren weit überstrahlte, gefiel sie bei ihrem ersten Erscheinen dem übersättigten

Publikum mit ihren neunzehn Jahren, ihrer Anmut, ihrer Unschuld und ihrer Engelsstimme. Man wollte ihr vorgestellt werden; man sprach mit Rührung von ihrer Einfachheit; man sah in ihr ein Naturkind im Sinne des berühmten Musikers und Schriftstellers Jean-Jacques Rousseau. Baron Kienmayer, der stellvertretende Direktor des Burgtheaters, pflegte in seinem Hause, ganz wie Graf Seeau in München, große Feste zu veranstalten, bei denen Sänger, Schauspieler, Musiker, reiche Bürgersleute und selbst Adelige einander ungezwungen trafen. Luise war dort ein umworbener Gast.

Wir sahen sie zu Hause nicht mehr oft, und der ganze Unwille meiner Mutter entlud sich nun auf uns drei, die wir in Reichweite waren. Im Hause des Barons lernte Luise Josef Lange kennen, in dessen melancholischem Hamlet Wien die Trauer nach seiner eben verstorbenen jungen Frau zu sehen glaubte; sie sei es gewesen, die ihn Englisch lehrte, sagte man, und ihm damit Shakespeare erschlossen habe. Sie hatte ihm Erinnerungen und die unerfüllte Erwartung eines der menschlichen Lebensspanne entsprechenden Glücks hinterlassen. Er war nun, wie früher sie, wegen eines ungewöhnlichen Schicksals von Glanz und Geheimnis umwoben. Anna Maria hatte bei Scarlatti singen gelernt und schon als Vierzehnjährige in Glucks ‚Paride ed Elena' einen Triumph erlebt. Bei ihrem Auftreten in Venedig hatte sie einen englischen Adeligen, Lord Pembroke, kennengelernt, der um die Hand der noch kindlichen Frau anhielt und sich mit ihr verlobte, vorerst aber Geschäfte halber nach London reisen mußte. Anna Maria, nach Wien zurückgekehrt, das ihre Heimat war, befand sich eines Abends in der Loge einer befreundeten Schauspielerin und fiel Josef Lange durch ihre Schönheit auf. Er, nach dem die Frauen Wiens schmachteten, kam Abend für Abend ins Theater, um sie auf der Bühne zu sehen, erkundigte sich nach ihr und entdeckte, daß er sie als Kind gekannt hatte. Er hatte nun einen Vorwand, sie in der Wohnung ihrer Eltern aufzusuchen, und gestand ihr seine Liebe. Der Vater Anna Marias, ein feinsinniger Miniaturmaler und Direktor der kaiserlichen Porzellanmanufaktur in der Roßau, hing an seiner

Tochter mit abgöttischer, ja fast krankhafter Liebe. Als er sie eines Tages nichtsahnend in seinem Hause mit Lange überraschte, brach seine Welt zusammen. Er wies Langes Bewerbung ab, da seine Tochter mit Lord Pembroke verlobt sei, verhängte ein Ausgehverbot über die junge Primadonna und stellte einen Wächter für sie an, und eine Gouvernante, die nur französisch sprach, um sie von der Welt abzuschließen. Ganz wie in Molières ‚Schule der Frauen' gelang es den beiden Verliebten natürlich, einander zu sehen. Lord Pembroke, der ferne Verlobte, gab Anna Maria schließlich auf Bitten ihrer Mutter frei, und unter Tränen willigte der Vater endlich in die Heirat ein unter der Bedingung, daß alle zusammen hausen würden. Der lange Kampf um ihr Glück ließ dieses dem jungen Paar umso überwältigender erscheinen.

Als der Tod es unerwartet zerschlug, war Josef tief verstört; er zweifelte selbst an Gott, denn es schien ihm undenkbar, daß eine gütige Vorsehung so sinnlos handeln könne. Noch unversöhnt mit seinem Los, sah er sich eines Abends im Glanz eines Empfanges bei Baron Kienmayer Luise gegenüber: sie stand im selben Alter wie seinerzeit Anna Maria; sie sang deren Rollen in den gleichen Kostümen; sie hatte dieselbe betörende Stimme; die sinnliche Ephebengestalt, die Augen, das samtene Haar schienen dieselben. Im Unglück hofft man auf Wunder, und damit hat man den ersten Schritt getan, um an eines zu glauben. Anna Maria war wiedererstanden, und Josef wollte das Leben neu beginnen. Er fragte Luise, ob sie ihn heiraten wolle.

Meine Schwester hätte damals auch einem Geringeren ja gesagt, um der Obhut unserer Mutter zu entwischen; Josef Lange aber war eine sehr bedeutende Persönlichkeit, wenn auch viel älter als sie. Seine hohe Gestalt und seine wehmütigen Augen waren höchst anziehend; er bewegte sich im Leben wie auf der Bühne; seine Trauer um die tote Geliebte umgab ihn mit einer romantischen Aura.

Luise und Josef wurden auf diese Art durch unabhängig voneinander wirkende Kräfte, durch seine Liebe zu einer Toten und durch die ihre zur Unabhängigkeit zueinander getrieben, obwohl sie nicht füreinander geschaffen waren. Der stille, gemütvolle Mann und meine ehrgeizige, genußsüchtige Schwester waren ein ungleiches Paar. Er wurde bald Wolfgangs Freund und auch meiner, und blieb es fürs Leben, und es bekümmerte uns beide, zu sehen, wie diese Ehe schließlich in nichts zerstob.

Josef Lange erschien bei uns und hielt bei meiner Mutter um Luises Hand an. Das Angebot wurde von meiner Mutter und Thorwart hinter geschlossenen Türen mit diplomatischem Ernst erörtert und abgewogen. Thorwart begrüßte die unerwartete Gelegenheit, die Zukunft seines Mündels auf so unanfechtbare Art sicherzustellen. Für meine Mutter war Josef Lange der deus ex machina, der vom Kulissenboden seines Theaters auf einer Wolke herabgelassen worden war, um nicht nur meiner Schwester Aloysia ein zukunftsreiches Ehebündnis zu bieten, sondern auch, um unsere vaterlose Familie für alle Zukunft von Sorgen zu befreien. Kaiser Josef hatte damals bereits durch Gazetten den Gedanken verbreiten lassen, daß Ehen in bürgerlichen Kreisen auf einer gesunden finanziellen Grundlage aufgebaut sein sollten, da ihm der Friede und die Zufriedenheit im Reich auf dieser Sicherheit der Familie zu beruhen schienen. Es war daher keineswegs ungewöhnlich, von Lange zu erwarten, daß er durch einen schriftlichen Vertrag gewisse Verpflichtungen übernehmen solle, um auch für unsere Zukunft zu sorgen. Unsere Mutter, eine mittellose Witwe, wäre ja durch die Verehelichung ihrer Tochter, die am Beginn einer glanzvollen Laufbahn stehe, ihrer einzigen Stütze beraubt, und wir, ihre Kinder, unseres Unterhalts. Der kluge Thorwart, den Absichten seines Kaisers getreu, schlug für meine Mutter eine jährliche Unterstützung auf Lebenszeit in der Höhe von sechshundert Gulden vor. Lange, auf der Höhe seines Ruhmes, zögerte nicht, seine Unterschrift zu leisten. Er ist später in Geldschwierigkeiten geraten, so daß er auf die Unterstützung großzügiger Freunde angewiesen war, zum Teil, da Luises Pflege und Lebensbedürfnisse große Summen verschlangen, aber selbst als diese ihn schon längst verlassen hatte, stand er immer bei seinem Wort und zahlte die Pension meiner Mutter bis zu deren Tod im Jahre 1802 aus.

Nach der Unterzeichnung des Ehevertrages herrschte für kurze Zeit Friede in unserem Haus, aber bald wurde es offensichtlich, daß meiner Mutter etwas nicht recht war; sie wurde wieder ungeduldig und zänkisch; sie erklärte Thorwart, daß sie übervorteilt worden sei; sie begann, Luise Vorwürfe zu machen, daß sie aus Pflichtvergessenheit ihre mittellose Mutter dem Elend preisgebe und sich an einen Komödianten wegwerfe; daß sie nicht nur ihre künstlerische Zukunft, sondern auch ihr Frauenglück gefährde, wenn sie einen ältlichen Witwer heirate, der zwei Kinder mit in die Ehe bringe. Als sie von ihrem Wein wieder einmal zuviel gekostet hatte, ließ sie sich mit halbfremden Nachbarn in eine Erörterung über Langes Charakter ein, und als er bald darauf zu Besuch kam, brach ein Wortwechsel aus, man wußte kaum wie und warum, und in Gegenwart aller, mit rohen und harten Worten, die mir heute noch in den Ohren schallen, erklärte sie das Eheversprechen für gelöst

Luise, die sonst den Zornesausbrüchen unserer Mutter dadurch begegnete, daß sie die Tür zuwarf und aus der Wohnung lief, hatte einen Weinkrampf, der schier kein Ende nehmen wollte. Unsere Mutter schien vergessen zu haben, wie gebrechlich die Gesundheit meiner Schwester seit dem Tod meines Vaters war und daß sie geschont werden mußte. Josef Lange war entschlossen, sich an das zu klammern, was er für sein Glück hielt. Der Weg, den er wählte, war vielleicht der einzig mögliche, um mit meiner Mutter, die ihre Selbstbeherrschung verloren hatte, zurechtzukommen: in einer Eingabe an das Obersthofmarschallamt klagte er sie des Vertragsbruchs an; Luise wußte von diesem Plan und hatte ihn gebilligt. Hätte Thorwart ein Gewissen besessen, so hätte dies für ihn einen argen Gewissenskonflikt geschaffen, denn er hatte die Verpflichtung, die Interessen seines Mündels ebenso wie die der Theaterverwaltung zu wahren, deren Vertreter er war. Auf seinen Vorschlag erhöhte Josef Lange die lebenslange Pension unserer Mutter um hundert Gulden und verpflichtete sich überdies, Luises Vorschuß von neunhundert Gulden, von dem wir alle bis dahin gezehrt hatten, rückzuerstatten. Am Tage vor Allerheiligen, nach dem Trauerjahr nach meines Vaters Tod, wurde Luise ihm in der Stephanskirche angetraut.

Wir waren nun unser vier und auf uns selbst gestellt, wenn auch Josef Langes Unterstützung mehr als das Dreifache dessen ausmachte, was mein Vater verdient hätte. Meine Mutter war aber keine gute Haushälterin – ich mag das von ihr geerbt haben. Hier in meiner Wohnung sieht es heute zwar ganz ordentlich aus, und ich lebe mit meiner lieben Sophie in Frieden und Eintracht, aber das Planen und Ordnen habe ich erst von Nissen gelernt. Nach Luises Heirat hielten wir Zurückgelassenen Kriegsrat, um die Zukunft zu besprechen. Josefa, wohl etwas enttäuscht, daß sie, die Älteste, nicht als erste einen Gatten gefunden hatte, baute auf ihre Talente als Sängerin; ihre Stimme, wenn auch ein wenig schwach, berechtigte sie dazu; sie sang vorläufig in Kirchen, wollte aber, wie Luise, auf der Bühne stehen. Ich selbst sang auch gern, und mein Vater hatte meine Stimme ernstlich gelobt, aber ich hatte weder künstlerische Erfahrung noch Kenntnisse, und wer nichts gelernt hat, kann nichts werden. Nach langen und ernsten Beratungen mit Thorwart kam unsere Mutter zu der Erkenntnis, wir müßten den einzigen Ausweg wählen, der einem Haushalt von vier Frauen offenstand: wir wollten an zahlungskräftige Junggesellen Zimmer mit voller Verpflegung vermieten. Man deutet oft an, daß diese Art, sich den Lebensunterhalt zu verdienen, nicht völlig ehrbar sei, und wir wußten das wohl, aber was blieb uns übrig? Josefa und Sophie waren von diesem Plan begeistert: Josefa, weil sie die Aussicht begrüßte, ihre Kochkunst unter Beweis zu stellen, und unser Kücken, weil es sich von den zukünftigen Mietern eine Ablenkung von der Eintönigkeit unserer Tage versprach. Mit Thorwarts Hilfe machten wir eine geräumige Wohnung am Petersplatz ausfindig, aus deren Fenstern man auf der einen Seite die grüne Patina der Kirchenkuppel, auf der anderen, in weiter Ferne, die Höhen des Wienerwaldes sehen konnte. ‚Zum Auge Gottes' hieß das Haus. Es war eines jener Durchhäuser, deren es in Wien so viele gibt; sein zweiter Ausgang ging auf den Graben, jene schöne breite Straße, auf der es immer viel zu sehen gab. Kurz vor Weihnachten 1780 übersiedelten wir in unser neues Heim, nahmen ein Mädchen auf, gegen das sich von nun an das Schelten und Zanken richtete, und verbrachten den Rest der Vorweihnachtszeit damit, Fenster zu putzen, Fußböden zu scheuern und Türen zu waschen.

Die ersten Mieter fanden sich auf Empfehlung Thorwarts im Januar ein; es waren deren wenige; sie kamen und gingen, blieben nie lange, machten viel Arbeit und brachten wenig ein. Geld erfüllte weiter unser Denken. Kein Tag verging, ohne daß Mutter die Undankbarkeit Luises gegeißelt hätte, die im Wohlstand lebte, ohne sich um uns zu kümmern.

Nach Mannheim, und selbst nach München, waren die Kälte, der Schnee und der eisige Wind des Wiener Winters eine harte Probe für uns, und das Wetter war während der langen und langweiligen Abende unser hauptsächlicher Gesprächsgegenstand. Wie gewöhnlich in Wien gab es auch damals Ende März, fast zeitgerecht zum kalendermäßigen Beginn des Frühlings, einige strahlend schöne, sonnige Tage; wie alljährlich sollte die dadurch erweckte Hoffnung auf Sonnenschein auch damals vom abscheulichen Aprilwetter grausam enttäuscht werden. An einem jener sonnigen Tage wollte ich auf die Straße gehen, um einen Spaziergang zu machen, und als ich aus dem dunklen, naßkalten Stiegenhaus in den Sonnenschein trat, stand Mozart vor mir, auf dem Wege, uns aufzusuchen.

Ich erkannte ihn sofort: er hatte sich kaum verändert. Er war etwas bleicher als früher und hatte die selben ein wenig unsteten und unruhigen Gebärden, aber er schien voll Lebenslust. Wir gingen zusammen die Treppen hinauf; meine Mutter freute sich aufrichtig, ihn wiederzusehen; die kleine Sophie ließ sich von ihm bewundern, weil sie so sehr gewachsen war; Josefa begrüßte ihn mit Gleichgültigkeit. Mozart hatte nie viel für sie übrig, weil er sie für hinterlistig hielt, wenn auch ohne jeden Grund. „Die hat es dick hinter den Ohren", sagte er einmal; vielleicht hat er sogar daran gedacht, als er die beiden Arien der Königin der Nacht für sie schrieb. Sie schüchterte ihn vielleicht ein wenig ein, da er sich nur mit kleinen, schlanken, leichtfüßigen, knabenhaften Frauen wohlfühlte.

Er kam im Laufe der nächsten Zeit oft zu uns, wohl ein- oder zweimal die Woche. Ich beobachtete ihn mit Interesse, denn die schreckliche Szene zwischen ihm und Luise war mir noch frisch in

Erinnerung. Da ich als stille Zuhörerin durch seine Erzählungen während unserer Musikstunden in Mannheim einen Blick in seine Seele getan hatte, war mein Mitleid für ihn wach geblieben. Welches siebzehnjährige Mädchen hätte nicht eine Liebesenttäuschung wie die seine als tragisches Unglück empfunden und sich allerlei Träumen hingegeben, wenn sie dem Mann gegenüberstand, der diese Enttäuschung erlitten hatte? Es war offensichtlich, daß Mozart uns aufgesucht hatte, um Luise durch die Berührung mit uns näher zu sein. Selbstverständlich hatte er sie nicht vergessen; anderseits liebte er sie vielleicht nicht mehr, oder doch nicht mehr so wie einst – ich konnte darüber nicht ins klare kommen –, aber sie war ihm beileibe nicht gleichgiltig. Er hatte von meines Vaters Tod und von Luises Verehelichung gehört. Er schien sich in unserem Familienkreis wohlzufühlen, wie früher, und für uns waren seine Besuche eine willkommene Abwechslung im Alltag.

Mozart kam aus München. Er stand noch immer in Diensten des Fürsterzbischofs von Salzburg, hatte aber in München, dank einem gnädig gewährten Urlaub, eine Festoper, ‚Idomeneo', aufgeführt, die schon vor langem in Auftrag gegeben worden war. Er war voll freudiger Erregung über seinen Erfolg. „Man sollte nicht meinen, daß in einem so kleinen Kopf so was Großes steckt", habe Karl Theodor zu ihm nach einer Probe gesagt, der er beizuwohnen geruhte. Mozart sprudelte über von possierlichen Beschreibungen, mit denen er uns unterhielt: wie der alte Kammervirtuose Raff, sein väterlicher Freund, ein großer Künstler, aber nun ausgesungen mit seinen vierundsechzig Jahren, in der Titelrolle gleich einer Statue auf der Bühne gestanden habe, bis er, nach langem Zureden, doch zu agieren, endlich langsam und feierlich den rechten Arm erhoben habe; wie der Kastrat Dal Prato sich als unfähig erwiesen habe, auch nur eine einzige Note vom Blatt zu lesen, so daß eine junge Sängerin mit ihrem hohen Sopran ihm seine Rolle habe Takt für Takt eintrichtern müssen; wie die Cannabichs und die Wendlings immer beieinander steckten und die Münchener Musiker ärgerlich machten, indem sie jedes Gespräch über das Kunstleben mit den Worten „Bei uns in Mannheim" begännen. Josefa, Sophie und ich saßen mit offenen Mäulern da, wenn Mozart das Münchener Leben schilderte. Wien war in jenem Winter eine Stadt ohne Lustbarkeiten, da wegen des Todes unserer Herrscherin Trauer erklärt worden war. Wir hatten in Maria Theresia eine Mutter gesehen, eine gütige, aufrichtige Frau, und einfacher als so manche aus dem Bürgerstand. „Eure Majestät liegen schlecht", habe der Kaiser zu seiner Mutter gesagt, als man sie am letzten Tag von ihrem Lehnstuhl zu ihrem Ruhebett gebracht hatte. „Ja, aber gut genug zum Sterben", habe sie gesagt, und das seien ihre letzten Worte gewesen.

Mozart brannte darauf, seine Dienstverpflichtung gegenüber Erzbischof Colloredo zu kündigen und in Wien als Musiker zu leben – „auf eigene Faust", wie er sagte, und ich verstand nicht, wie er sich das vorstellte. Er sprach davon oft und schrieb auch seinem Vater in diesem Sinn. Er behauptete, es würde ihm ein leichtes sein, in einer Stadt wie Wien tausend Taler im Jahr zu verdienen; das war, wie sich gezeigt hat, eine kindische Übertreibung. „Geld ist das beste im Leben nach der Gesundheit", sagte er zu meiner Mutter. Jung wie er war, erinnerte Mozart mich an meinen Vater, der, wie er, auch oft von Geld sprach, es aber weniger unbedacht ausgegeben hatte. Dazu habe ich ihn allerdings wahrscheinlich selbst oft ermutigt und so in seinem Leben, ohne Absicht, vielleicht die selbe Rolle gespielt wie meine Mutter in dem meines Vaters, die Rolle einer Verschwenderin.

Wien war, wenn nicht gerade Hoftrauer herrschte, eine verlockende Stadt. Da gab es Opern und Akademien im Burgtheater und im Kärntnertortheater; Theaterstücke in einer Reihe von Häusern; die Herren des hohen Adels, Fürst Kaunitz, Graf Cobenzl, Fürst Galitzyn, Graf Zichy, und wie sie alle hießen, hatten ihre Musikabende; Bürger, die es sich leisten konnten, wie Hofstudiendirektor Van Swieten, ahmten sie nach, und keiner wollte ganz nachstehen, da ja die kaiserliche Familie selbst Musik übte; man sagte, Ihre Majestät Maria Theresia habe in ihrer Jugend reizend gesungen, und ich weiß von Mozart, daß ihr Sohn, Kaiser Josef, sich oft über Einzelheiten der Probenarbeit an seinem Hofburgtheater berichten ließ und an ihr Anteil nahm. Der Herrscher hatte vor kurzem seinen Augarten dem Volk geöffnet, und dort fanden

Akademien in der Restauration statt, für die jedermann subskribieren konnte, ebenso wie für jene im Kasino auf dem Mehlmarkt. In Wien nahm man Musik und Theater ernst; wenn Mozart ein Klavierkonzert für eine Akademie ankündigte, sprach man von dem Ereignis, als handelte es sich um eine ernste öffentliche Angelegenheit. Im Theater und bei Akademien sah man Personen aus allen Gesellschaftskreisen, reich und arm, jung und alt, Adelige und Bürger, ungezwungen nebeneinander. Nur in Wien war das möglich dank unserem Kaiser, der oft selbst unter den Leuten erschien. Das war es, was Mozart verlockte, und darum sah er in Wien die Möglichkeit, sein Brot als Musiker „auf eigene Faust", ohne adeligen Gönner zu verdienen. Die Jugend hat heutzutage keinen Begriff mehr, wie schön das Leben damals war.

Mozart war auf den strengen und unwiderruflichen Befehl des Herrn Erzbischofs aus München nach Wien gekommen. Er wäre gerne noch in München geblieben. Der Erzbischof war nach dem Tode unserer Herrscherin Maria Theresia nach Wien gereist, um Kaiser Josef nach dessen Regierungsantritt seine Aufwartung zu machen und auch, um seinem schwer erkrankten Vater, dem Reichsvizekanzler, in seinen letzten Wochen beizustehen. Er residierte im Haus des Deutschen Ritterordens, dessen Landkomtur für Österreich sein Onkel war, und er wünschte, seinen ganzen Hof samt Dienerschaft und Musikern um sich zu haben. Er wollte den hohen Herren, die er einlud, musikalische Unterhaltungen bieten und auch in deren Palais, wie bei seinem Schwager, dem Grafen Pálffy, seine Sänger und Musiker sich produzieren lassen. Mozart wurde in Wien vom Fürsterzbischof mit Unwillen empfangen, da er den Urlaub, den man ihm für die Aufführung von ‚Idomeneo' in München gewährt hatte, überschritten hatte. Am Tag seiner Ankunft mußte er bereits bei einem Konzert mitwirken – man hatte ihn deshalb mit Ungeduld erwartet –, und während der folgenden Zeit täglich vor diesem oder jenem Herrn musizieren. Wolfgang war ungehalten über die Art, wie man ihn behandelte. Einige Jahre später, als er Da Pontes ‚Le Nozze di Figaro' in Musik setzte, schien es mir, daß er sich seines Ungestüms während jener ersten Tage in Wien erinnert haben mochte, wenn er seinem Figaro aufrührerische Melodien, wie sein ‚Se vuol' ballare, Signor Contino' in den Mund legte; ich war sicher nicht die einzige, die da den Geist des Ungehorsams erkannte, denn Da Ponte hatte Mühe, den Kaiser zur Aufführung der Oper zu überreden. Mozart sträubte sich wie ein unsteter Hengst gegen die Stränge des erzbischöflichen Prunkwagens. Er fand bei seinem Vater, dem er ständig einmal in der Woche schrieb, kein Verständnis, denn dieser glaubte daran, daß die Gunst großer Herren die einzige Gewähr für eine erfolgreiche Laufbahn sei. Mozart sprach von Opern, Akademien, Konzerten und Klavierlektionen, die es ihm möglich machen sollten, seine Kunst auszuüben: für Ziffern und Zahlen hatte er wenig Verständnis. Da sein Vater seine Ansichten nicht billigte, und er in Wien keine Freunde hatte, denen er sich hätte anvertrauen können, schüttete er uns sein Herz aus. Meine Mutter hörte ihm nur halb zu, mehr darauf bedacht, von ihren Enttäuschungen und von der Undankbarkeit Luises zu sprechen; mein Ohr hatte er, da meine Liebe damals zu keimen begann. Ich muß mich darüber wundern, daß ich trotz meiner Jugend wenigstens halb verstehen konnte, was er im Sinn hatte; die Schule meiner Erfahrung hatte mich vielleicht gereift, denn junge Mädchen scheinen mir heutzutage kindischer und unreifer, fern vom Leben und seinen Härten.

Man erwartete vom Gefolge des Fürsterzbischofs, daß jeder allmorgendlich im Vorraum seines Schlafzimmers erscheine, um dem Herrn seine Aufwartung zu machen. Mozart entzog sich dieser Verpflichtung. Der Erzbischof ahnte wohl, daß es ihm an Unterwürfigkeit mangelte, und er mochte die Absicht haben, ihn um seiner Haltung willen zu züchtigen und seine Überheblichkeit zu brechen. So ordnete er an, daß Mozart im Deutschen Haus logiere, während andere Mitglieder seiner Kapelle, wie der Sänger Ceccarelli, in der Stadt wohnen durften; Mozart wurde zu den Mahlzeiten ein Platz an der Gesindetafel angewiesen, so daß er sich in die Gesellschaft von Küchenjungen und Nachtwächtern verwiesen sah, als Hinweis darauf, daß seine Dienststellung der ihren gleiche; sein Tischnachbar war ein Zuckerbäcker. Diese Erniedrigung hatte die entgegengesetzte Wirkung, die beabsichtigt war: Mozart sparte uns gegenüber nicht mit derben Ausdrücken, um seinem Zorn Ausdruck zu geben. Er wollte sich in Wien Verbindungen schaffen, aber seine Verpflichtungen ließen ihm dazu keine Zeit. Besonders war er darauf erpicht, Seiner Majestät vorgestellt zu werden. Eines Tages erhielt er Befehl, am nächsten Tage bei einer Akademie des Fürsterzbischofs mitzuwirken, zu der er drei Kompositionen beisteuerte; diese Verpflichtung machte es ihm unmöglich, eine Einladung zu einem musikalischen Abend im Hause von Gräfin Thun anzunehmen, bei dem er hätte spielen sollen. Er wußte, daß Seine Majestät diesem Abend beiwohnen sollte. Der Tenorist Adamberger erhielt fünfzig Dukaten für seine Mitwirkung, und Mozart verfluchte die versäumte Gelegenheit:

„Und das wegen der Scheißmusik beim Erzlümmel, für die ich nicht einmal extra bezahlt worden bin!" Manchmal konnte er wahrhaftig unvernünftig sein! Wer hätte in Mannheim solche Ausdrücke gebraucht? Ich war an die Wiener Ausdrucksweise schon gewohnt und überhörte den Ausfall. Josefa schlug die Augen nieder. Sophie kicherte.

Der Fürsterzbischof verbot seinen Musikern jede Betätigung außerhalb ihrer offiziellen Pflichten, und seine Verbote litten keinen Widerspruch. Die adeligen Herren waren damals oft darauf versessen, ihre Musiker und deren Arbeiten für sich zu bewahren. Haydn war förmlich ein Gefangener in Esterhaza, bei seinem Fürsten, und was immer er schrieb, wurde wie ein geheimes Staatsdokument behandelt.

Nur für eine Wohltätigkeitsakademie im Kärntnertortheater geruhte Fürsterzbischof Colloredo eine Ausnahme zu machen. Mozart schenkte uns Freikarten, und in meinem halb verschlissenen Kleid konnte ich mit meiner Mutter, die Waise und die Witwe eines Musikers, dieses Benefiz für Musikerwitwen und -waisen hören. Mozart führte da eine neue Symphonie auf und spielte ein Klavierkonzert. Während seines Spieles ertönten Bravorufe in der ungewohnten Totenstille, die im Saale herrschte; nach dem Spiel gab es langen Beifall, und er mußte den letzten Satz wiederholen.

Er wußte, daß er den Wienern gefiel, aber er wurde umso gereizter, wenn einflußreiche Personen ihm Komplimente machten und, wie das so Wiener Art ist, das Blaue vom Himmel versprachen, ohne daß sie die Absicht hatten, etwas für ihn zu tun, so daß er dem Frondienst bei Erzbischof Colloredo hätte entrinnen können. Der Gedanke der Rückkehr nach Salzburg war ihm nach dem Erfolg in München und den anfänglichen Erfolgen in Wien völlig verhaßt. Bedeutete es ihm etwas, in der selben Stadt zu leben wie Aloysia? Ich selbst zählte ja noch nicht für ihn.

Das letzte Konzert vor der geplanten Rückkehr nach Salzburg fand vor dem Erzbischof und seinem Vater statt; er übergab Mozart ein von ihm erdachtes Thema und ließ ihn geschickte Variationen am Klavier erfinden. Am nächsten Tage wurde den Musikern mitgeteilt, daß ihre Dienste in Wien nicht mehr benötigt würden und sie nach Salzburg zurückzukehren hätten. Wir sahen Mozart einige Tage nicht, dann erschien er, um uns zu sagen, ein Bote des Erzbischofs sei bei ihm erschienen, um ihn anzuweisen, sein Zimmer im Deutschen Haus unverzüglich zu räumen und die Stadt zu verlassen; damit habe es jedoch keine Eile, fügte er hinzu. Er war verstört und ruhelos; er erwähnte, daß verschiedene Freunde ihm ein Zimmer für eine Woche angeboten hätten. Es handle sich um die reiche Familie Aurnhammer, deren Tochter seine Schülerin war, und um die Familie Mesmer, alte Freunde der Mozartischen. Doktor Mesmer selbst war vor kurzem nach Paris förmlich geflohen, nachdem er durch seltsame und unheimliche Experimente bekannt und verrucht geworden war, in deren Verlauf er Personen in einen künstlichen Schlaf versetzt und durch magnetische Strahlen von schweren Leiden befreit haben soll. Für ganz kurze Zeit wohnte Mozart dort in der Vorstadt, in der Rauchfangkehrergasse, wo Doktor Mesmer eben der blinden Klaviervirtuosin Maria Theresia Paradis, für die Mozart ein Konzert schrieb, für kurze Zeit durch seine Kur das Augenlicht wiedergeschenkt hatte. Gräfin Thun und ihre Familie interessierten sich höchlichst für den kuriosen Magnetismus, der auch Mozarts Neugier erregte, so daß er noch fast ein Jahrzehnt später sich daran erinnerte und eine Anspielung darauf in ‚Così fan tutte‘ einflocht, als sein

Freund Mesmer zu einem kurzen Aufenthalt wieder in Wien war. Mozart, der in seiner Sucht nach Freiheit und Unabhängigkeit vor Verpflichtungen zurückscheute, zögerte jedoch lange, irgendwelche Einladungen anzunehmen. Es sei ihm aber immerhin wichtig, sagte er, noch in Wien zu bleiben, um Gelder zu kassieren, die man ihm schuldete. Es war offensichtlich, daß er die Rückkehr nach Salzburg verzögern wollte. Als er uns so sein Leid klagte, meinte meine Mutter, es könnte ihm vielleicht behagen, sich bei uns einzumieten; ein Zimmer sei gerade frei, das ruhig sei und Morgensonne habe, und er könne die Mahlzeiten mit uns einnehmen – er wisse ja Bescheid über ihre Kochkunst und über die Josefas. Mozart rieb sich die Hände und schnalzte mit der Zunge. Er fragte nach dem Preis und errötete leicht; man einigte sich auf der Stelle, denn meine Mutter forderte eine bescheidene Miete, was mich überraschte:

„Nun ja, ein alter Freund, und er bleibt ja nur eine Woche", sagte sie, nachdem Mozart ins Deutsche Haus gegangen war, um sein Gepäck zu holen. In aller Eile machten wir sein Zimmer sauber. Mozart war der angenehmste Hausgenosse, immer höflich, hilfsbereit, freundlich, als gehörte er zur Familie, und doppelt froh und vergnügt, weil er Galgenfrist hatte. Am Tage, als er bei uns einzog, gab ihm unsere Mutter eines ihrer kleinen Festessen; Mozart, der ein Leckermaul war, tat sich gütlich; uns schwamm der Kopf vom Trinken; die kleine Sophie trank so viel, daß sie Schluckauf hatte.

All das sollte aber nur eine Woche währen, und ich ertappte mich dabei, daß ich ängstlich die Tage zählte. Am Tage vor der Abreise ging Mozart ins Deutsche Haus, um dort zu melden, daß er seine Fahrt für einige Tage aufschieben wolle. Wir hatten alle zusammen zu Mittag gegessen, er hatte ein wenig geschlafen und war fröhlich, wie immer, wenn sein Magen voll war; beim Weggehen tätschelte er mir die Wange. Mozart hatte an jenem Tag eine Eintrittskarte für die italienische Oper im Hofburgtheater; Kapellmeister Salieri leitete die Aufführung.

Rot im Gesicht und in höchster Erregung stürzte Mozart plötzlich ins Haus. Es dauerte eine Weile, bis er den Mund öffnete; dann stammelte er unzusammenhängende Sätze, unterbrochen von leisen

Flüchen und zornigen Ausrufen. Er lief von einem Zimmer ins andere, ans Fenster und wieder zurück zu seinem Schreibpult. Er gestikulierte, wie das seine Art war, als wollte er einen unsichtbaren Gegner bedrohen, und schlug mit der Faust auf den Tisch. Allmählich verstanden wir, was vorgefallen war. Im Deutschen Haus hatte der Kammerdiener des Erzbischofs ihm ein Paket übergeben wollen, welches Mozart auf Anordnung seines Herrn nach Salzburg mitzunehmen hätte, um es dort unverzüglich abzuliefern. Er lehnte den Auftrag ab, da er seine Abreise verschoben habe. Der Kammerdiener bedeutete ihm, daß der Herr Erzbischof diesen Aufschub nicht bewilligen würde, und daß Mozart besser daran täte, mit dem fürsterzbischöflichen Herren selbst zu sprechen und ihm vielleicht zu erklären, daß die nächste Postkutsche bereits voll besetzt sei.

„Wann geht Er endlich nach Hause, Bursch?!" herrschte der Erzbischof ihn an, als er in den Empfangsraum trat. Mozart wollte mit seiner Ausrede herausrücken, aber der Erzbischof, der die List durchschaut hatte, unterbrach ihn mit Beschimpfungen, obwohl er wußte, daß Wolfgang leicht aufbrauste. Einen liederlichen Lumpen nannte er ihn und einen elenden Lausbuben, mit dem er nichts zu tun haben wolle.

Mozart gab zu, er habe dem Erzbischof erwidert, er wolle, wenn dem so sei, mit ihm, dem Herrn Fürsterzbischof, auch nichts mehr zu tun haben.

Zu Hause war ich selbst ein Rebell, aber dem Herrn Grafen Hieronymus Colloredo solch eine Antwort zu geben, schien mir dennoch außerordentlich: wenn Mozart dies wirklich gesagt hatte, so war es wahrhaftig unverschämt. Er war ein Hitzkopf und konnte nicht unterwürfig sein, wenn man ihn erniedrigte, obwohl er von Natur mild und gut war. Aber selbst heute, da die adeligen Herren so manche ihrer Vorrechte längst verloren haben, dürfte man so nicht mit ihresgleichen sprechen.

Der Erzbischof wies ihm die Tür.

Mozarts Erregung war unsagbar. Er hatte sich vom Anker losgerissen. Er war nicht sicher, ob man ihm nun wirklich den

Laufpaß gegeben hatte; er schien gerade dies innig zu wünschen. Er wußte aber auch, daß sein Vater seinen Entschluß nicht billigen würde, daß er vielleicht gar auch dessen Stellung gefährdete. Würde er seine Liebe am Ende verlieren?

Ich lief in mein Zimmer, das ich mit Sophie teilte. Ich war zum Jauchzen froh, daß Mozart fürs erste nun bei uns wohnen bleiben würde; daß ich mich daheim nicht mehr allein fühlen würde, mit meiner schläfrigen Josefa, meiner kleinen Sophie, meiner ungeduldigen Mutter und ihrer Rumflasche, und mit den langweiligen Mietern, die ein und aus gingen, und deren Gesichter wie blasse Flecken auf dem sonst so lebhaften Bilderteppich meiner Erinnerungen aufscheinen.

Es lag Mozart daran, seine Entlassung in aller Form festgestellt zu wissen, um nicht eines Tages der Pflichtverletzung geziehen zu werden. Da der Erzbischof zu einer der höchsten Adelsfamilien gehörte, hätte Mozart sich dadurch die Gunst anderer Herrschaften verscherzt. Obwohl er darauf rechnete, sich als freier Musiker einen Namen zu machen, wie Beethoven, Bellini, Schubert und mein Vetter Karl Maria etwa das später getan haben, und wie Liszt, Chopin, Berlioz, Meyerbeer und andere es heute tun, wußte er dennoch, daß er auch Gönner brauchte. Er beschloß also, etwa vier Wochen nach dem Streit mit dem Fürsterzbischof, diesen aufzusuchen – denn Seine Hochfürstliche Gnaden weilten noch immer in Wien, da der Todeskampf seines Vaters noch währte –, ihm sein Reisegeld zurückzuerstatten und ihm ein Memorial zu übergeben, das er sorgfältig aufgesetzt hatte. Vielleicht war es Mozarts vier Wochen währendes Zögern, das die Empörung des fürsterzbischöflichen Haushalts zum Siedepunkt gebracht hatte; man mochte erwarten, daß Mozart sich untertänigst entschuldigen würde; da aber erschien er nun mit einem Memorial.

Es war Graf Arco, der Küchenmeister des Erzbischofs und Vorsteher seines Haushaltes, der durch seine tölpische Grobheit und altväterische Verachtung der Bürgerlichen mit einem Fußtritt – wahrhaftig, mit einem Fußtritt – Mozart aus dem erzbischöflichen Haus hinaus und in sein neues Leben stieß; der alte Mozart hat nie verstanden, wie weh seinem Sohn diese Beleidigung tat, die hundsföttische Sauerei, wie er sagte. Wolfgang war nun allein: er brauchte Trost, Schutz, ein Heim, eine Familie. Er lief geraden Wegs zu uns, denn da war nun sein Heim. Er kochte vor Wut: niemals vorher oder nachher habe ich ihn so gesehen. Er hatte ersucht, zum erzbischöflichen Herrn vorgelassen zu werden, Graf Arco hatte sich jedoch geweigert, ihn anzumelden. Mozart bestand auf seinem Recht, oder auf dem, was er für sein Recht hielt, und es kam zu einem Wortwechsel; Mozart wurde immer lauter und erregter, bis Arco ihn einen Flegel nannte und hinausjagte.

Wir konnten kaum glauben, was er erlebt hatte. Mannheim und München waren noch frisch in unserer Erinnerung. War solch ein Betragen denkbar? Hätte man sich dergleichen von unserem Kurfürst Karl Theodor vorstellen können? Wäre es denkbar gewesen, daß einer seiner Hofherren sich so betrug, ohne den fürstlichen Unwillen zu erregen? Wußte denn der Kaiser nicht, wie die Leute des fürsterzbischöflichen Herrn sich betrugen?

Mozart überwand die Erniedrigung überraschend schnell. Es war, als sagte er sich, daß er Graf Arco für seine lümmelhafte Handlung dankbar sein konnte, denn nun war ihm der Weg zurück nach Salzburg und in den erzbischöflichen Dienst abgeschnitten, und er hätte, selbst wenn er es gewollt hätte, dem Drängen seines Vaters nicht mehr nachgeben können.

Der Zwischenfall hat auch mein Leben bestimmt, und deshalb nimmt er wohl heute noch so viel Raum in meinen Gedanken ein. Was nun geschah, wäre nicht geschehen, wenn wir nicht im selben Haushalt, gleichsam als eine Familie, gelebt und unsere Mahlzeiten am selben Tisch eingenommen hätten. Mozart war glücklich, daß er in Wien bleiben konnte. Er war geschäftig: er suchte Berufsgenossen und Freunde auf; er hielt Ausschau nach Schülerinnen; er war oft auf dem Weg; er schrieb viel in seinem Zimmer. Wenn ein Brief aus Salzburg kam, war er verstört, denn seine Liebe zu seinem Vater und zu seiner Schwester waren übermächtig, und die Briefe aus Salzburg waren kühl. Er las seinen Brief und lief dann, womit immer er gerade beschäftigt sein mochte, auf die Straße, um seine Enttäuschung abzulaufen. An solchen Tagen schien er einsam, verlassen, fast wie ein Kind, dem Vater und Mutter fehlen, und ich stellte mir gerne vor, daß ich nun seine Schwester sei. Er fühlte sich wohl bei uns; das war offensichtlich.

Wenn unsere Mutter dem Dienstmädchen erklärte, was sie beim Grünzeughändler und beim Fleischhauer kaufen sollte, äffte Mozart die Litanei mit vertauschten Anfangslauten nach, machte aus dem Kohl, der Petersilie und dem Huhn: Hohl, Ketersilie und Puhn, erfand eine Melodie und führte mit uns einen mehrstimmigen Rundgesang auf, den er mit pustenden Wangen begleitete. Er neckte uns um unseres Mannheimer Dialektes willen, der ihm aber gefiel, und das ist wohl der Grund, warum ich ihn nie ganz verloren habe; er hatte ja ein feines Ohr für alles Unerwartete, Ungewöhnliche, Kuriose in der Sprache. Er ließ sich gern von uns allen kleine Dienste leisten und dankte überschwenglich, wenn man ihm einen losen Knopf festnähte, ein Butterbrot bestrich oder seine Schreibfedern zuspitzte. Er schrieb viel, wie immer, und wenn es sich um ein Stück für Singstimme handelte, reichte er mir das Notenblatt und ließ mich die Melodie singen, denn er wußte, daß ich richtig vom Blatt lesen konnte. Oft schrieb er, wenn wir bereits bei Tisch saßen; wir begannen dann die Mahlzeit ohne ihn und ließen ihn seine Arbeit beenden; das sei ihm sehr recht, sagte er, und er sei dankbar dafür, daß es in unserem Haushalt keine Regeln gebe, und jeder tun könne, was er gerade wolle. Das Kompliment gefiel meiner Mutter nicht, und sie zog die Augenbrauen hoch. Ich schämte mich ein wenig, daß unser Haushalt unordentlich war, aber Mozart schien das nicht zu stören. Da standen abends noch ungewaschene Teller auf dem Küchentisch; oder man mußte die Kirschenknödel halbieren, weil das Dienstmädchen vergessen hatte, genügend Mehl zu kaufen; oder eine leichte Staubwolke erhob sich vom Polstersitz unseres roten Samtstuhls, wenn Sophie sich ungestüm niedersetzte. Verlegen und betreten entschuldigte ich mit Worten die Nachlässigkeit, aber Mozart lachte, tat alles mit einer Geste seiner Hand ab und fand es traulich. Dennoch wußte ich von seinen Erzählungen, welch einen Musterhaushalt seine Mutter in Salzburg geschaffen hatte. Bei uns ging alles schief, da meine Mutter kein festes Regiment führte: sie schalt, sie zeterte, aber sie wußte nicht, wie man Befehle gibt; das merkte man, und so ließ sich die Dienstmagd gehen; Sophie und ich blieben uns selbst überlassen, und Josefa schien eingesponnen in ihre Gedanken, Träume und Kochtöpfe. Am Spätnachmittag begann meine Mutter gewöhnlich, ein Schlückchen zu versuchen, und dann noch eines; schließlich wurde sie still, legte sich auf ihr Sofa und schlief ein. Wenn Thorwarts Besuch erwartet wurde, raffte man sich zu einer kurz währenden Säuberung auf; man wusch, rieb, bürstete und glättete; flaumige Buchteln gefüllt mit Zwetschkenmus – ‚Powidl', sagen die Wiener – und bedeckt mit einem zarten Rauhreif von Staubzucker wurden gebacken; den Geruch habe ich noch heute in der Nase; während ein paar Stunden hatten wir dann ein bürgerliches Heim. Ich hatte damals wenig Liebe und Achtung für meine Mutter. Heute, da ich selbst eine alte Frau bin, älter, als sie damals war, kann ich besser verstehen, was sie am Herzen drückte.

So sah es denn bei uns aus, nachdem Luise uns mit Josef Lange verlassen hatte, als Mozart zu uns kam, und sich zwischen ihm, mir selbst und meiner Mutter die häßliche Komödie wiederholen sollte, die sich eben mit Josef und Luise abgespielt hatte. ‚Die Entführung aus dem Auge-Gottes', nannte Mozart sie.

* * *

So lebendig auch das längst Vergangene in der Erinnerung ist, in der Wirklichkeit ist von der Vergangenheit wenig geblieben. Wie schnell die Welt vergeht! Wer würde das glauben, wenn er jung ist? Leopold Mozart ... Nannerl ... Nissen ... die Jacquins ... Josef Lange ... Thorwart ... die Baronin Waldstädten ... Freunde ... Feinde ... alle längst unter der Erde. Auch die Großen! Unser Kaiser ist nicht mehr Kaiser des Reiches; das Reich selbst ist nicht mehr, und Napoleon, sein Zerstörer, auch nicht. Die Unholde, die in Frankreich eine Revolution anstifteten, haben einander umgebracht; sie sind dahin, und ihr übles Werk auch, und dieses französische Heer, das ich einst in Wien gesehen habe, gehorcht nun wieder einem König; es steht im fernen Algerien, irgendwo im Morgenland, über das man in meiner Jugend noch Märchenopern schrieb. Und all das in der Spanne eines Menschenlebens!

Als Wolfgang zu uns kam, war ich achtzehn Jahre alt; kein Kind mehr, aber unerfahren. Ich dachte wohl daran, wie alles einmal sein würde, aber meine wachen Träume und das tägliche Leben hatten wenig miteinander zu tun. Wie Aloysia wollte ich meine Fesseln brechen, aber ich hatte nie ernstlich gedacht, daß ich etwas dazu tun könnte. Erst da Mozart eines Tages, als ich neben seinem Schreibtisch stand, der von Notenblättern bedeckt war, aufstand, lächelte, meinen Kopf mit beiden Händen umfaßte und mich auf den Mund küßte, hatten meine wachen Träume mit diesem Mann zu tun, der Wolfgang hieß, mit dem ich Mitleid hatte, seit ich miterlebt hatte, wie Luise ihm weh getan, und den ich bewunderte, seit er zu seinem fürsterzbischöflichen Herrn gesprochen hatte, als sei er seinesgleichen.

Wolfgang saß bei uns am liebsten in der Küche, wie kleine Jungen es tun; vielleicht war er daran als Kind gewohnt gewesen, als seine Mutter noch lebte. Bei solcher Gelegenheit merkte ich, daß er mich unverwandt ansah; er saß in einer Ecke, während ich beim Fenster stand und einen Flecken aus meinem Halstuch zu entfernen suchte. Plötzlich sagte er:

„Sie sehen Ihrer Schwester sehr ähnlich. Die Nase, der Mund, das Kinn ... dasselbe Profil. Jetzt sind Sie ja auch im selben Alter wie Ihre Schwester damals ...“

Ich errötete; ich ärgerte mich, denn einmal war das ja nicht wahr, daß ich ihr ähnlich sah, und zum zweiten war das nun aber wahrhaftig eine ungeschickte Bemerkung! Wolfgang war nie tüchtig im Erfinden von Komplimenten, da er nicht lügen konnte. Man will doch nicht gefallen, weil man einer Rivalin ähnlich sieht!

Als die Frühlingstage kamen, wollte Mozart mit uns allen in den Prater; es wurde ein seltsamer Aufzug; vier Frauen aller Altersstufen und ein junger Kavalier. Ich war die einzige, mit der er sich dem Alter nach verstehen konnte, und wenn ich auch ein unerfahrenes Ding war, ich merkte schon, daß er gerne seine Zeit mit mir verbrachte; er aß mir die Rettiche aus der Hand, während ich sie einsalzte; er gab mir gelegentlich eine Gesangstunde oder eine Klavierlektion und erzählte mir von seinen Erlebnissen, von Freunden, von Häusern, in denen er musizierte oder Unterricht gab, von Sängern und Theaterleuten – Luise gehörte dazu, und er sah sie öfter als wir. Das war eine Welt, von der ich nichts wußte, aber allmählich stellte er mir diesen oder jenen seiner Freunde vor; letzten Endes wurde ich selbst mit ihm in das eine oder andere Bürgerhaus eingeladen. „Wie war es denn?“ fragte Sophie, als ich nach Hause kam. Meine Mutter, so schien mir, begünstigte Mozarts Bemühungen um mich; sie mußte sich ja Gedanken darüber machen, welche von uns die nächste sein würde, ihr Haus zu verlassen.

Mozarts erste Klavierschülerin war eine Gräfin Rumbeck, die Base des Grafen Cobenzl, unseres Vizekanzlers; so gelang es ihm gleich, zu hohen Herrschaften Zugang zu finden. Er erhielt eine Einladung in des Grafen Landhaus, auf einem Hügel unterhalb des Kahlenbergs gelegen, da er als neunjähriger Knabe in Brüssel vor ihm gespielt hatte und Seine Exzellenz sich seiner noch erinnerte. Ich bewunderte ihn um all dessentwillen, was er schon erlebt hatte, obwohl er nicht viel älter war als ich – all die Städte, die er gesehen hatte, die berühmten Herren, die er kannte. Wolfgang kam dann öfters auf den Landsitz des Grafen, verbrachte auch gelegentlich die

Nacht dort und setzte mich in Erstaunen mit seinen Beschreibungen dieses Paradieses, mit seinen Gärten, Teichen, Springbrunnen und künstlichen Grotten. Nachdem Gräfin Rumbeck das Beispiel gegeben hatte, wurden andere Damen neugierig – so dachte man ja in Wien. Gräfin Palffy, obwohl sie die Nichte des Fürsterzbischofs von Salzburg war, und Gräfin Zichy nahmen Klavierlektionen, die je einen halben Dukaten einbrachten; dann kamen Bürgersleute – Frau von Trattner, die Gattin eines Buchhändlers am Graben, und das reiche Fräulein Aurnhammer. Ich dachte, Wolfgang wolle mich necken, wenn er mir von seinen Schülerinnen erzählte, aber ich konnte meiner Sache nie ganz sicher sein, und so merkte ich damals, daß ich ein eifersüchtiges Temperament hatte; gelegentlich gab es allerlei Geschwätz über ihn – die Wiener nehmen ja immer Anteil an dem, was bekannte Personen im Privatleben treiben –, und was Mozart betrifft, so war die Erinnerung an das Wunderkind noch immer nicht erloschen. Man wußte, daß er bei uns logierte, und hinterbrachte uns allerhand Gerüchte. Bald hatte man es heraus, daß ich an diesen Geschichten Anteil nahm; ich wurde rot und blaß, wenn in Josefas oder meiner Mutter Gegenwart erzählt wurde, dieser oder jener kenne einen Oboisten von der Oper, zu dessen Freund Fräulein Aurnhammer habe durchblicken lassen, Mozart wolle nur wegen der hübschen Mädchen in Wien bleiben. Je mehr ich mich bemühte, bei solchen Gesprächen aus dem Fenster zu starren, um meinen Ärger zu verbergen, desto offensichtlicher wurde er.

Mozart haßte es, Lektionen zu geben, die ihm wertvolle Zeit raubten, da es ihn zum Schreiben trieb. Wenn jedoch eine Schülerin Begabung zeigte und Musik ernst nahm, dann war er gerührt und oft überwältigt. So pries er das Spiel und den Geschmack mancher hochbegabten Schülerin, wie eben Fräulein Aurnhammers. Er schrieb für sie eine Sonate für zwei Klaviere, die er mit ihr bei einer Hausakademie spielte; die Aurnhammers waren eine jener Familien, die Musik mit fast religiösem Ernst betrieben. Leutselige Adelige, wie Gräfin Thun, die bei Haydn Klavier- und Gesangslektionen nahm, mochten sich dort mit Berufsmusikern treffen, wie mit Ritter von Gluck, oder mit Sängern und Schauspielern; Luise und ihr Mann verkehrten selbst im Hause Aurnhammer, und Mozart erzählte mir von diesen Abenden, wie er mir einst in Mannheim von Abenden bei Cannabichs erzählt hatte. Die Familie bemühte sich offensichtlich, eine Beziehung zwischen ihm und ihrer Tochter zu erleichtern; sie war wohl in ihn verliebt. Mich plagte meine erste Eifersucht – die erste von vielen. Was vermochte die Waise des Souffleurs gegen den Glanz dieses Hauses, zumal Mozart Glanz liebte? Die festlich gedeckten Tafeln, die Kronleuchter aus Kristall, die Reifröcke, die himmlischen Sopranstimmen und Akkorde geisterten durch meine Nächte, glanzvoller in meiner Phantasie als in Wirklichkeit; wenn ich erwachte, sah ich Sophie nebenan und die Kuppel der Peterskirche im Fensterrahmen, durch den der Mond unser bescheidenes Zimmer erleuchtete. Mozart, so gut, daß er nie hätte boshaft handeln können, selbst, wenn er es gewollt hätte, machte alles ohne Absicht noch schlimmer mit seinen Erzählungen. Wie konnte ich Zugang zu dieser Welt finden? Außer den Aurnhammers waren ja da noch andere. Therese von Trattner war Wolfgangs Liebling, und so nannte er sie. Ich wollte wissen, ob sie begabt sei; gewiß, ganz bedeutend; ob sie auch schön sei; ja, überwältigend schön. Ich dachte daran, einen anonymen Brief an ihren ältlichen Gatten zu schreiben, aber dann bedachte ich, daß sechs Dukaten für zwölf Lektionen viel Geld war, und daß meine Rechtschreibung zu wünschen übrig ließ. Da gab es die Baronin Waldstädten, später mein guter Engel, aber vorläufig nur ein Name, und ein verhaßter, denn man erzählte sich Zweifelhaftes über sie; ihr Haus in der Leopoldstadt mit seinen abendlichen Wagenauffahrten figurierte in unzähligen Skandalgeschichten; sie gab ein Fest zu Wolfgangs Namenstag; er verbrachte die Nacht dort, und um elf Uhr, als er sich gerade auskleidete, erschien eine Bläsergruppe auf der Straße und spielte eine seiner Serenaden zu seinen Ehren und zum Ärger der Nachbarn. Was sollte ich von all dem denken?

Eines Morgens stand ich in Mozarts Zimmer hinter ihm, während er schrieb. Er plauderte dabei; das war seine Gewohnheit, denn die Noten flossen aus der Feder aufs Papier, ohne daß er ein Klavier brauchte, fast als dächte er gar nicht an seine Musik; er schien sogar lieber zu schreiben, wenn man von diesem und jenem schwatzte. Er kam mir wieder mit seinen begabten Schülerinnen, mit einem Fräulein Adlgasser aus Salzburg, die himmlisch das Violoncello spiele und nach Wien gekommen sei; am Ende sei sie gar in ihn verliebt. Dann drehte er sich um, ich weiß nicht warum: da stand ich tränenüberströmt. Mozart nahm mich in seine Arme, strich mir übers Haar und küßte mich.

Hier fällt mir auf, daß ich Wolfgang oft Mozart nenne, wie ich es auch in meinen Briefen tue, selbst wenn ich an meine Söhne schreibe. Das mutet heute seltsam an, aber im vorigen Jahrhundert pflegten Frauen so von ihren Gatten zu sprechen: auch das ist eine alte Gewohnheit, die ich nicht loswerden kann. Vielleicht hätten wir weniger das Gefühl des Alterns, wenn wir uns ebenso leicht und schnell ändern könnten wie die Zeit, in der wir leben.

Mozart schrieb und empfing viel Post und bewahrte sie in den Laden seines Schreibtisches auf. Eines Nachmittags, als er ausgegangen und nur Josefa zu Hause war, fühlte ich mich ungestört. Es hielt mich nicht mehr, und ich beschloß, mehr darüber zu erfahren, was all die Frauenzimmer für ihn bedeuteten. Ich schlich in sein Zimmer, schloß die Tür hinter mir zu, nahm Brief für Brief aus den Laden und las einen nach dem anderen. Da gab es Namen, die ich kannte. Die Lektion abgesagt . . . die Lektion auf Mittwoch verschoben . . . mit der Bitte, das versprochene Rondo bald fertigzustellen . . . das Ersuchen, Adamberger eine Einladung zu übergeben . . . Briefe vom Bäsle in Augsburg voll kindischer und manchmal unflätiger Scherze, die offenbar nicht für fremde Augen bestimmt waren. Die meisten Briefe stammten von Mozarts Vater. Mein Blick fiel auf den Namen Weber. Ich las flüchtig hier und dort, dann wurde ich aufmerksam: Aloysia hätte ihn, Wolfgang, zum Narren gehalten . . . mein Vater, ein talentloser und erfolgloser Mann, der sich als Souffleur schlecht und recht sein Brot verdient hätte . . . meine Mutter, dem Trunk ergeben, wie man sich erzählt . . . unter dem Vorwand, Zimmer zu vermieten, gehe sie auf den Männerfang für ihre Töchter aus . . . und dann ich . . . eine hinterlistige Person, vor der man sich in acht nehmen müsse . . . die es darauf abgesehen habe, ihn, Wolfgang, einzufangen ... die, wie der alte Mozart es von dem Münchener Musiker Peter Winter, der jüngst in Wien gewesen sei, erfahren habe, keinen guten Ruf habe ... über die in Wien wegen ihrer Beziehungen zu Mozart allerlei Gerüchte im Umlauf seien ... ein Luder, wie sich Winter ausgedrückt habe.

Im ersten Augenblick wollte ich all das feindliche Papier zerreißen, vernichten; dann stopfte ich es wieder in die Laden; sehr ordentlich hatte es ja da vorher auch nicht ausgesehen. Viel später, nach Mozarts Tod, kam dann einmal der Tag, an dem ich mich an diesen Briefen rächen konnte. Was hätte mein Schwiegervater davon gedacht!

Ich lief auf mein Zimmer, versperrte die Tür und versuchte, zu verstehen, was ich gelesen hatte. Mozart mußte seinem Vater geschrieben haben, daß er an uns Freunde gefunden hatte, daß er mich anziehend finde; Thorwart und meine Mutter müßte man in Eisen schlagen, also zwingen, die Gassen zu kehren und am Halse eine Tafel zu tragen mit den Worten ‚Verführer der Jugend', hatte Leopold Mozart geantwortet. Wolfgang hatte zugegeben, daß sein Vater recht gehabt hatte, ihn vor einer Bindung mit Luise zu warnen, und daß diese ihn genarrt habe; Leopold Mozart nannte sie immer Aloysia.

Damals verstand ich, wie nahe Mozart den Seinen stand. Er war außerordentlich offen mit seinem Vater; niemals, aber gar niemals hätte ich mit meiner Mutter so sprechen können, selbst nicht in Briefen. Als ich nach Mozarts Tod auch seine Briefe zu Augen bekam, schoß mir noch immer das Blut in die Wangen, wenn ich seine Zeilen las: er sei heißblütig, wie andere junge Männer, hatte er geschrieben, und könne nicht arbeiten und schaffen, wenn seine Gedanken nicht ständig auf sein Werk gerichtet seien; er habe zu viel Grauen und Ekel, Scheu und Furcht vor Krankheiten, als daß er sich mit Huren herumbalgen könnte. Das hatte Wolfgang geschrieben; er wolle nicht ohne Frau leben. Sein Vater ermahnte ihn, nicht ans Heiraten zu denken; Wolfgang, der Wahrheit ausweichend, hatte ihm erwidert, er denke fürs erste ohnedies nicht daran. In jedem seiner Briefe drängte der alte Mozart seinen Sohn, das Zimmer bei uns aufzugeben: er müsse dem Lotterleben im Hause Weber entkommen.

Ich hatte mir nicht eingestanden, daß unsere Tändelei weitere Kreise ziehen mochte; nun aber ahnte ich, daß Wolfgang und ich vielleicht nicht mehr Meister unseres Geschicks waren; daß andere uns beobachteten, unser Tun beurteilten, uns ermutigten oder verdammten, unsere Schritte lenken wollten. Der Gedanke verfolgte mich. Ich konnte Wolfgang nicht mehr in die Augen blicken, ohne zu erröten. Ich suchte seine Gesellschaft und suchte zugleich, sie zu meiden; wir gingen immer öfter miteinander aus; man lud uns zusammen ein; wir gingen in den Prater, in den Augarten, ins Hofburgtheater zur Oper. Unser gemeinsames Heim bot uns Gelegenheit zur Vertraulichkeit. Heute sind die Sitten wohl weniger frei.

Meine Mutter machte spitze Bemerkungen über mein Betragen; ich erwiderte ihr scharf, und es gab Streit. Das war nicht ungewohnt. Ich würde ins Gerede kommen, meinte sie; die Bemerkung machte mich zornig. Mozart wußte, was vorging, aber in seiner Gegenwart begnügte sich meine Mutter mit nur halb zu verstehenden und halb verstandenen Sticheleien. Als der Sommer zu Ende ging und die grünen Buchten des Augartens, wie die tiefen Auen des Praters, von Regengüssen und kalten Winden gepeitscht, uns keine Zuflucht mehr boten, kündigte Mozart an, er wolle ausziehen. Meine Mutter tat halb beleidigt; Sophie war bestürzt; Josefa kochte ein Abschiedsmahl. Mozart zog in ein kleines Zimmer in einem anderen Flügel unseres Durchhauses, im dritten Stockwerk, ein paar hundert Schritte von uns entfernt; das Zimmer war so vollgeräumt, daß man sich zwischen Schrank, Tisch und Klavier kaum bewegen konnte. Er gab damit endlich dem Drängen seines Vaters nach und konnte nicht vermuten, daß auch mir dieser Entschluß willkommen war: er hat nie gewußt, daß ich seine Briefschaften gelesen hatte. Seine Übersiedlung setzte den Sticheleien meiner Mutter für kurze Zeit ein Ende.

In dem Durchhaus konnte man von seiner Wohnung zu unserer gehen, ohne die Gasse zu betreten; auch umgekehrt. Dieses wienerische Durchhaus bot Wolfgang die Gelegenheit, seinen Vater

Thorwart machte eine Wohnung am Petersplatz ausfindig, aus deren Fenstern im zweiten Stock (zweites Haus links) man die grüne Patina der Kirchenkuppel sehen konnte.

Die anmutigen Stuckengel an der Decke unseres Musikzimmers in der Schulerstraße.

Es war die schönste Wohnung, die wir je bewohnt haben, mit dem Erker, der auf die Schulerstraße hinausging.

Fortan würde er Tanzmusik für die Bälle im Redoutensaal schreiben, sagte Mozart; nichts anderes erwarte man von ihm.

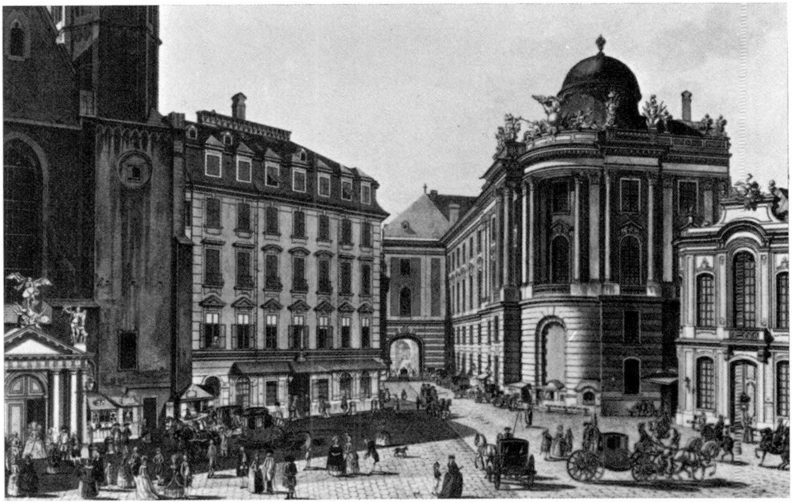

Als Nikolaus mir den Vorschlag machte, mein Mieter im Michaelerhaus (zweites Haus links) gegenüber dem Hofburgtheater zu werden, nahm ich ihn gern auf.

Der Schullehrer Stoll, Mozarts Badener Freund, hatte im Erdgeschoß des Hauses in der Renngasse in Baden eine Wohnung für mich gemietet.

Das Haus der Duscheks, Villa Bertramka, wo wir im ersten Stockwerk wohnten, war eine Art Musenheim, fast eine Prager Legende.

zum ersten Mal im Leben wohl nicht mit einer Lüge, aber doch mit einer zweideutigen Wahrheit in die Irre zu führen. Wir wohnten im selben Haus, und hatten doch verschiedene Adressen. Wenn wir uns auch nicht in aller Form verlobt hatten – und das war es eben, was den Ärger meiner Mutter anfachte –, so bestand doch ein stillschweigendes Übereinkommen zwischen Wolfgang und mir, daß wir Mann und Frau sein würden. Aus einer Art Trotz weigerte ich mich, mit meiner Mutter darüber zu sprechen. Ich weiß, daß Vater Mozart seinen Sohn weiter davor warnte, sich zu binden und seine Kräfte an den Aufbau einer Familie zu verschwenden, und daß Wolfgang halb verzagt, mit unverbindlichen Worten, ihn zu beschwichtigen suchte, aber sowohl er als ich fühlten uns bereits gebunden. Wolfgang sah unser Haus nach wie vor halb als das seine an; er ließ seine Post weiter zu uns kommen, und das gab ihm einen unschuldigen Vorwand, bei uns vorzusprechen.

Die Zeit ist ein seltsames Ding! Wenn wir jung sind, sehen wir uns selbst manchmal in unserer Einbildungskraft als die alten Frauen oder Männer, die wir einst sein werden; wir mögen uns dann auf der Höhe des Ruhmes sehen, geehrt von aller Welt, umgeben von einer Schar von Urenkeln, mit hellen Augen und starken Gliedern, weise und zufrieden, im vollen Besitz unserer Gesundheit, nur daß wir eine Theatermaske mit Runzeln und eine weiße Haarkrone tragen. Niemand sieht sich je vergreist, mit gefleckter Haut und schütterem Haar, kränklich, müde, einsam, verwirrt, halb blind und taub. Dennoch ist dies viel häufiger, was das Leben uns beschert. In umgekehrter Richtung erweist sich die Zeit ebenso als ein Prisma, welches das farblose Licht der Vergangenheit in seine Strahlen zerlegt und den Zauber des roten, blauen, gelben Lichtes offenbart. Im Herbst 1781, als ein Brief vom Bäsle aus Augsburg schon einen Tag lang auf der Kommode im Sitzzimmer gelegen hatte, bis ich beschloß, zu Wolfgang hinüberzulaufen und ihm den Brief zu bringen, da tat ich , was ich, ehrlich und wahrhaftig, mir später als eine Gefälligkeit ausmalen konnte: er würde mir einen Kuß geben und „Dank' schön, Stanzerl" sagen. Aber ich weiß doch, was ich damals wollte: darum wählte ich einen Nachmittag, an dem niemand zu

Hause war; ich wählte einen Brief vom Bäsle, dessen Inhalt für Wolfgang nicht von Bedeutung sein konnte; ich wußte, daß er zu Hause sein würde – auch das hatte ich bedacht. Der Segen des Zeitprismas hat jenen Tag dann in einen Tag des unschuldigen Glücks verkehrt.

Thorwart, meine Mutter und der alte Mozart wollten ihn später zu einem Tag der Reue machen. Ich weiß, daß ich Nissen wahrhaft lieb war, und so hätte es ihn vielleicht geschmerzt, mit mir über meine Liebe zu Wolfgang zu sprechen. Als er das Material für die Lebensgeschichte Mozarts zusammentrug, schürfte er in meinen Erinnerungen, aber er vermied es, mich darüber zu befragen. So schrieb er ein Leben Mozarts, das Mozarts Liebe kaum erwähnt.

Weder der alte Mozart noch Nannerl haben Mozart je vergeben, daß ich seine Frau geworden bin. Wäre ich es geworden, wenn nicht an jenem Nachmittag ein Brief vom Bäsle auf der Kommode gelegen hätte? Meine Mutter und Thorwart handelten so abscheulich, daß ich im Rückblick doppelt froh war, getan zu haben, was ich tat. Als ich ihnen dies mit eben diesen Worten sagte, kannte ihre Wut keine Grenzen.

Ich war noch ein paar Mal hinüber zu Wolfgang geschlüpft. Als ich an einem jämmerlich nassen Dezemberabend nach Hause kam, empfing mich meine Mutter mit Zorn in den Augen. Der Wein hatte ihr Mut gemacht:

„Du warst bei Mozart!"

„Ja."

„Ich habe dich gesehen. Ich habe dich über die Stiege kommen gesehen. Wie andere auch."

Angesichts der Anklage fühlte ich den Trotz in mir aufsteigen: „Ich leugne es nicht."

Die Wut meiner Mutter stieg, da sie Widerspruch suchte und ihn nicht fand. Sie erhob die Stimme:

„Es macht dir wohl nichts aus, wenn die Leute über dich reden. Wenn sie sagen: ‚Constanze Weber besucht den Mozart in seiner Wohnung'. Wenn sie sagen, du seist seine Geliebte."

„Nein, das macht mir nichts aus."

Wieder einmal schrien wir unbeherrscht. Sophie und Josefa flohen aus dem Zimmer, froh, daß nicht sie die Opfer waren. Man hörte uns durch das ganze Haus:

„Du solltest dich schämen. Schämen solltest du dich. Du würdest wohl auch ‚ja' sagen, wenn ich dir ins Gesicht sagte, du seist seine Geliebte. Die Geliebte eines entlassenen Musikers!"

„Ja, ich bin seine Geliebte."

Ich hatte diese Antwort aus Trotz gegeben, und der Trotz tat mir wohl. Was folgte, spottet jeder Beschreibung. Meine Mutter war vor Wut fast am Ersticken. Sie war rot im Gesicht und atmete schwer. Der schreckliche Gedanke an einen Herzanfall kam mir flüchtig. Sie holte aus, um mich zu treffen. Sie lief um den Tisch mir nach. Sie stieß einen Schwall von Worten und abscheulichen Beschimpfungen hervor. Sie schrie, sie keuchte, sie ergriff schließlich ihren Mantel und lief aus der Tür. Sie suchte Thorwart auf, um ihm das Vorgefallene zu berichten, mit ihm zu beraten, was zu tun sei, seine Hilfe anzurufen. Beschlüsse über mein Schicksal sollten nun getroffen werden, ohne mich zu befragen. Thorwart erschien am folgenden Morgen. Er war förmlich, kurz angebunden, seiner Sache sicher, wie immer. Zu zweit nahm er mit meiner Mutter den Angriff auf:

„Ist das wahr, was du mir gestern eingestanden hast? Ich will wissen, ob es wahr ist."

Mein Trotz verflog; ich fühlte mich müde; ich antwortete nicht.

„Ein entlassener Musikant", sagte sie, „ein entlaufener Musikant." Es schien, als gelte es, eine höhere Macht als Zeugen anzurufen.

„Es ist ja gleichgiltig", stellte Thorwart in entschiedenem Ton fest, als erließe er einen Richtspruch. „Auf jeden Fall hat Herr Amadé Mozart Constanze auf das schwerste bloßgestellt. Sein Verhalten war unbedacht und unverzeihlich. Schon dadurch, daß er die Besuche gestattete, ist sie bloßgestellt. Sein Betragen ist rücksichtslos und unmoralisch."

„Ein entlassener Musikant", sagte meine Mutter noch einmal.

„Unverantwortlich ist wohl das rechte Wort", fügte Thorwart hinzu. „Herr Mozart hat unverantwortlich gehandelt. Er muß zur

Rechenschaft gezogen werden und wird für die Folgen seiner Handlungsweise einstehen müssen. Die Art, wie er den Dienst des Herrn Fürsterzbischofs ohne Kündigung verlassen hat, wirft kein günstiges Licht auf seinen Charakter. Er ist wohl jähzornig und unbedacht, denn sein Vorgehen in dieser Angelegenheit könnte selbst seinem sonst sehr geachteten und noch immer in Diensten des fürsterzbischöflichen Herrn stehenden Vater von bedeutendem Nachteil sein. Er selbst, ich will sagen Herr Amadé Mozart, wird wohl in Hinkunft weiter auf die Güte unseres hohen Adels und auf die Gnade Seiner Majestät angewiesen sein, um in seinem Beruf anzukommen, und alle Türen würden ihm verschlossen bleiben, sollte er in dieser Sache Vernunftgründen unzugänglich sein. Seine Majestät der Kaiser verurteilt mit höchster Mißbilligung Verstöße seiner Untertanen gegen die guten Sitten. Gewiß blieben das Hofburgtheater mit seiner Oper, die besten Häuser und selbst Konzertsäle einem Manne verschlossen, der die Waise eines in Hofdiensten ergrauten Künstlers gewissenlos verführt hat. Demoiselle Weber ist sein Opfer geworden; er hat ihren guten Ruf zerstört; er hat ihr schweren materiellen Schaden zugefügt, indem er ihre Aussichten auf eine ehrenhafte Ehe vernichtet hat. Es besteht kein Zweifel, daß Herr Mozart für sein Verhalten die Verantwortung übernehmen muß.“

Thorwart erwartete keine Erwiderung. Seine Rede war eine Generalprobe gewesen, wie man im Theater sagt. Mozart wurde für denselben Nachmittag in unsere Wohnung zu einer Besprechung vorgeladen – man kann diese Einladung nicht anders bezeichnen. Thorwart hatte die Wirksamkeit seiner Gedankengänge, seiner Überredungsgründe und der kaum verhüllten Erpressung durch seine Rede prüfen wollen. Er war seiner nun sicher.

Meine Schwestern und ich wurden aus der Wohnung beordert, und Mozart blieb mit Thorwart und meiner Mutter allein. Er war den beiden von Beginn an unterlegen, da Thorwart ihn mit einer stillschweigenden Geste der Höflichkeit an einen Stuhl fesselte; als Beamter und Federfuchser war er daran gewohnt, Parteien gegenüberzustehen, sie durch Blättern in Akten mürbe zu machen, sie anzustarren und die Stille als Drohung zu verwenden. Mozart, andererseits, konnte nicht stillsitzen und war hilflos, wenn man ihn dazu zwang. Thorwart hielt ihm vor, was ich bereits gestanden hatte; Mozart leugnete die Tatsache nicht. Da Thorwart den Zweck der Aussprache – oder, besser gesagt, des Verhörs – im Dunkel ließ, konnte Mozart nicht wissen, welche Buße von ihm erwartet wurde. Dann kamen die halb verhüllten und unverhüllten Drohungen, seinen Ruf zu untergraben, ihn beim Hochadel und bei Seiner Majestät anzuschwärzen und das stille, vertrauensselige Salzburg wissen zu lassen, wessen Geistes Kind der Sohn des erzbischöflichen Vizekapellmeisters Leopold Mozart in Wahrheit war. Die Drohung eines Zwistes zwischen ihm und seinem Vater, der ihn vielleicht völlig verstoßen mochte, entsetzte Wolfgang und flößte ihm größeren Schrecken ein als alles andere. Es wäre sein natürlicher Impuls gewesen, aufzuspringen, im Zimmer auf und ab zu laufen, zu gestikulieren, sich durch ungeduldige Ausrufe Luft zu machen, aber die Blicke Thorwarts bannten ihn fest. Da er sich zum Stillehalten gezwungen fühlte, fanden sein Zorn und seine Hilflosigkeit in körperlichem Unbehagen Ausdruck. Er fühlte sich unterlegen, wie immer, wenn er nicht aufs sorgfältigste gekleidet war: er hatte es nicht für nötig gehalten, Frack, Spitzenhemd und Schnallenschuhe anzulegen, um bei Webers vorzusprechen. Er war wehrlos.

Meine Mutter verlangte von ihm das feierliche Versprechen, daß er mich nie mehr sehen würde. Sie konnte kaum erwarten, ein so unsinniges Verbot durchzusetzen, selbst wenn Mozart versprochen hätte, sich ihm zu unterwerfen. In diesem Verhör hatte Thorwart einfach meiner Mutter die Rolle zugewiesen, dieses Verlangen zu stellen, um Mozart für das, was kommen sollte, gefügig zu machen, falls er Widerstand leistete; meine Mutter hatte ihre Rolle angenommen und damit eine Lage geschaffen, in der es Mozart wünschenswert erscheinen mußte, den nun folgenden erniedrigenden Vorschlag anzunehmen, wenn er nicht darauf verzichten wollte, mich wiederzusehen.

Thorwart zog ein Papier aus der Tasche, das er mit Zustimmung meiner Mutter vorbereitet hatte. Es handelte sich um einen schriftlichen Vertrag. Mozart sollte durch seine Unterschrift sich verpflichten, mich binnen drei Jahren zu ehelichen, oder, falls er sich dieser Verpflichtung entzöge, mir alljährlich, auf Lebenszeit, die Summe von dreihundert Gulden auszuzahlen. Thorwart stand vor Mozart und brachte im strengen und sachlichen Ton eines kaiserlichen Finanzkontrollors das ungeheuerliche Dokument zur Verlesung. Die Frist von drei Jahren war festgesetzt worden, da man nicht erwartete, Mozart werde vor Ablauf dieser Zeitspanne in der Lage sein, eine Familie zu erhalten. Wolfgang fand sich in derselben Lage wie früher Josef Lange. Er war überrumpelt, er unterschrieb wie jener.

Thorwart und meine Mutter behandelten mich wie eine Aussätzige, mit der man jede Berührung und jeden Wortaustausch vermeidet. Da Wolfgang und ich nun in gewissem Sinne verlobt waren, konnten wir einander daheim sehen, wenn ich mich auch wie eine unverläßliche Gefangene der Überwachung unterwerfen mußte, und es mir streng verboten war, mich je wieder in unser Zimmerchen zu wagen. So erfuhr ich nur allmählich, wie die Unterredung sich abgespielt hat; daß man Wolfgang, wie einen Schuldner, dem man nicht trauen kann, gezwungen hatte, einen Vertrag zu schließen, durch den er eine Verpflichtung übernahm, deren Erfüllung uns beiden ohnedies am Herzen lag. Er habe seinem Vater bereits geschrieben, sagte er, und um seine Einwilligung und seinen Segen gebeten. Diese Einwilligung traf erst am Tag nach unserer Hochzeit ein, der Segen nie.

Diese Zeit hätte eine Zeit des Glücks sein können: sie war eine Zeit der Scham und Erniedrigung. Wolfgang und ich gehörten einander an, wir wußten, was es heißt, einander anzugehören, und wir verbrachten die Abende unter dem kalten Blick meiner Mutter, deren Wortschwall oft unversiegbar schien. Sie machte uns Vorwürfe über das, was vorgefallen war, und zog in Zweifel, daß wir die Zukunft würden meistern können; sie frug sich laut, ob Mozart je werde eine Familie gründen können; ob sein Talent genüge, um sich durchzusetzen; ob ich einem Haushalt vorstehen könne. Das letztere verneinte sie entschieden. Sie setzte uns auseinander, es werde am besten sein, daß wir nach unserer Verehelichung in gemeinsamem Haushalt mit ihr im ‚Auge Gottes' leben und die Kosten des Haushalts teilen. Das Trinken schien nun ihre Zanksucht noch zu erhöhen. Wenn es zu schlimm wurde, verabschiedete sich Wolfgang zeitig. In ihrer Gegenwart wurde Wolfgang wieder Mozart, aus Stanzerl wurde Constanze. Ich stand zwischen ihm und meiner Mutter; Liebe band mich an ihn, eine Art von Liebe an sie. Im Laufe eines der großen Generalangriffe traf ich meine Entscheidung. Sie hatte sich, wie gewöhnlich, in laute Wut geredet; sie berief sich auf Rechte, die das von Mozart unterzeichnete Dokument ihr gewähre; sie befürchtete drohenden Verrat, da Mozart den brieflichen Vorwürfen seines Vaters ausgesetzt war, seit er ihm mitgeteilt hatte, er habe ein solches schriftliches Versprechen unterzeichnet. Er hatte dies in Gegenwart meiner Mutter erwähnt – sie war ja immer gegenwärtig. Ich verlangte, das Dokument zu sehen. Sie brachte es aus ihrem Zimmer, wo sie es in einem Schrank unter einem Stoß Wäsche aufbewahrte. Ich ergriff das Papier, riß es in kleine Stücke, die ich ins Feuer warf, und rief:

„Ich brauche keine schriftliche Versicherung. Ich glaube seinen Worten auch so!"

Von da an fürchtete meine Mutter, ihr Spiel zu verlieren. Ich sah mich nun ihrer Zuneigung beraubt; ich hoffte auf Zuflucht bei Wolfgang, aber sein Vater blieb hart. Seine Briefe enthielten Ermahnungen an seinen Sohn, sich eine Anstellung bei Hof zu sichern; sie enthielten Klagen über die finanziellen Opfer, die der alte Mozart gebracht hatte, und über Wolfgangs Unfähigkeit, ihm Geld zu senden und damit seine Lage zu erleichtern; und weitere Warnungen, ohne Zweifel, vor den Weberischen und, im besonderen, vor mir, der gefährlichsten von allen. Leopold Mozarts Korrespondenten in Wien hatten ihn höchlichst mißtrauisch gegen mich gemacht. Wolfgang tat sein Bestes, ihn zu beschwichtigen, aber wenn sein Vater zürnte, fühlte er sich schuldig, wie unschuldig er auch sein mochte. Seine Erfolge schienen in den Augen seines Vaters nicht mehr zu gelten als die armseligen Brieflein und Geschenke, die ich selbst damals nach Salzburg zu senden begann. Daß Wolfgang ein schriftliches Eheversprechen und damit eine geldliche Verpflichtung eingegangen war, erzürnte den alten Mozart über alles.

In solcher Stimmung kam das Weihnachtsfest 1781; der Frost und der heulende Wind des grauen Wiener Dezembers paßten recht zu der abweisenden Kälte im ‚Auge Gottes‘ und in Salzburg. Da kam aber plötzlich ein willkommenes Weihnachtsgeschenk: Baronin Waldstädten war an einer schweren Erkältung erkrankt und brauchte Beistand; Wolfgang hatte mich zur Pflege vorgeschlagen, und so übersiedelte ich für einen Monat zu ihr auf die Jägerzeile, nicht weit vom Prater.

In den Augen meiner Mutter und meines Vormundes war diese Verbindung mit einer übel beleumundeten Frau gerade das, was von einem Geschöpf wie mir zu erwarten war. Die Baronin hatte ihren Gatten unter Aufsehen erregenden Umständen verlassen. Die öffentliche Meinung verdammte sie als pflichtvergessen und haltlos. Sie aber, anstatt sich diesem Urteil zu beugen und den Rest ihres Lebens als Büßerin zu verbringen, nützte ihre Freiheit voll aus. Meine Mutter ließ mich wissen, daß Thorwart es erstaunlich finde und aufs äußerste mißbillige, daß ich mit einer Dame von zweifelhaftem Ruf in enger Gemeinschaft lebe, wenn diese auch dem Adel angehöre und insoferne unsere Achtung verdiene.

Aus der heutigen Perspektive muß ich zugeben, daß ich der öffentlichen Meinung nicht unrecht geben kann, denn eine Frau schuldet ihrem angetrauten Ehemann Gehorsam, was immer sie glauben möge, ihm vorwerfen zu können. Die Ehe ist ein Sakrament in den Augen Gottes, der Heiligen Kirche und daher in den unseren. Dennoch gestehe ich mir selbst errötend und mit ein wenig Scham ein, daß ich als Neunzehnjährige meine Baronin bewunderte, ja, liebte und sehnlich wünschte, ihr gleich zu sein – ohne damit ihre leichtsinnige Haltung in Fragen der Ehe nachahmen zu wollen. Was mich an ihr bestach, war die leichtlebige Fröhlichkeit, die in grellem Gegensatz zur bedrückenden Enge meines Heimes stand, dem ich entrinnen wollte. Hinter dieser Fröhlichkeit verbarg sich eine Güte, die sie mir am ersten Tag wie späterhin erwies. Oft scheinen leichtlebige Menschen wie sie gütiger als die Hüter der Moral, und gerade in Österreich scheint das oft so zu sein. Trotz ihres hohen Fiebers und des Unbehagens der Krankheit lächelte sie mir zu, als ich eintrat; sie verlor nicht die Geduld, wenn ich ungeschickt war und Suppe auf die Bettdecke verschüttete. Es war ihr Frohsinn, der auch Wolfgang fesselte und bezauberte, denn er selbst war meist froh. Er hielt große Stücke auf seine begabte Baronin Waldstädten. Sie war eine Meisterin am Klavier. Als sie sich besser fühlte und für einige Stunden am Tag aufstand, musizierte ich mit ihr. Abgesehen vom Standesunterschied würde ich fast zu sagen wagen, daß wir Freundinnen waren, obwohl sie älter war als ich. Als ihr Fieber nachließ, plauderte sie viel mit mir, und nach wenigen Tagen wußte sie mehr über Wolfgang und mich, als ich meiner Mutter je hätte gestehen wollen. Ich fühle noch heute die Tränen, die meine Augen verschleierten, und den Jammer, den ich hinunterschlucken mußte, als die Baronin genesen war und ich ihr Heim wieder verlassen mußte, um auf den Petersplatz zurückzukehren.

Mit unermüdlicher Hartnäckigkeit verfolgte meine Mutter mich mit Vorwürfen, weil ich das Eheversprechen zerrissen hatte. Meine Ungeduld führte zu Zank, und wenn der Ausbruch vorüber war, begann die Litanei von neuem, als hätte sie vergessen, was sie eben gesagt hatte. Ihre Haltung ähnelte aufs verblüffendste der Vergeßlichkeit der Greise, die unsere Ausdauer oft auf eine harte Probe stellen. Mozart werde sich gewiß seiner Verpflichtung zu entziehen suchen, meinte sie, und ich hätte mich der einzigen Waffe entledigt, die ich gegen ihn hätte verwenden können; ich sei ja nicht die erste, der so etwas widerfahre. Ich konnte nicht in dieser Weise über Wolfgang sprechen, ich konnte nicht in dieser Weise über ihn denken, und mit Entsetzen nahm ich wahr, daß ich meinem Ärger dann in einem Ton Luft machte, der mich zum Spiegelbild meiner Mutter werden ließ. Thorwart, gekränkt in seiner Ehre, da ich das von ihm entworfene Dokument so gering geachtet hatte, sprach kaum mehr mit mir.

Wolfgang, immer auf dem Weg von einer Schülerin zur anderen, immer in Eile, da ihm nicht genug Zeit blieb, zu schreiben und Akademien vorzubereiten, errang seine ersten bedeutenden Erfolge in Wien. Am Vorabend des Weihnachtsfestes, als ich noch bei Baronin Waldstädten weilte, war er in die Hofburg geladen, um vor Seiner Majestät und deren Gästen mit dem berühmten Klaviervirtuosen Muzio Clementi ein Wettspiel abzuhalten. Als er am nächsten Morgen auf die Jägerzeile kam, meinte er, Seine Majestät habe sich durch den Wettstreit vielleicht ein Bild davon machen wollen, ob er künftiger Aufträge würdig sei. Er fühlte, er habe den Wettstreit gewonnen; Clementi, sagte er, habe um keinen Kreuzer Gefühl und Geschmack und sei ein bloßer Mechanikus und ein Charlatan, wie alle Welschen. Mozart hatte damals schon ein Vorurteil gegen Italiener, das ja leider vielleicht durch Salieris Untat gerechtfertigt erscheint. Der Kaiser hatte den beiden Virtuosen ein musikalisches Thema vorgeschlagen, und sie mußten dieses wechselseitig variieren und einander dabei begleiten. Nach dem Wettspiel war der Kaiser so gütig, einige Worte mit Mozart zu wechseln, und dieser sagte mir, Seiner Majestät seien unsere Ehepläne offenbar bekannt; Thorwart hatte dafür gesorgt, daß die Unterzeichnung des schmählichen Vertrages kein Geheimnis blieb, um sicher zu sein, daß den Verlobten der Allerhöchste Unwille treffen würde, sollte er es sich einfallen lassen, zu entwischen.

Trotz seiner Erfolge litt Mozart an Geldmangel. Zum ersten Mal hörte ich ihn klagen, daß er Schulden machen müsse, um standesgemäß leben zu können; bis zu jenem Tag über neun Jahre später sollte das Gespenst des Mangels, oder die Angst vor diesem Gespenst, wie ich sie aus Mannheim kannte, uns nie mehr verlassen. Wir lernten nie, dieses Gespenst zu bannen, aber wir lernten, es nicht zu sehen. Die Furcht, eine Familie nicht erhalten zu können, hielt Wolfgang eine Weile ebenso von der Ehe ab wie die stillschweigende und hartnäckige Weigerung seines Vaters, jemals eine Ehe mit mir zu billigen.

Mein guter Nissen hat mich später dazu angehalten, mit Geld hauszuhalten; hätte ich als junge Frau gewußt, was ich jetzt darüber weiß, wäre vielleicht manches anders gekommen. Mozart schickte gewisse Summen nach Salzburg, um das erzbischöfliche Gehalt seines Vaters zu ergänzen, der sein Vermögen großzügig geopfert und sein gutes Wort verpfändet hatte, um die erdrückenden Kosten der Reisen seiner beiden Wunderkinder zu decken. Wolfgangs Geldsendungen an seinen Vater waren aber nicht der eigentliche Grund, warum ihm das Geld zwischen den Fingern zerrann. In seinem Schrank hing eine Sammlung schmucker Fräcke, Westen und Beinkleider, denn er liebte es, sich herauszuputzen; er ritt oft aus, wohl mehrere Male die Woche; er speiste gut; er war ein leidenschaftlicher Tänzer und ging auf Bälle; er liebte das Theater, und manchmal gab es keine Freikarten. Ich war zu jung, um mir Gedanken darüber zu machen, woher alles kam. Wolfgang tat zwar jede Frage mit einem Scherz ab, aber ich bestand, anderseits, nie auf einer ernsten Antwort.

Trotz der Vorhaltungen meiner Mutter und Thorwarts wollte auch ich meine Brautzeit genießen. Der Fasching in Wien war ein Fest ohne Ende. Wolfgang brachte mich spät nach Hause: es war schön, bei Aurnhammers von einem Diener in Livrée Pastete vorgelegt zu bekommen; am schönsten aber war es bei Baronin Waldstädten, denn dort wurde ich fast als ihresgleichen angesehen; so hatte ich mir als Kind große Häuser vorgestellt. Man komplimentierte mich wegen meiner Stimme, wenn Mozart mich begleitete und ich mein Bestes leistete, angespornt von den Blicken, die auf mich gerichtet waren. Die körperliche Nähe der jungen Leute, der Wein, die Leckerbissen, die süß betäubende Müdigkeit zu später Stunde, das Tanzen konnten mich in höchste Erregung versetzen.

An einem der Abende im Hause der Baronin, als Mozart beruflich verhindert war, anwesend zu sein, da er eine Akademie in der großen Restauration im Augarten angesetzt hatte, hatten wir auf diese Weise wieder gut gespeist, und der Wein war allen ein wenig zu Kopf gestiegen. Pfänderspiele und Gesellschaftsspiele aller Art waren damals die Mode in Wien. Man verbarg ein Pfand im Zimmer oder hinter dem Rücken eines der Mitspielenden; es galt, zu erraten, wo sich die Taschenuhr oder das Riechfläschchen, worum immer es sich handeln mochte, befand, und wer den Gegenstand entdeckte, gewann damit das Anrecht auf einen Kuß: das war der eigentliche Zweck des ganzen Unsinns. Mein Gott, manche von uns jungen

Geschöpfen verbargen das Pfand absichtlich so ungeschickt, daß wir zehnmal an einem Abend geküßt wurden; eine Weile gab es sogar einen geheimen Wettstreit zwischen uns, um zu ermitteln, wer in einer Woche die meisten Küsse sammeln konnte. Einer der jungen Laffen schlug vor, wir Frauen sollen unsere Waden messen lassen, um zu sehen, wer die schlanksten Beine habe. Die Mädchen mußten auf Tischen stehen, ein Zollband wurde gebracht, und mit viel Gekicher, losen Scherzen und schrillen Schreien hoben wir unsere langen Kleider und ließen uns von den Herren die Waden messen; Baronin Waldstädten hob ihr Kleid ein wenig höher als notwendig. Ich gewann den Wettstreit, und die Dummköpfe, um so richtig auf ihre Rechnung zu kommen, behaupteten natürlich, sie mißtrauten dem Urteil und müßten sich selber von seiner Richtigkeit überzeugen. Es gab neues Gekicher, und jeder der Herren beanspruchte nun das Recht, meine Waden sorgfältig zu messen. Die Preisverkündigung wurde von Baronin Waldstädten mit einem parodistischen Militärmarsch am Klavier beschlossen.

Bei Mozarts Akademie im Augarten spielte Fräulein Aurnhammer am folgenden Tag eine Komposition von ihm; überdies führte er eine Symphonie Herrn van Swietens auf. Daher kamen zu diesem Morgenkonzert nicht nur, wie üblich, Bürgerliche, sondern auch Mitglieder des Adels, denn Herr van Swieten genoß höchstes Ansehen. Das war wohl eines der ersten öffentlichen Konzerte, wie sie heute allenthalben so häufig stattfinden.

Am nächsten Abend kam Mozart zu uns. Man hatte ihm über den Vorfall bei der Baronin berichtet; er war erzürnt und wollte mehr wissen; auch er war nun von Eifersucht geplagt. In Gegenwart Josefas, Sophies und meiner Mutter mußte ich beschreiben, was vorgefallen war. Sobald ich zu erzählen begann, wurde er blaß und sprang auf; er ging unruhig im Zimmer auf und ab. Ich versuchte, alles ins unschuldigste Licht zu stellen, war aber ungeschickt dabei. Es war höchst ärgerlich: vielleicht war er reizbarer als sonst, weil er mit Arbeit überlastet war; weil er neben seinen Lektionen und Akademien damals an eine Oper dachte; das Gelächter meiner Schwestern reizte ihn noch mehr. Unwillig lief er aus dem Haus.

Ich verstand nicht, warum ein so unwichtiger Vorfall ihn so erzürnte. Einige Tage hörte ich nichts von ihm. Dann kam ein verärgerter Brief, in dem er mir Vorwürfe wegen meines Verhaltens machte und mich der Leichtfertigkeit zieh. Es sei für ihn beschämend gewesen, daß ich mich vor meinen Schwestern meines Verhaltens noch zu rühmen schien. Meiner Unschuld bewußt, las ich den Meinen den Brief vor, gewissermaßen, um ihre Unterstützung zu gewinnen und zu hören, daß ich nichts Unrechtes getan hatte. Mozarts Brief und Ausbleiben waren Wasser auf meiner Mutter Mühle. In maßloser Übertreibung wiederholte sie ihre Voraussage, daß Mozart mich zu verlassen beabsichtige und nun einen Vorwand gefunden habe, um seine Absicht auszuführen. Selbst Wolfgangs nicht mehr ganz sicher, von meiner Mutter gequält, von Thorwart als Verworfene behandelt, vergaß ich alles Maß und beantwortete Unvernunft mit Zornesausbrüchen: die Szenen im Hause wurden länger, lauter, gehässiger und sinnloser.

Mozart nahm seine Besuche wieder auf, aber meine Mutter, ungeachtet der Mißbilligung Thorwarts, aller Vernunft unzugänglich wie andere enttäuschte Menschen, die im Haß oder im Trunk einen Ersatz für das Glück suchen, änderte nun völlig ihr Angriffsziel. In herrischem Ton verkündete sie jedem, der es hören wollte, und vielen, denen schon die Ohren davon klangen, daß die Tochter des Fridolin und der Cäcilia Weber aus der Kunststadt Mannheim, die Schwester der Opernsängerin Aloysia Lange, sich nie so weit vergessen werde, die Gattin eines erfolglosen Musikers zu werden, der, von seinem fürsterzbischöflichen Gönner vor die Tür gesetzt, sich nun durch Klavierlektionen sein Brot verdiene. Die Verstiegenheit, die Verbissenheit, mit der sie vor kurzem Josef Lange und meine Schwester fast entzweit hätte, zeigten sich wieder: die tragische Komödie, deren Opfer Luise gewesen war, wiederholte sich.

Hätte Mozart die Muße gehabt, mich wie vorher häufig zu sehen, mich zu beruhigen, ich hätte Ruhe gefunden, aber er war nun ganz von seiner Arbeit in Anspruch genommen. Gottlieb Stephanie, der Bühnendichter des Hofburgtheaters, hatte ihm den Text für eine Oper übergeben, ‚Die Entführung aus dem Serail‘, und Mozart war bereits mit den Proben im Theater beschäftigt. Wer könnte heute ahnen, daß diese Musik aus einer bedrückten Seele kam? Wolfgang setzte seine Hoffnung auf diese Oper, die seinen Erfolg in Wien befestigen sollte. Zugleich hatte sein Vater ihm in einem umständlich-ausführlichen Schreiben einen Auftrag auf eine Art feierlicher Serenade zur Verleihung des Adelsprädikats an den Sohn des Salzburger Bürgermeisters Haffner übermittelt, die fertiggestellt werden mußte; in dem selben langen Brief hüllte er sich übrigens in völliges Stillschweigen bezüglich der flehentlichen Bitten seines Sohnes um die Zustimmung zu unserer Heirat.

Wolfgang hatte Baronin Waldstädten gebeten, an seinen Vater zu schreiben, daß ich seines Vertrauens und der Liebe seines Sohnes würdig sei. Sie tat es aus der Güte ihres Herzens, und der alte Mozart antwortete ihr mit dem Respekt, den er einer Dame des Adels schuldete, aber sein Segen blieb aus. An einem drückend heißen Julitag packte ich mit Mozarts Einverständnis mein Bündel, und mit Zustimmung der Baronin Waldstädten lief ich von zu Hause weg und suchte bei ihr Zuflucht. Sie nahm mich mit der Liebe auf, die man mir zu Hause versagte. Als ich bei ihr auf der Jägerzeile anlangte und die Tür hinter mir geschlossen hatte, packte mich ein Weinkrampf.

Mozart verbrachte viele Stunden am Tag bei Proben; ich sah ein, daß er seine Zeit für die Arbeit brauchte. Eine Art Belagerung hatte eingesetzt, denn meine Mutter bedrängte die Baronin beständig; sie ließ sie wissen, daß sie meinen Aufenthalt bei ihr nicht billige, daß sie auf den Kaiser vertraue, der wiederholt erklärt habe, er werde die Rechte des gemeinen Volkes selbst gegen Adelige vertreten; sie drohte schließlich mit der Polizei. Mozart wußte weder ein noch aus; er beriet sich mit der Baronin; er sah sich, den Komponisten des neuen deutschen Singspiels, schon in Haft, in Schmach und Schande, im Mittelpunkt eines Skandals.

Nach der ersten Aufführung der ‚Entführung aus dem Serail‘ hatte Seine Majestät selbst das Wort an Mozart gerichtet:

„Zu schön für unsere Ohren“, hatte er gütig gesagt, „und gewaltig viele Noten, lieber Mozart!“

Wolfgang, der den Schnabel am rechten Fleck hatte, antwortete:

„Gerade so viele Noten, Eure Majestät, als notwendig sind."

Schon damals war er des Wertes dessen, was er schrieb, sehr sicher; vielleicht zu sicher. Sollte die Intrige meiner Mutter seinen Ruhm im Keim ersticken? Wir konnten nicht wissen, ob Thorwart und meine Mutter nicht am Ende wirklich ihre Zustimmung zu unserer Verheiratung verweigern wollten. Eines Tages klingelte es bei der Baronin; das Stubenmädchen öffnete, und ich sah Sophie an der Tür, erregt, außer Atem und in Tränen. Sie wollte nicht eintreten und selbst mit mir, ihrer leiblichen Schwester, nicht sprechen. Die Baronin war nicht zu Hause:

„Sagen Sie doch heimlich dem Mozart", flüsterte sie dem Mädchen zu, „daß er machen soll, daß die Constanze nach Hause geht, denn meine Mutter will sie absolut mit der Polizei abholen lassen."

Als Wolfgang hörte, was vorgefallen war, begab er sich in höchster Erregung zu Thorwart, um auf der sofortigen Trauung zu bestehen. Thorwart reichte beim Obersthofmarschallamt um die Genehmigung zur Ehe ein. Vielleicht war alles so gekommen, wie er es beabsichtigt hatte.

Die Entführung aus dem Auge-Gottes war gelungen, aber das Übel trug üble Früchte. Wolfgang konnte ich vertrauen, denn seine Zärtlichkeit sagte mir mit Beredsamkeit, was er aus Scheu oft nur in Scherzworte kleidete, aber die Umstände seiner seltsamen Brautwerbung waren bekannt geworden, wenn auch nur in unvollkommenen Einzelheiten. Von diesem und jenem hörten wir, was man argwöhnte: niemand kannte die ganze Wahrheit, und je weniger man sie kannte, desto mehr mußte man sie durch Halbwahrheiten ergänzen, durch Vermutungen und Gerüchte, die wiederum entstellt weitergegeben wurden und ausgeschmückt, ins Gegenteil verkehrt, von Mund zu Mund gingen. Alles was den Komponisten des neuen deutschen Singspiels betraf, war ja im Augenblick höchst interessant und fand willige Ohren. Thorwart hatte vielleicht im Theater gewisse Andeutungen gemacht; ein Beamter mochte mit einer Choristin darüber geplaudert haben, diese mit einer Sängerin, jene wiederum mit meiner Schwester Josefa, die nun kleine Rollen sang und manche

Künstler kannte; meine Mutter, die ewig Einsame, drängte das Geschwätz Nachbarn und Freunden auf; Briefe gingen von Wien nach Salzburg und nach München; Peter Winter, und andere Peter Winters, hier und dort, wetzten ihre Schnäbel nach Peter-Winter-Art; vielleicht hatte man gegenüber Nannerl, gegenüber dem alten Mozart Andeutungen gemacht; vielleicht gegenüber ferner stehenden Personen in Prag, in Mannheim, wo man uns kannte. Trübe Quellen schienen klare Gewässer verseucht zu haben. Nach vielen Jahren, nach Mozarts Tod, hörte ich, und immer wieder höre ich oder lese ich heute Andeutungen darüber, daß Thorwart und meine Mutter, ja, ich selbst, eine wohl ausgedachte Intrige gesponnen hätten, um Mozart einzufangen. Ich weinte, als ich diese Verleumdungen zum ersten Mal hörte; darum habe ich nun die Wahrheit niedergeschrieben, wie sie mir erscheint. Wird man sie lesen? Wird man sie glauben?

* * *

Mein Gedächtnis! Ich hoffte, ich sei seine Herrin, ich könne aus ihm hervorholen, was mir beliebt, wann es mir beliebt. Ich merke jedoch, daß es sein Spiel mit mir treibt. In meiner Jugend war dem vielleicht nicht so, aber je weiter das Alter fortschreitet, desto unerbittlicher drängt mein Gedächtnis mir seine Tyrannei auf.

Durch ein zufällig aufgefangenes Wort, den Gesang einer Drossel, das Knarren einer Tür quellen, unerwartet und ungerufen, Erinnerungen an die Oberfläche, von denen ich oft nicht wußte, daß sie in den Tiefen meines Denkens lauerten, und lenken unerbittlich den Lauf meiner Gedanken. Geht es allen so? Oder nur mir, einer alten Frau? Die Vergangenheit ersteht zuerst klar und lebendig, aber wenn ich meine Gedanken weiterspinne, schlüpfen sie wie graue Gespenster im Halbschatten wieder ins Nichts der Vergessenheit, verblassen, ehe ich sie fassen kann, und werden von anderen verdrängt. Das Niederschreiben wirkt wie eine Beschwörung; sobald ich die Feder aufs Papier setze, baut diese Welt von gestern sich auf, und ich bin, wie einst, mitten in ihr, mit den Menschen von damals. Manchmal reißt aber in dem Gewirr und Getümmel von Menschen und Ereignissen plötzlich Verwirrung ein, wie wenn man im Gedränge einer stoßenden, ungeduldigen Menge sich plötzlich von seinen Begleitern getrennt und von fremden Gesichtern umgeben sieht. Dann weiß ich nicht mehr, wo ich bin. Die zeitliche Folge verwirrt sich. Ich hatte darauf gebaut, daß aus meinem Gedächtnis Jahr für Jahr, Tag für Tag, Menschen und Dinge, die einst waren, wie altes Spielzeug aus einer Truhe ans Tageslicht geholt und in Reih' und Glied ordentlich aufgestellt werden könnten. Ich habe mich getäuscht. Dichter können vielleicht die Vergangenheit so säuberlich und ordentlich, einen Tag nach dem anderen, zum Leben erwecken. Mir will das nicht gelingen. Vielleicht hätte ich damit gar nicht anfangen sollen! Wenn ich an die arme Marie Antoinette auf ihrem Weg zum Schafott denke, dann fällt mir Marie Louise ein, jene andere Habsburgerin, die so viel später auch nach Frankreich mußte und dort auch nur Enttäuschung fand; wenn ich an mein armes unbekanntes Schwesterlein denke, das einst starb, dann muß ich an meine eigenen Kleinen denken, die uns kaum Zeit dazu ließen, ihnen einen Namen zu geben; an unseren ersten, Raimund Leopold; an Johann Thomas Leopold, der schon ein paar Worte lallen konnte; an Theresia, die nicht einmal ein Jahr alt wurde; an Anna, die still wurde, bevor noch die Sonne des Tages untergegangen war, an dem sie geboren wurde. Wenn ich an die tränenreiche Trauung in der Stephanskirche denke, drängt sich mir das Bild meiner zweiten Trauung auf, siebenundzwanzig Jahre später, im Preßburger Martinsdom.

Da steht mein guter Nikolaus Nissen mit mir vor dem Priester; die Worte des geistlichen Herrn sind dieselben, aber uns umgibt das hohle Schweigen einer fremden Kirche. In Preßburg war niemand mit uns als zwei andere Flüchtlinge aus Wien, ein Hauptmann und ein Musiklehrer: unsere Trauzeugen. Und nun steht dieses Bild lebendig vor mir und hat das meiner Trauung mit Wolfgang völlig ausgelöscht.

Zu anderen Zeiten neckt mein Gedächtnis mich mit Erinnerungen an Unwesentliches. Da sehe ich Ami vor mir, mein weißes Hündchen; ein Tierchen besaßen wir ja immer; mit der Schnauze am Boden läuft er durchs Zimmer; fast kann ich ihn bellen hören. Er war ständig rastlos, seit Wowi, der liebe Junge, kaum achtzehn Jahre alt, ins ferne Polen gegangen war; wenn man seinen Namen nannte, sprang Ami auf und suchte schnüffelnd nach ihm. Im nächsten Jahr nahm ich das Tierchen nach Preßburg mit, und nun holt mein Gedächtnis in seiner eigenwilligen Laune auch ihn aus dem Dunkel der Vergangenheit, und läßt ihn springen und schnüffeln und kläffen, während Nikolaus und ich dem Priester in die Augen blicken, seine Worte wiederholen und ‚Ja' sagen; hinter ihm läuft jappend Pimperl, das Hündchen der Mozartischen in einem früheren Jahrhundert. Wichtige Personen und Ereignisse verblassen dagegen; Haydn, mit seinem freundlichen Blick und seinen schönen Händen, den ich in Gumpendorf besuchte, und dem die Tränen in die Augen traten, wenn ich von Mozart sprach; Niemetschek, der sich nach Mozarts Tod meiner Kinder annahm; Nannerls Augen, die später erblindeten. All das verliert seine Farbe, aber der kleine Ami und Pimperl tollen laut und lebendig durch die Vergangenheit. Warum nur? Warum vergessen wir, was einst so bedeutend war, während ein flüchtiger Augenblick zum Drama wird? Was hilft's? Ich muß meine Erinnerungen willkommen heißen, wie und wann immer sie auftauchen: das ist das Schicksal der Alten und Einsamen, die mit Erinnerungen leben.

Als ich damals zum zweiten Mal vor einem geistlichen Herrn stand und ‚Ja' sagte, sagte ich dieses ‚Ja' mit aufrichtiger Liebe und aus vollem Herzen, wie das erste Mal, das weiß der liebe Gott. Zwei Ehen in einem Frauenleben: ein sonderbares Schicksal! So viele von uns sterben ja jung, oft schon im ersten Kindbett; erst im dritten oder vierten, wenn Gottes Segen auf uns liegt. Mir hätte es so ergehen können, mit all den Leiden, die jede meiner Schwangerschaften begleiteten und von meinen sechs Kleinen nur Karl und Wowi am Leben ließen. Ich hatte wahrscheinlich nicht genug Kraft in mir, um ihnen für die ersten Jahre mitzugeben, was sie gebraucht hätten, um nicht wegzusterben. Und doch stand ich da, im Preßburger Dom, sechsundvierzig Jahre alt, um dem achtundvierzigjährigen Junggesellen Georg Nikolaus von Nissen angetraut zu werden.

Nikolaus sah gut und stattlich aus trotz seiner achtundvierzig Jahre, selbst noch in späteren Jahren, bis sich dann die ersten Anzeichen seiner Krankheit zeigten. Seine immer noch fahlblonden, welligen Haare, seine hohe Gestalt, seine klugen, blauen Augen stehen farbkräftig vor mir, wie sonst nur Erinnerungen aus der frühen Kindheit und Jugend. Er ist für mich so lebendig, daß ich, wenn leises Geknister aus dem Holzgetäfel bei der Tür dringt, ihn ins Leben zurückrufen kann, indem ich den Kopf hebe; dann sehe ich ihn, wie er war, wenn er aus seinem Arbeitszimmer trat, um eine Weile auszuruhen. Seine gemessenen Bewegungen gaben ihm, mehr als alles andere, jenes überlegte, zurückhaltende, rücksichtsvolle Gehaben, das die meisten seiner Lebenserfahrung als Diplomat zuschrieben. Es war jedoch seine Güte: er wollte seine Gegenwart anderen nicht durch laute Worte und schnelle Gesten aufdrängen.

Beide Männer, mit denen ich das Leben teilte, besaßen im höchsten Maße Güte und Zärtlichkeit; bei beiden waren diese ihre vorzüglichsten Eigenschaften. Wie sonderbar ist das! Denn ich selbst bin nicht gütig. Zärtlich, ja, das kann ich sein; in den harten Jahren, als ich allein meine Jungen aufziehen und den Lebensunterhalt für sie verdienen mußte, da konnte ich es nicht sein, aber Zärtlichkeit gehört zu meiner Natur. Güte hingegen nicht! In den Jahren meiner Kindheit, als die Drohung der Not immer vor der Tür stand und oft auch hereinblickte, hatte ich gelernt, auf meinen eigenen Vorteil zu sehen; so bin ich nie wirklich gütig, oder auch nur gut gewesen. Und doch waren meine beiden Gatten die Güte selbst. Als ich mich von Nikolaus in die Arme nehmen ließ, tat ich es, weil ich es müde war, allein zu sein; weil Wolfgang so plötzlich und grausam aus meinem Leben verschwunden war, und ich mich danach sehnte, wieder liebende Arme um mich zu fühlen. Als Nikolaus und ich einander näher kamen, als wir, vor unserer Ehe, im Judengäßlein, am Franziskanerplatz, im Großen Michaelerhaus, so oft im Einziehen oder Ausziehen begriffen, Tür an unversperrter Tür nebeneinander wohnten, war seine Güte es, die mich fesselte. Wir kamen einander als Freunde näher. Er half mir mit meiner Korrespondenz, mit dieser verflixten Korrespondenz, bog meine Grammatik zurecht, brachte meine Haushaltsrechnungen in Ordnung, sprach mit Wowi wie ein Vater, und schrieb Briefe voll guten Rats auch an Karl in Mailand. Damals sah ich in Nikolaus meinen eigenen Vater wieder, mit seiner stillen Geduld und seinen guten Augen. Bei ihm fühlte ich mich geborgen, so geborgen, daß mir in der Wärme von damals noch heute warm wird.

Wir hatten einander im Jahre 1797 kennengelernt. Ich gab damals jeden Montag eine bescheidene Gesellschaft in meiner Wohnung im Judengäßchen, die ich nach der Rückkehr von einer langen Konzertreise nach Prag und Deutschland bezogen hatte. Später, als ich die große Wohnung im obersten Stockwerk des Michaelerhauses gefunden hatte, wurden meine Gesellschaften musikalische Soirées. Musiker aus Mannheim, aus Berlin, Prag und Paris, die nach Wien kamen, um Konzerte zu geben, machten sich eine Ehre daraus, bei der Witwe Mozart zu erscheinen; sie konnten bei mir andere Künstler treffen. Da war Hummel, der bei Wolfgang Komposition gelernt und als Kind bei uns Kost und Quartier erhalten hatte; da war Albrechtsberger, der Domkapellmeister von St. Stephan, dem Wolfgang in der letzten Stunde vor seinem Tod hatte sagen lassen, er möge sich bereit halten, die Stellung einzunehmen, die ihm selbst zugedacht gewesen war; da war Aloysia, die zu meinen Abenden kam, wenn sie in Wien weilte.

Ich selbst sang gelegentlich eine von Mozarts leichteren Arietten, und wenn wir die richtige Besetzung auftreiben konnten, spielten wir eines der Quartette. Bei solcher Gelegenheit, im Jahre 1797, hatte der Legationssekretär der dänischen Gesandtschaft durch seinen Freund, Herrn von Griesinger, der mein ständiger Gast war, sich als Verehrer Mozarts ausgewiesen und anfragen lassen, ob er sich erlauben dürfe, auch zu erscheinen. So kam Georg Nikolaus Nissen in mein Haus, um ein Quartett zu hören.

„Sie sind die Witwe des großen Mozart. Ich danke für die Einladung und für die Ehre", das waren die ersten Worte, die er an mich richtete.

Nikolaus kannte viele von Mozarts Kompositionen; er hatte Geschmack und Verständnis; die letzten Opern hatte er auch gehört. Er wollte mit mir über Mozart sprechen, um ihm dadurch näher zu kommen. Er liebte besonders ‚Die Zauberflöte'; er war beredt; seine weiche Stimme und die dänische Aussprache, welche der hamburgischen ähnelte, gefielen mir. Wenn er von Mozart sprach, hatte ich das Gefühl, von einem Führer, der sich wohl auskannte, durch eine bereits vertraute Landschaft geleitet zu werden und durch ihn neue Schönheiten zu entdecken. Was er zu sagen hatte, klang unerwartet, denn er wußte mehr als ich über die Seele dieser Musik, wenn auch weniger über die ihres Schöpfers.

‚In mehreren Mozartschen Sonaten ist gleichsam ein liebevolles Umschlingen zweier schöner Gestalten sichtbar, die sich in holder Anmut einander nähern, und wo der männliche Teil, der Baß, die graziösen Bewegungen des weiblichen, der Sopranmelodie, mit aller Zartheit und dennoch mit anziehender Stärke unterstützt und auf seinen Armen huldvoll dahinträgt. Die verschiedenen Wendungen beider, die Frucht der keuschen und doch seligen Annäherung ihrer

Seelen bringt mit sich das innige Spiel der Gebärden und die Beredsamkeit ihrer Blicke. Sie wandeln daher, ihre Geistesverwandtschaft ahnend, bald sich mit gleichen Gefühlen entgegenkommend, durch zarte Scheu wieder in ihr Inneres zurückgedrängt und die Sehnsucht zu wonniger Vereinigung verbergend, bis dem kühnen Mute des Mannes – des Basses – es endlich gelingt, die Zweifel zu lösen und die Verschlingung zweier Seelen in wonnevoller Eintracht zu bewerkstelligen.'

Wer hätte je schöner über Liebesspiel, beredsamer über Wolfgangs Sonaten gesprochen? Zeilen wie diese aus dem Buch, das Nissen später schreiben sollte, haben mich Mozarts Musik erst verstehen gelehrt. So war es Mozart, der Nikolaus und mich zusammenführte; wir ergänzten einander durch das, was ich und er über ihn und seine Musik wußten.

Wie meine Mutter nach dem Tod meines Vaters, war auch ich auf den Gedanken verfallen, ein Zimmer meiner großen Wohnung zu vermieten, um auf diese Weise, wie das in Wien auch heute noch häufig vorkommt, etwas Geld zu verdienen. Als Nikolaus mir den Vorschlag machte, mein Mieter zu werden, nahm ich ihn gern auf. Er war somit ein ständiger Gast bei meinen musikalischen Montagen und bald mehr als das. Seine Fürsorge wurde meine Zuflucht nach dem Kampf der letzten Jahre, den ich seit Wolfgangs Tod hatte kämpfen müssen. Ob Nissen mir je nahe gekommen wäre, wenn ich nicht die Witwe Mozart gewesen wäre, weiß ich nicht. Ich habe ihn mit dem glücklich gemacht, was ich zu geben hatte; wir waren kein Liebespaar im Taumel jugendlicher Leidenschaft, aber wir waren Liebende. Nissen war mein Gefährte und mein geliebter Mann, wenn wir auch erst nach mehr als zehn Jahren in Preßburg vor den Priester treten konnten. Sein Einkommen als Legationssekretär war bescheiden; ich selbst hätte meine kaiserliche Pension eingebüßt, hätte ich mich verehelicht, und so gering diese Pension auch war, die Sorge um das tägliche Brot war nach wie vor meine lästige Gefährtin; überdies galt es, ständig eine Unterstützung an Karl in Mailand zu senden. So blieben denn Nissen und ich für alle Welt Zimmerherr und Vermieterin.

Ich hatte damals meine gute Mühe mit dem Briefwechsel mit dem Verlag in Leipzig. Ich merkte wohl, daß man mich übervorteilen wollte; man verlangte von mir Handschriften aus Mozarts Nachlaß, Erinnerungen, Anekdoten und Einzelheiten für eine Lebensbeschreibung, aber von Geld war nie die Rede. Ich war nach Wolfgangs Tod auf alle Vorschläge eingegangen, als ich mit einem sechs Monate und einem sieben Jahre alten Kind vor dem Nichts stand und froh war, Geld aus den mir wertlos erscheinenden Papieren schlagen zu können. Wie alle Armen war ich schüchtern und noch dazu ungeschickt im Schreiben. Ich wußte nicht, wie ich, ohne Anstoß zu erregen, geldliches Entgelt erwähnen konnte. Als ich es tat, schrieben die Verleger an Nannerl, daß Mozarts Witwe so eigensüchtig und geldgierig sei, wie man es vermutet hatte. Wörter waren mein Stein des Anstoßes: wollte ich entschlossen erscheinen, so klang ich grob; wollte ich freundlich sein, so war ich unterwürfig. Meiner Rechtschreibung mußte ich mich schämen, und die bloße Aufgabe des Schreibens war eine schier nicht zu bewältigende Last: da galt es, Papier aufzustöbern, Tinte, eine gespitzte Feder, Streusand – und das eine oder andere schien immer zu fehlen.

Nissen lehrte mich alles! Erst setzte ich nur meine Unterschrift unter seine Briefe, später lehrte er mich schreiben. Der Verlag merkte den geänderten Ton, und die Antworten wurden höflicher und verbindlicher. Als die Verhandlungen sich zerschlugen, war es Nissen, der mir half, alle Manuskripte an André in Offenbach für 3150 Gulden zu verkaufen. Dieser hat schließlich fünfundfünfzig Werke veröffentlicht, und dafür würde Wolfgang, lebte er noch, Nikolaus gewiß Dank wissen müssen. Die Sichtung der Kompositionen war eine Aufgabe, die mir unüberwindbar erschien; ich hatte vor ihr zurückgescheut, bis ich Abt Stadler überreden konnte, mir dabei zu helfen. Dieser Sohn eines Bäckermeisters, damals Abt von Lilienfeld, ein Freund von Herrn Haydn, war auch mit Wolfgang befreundet gewesen, der von seinen Kirchenkompositionen mit großer Achtung sprach. Ohne Nissens Beistand hätten wir jedoch diese Arbeit nicht bewältigen können. Was wäre aus den Konzerten, Sonaten und Symphonien geworden, die in Stößen auf Schränken, unter dem Klavier, auf dem Boden von Truhen und selbst in Zimmerecken lagen, wenn nicht Nissen und der Abt Tage damit verbracht hätten, das Material zu sichten, zu ordnen, und so den Verkauf zu ermöglichen und bedeutende Vermögenswerte zu retten – von Mozarts Nachruhm gar nicht zu sprechen.

„Er war das größte musikalische Genie nicht allein seines Zeitalters, sondern höchstwahrscheinlich für alle künftigen Zeiten", schrieb der Bearbeiter Doktor Feuerstein später im Vorwort zu Nissens Mozartbiographie. Nun, das ist ja wahrscheinlich eine Übertreibung, wie man sie der Beflissenheit eines Literaten zugute halten muß, aber ich kann heute Nissens Eifer für diese Biographie begreifen. Seine Fürsorge für meine Kinder aber war wohl ein von Gott gewolltes Wunder, geboren aus seiner Verehrung für den Vater dieser Kinder.

Als ich von meiner großen Konzertreise nach Prag und Deutschland zurückkehrte, war ich allein auf der weiten Welt. Luise hatte mich begleitet, um selbst Konzerte zu geben, hatte aber die Gelegenheit wahrgenommen, um ihren Gatten Josef und ihre Kinder für immer zu verlassen: sie war in Hamburg geblieben. Josef Langes Finanzen waren zerrüttet seit den langen Krankheiten, die Luise nach der Geburt ihrer Kinder durchlitten hatte. Nun ließ sie ihn allein mit seinen zwei ältesten Kindern, die seine erste Frau, Anna Maria, ihm geschenkt hatte, und ihren drei eigenen. Da meine Mutter damals noch lebte, hatte er die von ihr erzwungene Rente weiter zu zahlen und überdies seine eigene Mutter zu erhalten. Der gefeierte Hamlet unseres Hofburgtheaters führte fast ein Leben der Armut und war dankbar für Unterstützungen, die großzügige Freunde ihm zukommen ließen. Ich hatte mir von der Reise erhebliche Einkünfte erhofft, aber meine Hoffnung war enttäuscht worden. Die Schulden, welche Mozart hinterlassen hatte, konnte ich zwar abzahlen, aber es blieb mir wenig darüber hinaus. Von Verwandten konnte ich keine Hilfe erwarten. Josefas Gatte, der Geiger Franz de Paula Hofer, den sie drei Jahre vor Mozarts Tod geheiratet hatte, war noch vor meiner Rückkehr gestorben; der Arme, der meiner Schwester ein guter Mann gewesen war, hatte übrigens nie eine einträgliche Anstellung gefunden; Mozart, der den guten Menschen aufrichtig geliebt hatte, hatte ihn nach Prag und auch auf seine Reise zur Krönung Kaiser Leopolds II. nach Frankfurt mitgenommen in der Hoffnung, daß die Feierlichkeiten beiden manche Verdienstmöglichkeiten bieten würden, aber sie kehrten beide enttäuscht zurück. Josefa heiratete später den Bassisten Mayer, der mit ihr den Sarastro, und auch Bassa Selim in ‚Entführung aus dem Serail', gesungen hatte; wer hätte je gedacht, daß unsere schläfrige Josefa sich einst einen um fünfzehn Jahre jüngeren Mann als zweiten Gatten einfangen würde? Die Liebe geht wohl wirklich durch den Magen. Sie beichtete mir unter dem Siegel der Verschwiegenheit, daß sie sich im Copulationsregister um einige Jahre jünger gemacht habe; heute muß ich noch darüber lachen! Das Schicksal aber achtet wohl nicht auf Register, und so starb sie sechzehn Jahre vor ihm, während ich in Dänemark lebte. Sophie wohnte mit meiner Mutter im Großen Freihaus auf der Wieden, als ich aus Deutschland ohne Luise zurückkam, und die beiden konnten nur dank Josef Langes Unterstützung ihr Dasein fristen. So war ich denn ganz auf mich gestellt. Was wäre aus mir geworden, wenn Nissen nicht in mein Leben getreten wäre?

Am Rückweg aus Deutschland war ich durch Prag gekommen und hatte meinen kleinen Wolfgang wieder nach Wien zurückgebracht. Ich stand vor einer Entscheidung über die Zukunft meiner Kinder. Karl war dreizehn Jahre alt, Wowi sechs, beide noch zu jung, um unwiderruflich in eine Laufbahn gelenkt zu werden; dennoch tat ich gerade dies. Mir selbst habe ich seit langem eingestanden, wenn das auch schmerzte, daß ich meine Kleinen wohl liebte, ihnen aber eine schlechte Mutter gewesen bin. Ich wußte nicht, wie man Kinder aufzieht, und der damaligen Sitte gemäß nahm ich an, daß Strenge und Zucht die besten Lehrmeister seien.

Meine Entschlüsse waren das Ergebnis zufälliger Eingebungen und manchmal vielleicht von Eigensucht diktiert.

Daß alles letzten Endes gut wurde, verdanke ich unserem lieben Herrgott; daß ich aber endlich doch noch gelernt habe, meinen Söhnen eine wirkliche Mutter zu sein, das danke ich Nikolaus.

Karl, erst sieben Jahre alt, als sein Vater starb, war nach Prag geschickt worden, wo er bei unserem alten Freund Niemetschek, der Professor am Gymnasium auf der Kleinseite war, aufgezogen wurde. Das Herzweh fühle ich noch, als ich da allein zurückblieb mit dem kleinen Wolfgang, der erst ein halbes Jahr alt war, mit Wolfgangs liebem Klavier und mit Erinnerungen. Niemetscheks und Mozarts alte Prager Freunde, die Sängerin Josefa Duschek und ihr Mann, ein Klaviervirtuose, hatten mir ihre Hilfe angeboten und teilten sich darein, Karl Kost, Quartier und Klavierunterricht zu bieten. Herr van Swieten hatte mich überredet, diese Hilfe anzunehmen und so meine Notlage zu erleichtern. Ich folgte seinem Rat, noch immer von dem panischen Schrecken besessen, der mich mit Wolfgangs Tod gepackt hatte. Mein Entschluß ist mir heute unbegreiflich. Ich stand wohl unter dem Einfluß des Geistes jener Jahre, als Kaiser Josef und seine Berater, die gewiß alle nur das Beste wollten, das Volk drängten, nicht allzusehr auf Gefühle zu horchen. Hofstudiendirektor van Swieten war ja der Wortführer dieser Richtung. So sagte ich denn ja, als man Karl von mir nahm. Ich weiß nicht, ob die Welt heute besser geworden ist, aber sie ist anders, denn niemand würde heute einer Mutter zu solch einem Opfer raten. Ich muß nur meinem lieben Gott danken, daß er mir trotzdem die Liebe meines Sohnes Karl bewahrt hat. Vor drei Monaten war er aus Mailand hier – ein viel zu kurzer Besuch. Die alten Erinnerungen wallten wieder auf, als ich ihn umarmte; vielleicht wäre ich ohne diesen Besuch nicht auf den Gedanken gekommen, mein Leben niederzuschreiben.

Mein Herrgott hat mir Karls Zuneigung bewahrt, obwohl ich sie in den Jahren, bevor Nissen mich lehrte, eine Mutter zu sein, nicht verdient habe. Vielleicht hat Karl deshalb nie geheiratet, weil er schon als siebenjähriges Kind auf Heim und Familie verzichten mußte; vielleicht hängt auch seine merkwürdige Mailänder Liebesgeschichte mit einer Frau, die fast zweimal so alt war wie er, damit zusammen, daß er als Kind seine Mutter entbehren mußte und dann als Mann statt einer Geliebten eine Mutter suchte. Er wäre mir wahrhaftig keinen Dank schuldig, und doch hat er seiner Kleinen, die schon als junges Mädchen sterben sollte, meinen Namen gegeben.

Eine Eingebung sagte mir, daß Wowi es war, der das Talent seines Vaters ererbt hatte. Obwohl Karl später ernstlich eine musikalische Laufbahn verfolgte, glaube ich, daß mein Urteil richtig war. Deshalb sandte ich ihn nach meiner Rückkehr von der Konzertreise von Prag geraden Wegs als Handelslehrling nach Livorno, ohne ihn auch nur seine Gymnasialschulung beenden zu lassen. Wenn die Nacht lang und stürmisch ist, wache ich manchmal auf und, ganz allein mit dem Dunkel, in dem die Vergangenheit wohnt, plage ich mich dann mit allerlei Fragen. Liebte ich dich, Wowi, mehr als Karl? Wenn ja, dann nur, weil du als der Jüngere mehr Liebe brauchtest.

Wowi hatte ich zu Beginn meiner Konzertreise bei Duscheks in Prag gelassen, um ihn auf meiner Rückreise nach Wien dort abzuholen. Diese achtzehn Monate waren die einzigen, während deren die lieben Jungen je unter einem Dach als Brüder miteinander lebten. Als ich mit Wowi nach Wien zurückkehrte, war er gerade so alt wie Karl, als ich ihn nach Prag geschickt hatte. Ohne Fragen zu stellen, verstand Nissen die Beziehung zwischen mir und meinen Kindern. Er sprach von Karl und über Wowi, wie er vom Quartett in g-Moll sprach. Wie er mich das Quartett besser verstehen lehrte, so lehrte er mich auch meine Kinder, ja mich selbst besser verstehen. Ich wurde allmählich eine bessere Mutter, weil Nissen ihr Vater wurde: einen anderen haben sie ja nie gekannt.

Mit sieben Jahren hatte Wowi, der Knirps, schon in manchen Häusern bei Gesellschaften am Klavier vorgetragen. Bei meinem Konzert in Prag hatte er, damals erst fünf Jahre alt, sogar das erste Lied Papagenos aus ‚Die Zauberflöte' gesungen; wie bezaubernd er damals war, und so klein, daß er auf einem Tisch stehend singen mußte! Den Leuten kamen die Tränen in die Augen, als sie einen kleinen Wolfgang Xaver Mozart, dem ich den Namen Amadeus beigelegt hatte, die Melodie seines Vaters singen hörten, und noch dazu in dessen lieber Stadt Prag. Oft hat man mir später deshalb verhüllte Vorwürfe gemacht: ich hätte das Gemüt des Kindes verletzt und seine Gesundheit durch solche Darbietungen gefährdet. Ich weise diese Anklagen zurück. Mozart und seine Schwester produzierten sich in noch zarterem Kindesalter ohne Schaden; drei Jahre waren sie mit ihren Eltern auf dem Weg, und mehr als einmal krank und dem Tode nahe. Wowi war eben seiner Konstitution nach klein, ruhig, sanft, ein wenig bleich und kränklich, aber das kommt ja nicht vom Konzertieren. Ich hoffte, daß sich bei ihm das große Talent seines Vaters zeigen würde; ich habe gewiß meine Gefühle oft verraten, denn auch Nissen sprach mit Erwartung von dieser Möglichkeit. Es war ja gewissermaßen sein Traum, den großen Mozart, der zu früh gestorben war, wieder zu erwecken, wie er es dann in der Lebensgeschichte getan hat. Hätte Wowi, wie sein Vater, als musikalisches Wunderkind Erfolg gehabt, so wären mir auch, das gebe ich zu, die geldlichen Vorteile, die ich daraus hätte ziehen können, in meiner damaligen Lage höchst willkommen gewesen.

Nikolaus war unermüdlich in seiner Hingabe als Wahlvater. Er half Wowi mit seinen lateinischen Verba, er plagte sich mit geometrischen Beweisen, bis selbst ich mir diesen seltsamen Namen – Pythagoräischer Lehrsatz – gemerkt hatte, und er sprach mit ihm französisch; da konnte ich gut mit, denn meine ersten Brocken hatte ich ja schon als Kind in Mannheim erworben. Wir waren eine Familie geworden, und jene Zeit war die meines zweiten Glücks – eines umso größeren Glücks, als es einer Zeit des Leidens folgte.

Zu meinem Namenstag hatte Wowi mir eine Gabe auf meinen Festtisch gelegt: ein säuberlich kopiertes Rondo, komponiert von ihm, sein opus 1. Nikolaus steckte hinter der Überraschung. Ich ließ Wowi eine Widmung für Graf Szaniawski auf das Blatt setzen und führte ihn ins Palais des Grafen, um diesem den Sohn des großen Mozart vorzustellen. Der Herr Graf war hoch erfreut, das erste Werk eines Mozart für seine Musikaliensammlung zu erhalten, und gab meinem Kleinen zum Dank eine artige Taschenuhr, die Wowi bei seinem letzten Besuch hier in Salzburg noch immer bei sich trug. Das war sein erster Verdienst. Seine ersten gedruckten Kompositionen kamen fünf Jahre später heraus, als Hofkapellmeister Salieri sich von ihm hatte einige seiner Arbeiten vorspielen lassen und ihm in aller Form bestätigte, er besitze bedeutende musikalische Begabung. Hätte dieser Mann nur Wowis Vater solche Unterstützung gewährt, dann würde mich heute nicht der nagende Zweifel plagen, daß doch er es war, der ihn durch Gift beseitigen ließ – das soll ja italienische Art sein!

Für Wowi war Salieris Bestätigung von höchster Bedeutung, denn durch sie erhielt er im folgenden Jahr seine Berufung nach Galizien, als Musiklehrer, in das Haus des Grafen Bavorowski. Diese war ein Glück für den Jungen – und doch: zwei Tagereisen östlich von Lemberg, in Podkamien, einem Nest, wo selbst die Post nur einmal im Monat abgeliefert wurde, und wo man zur Zeit von Wowis Ankunft den Namen Kotzebue noch nie gehört hatte!

Viele nahmen Interesse an Wowis musikalischer Entwicklung, als er noch bei mir und meinem lieben Zimmerherren aufwuchs, denn man hoffte, er würde Mozarts Erbe sein. Bei gelegentlichen Besuchen hatte Herr Haydn sich von Wowi vorspielen lassen und seine kleinen Kompositionsübungen durchgelesen. Sein Lieblingsschüler, Herr Sigismund von Neukomm aus Salzburg, wurde daraufhin Wowis Lehrer. Nikolaus hatte große Achtung für diesen jungen Mann, und Wowi lernte von ihm mehr als von irgendeinem seiner späteren Lehrer. Nie habe ich die Plaudereien mit ihm vergessen, die Wowis Musiklektionen aufs Doppelte verlängerten. Der Kleine blickte mit seinen großen Augen auf diesen Lehrer, der damals schon von Abenteuern in fernen Ländern und Städten träumte und von der Wanderlust besessen schien. Ich war denn auch in späteren Jahren nicht erstaunt, als man hörte, Von Neukomm sei in Stockholm tätig, später sogar in St. Petersburg, dann in Paris als Schützling des Außenministers Talleyrand, der ihn zum großen Kongreß nach Napoleons Untergang wieder nach Wien brachte; seitdem ist unser Von Neukomm sogar ins ferne Brasilien verschlagen worden! Wie groß die Welt geworden ist, seit Wolfgang und mir selbst das Grab seiner armen Mutter in Paris so fern schien.

Nach Von Neukomm fand ich andere angesehene Lehrer für Wowi; Hummel; Domkapellmeister Albrechtsberger; Abt Vogler; schließlich selbst Salieri. Nichts ist wichtiger für einen Musiker als gute Schulung, darüber waren Nikolaus und ich uns einig. Für Wowi hegten wir die kühnsten Hoffnungen. Herr van Swieten, der verständigste aller Gönner, kam häufig zu uns, um ihn spielen zu hören, und lobte ihn über die Maßen. Domorganist Gänsbacher, auch ein häufiger Besucher, ließ sich von Herrn von Neukomm Wowis Kompositionen zeigen. Das Heim der Witwe Mozart war damals ein Zirkel, den man in Wiens Musikwelt achtete. Herr van Swieten hätte etwas für den Sohn Mozarts tun wollen. Mozart war in der ersten Zeit unserer Ehe jeden Sonntag nach der Messe ständiger Gast und Mitwirkender bei seinen Musikgesellschaften in der Renngasse gewesen. Wowi hätte auf ihn als Gönner zählen können, wenn nicht die Kriegswirren unsere Hoffnungen zerstört und uns gezwungen hätten, das Angebot aus Polen anzunehmen. Die hohe Gesellschaft schien damals zu verfallen, und nur ein verbissener und versessener Mann wie Herr van Beethoven, der mir beide Male, als ich ihm begegnete, unheimlich und merkwürdig erschien, konnte es sich in den Kopf setzen, trotz allem mit eigener Kraft sich unter den neuen Umständen durchzusetzen.

Im Jahre 1805 meinten Wowis Lehrer, er sei für seine erste Akademie bereit, eine Akademie, die wir mit Schikaneder zu Haydns Geburtstag geplant hatten, um dem lieben alten Herrn eine Freude zu bereiten. Das große scheunenartige Gebäude im Wiedener Freihaus, in dem Schikaneders Truppe gespielt, und wo er auch ‚Die Zauberflöte' aufgeführt hatte, war damals schon abgerissen, und Schikaneder spielte seit vier Jahren in einem herrlichen neuen Theater am Wienfluß. Er bot uns den Saal für Wowis Akademie an. Welch ein Triumph! Das Haus war voll besetzt. Schikaneder selbst, Josef Lange und ich führten den Jungen auf die Bühne; das Publikum hatte gewiß nur Augen für ihn und die zwei Berühmtheiten an seiner Seite, aber kaum für seine Mutter. Man klatschte, und Wowi verbeugte sich, wie man es ihn gelehrt hatte. Diese kleine Zeremonie war damals neu für Wien und der Beifall schwoll. Haydn saß in einer Loge, und ich sah die Rührung in seinen Augen; ich blickte auf Schikaneder und auf Josef; wie bei meiner ersten Trauung sah ich mich umgeben von tränenreicher Rührung, aber diesmal war ich die einzige, deren Augen trocken blieben. Ich war erfüllt von dem übermächtigen Wunsch, daß diese Akademie der Anfang einer großen Laufbahn sein möge. Die Enttäuschung der Berufung in ein polnisches Dorf lag noch in der Zukunft. Wer hätte, als Wowi diese Berufung annahm, ahnen können, daß er noch heute, dreißig Jahre später, Hunderte von Meilen von hier in dem von der Cholera heimgesuchten Land stecken würde? Wer hätte voraussehen können, daß seine Mutter dann noch am Leben sein würde?

Drei Jahre nach seiner Ankunft in Podkamien wechselte er seine Stellung, um in Diensten des Kämmerers Janiszewski nach Lemberg zu ziehen, und das ist nun alles, und wird wohl für immer alles sein: Kost, Quartier, Holz, Licht und tausend Gulden im Jahr – für den Sohn Mozarts.

Mozart war schon fünfzehn Jahre tot, als Nissen einmal die Bemerkung machte, daß wir alle unwiderstehlich, wie Planeten um die Sonne, um sein Geschick kreisten. Sein Tod hatte mich zu meiner Konzertreise gezwungen und zurück zu den Bücherregalen, Truhen und Laden, in denen die Handschriften auf Sichtung warteten; Mozart war es, der Nissen und mich zusammengeführt hatte; die Vorbereitung und Abfassung der Biographie kettete später Nissens Leben weiter an diese Sonne; Wowi hat sein ganzes Leben lang danach gestrebt, so hell zu leuchten wie sie, wenn er auch wohl damit wird zufrieden sein müssen, als Meteor zu gelten und den Namen eines Vaters zu tragen, den er nicht gekannt hat. Karl, mit seinen schwachen Kräften, konnte nie etwas anderes sein als Mozarts Sohn. Vor zehn Jahren unternahm ich die lange Reise nach Mailand, um seine Kindheitserinnerungen an seinen Vater einzuheimsen und für Nissens Buch zurück nach Salzburg zu bringen. Karl ist nicht froh und aufgeschlossen wie sein Bruder; er spricht kaum über das, was in seiner Seele vorgeht; ich bin jedoch sicher, daß es der Gedanke an seinen Vater war, der ihn dazu trieb, mich gerade vor Wowis erster Akademie brieflich mit der Nachricht zu überraschen, er habe seine Stellung in dem Handelsunternehmen in Livorno aufgegeben und werde nach Mailand übersiedeln, um dort Musiker zu werden. Schon lange hatte Nissen ihm in seinen Briefen mit väterlichem Rat zu helfen gesucht, als Karl noch in Livorno war und allerlei Pläne schmiedete; einmal wollte er Klaviere aus Wien nach Italien einführen, aber letzten Endes mangelte es ihm an Geld, um ein so bedeutendes Geschäft aufzubauen. Seine unerwartete Wendung zur Musik entsprang gewiß nicht finanziellen Erwägungen und Hoffnungen: er wollte die Rivalität mit seinem toten Vater und mit seinem Bruder aufnehmen. Er war erst zwanzig Jahre alt, als er nach Mailand ging. Sein einziger Kontakt in der großen Stadt war eine Madame von Asteburg, die sich damals Signora di Aste nannte; dreißig Jahre früher war sie für Wolfgang, als er blutjung mit seinem Vater auf seiner ersten Italienreise war, noch die Tröger-Mariandl aus Salzburg, in Mailand verheiratet. Wolfgang, von Heimweh geplagt, bekam in ihrem Haus damals Leberknödel und Sauerkraut vorgesetzt; die stillten seinen Hunger und sein Heimweh, und er hatte diesen Geschmack sein Leben lang auf der Zunge. Durch ein Empfehlungsschreiben Haydns kam Karl zum Komponisten Asioli als Schüler und schrieb bald seine ersten Arietten, die er Freunden auf dem Wege nach Wien gelegentlich für mich mitgab. Nissen, mit seiner Leidenschaft für Korrespondenz, blieb Karls Mentor; er schrieb ihm der Übung halber manchmal in französischer Sprache und verbesserte sorgfältig Karls Antworten; er pries die herrliche Erfindung der Briefpost, die uns gestattet, über Hunderte von Meilen hinweg mit unseren Lieben zu plaudern; er half Karl mit gutem Rat, auch die Kunst des Briefschreibens zu meistern, immer Papier in Vorrat zu haben, Gedanken, die der Mitteilung wert schienen, unverzüglich zu notieren, um sie gelegentlich zu verwenden, und Punkt um Punkt auf den Brief des Korrespondenten einzugehen; er riet Karl, sich nicht nur in der Vokalmusik, sondern auch auf anderen Gebieten zu vervollkommnen, und im besonderen die Instrumentierung zu üben. Asioli sprach einmal den Wunsch aus, eine Partitur Mozarts zu besitzen, aber da ich alles an André verkauft hatte, sandte ich ihm ein Manuskript Wowis, um Karl das Wohlwollen seines Lehrers zu bewahren, und in der Annahme, daß eine mit dem Namen Mozart gezeichnete Komposition ihm auf jeden Fall lieb sein würde. Trotz aller Bemühungen fühlten wir, daß Karl von sich selbst, von seinem Talent und seinen Versuchen auf musikalischem Gebiet enttäuscht war. Er lebte im Schatten seines Vaters. Er wurde fremder, und seine Briefe wurden seltener.

Die Sommerpracht hatte den Park des dänischen Schlosses Friedensburg für das Zusammentreffen mit Wowi in ein blühendes Wunderland verwandelt.

Nannerl und die Ihren lebten am Wolfgangsee in demselben Haus in St. Gilgen, in dem Mozarts Mutter einst geboren wurde.

Meine Mutter freute sich über Sarastro, der in einem von sechs Löwen gezogenen Triumphwagen auf die Bühne kam.

Als Schikaneder seinen Dummen Anton erfand, kam man in sein Theater im Freihaus auf der Wieden.

Vor der Kruzifixkapelle von St. Stephan wurde Mozarts Leiche eingesegnet. Erst nach Einbruch der Dunkelheit durfte ein Leichenwagen den roh gezimmerten Sarg auf den St. Marxer Friedhof führen.

Mozart wollte das Requiem bis zum Lacrimosa durchgehen; nur bis zum achten Takt war er gekommen.

„Ein Sohn Mozarts darf nichts Mittelmäßiges leisten", schrieb Nissen ihm einmal, aber gerade das war es ja, was Karl bedrückte. Ich wußte, daß Wowi, mit seiner Keckheit, nicht untergehen würde, aber Karl war mein Sorgenkind, damals wie immer. Zu seinem Asioli hatte ich nie viel Vertrauen, und so versuchte ich, ihn dazu zu überreden, sich in Wien niederzulassen, wo ihm tüchtige Lehrer und ein großes Betätigungsfeld zur Verfügung stehen würden. Karl wollte darauf nicht eingehen; seine Briefe blieben zögernd. Als man mir berichtete, er habe sich bei einer Sängerin eingemietet, vermutete ich, daß eine Liebesgeschichte ihn an Mailand fesselte. Wir versuchten, ihn durch Empfehlungsbriefe zu fördern; ich übersandte jedes Quartal vierzig Gulden an ihn, um ihm zu helfen, obwohl die Geldentwertung während der napoleonischen Wirren mir wahrlich genug Sorgen machte. Im Jahre 1808 aber wußte Karl schon, daß er sein musikalisches Talent überschätzt hatte; er fürchtete sich vor dem großen Wien und seinem Publikum. Da wir einander nicht die Wahrheit sagen wollten, da Karl mir, und ich ihm, nicht eingestehen wollte, daß wir beide an seiner Begabung zweifelten, wurde unser Briefwechsel eine Art Maskenspiel: ich vergeudete Bogen um Bogen Briefpapier mit Einzelheiten bezüglich eines gelben Strohhutes, wie man ihn nur in Italien so schön finden kann, den er mir aus Mailand mitbringen sollte, falls er nach Wien käme; Karl ging auf mein Geschwätz ein und erging sich in Erwägungen, wie sich die Bezahlung des Zolls für diesen Hut vermeiden lassen würde. Anstatt uns einander näher zu bringen, vergrößerte der Briefwechsel die Entfernung zwischen uns. Erst als wir in Dänemark lebten, ließ Karl uns wissen, daß er nach fünf Jahren den Kampf verloren gegeben habe und die Musik aufgebe. Seitdem versieht er eine prosaische Kanzleiarbeit im Staatsdienst. Was ihn an Mailand gefesselt hatte, war nicht Liebe, sondern der Drang, es seinem Vater gleichzutun, und die Angst, dessen nicht fähig zu sein.

Als er vor kurzem hier in Salzburg war, zeigte ich ihm das Bündel seiner Briefe aus Mailand; er lächelte wehmütig und sagte:

„Damals wollte ich noch Musiker werden." Er verstand meine Gedanken. „Mein Name ist eine schwere Bürde", fügte er hinzu. Das war alles. Dann sprachen wir von seiner Geliebten, die er nie heiraten konnte, und von deren Töchterlein, der kleinen Constanze, die längst tot war. Wir sprachen von seinem Vater, an den er sich noch dunkel erinnert. Ich fragte ihn nicht, ob er je glücklich gewesen sei.

* * *

Während der ersten Jahre mit Nissen gewann in zunehmendem Maß eine Kraft Gewalt über unser Leben und über das unserer Zeitgenossen, der ich kaum je Aufmerksamkeit geschenkt hatte: das Weltgeschehen, die Politik, die Ebbe und Flut der Kriege und Revolutionen.

Heute ist es Mode geworden für Hinz und Kunz, über öffentliches Geschehen Bescheid zu wissen; jedermann liest die Wiener Zeitung und erhebt Anspruch darauf, ein Urteil über Entscheidungen unserer regierenden Häupter zu fällen. Wohin dies führt, hat man ja 1830, vor nun sieben Jahren, in Paris gesehen, als es dort zu einem Aufstand und selbst zu einem Thronwechsel kam. Ich war nie geneigt gewesen, mich um das zu kümmern, was mich nichts angeht. Nach der schrecklichen Revolution in Frankreich gab es aber in Wien gar nicht wenige, die für die neuen Ideen Sympathien hatten. Allenthalben hörte man damals aufgeregtes Gerede. Das Wirtshaus und der Gemüsemarkt wurden zum Schauplatz politischer Debatten. Selbst in der ‚Zauberflöte' mit ihrer geheimnisvollen Handlung vermutete man eine Allegorie auf die Revolution: die Schlange im ersten Akt stelle das finanzielle Defizit dar, und Sarastros Brüder die Nationalversammlung. Als Königin Marie Antoinette, eine Tochter aus dem Hause Habsburg – man bedenke nur! –, von den französischen Wildlingen ermordet worden war, hätte man aber schon deutlich erkennen müssen, wie wohlbegründet die unerbittlich strenge Haltung unserer Herrscher und wie vorlaut, anmaßend und gefährlich jede Kritik an ihr war.

Wolfgang hatte an politischen Ereignissen, wie auch ich, wenig Anteil genommen. Nun mußte ich aber doch merken, daß der Umsturz in Frankreich die Welt geändert hatte und uns zwang, von ihr Notiz zu nehmen. Man sah das schon an der neuen Mode, die damals um sich griff: immer mehr Männer legten Zopf und Perücke ab und erschreckten uns mit ihren gewaltigen Backenbärten, die das äußere Zeichen jakobinisch revolutionärer Gesinnung wurden; die Frauen trugen beschämend eng anliegende Kleider, hoch unter der Brust gerafft, mit bloßen Schultern, einen Haarknoten am Hinterkopf und Ledersandalen, um altrömisch auszusehen. Man sah den Leuten auf der Straße ihre politische Gesinnung an. Der Höhepunkt der Modefrechheiten war wohl das Auftreten des Tänzerpaars Vigano, als Madame Vigano in einem fleischfarbenen Trikot auf der Bühne erschien, das ihren ganzen Leib bedeckte und Nacktheit vortäuschte, abgesehen von ein paar flatternden kurzen Röckchen, die hoch aufflogen, wenn sie um sich selbst wirbelte.

Derlei Unsitten können zu nichts Gutem führen.

Das erste Donnergrollen des nahenden Gewitters vernahm man, als ich noch auf meiner Kunstreise war. Zum erstenmal hörte man von einem General Buonaparte, der nach Italien eingebrochen war und, bevor man es sich versah, siegreich gegen Wien marschierte. Zum Glück blieb es für damals beim bloßen Schrecken; als ich mit Wowi in Wien anlangte, war alles schon wieder vorbei. Man hatte einen Waffenstillstand geschlossen, obwohl angekündigt worden war, daß Wien sich zur Verteidigung vorbereiten müsse; der Adel war geflüchtet; die Bürger hatten ihren Bediensteten widerwillig erlaubt, sich als Freiwillige zum bewaffneten Widerstand zur Verfügung zu stellen; man hatte Schanzen aufgeworfen und Befestigungsanlagen instandgesetzt. Nach überstandener Gefahr sprach man noch voll Zorn darüber, daß Minister Thugut für die Fortsetzung des Kampfes gewesen war; das Volk griff seinen Wagen eines Tages auf der Mariahilfer Straße an und bedrohte den Minister tätlich, da er verächtlich gesagt haben sollte, den Wienern sei es gleichgiltig, ob der Feind im Lande sei, wenn sie nur weiter auf ihre Redouten laufen und Backhendel essen könnten.

Drei Jahre später wiederholte sich die Gefahr. Diesmal war ich in Wien, und Nissen war in mein Leben getreten. General Buonaparte hatte nach einem Feldzug in Ägypten die Macht in Frankreich an sich gerissen. Anfang 1799 wußte man in Wien, daß es Krieg geben würde, und man hoffte, ihn mit Hilfe der Engländer und Russen zu gewinnen. Das Volk jubelte seinen russischen Verbündeten bei der Mariahilfer Linie zu, als sie durchmarschierten. Man sprach von Siegen in Italien, in der Schweiz, in Deutschland, aber mit einem Mal hieß es, die Franzosen seien in Salzburg, und dann auch schon in Linz.

Ich erlebte nun selbst, was ich vorher nur aus Berichten anderer erfahren hatte.

Als Diplomat wußte Nissen gar manches und nahm persönlichen Anteil an dem Geschehen. So waren denn die schrecklichen Kriege und Gefahren auch mir nicht mehr gleichgiltig. Ich muß schon sagen, daß Nissen in politischen Dingen weisere Einsicht hatte als Mozart: er versuchte, auch mich einzuweihen; ich verstand manches halb und vieles gar nicht. Oft schien es mir, als nehme der kleine Wowi an diesen Erklärungen mehr Anteil als ich; später ist er ja tatsächlich ein großer Politiker vor dem Herrn geworden in seinem von Gott verlassenen polnischen Nest, in dem es nicht einmal eine Zeitung gibt.

Als der Feind vor den Toren stand, stiegen die Angst und die Bestürzung. Man fragte sich, was die französischen Republikaner, die ihre königliche Familie und Tausende von unschuldigen Menschen umgebracht hatten, wohl in Wien anrichten würden. Man floh nach Ungarn oder Mähren.

Als dänischer Diplomat konnte Nissen vorläufig sein Amt weiter ausüben, da sein Land sich neutral erklärt hatte. Die Einstellung Dänemarks schien jedoch vom österreichischen Standpunkt aus zweideutig, wie Nikolaus mir erklärte, da es, wie andere europäische Staaten, sich weigerte, die von England erklärte und gegen Frankreich gerichtete Blockade anzuerkennen. So mußte Nissen zum erstenmal an die Möglichkeit denken, daß er in nicht allzu ferner Zukunft vielleicht gezwungen sein würde, Wien zu verlassen.

„Aus Frankreich kommt nichts Gutes", sagte Karoline Pichler zu mir, als ich sie auf der Straße traf, „stehende Heere, Papiergeld, Revolutionen und Modesucht." Sie sah mich fast als Landesverräterin an, seit sie erfahren hatte, daß ein dänischer Diplomat bei mir hauste.

Ein Baron Geramb bildete ein Freikorps, das an der Verteidigung der Stadt teilnehmen sollte. Ich sah diese Menschen in der Alservorstadt paradieren: eine Musikkapelle, gefolgt von einer Schar zerlumpter Kerle, die nicht im Schritt marschieren konnten. Und die sollten unsere Retter sein! Was sollte aus uns werden?

Zu Weihnachten wurde bekannt, daß Erzherzog Carl abermals einen Waffenstillstand geschlossen habe. Als am Faschingmontag des neuen Jahres sich die Nachricht verbreitete, daß der Friede unterzeichnet sei, füllten sich die Straßen mit einer jubelnden Menge: man jubelte, als wolle man die Niederlage festlich begehen. Unser Kaiser hatte den Frieden teuer erkauft, aber in Wien tanzte man, ohne an die kommende Fastenzeit zu denken.

Mit einem Mal gab es in den Läden keine Waren; die Preise schossen in die Höhe; Familien der unteren Klassen, in den Vorstädten, litten Hunger. Die Regierung kündigte die Ausgabe von Bankozetteln an, die jeder, der Geld, bare Münze, Silber oder Gold besaß, erwerben mußte; die Zettel verloren bald ihren Wert, und die sie besaßen, waren damit arm geworden; jene, die nichts einzulösen gehabt hatten, waren fast besser daran. Fürst Schwarzenberg eröffnete zur Linderung der Not in seinem Palais eine Küche, in der unter Leitung eines Hamburgers, den er zu diesem Zweck hatte nach Wien kommen lassen, eine nahrhafte und billige Suppe für die Armen gekocht wurde. Das Rezept stammte von einem berühmten amerikanischen Wissenschaftler, der das wilde Amerika verlassen hatte, als dort die Revolution ausbrach, und gerade während meiner Münchener Zeit in Diensten des Kurfürsten von Bayern gestanden war. Für zwei Kreuzer konnte man einen großen Topf voll duftender, dampfender Brühe davontragen; Erdäpfel, Graupen und Erbsen schwammen in ihr; diese Rumfordsche Suppe roch deliziös nach Rauchfleisch, wenn sie auch keines enthielt. Es dauerte jedoch nicht lange, bis die sogenannten Armen dieses Almosen verschmähten und nicht mehr in der Schwarzenberg'schen Küche erschienen. Es ging ihnen wieder gut. Die Schenken und Redoutensäle füllten sich wieder.

Im Frühling 1801 erzählte man sich, daß der englische Admiral Nelson wegen Dänemarks unfreundlicher Haltung in den Hafen von Kopenhagen eingelaufen sei, die dänische Flotte angegriffen und viele Schiffe versenkt habe. Als ich mit Nissen so viel später nach Dänemark kam, sahen wir noch allenthalben die Maste aus dem Wasser ragen.

Nikolaus sprach wieder davon, daß er als Däne nicht in einem mit England verbündeten Land würde bleiben können: ein bedrückender Gedanke selbst für mich, die ich Wien nie liebte, gar aber für Nikolaus, der es sich gewünscht hätte, für immer in Mozarts Wahlheimat zu leben. Er lebte seit Jahren mit Mozarts Noten, Briefen, Papieren und Büchern, mit seinem Schatten, seinem alten Klavier, seinem Söhnchen und mit seiner Witwe. Erinnerungen banden aber auch mich an diese Stadt. Nach den Jahren der Sorge hatte ich mich hier der Geborgenheit erfreut, die Nikolaus mir endlich beschieden hatte: der liebe Mann, der am großen Tisch im Sitzzimmer Wowi bei seinen Schularbeiten half; der Knirps, der am Klavier seines Vaters auf drei aufeinandergetürmten Kissen hockte und virtuos sein Rondo spielte; die Besucher, die zur Witwe Mozart kamen; Gäste aus der Ferne, die bei meinen Gesellschaften erschienen. All das war eine Art Glück.

Da starb meine Mutter im Jahre 1802. Ich heuchelte keine übermäßige Trauer, aber ich war ihr seit meiner ersten Entbindung aus Dankbarkeit für ihren Beistand mehr zugetan gewesen als vorher. Es war fast, als beginne die alte Welt, in der ich aufgewachsen war, in der ich Wolfgangs Frau gewesen, ihm Kinder geboren und ihn begraben hatte – es war, als begänne diese Welt mit dem Tod meiner Mutter zu zerbröckeln. 1804 wurde Buonaparte Kaiser der Franzosen; das alte deutsche Kaiserreich hörte damit auf zu bestehen, und Kaiser Franz nahm die Würde eines Erbkaisers von Österreich an; Wien erhielt den seltsam voll tönenden Titel einer ‚Römisch und Österreichisch Kaiserlichen Haupt- und Residenzstadt'; es gab Paraden, Huldigungen und Dankämter in den Kirchen, aber man sprach von Krieg, und man fragte sich, ob irgendein Heerführer Kaiser Napoleon, wie man ihn nun nannte, gewachsen sei. Nissen hoffte, daß Österreich sich nicht leichtfertig zur Wiederaufnahme der Feindseligkeiten entschließen würde. Im Herbst 1805 aber, als heulende Stürme wieder als Vorboten des Unheils über das Land jagten, wiederholten sich zum dritten Male die Ereignisse der vergangenen Jahre; die glückliche Lösung jedoch blieb diesmal aus.

Man hörte vom Vormarsch des französischen Heeres, als es die Grenze überschritt, dann von einer vernichtenden Niederlage bei Ulm – von einem neuerlichen Sieg Napoleons, der bereits in Krems stand. Ehe man sich überlegen konnte, ob eine Flucht ratsam sei, wohin man allenfalls flüchten könnte und für wie lange, war es schon zu spät. Man erwartete wieder, daß Wien verteidigt würde; man bildete wieder Freikorps, setzte die Stadtmauern instand und traf Vorbereitungen für die Verpflegung der Bevölkerung im Falle einer Belagerung. Ich wollte nicht mehr auf die Straße gehen, da mich das allgemeine Fieber der Erwartung zu sehr erregte.

Gerade damals starb nun der dänische Gesandte, Nissens Vorgesetzter, und dieses Ereignis schnitt uns die Flucht ins Ausland ab. Nissens unverzüglicher Bericht wurde aus Kopenhagen ebenso unverzüglich mit dem Bescheid beantwortet, daß er zum Chargé d'Affaires ernannt sei. Er mußte diese Ernennung vorläufig annehmen, ließ seine Regierung jedoch wissen, daß er sein neues Amt nur zu versehen hoffe, bis ein ständiger diplomatischer Vertreter ernannt werden könne, während er selbst um Versetzung auf einen anderen Posten ersuche. Damit sollte es jedoch seine gute Weile haben. Die Ereignisse der folgenden Zeit, die einander überstürzten, und ein Thronwechsel in Dänemark brachten eine endlose Verzögerung in der Beantwortung von Nissens Gesuch.

Plötzlich erfuhr man, daß der Hof mit allen hohen Verwaltungsbeamten bereits auf dem Weg nach Ungarn sei; der Adel war ihm zum großen Teil schon vorangegangen. Es war beschlossen worden, Wien ohne Verteidigung dem Feind zu überlassen.

In aller Eile sandte die Stadt eine Abordnung ins französische Lager in Sieghartskirchen, um zu kapitulieren. Just am Vorabend des Festtages des heiligen Leopold, des Schutzpatrons Österreichs, marschierten die ersten französischen Regimenter durch das Burgtor in die Stadt ein. Ich sah sie von meinem Fenster, noch immer ängstlich, und Wowi drückte sich an der Scheibe die Nase platt, um das militärische Schauspiel zu betrachten. Man empfing den siegreichen Feind mit Würde: die Läden waren offen, wie gewöhnlich, und die Bürgerwache blieb auf ihren Posten; nur hie und da blieben einige Fußgänger eine Weile stehen, um die marschierenden Soldaten neugierig zu betrachten.

Die französischen Soldaten marschierten, ohne sich erst aufzuhalten, quer durch die Stadt, um unverzüglich die Donau zu überschreiten; an ihrer Spitze ritt Prinz Murat, und neben ihm ein pensionierter österreichischer General in voller Uniform, der den Führer machte. Hohe französische Offiziere und Beamte übernahmen die vom Adel verlassenen Gebäude, das Lobkowitzsche und das Albertinische Palais, und den Amalienflügel der Hofburg, gegenüber uns. Kaiser Napoleon selbst nahm in Schönbrunn Aufenthalt. Zwei Monate lang lebten wir in einer französischen Stadt. Überall sah man die fremden Soldaten; man gewöhnte sich an sie; sie wohnten unter uns und aßen mit uns, höflich und friedlich, 35.000 einquartierte Feinde, deren jeder jeden Augenblick durch ein Mißverständnis den Degen ziehen und einen tragischen Zwischenfall heraufbeschwören konnte. Nach ihrem Sieg bei Austerlitz brachten die Franzosen ihre Gefangenen nach Wien und zwangen sie, hinter einer lärmenden Musikkapelle durch die Straßen zu paradieren. Man erzählte sich, daß Kaiser Napoleon selbst, verkleidet und in Begleitung von Offizieren, sich abends hier oder dort in der Stadt zeige.

Nissen war bedrückt, da die Haltung seiner Regierung nach dem Streich Nelsons sich schnell geändert hatte; es wurde immer wahrscheinlicher, daß Dänemark sich offen auf die Seite Frankreichs schlagen würde. Durch Nissens Einfluß war mir eine französische Einquartierung erspart geblieben. Der Schatten Mozarts lebte in meinen Räumen; er hatte es nie an Bemerkungen über die Welschen fehlen lassen; manchmal schien es mir, als hörte ich ein derbes Wort über die französischen Eindringlinge.

Mit dem alten Jahr ging der Spuk der feindlichen Besetzung dann zu Ende. In Preßburg war der Friede unterzeichnet worden. Der Kaiser verzichtete auf sein Land Tirol, auf Venedig, auf Vorarlberg, und noch am selben Tag verließ Napoleon Wien. Auf den Affichen des Hofburgtheaters – ein sonderbarer Zufall – sah man ein Stück angekündigt, das den Titel ‚Tag der Erlösung' führte. Erst als die Gefahr vorbei war, begann ich zu verstehen, was diese Besetzung bedeutet hatte: zum ersten Mal hatte ein Feind die alte Hauptstadt des Heiligen Römischen Reiches in seiner Macht gehabt. Das Land, dessen Bürger meine Eltern gewesen waren, hatte für eine Weile fast aufgehört, zu bestehen.

Nach den Ereignissen von 1805 wandelte sich alles mit Windeseile. Man wollte einer Wiederkehr der Todesgefahr vorbeugen. Die Neuerungen riefen in mir, in ganz Wien, ja vielleicht in ganz Europa das Gefühl wach, daß die alte Erde unter unseren Füßen wanke und eine neue Welt im Entstehen sei. Die alten Männer, die unser Geschick gelenkt hatten, Cobenzl, Colloredo, und wie sie alle hießen, verschwanden; man gewöhnte sich an neue Namen; in der Zeitung, in Büchern und auf der Bühne erlaubte man sich, unverblümt zu sagen, was noch kurz vorher streng verboten gewesen war. Fast war es, als ginge der Geist Kaiser Josefs II. wieder um. Der neue Minister, Graf Stadion, kündigte eine Lösung der Geistesfesseln an, und der Zensor trat in den Hintergrund. Schikaneder erlaubte sich in seinem Narrengewand als Tiroler Wastl im Theater an der Wien laut heraus zu sagen, was man früher kaum zu denken gewagt hätte, und sein Theater war in den Vorstädten nicht das einzige, wo man so kühn war. Ich sah dort Herrn Beethovens Oper. Die allgemeine Leichtlebigkeit riß auch uns mit, und wir gingen nun öfters ins Theater. ‚Leonore' oder ‚Die eheliche Liebe' hieß diese Oper, die inzwischen mehr Erfolg geerntet hat als bei ihrer ersten Aufführung, die noch unter der napoleonischen Besetzung stattgefunden hatte. Ich hörte wohl, wie mit rührenden und erhebenden Klängen die eheliche Liebe gefeiert wurde, aber ich hörte auch Gesänge zum Preis der Freiheit, die förmlich zum Aufruhr aufriefen. Im Hofburgtheater spielte man häufig Stücke von Kotzebue, der einen neuen Menschenschlag auf die Bühne stellte; der Schauspieler Iffland zeigte sich in diesen Rollen, die von Gefühl und Leidenschaft überströmten; seine maßlose Übertreibung der Geste und des Wortes war uns fast ebenso peinlich wie die schrankenlose Begeisterung der Jugend, die ihren Jubel offen zum Ausdruck brachte. Nikolaus stimmte meinem Urteil zu: wir verstanden die Welt nicht mehr. Auf den Straßen sah man fast ausschließlich Herren in den neumodischen langen Beinkleidern; schwarze Fräcke verdrängten bei festlichen Gelegenheiten den farbenfreudigen Leibrock, wie Wolfgang ihn so gern getragen hatte. Wie die Kleidung freier wurde, so auch die Sitten. In der Stadt und an öffentlichen Vergnügungsorten, wie im Prater, konnte man kaum mehr wissen, mit wem man es zu tun hatte, denn damals kam die Sitte auf, daß jedermann überall Zutritt hatte. Handwerker kleideten sich wie wohlhabende Herren, und Dienstmädchen sahen mit ihren Hüten und Hauben wie Damen aus.

Meine gute alte Sabine, die seit vielen Jahren bei mir gedient hatte und mit Wowi sprach, als wäre er noch immer ein kleiner Junge, fand sich in dieser Welt noch weniger zurecht als ich; eines Tages fühlte sie sich schwach, arbeitete aber weiter; am nächsten Morgen hustete sie, wankte beim Gehen und fühlte Schwindel. Geduldig ging sie zu Bett, geduldig nahm sie ihren Löffel voll Ipecacuanha, jener neu aufgekommenen exotischen Medizin, stöhnte ein wenig, keuchte ein wenig, begann, verworren zu reden, faselte von Wowis Milch, war dann still, schlief ein und wachte nicht mehr auf. Mit ihr verschwand für mich noch ein Stück meiner Vergangenheit.

Der nächste Halt, den ich verlor, war die traute Nähe Sophies, der liebsten meiner Schwestern. Josefa glich zu sehr meiner Mutter, und Luise war oft auf Kunstreisen. Durch Josefa hatte Sophie den Tenoristen Haibl von Schikaneders Theater kennengelernt; sie heiratete ihn im Jahr nach Napoleons Abzug. Als die Kriegsgefahr später wieder näherrückte, ging sie mit ihm in die Ferne, nach Slawonien, und dort blieben sie bis zu seinem Tod.

Selbst die Stadt schien dem alten Jahrhundert den Rücken zu kehren. Ein Adelspalais nach dem anderen wurde von seinen Bewohnern verlassen, und Kaufleute, die neuen Herren des Geldes, ein wenig zu laut, ein wenig zu auffallend, zogen in die vornehmen Paläste. Englands Kontinentalsperre und die in immer größeren Mengen in Umlauf gesetzten Bankozettel trieben die Preise immer weiter in die Höhe; wer Güter aufgespeichert hatte, war nun wohlhabend. Überall in den Vorstädten baute man Fabriken, die das Gesicht der Stadt veränderten; sie schufen Reichtum und neue

Reiche, und immer öfter nahmen reiche Bürgersleute Mädchen aus dem niederen Adel zur Ehe. Ihre Kinder, reich, wie die Väter, und stolz, wie die Mütter, horchten nicht mehr auf das Wort ihrer Eltern und wuchsen ungezügelt auf. Neue Sitten verbreiteten sich, die wir nicht begriffen. Im Sommer leerte sich die Stadt völlig, und diese Familien zogen nach Hietzing, Penzing, Döbling, und selbst weiter hinaus, bis nach Mödling und Baden, wo sie sich Sommerhäuser bauten. Abendgesellschaften wurden immer später angesetzt, oft erst für acht Uhr. Man lächelte über die alten Menuette und Gavotten der Redoutensäle und tanzte im neuen, überreich geschmückten Apollosaal die Ecossaise.

Als Napoleons Heer während seines Feldzuges in Spanien seinen alten Gegnern die wehrlose Flanke bot, war Nikolaus sicher, wenn auch bestürzt darüber, daß unser Kaiser nun die Gelegenheit wahrnehmen und den Kampf wieder aufnehmen würde. In der erregten Stimmung, die damals herrschte, brachte ein Kurier aus Dänemark wieder eine Schreckensnachricht, die uns, und allen, so recht zeigte, daß die Menschen nicht mehr Herren ihres Schicksals waren: Kaiser Napoleon hatte Dänemark gezwungen, sich seiner Blockade anzuschließen, die den Handel Englands unterbinden sollte; Dänemark, ohnmächtig und allein, nicht imstande, zu widerstehen, hatte ein Geheimabkommen mit ihm unterzeichnet, das jedoch nicht geheim bleiben konnte; Admiral Nelson war daraufhin neuerlich in den Hafen von Kopenhagen eingefahren, hatte die Schiffe, die dort vor Anker lagen, gekapert und die Stadt selbst durch eine Beschießung, die viele Stunden dauerte, in ein rauchendes Trümmerfeld verwandelt und Hunderte von Menschen getötet.

„Mein schönes Kopenhagen", sagte Nissen, „mein schönes Kopenhagen."

Ich glaube wohl, daß jene Katastrophe den ersten Grundstein für seine Krankheit legte, deren frühe Anzeichen sich bald zeigen sollten.

Dänemark lag nun mit England im Krieg und war ein Verbündeter Frankreichs. Nach der Niederlage Napoleons hat es dann bitter dafür gebüßt. Im Falle eines neuen Bündnisses zwischen

Österreich und England wäre Nissen gezwungen gewesen, als feindlicher Ausländer unverzüglich das Land zu verlassen. Er drängte neuerlich auf Versetzung. Er hatte Verwandte und Freunde in Kopenhagen, über deren Schicksal er im Dunkel war; sein Platz war in seiner unglücklichen Heimat.

Für die Welt jedoch war Herr Nikolaus Nissen, dänischer Chargé d'Affaires, noch immer mein Zimmerherr: wenn wir nicht voneinander getrennt werden wollten, mußten wir nun in aller Form Mann und Frau werden:

„Als meine Frau darfst du mir dann in die Ruinen meiner Heimat folgen", sagte Nikolaus.

Vor der Abreise mußte für Wowi Vorsorge getroffen werden; wir erwogen, ihn nach Kopenhagen mitzunehmen, bevor sich noch die Möglichkeit der Anstellung in Galizien ergeben hatte. Zu meinem letzten Geburtstag in Wien verwandelte er, mir zur Überraschung, zwei Zimmer unserer Wohnung im Michaelerhaus in ein Privattheater; Mozarts Klavier, in die Mitte des Speisezimmers gerückt, bildete den Mittelpunkt des theatralischen Ereignisses. Auf dem Programm stand Mozarts ulkiger ‚Schauspieldirektor'; Wowi hatte als Einlage eine Arie komponiert, die Josefas würdigem Gatten Friedrich Sebastian Mayer auf den umfangreichen Leib geschrieben war. Als er mit seinem komischen ‚Ich bin der große Buffo, ich sing' von A bis A' sich vorstellte, kam mir zu Bewußtsein, daß Wowi der Komponist der Arie war; alle brachen in Gelächter aus, und ich war wohl die erste, und auch die letzte, die Mozarts ‚Schauspieldirektor' zu Tränen gerührt hat.

Die Geburtstagsfeier wurde auch unsere Abschiedsfeier vom lieben Michaelerhaus. Wer es sich leisten konnte, war in die umwallte innere Stadt gezogen, da man in den Vorstädten bei einer feindlichen Invasion die ärgste Bedrängnis und Gefahr befürchten mußte. Der allgemeine Wohnungsmangel trieb die Stadtzinse in die Höhe; weiß Gott, warum es in Wien immer an Wohnungen mangelt! Wir mußten in eine andere Behausung ziehen, recht weit draußen in der Vorstadt Landstraße, am Rennweg, aber wir hofften, daß es nicht für lange sein würde.

Seit dem Abzug der Franzosen war man darauf bedacht gewesen, die Vaterlandsliebe des Volkes anzufachen. Allenthalben, und immer häufiger, sah man flatternde Fahnen und hörte man Regimentsmusik. Für Nissen war diese Strömung der sichere Beweis, daß Krieg bevorstand. Der patriotische Eifer wurde höchlichst angefacht, als auf dem großen Platz zwischen der Hofbibliothek und dem Palais der Familie Palffy ein Reiterstandbild Kaiser Josefs II. errichtet wurde, das unter seiner geheimnisvollen Hülle, die es den Blicken verbarg, schon lange vor der Enthüllung die allgemeine Neugier erweckt hatte: es war das erste Denkmal, das man in Wien je einem Herrscher setzte. Da würde nun der Kaiser, der gütigst so oft einige Worte an Mozart gerichtet hatte, als ein Monument meiner Jugend stehen! Die Feier, bei der geladene Gäste, Damen und Herren in ihrer neumodischen Tracht, auf die Tribünen zugelassen wurden, war als patriotisches Schauspiel geplant. Als fremder Diplomat hatte Nissen eine Einladung erhalten; ich konnte ihn offiziell nicht begleiten. Als die Hüllen des Denkmals fielen, donnerten die Geschütze auf den Wällen der Stadt – eine ungewohnte Geste, wie man sie von einem Kaiser Napoleon eher als von einem österreichischen Herrscher erwartet hätte; die Sonne brach gerade in jenem Augenblick durch die Wolken. Als der angesehene literarische Blaustrumpf Wiens war Karoline Pichler natürlich eingeladen und verfaßte ein Preislied auf das erhabene Schauspiel.

Die Besucher aus Deutschland und von anderwärts, die Wien in jenen Tagen besuchten, trugen zum Eindruck bei, daß große Dinge sich vorbereiteten. Da war Frau von Staël, die französische Schriftstellerin, von der ganz Europa sprach, und deren feindliche Einstellung gegen Napoleon sie zum Liebling unseres Adels machte. Ich konnte sie bei einer Gesellschaft beobachten: sie benahm sich wie ein Mann, außer wenn sie sich an Herrn August Wilhelm von Schlegel, den berühmten Gelehrten, wandte, der sie auf ihren weiten Reisen begleitete und ihr wie ein Schoßhündchen folgte; da wurde sie ganz zur Frau, trotz ihres reifen, ja überreifen Alters und ihrer überquellenden Leiblichkeit, die mühsam in das kühn und sparsam geschnittene Kleid gepreßt schien, während der geschniegelte Herr von Schlegel wie ein stolzierender Pfau noch eifriger als sonst an seinen sorgfältig in Unordnung gehaltenen Haaren und an seinem Schlips fingerte. Damit war aber die Fauna der Besucher nicht erschöpft, die vor den vornehmen Klassen Wiens paradierten, Vorträge hielten, Shakespeare, Don Quijote, Roland und die Wunder des fernen Orients erläuterten, und die nationale Begeisterung schürten. Da kam aus Deutschland der Bruder Herrn von Schlegels, Friedrich, mit seiner Frau Dorothea, der Tochter des berühmten Philosophen Moses Mendelssohn, des Freundes Lessings und Großvaters des Musikers, und forderte in klingenden Versen Wien und das Haus Habsburg auf, Europa zu retten; da kam der Poet Tieck, der Shakespeare entdeckt haben wollte, obwohl man heute sagt, seine Tochter, deren Gatte, und Frau von Staëls Anbeter, Schlegel, hätten die meisten der Übersetzungen angefertigt.

Die Verehelichung Kaiser Franzens wurde in altdeutschen Gewändern gefeiert, die eine längst vergangene und halb barbarische Vorzeit wieder wachriefen. Auf einem Spaziergang an einem der ersten sonnigen Frühlingstage erkannten wir unser Wien kaum mehr wieder. Am Glacis vor dem Franzenstor defilierte die neue Landwehr mit fliegenden Fahnen und klingendem Spiel; an die hunderttausend Menschen füllten den weiten Raum, schwenkten ihre Hüte und jubelten. Das waren die Tage, als das Publikum im Theater und bei Konzerten, von einer Begeisterung gepackt, die mir eine seltsame Angst einflößte, sich oft wie ein Mann erhob und eine volle Stunde lang die Landwehrlieder unserer so friedlichen Freunde Collin und Weigl absang, die ich in diesen kriegerischen Gesängen nicht mehr wiedererkannte.

Das Unheil nahte. Es wurde bekannt, daß Österreich Krieg an Frankreich erklärt habe; am Ostersonntag füllte eine gewaltige Menge den Redoutensaal, der für mich von Erinnerungen anderer Art erfüllt war, und sang wieder unermüdlich die Landwehrlieder. Erzherzog Carl, zum Generalissimus ernannt, hatte diese Landwehr gewissermaßen in Nachahmung von Kaiser Napoleons Aufgebot gegründet. Man hörte ein Gerücht, daß Tirol, seit 1805 unter der

Herrschaft der bayrischen Verbündeten Frankreichs, sich erhoben habe. Man sah in der Stadt, bei der Hofburg, vor Kanzleigebäuden und Palais der Regierungsämter, Kisten vollgepackt mit Dokumenten, Schätzen, Kunstwerken, die hastig auf Wagen geladen und weggeschafft wurden. Da man auf den Wällen Kanonen aufstellte und die Zugbrücken instandsetzte, war anzunehmen, daß die Absicht bestand, die Vorstädte außerhalb der Mauern dem Feinde preiszugeben, und ein Strom von Flüchtlingen suchte nun mit Hab und Gut in der schon überfüllten Stadt Zuflucht. Unsere Vorstadt glich einem Zigeunerlager.

In diesem Hexensabbat, gerade an meinem Geburtstag im Jahre 1809, erreichte uns die Nachricht, daß Seine Majestät, der König von Dänemark, geruhe, Nikolaus von seinem Wiener Posten zu entheben und ihm aus diesem Anlaß den Danebrog-Orden zu verleihen. Die Botschaft war an Herrn ‚von' Nissen gerichtet.

Der Hof war auf dem Weg nach Preßburg; der Adel folgte; die meisten Diplomaten verließen Wien. Nikolaus und ich beschlossen, auch zu fliehen. Einige Wochen später wurden wir in Preßburg Mann und Frau.

* * *

Die kleine ungarische Grenzstadt war während unseres kurzen Aufenthaltes ein possierliches Miniaturbild Wiens. Hof und Adel, weit davon entfernt, Furcht oder Bestürzung zu zeigen, richteten sich aufs beste ein, während Napoleons Kanonen Wien beschossen und man sich erzählte, daß zehntausend Soldatenleichen und sechstausend tote Pferde nach der großen Schlacht bei Wagram unbestattet das Gelände übersäten. Man feierte Feste; man ging auf die Jagd; das Volk von Preßburg glotzte durch die Gitter auf die glanzvollen Uniformen und reichen Kleider im Vorhof des prunkvollen Grossalkovich-Palais, das für die festlichen Besucher noch zu bescheiden schien.

Die Stadt bereitete dem Kaiserpaar im Theater einen festlichen Empfang, bei dem Mozarts ‚Clemenza di Tito' aufgeführt wurde, das man einst als Hohelied auf gütige Herrscher für die Krönungsfeierlichkeiten in Prag bestellt hatte. Selbst ohne dieses Ereignis hätte ich jedoch in Preßburg die fast körperliche Nähe Mozarts gefühlt: er weilte bei uns, wenn er auch nie zwischen uns stand. Als wir am 26. Juni im St.-Martins-Dom das Ehegelübde ablegten, da hätte ich schwören können, daß sein Geist im Dunkel des Kirchenschiffes gegenwärtig war; von solchen Eindrücken spreche ich mit niemandem, um nicht des Aberglaubens geziehen zu werden. Nissens Sammlung von Dokumenten und Papieren Mozart betreffend lag in Wien, wohin wir, sobald wie möglich, wenn auch nur für kurze Zeit, zurückzukehren hofften, aber Mozarts Geist war in Preßburg – das lasse ich mir nicht nehmen. Es war Herr von Griesinger, der ihn schon in Wien, ein Jahr vor unserer Abreise, beschworen hatte.

Ich irrte damals mit ihm auf dem Friedhof von St. Marx auf der Suche nach Wolfgang umher. Ich kannte Herrn von Griesinger, Legationssekretär der sächsischen Gesandtschaft, als Freund Haydns, der für den Verlag Breitkopf und Haertel von diesem „Die Schöpfung" erhalten hatte, als ich es ablehnte, eine Partitur Haydns für wenig Geld zu vermitteln. Nissen kannte ihn als diplomatischen Berufsgenossen und war sein enger Freund geworden; es waren musikalische Interessen, die sie verbanden, denn ebenso, wie Nissen eine Sammlung wissenswerten Materials über Mozart anlegte, dachte Herr von Griesinger an eine literarische Arbeit über Haydn. Im Jahre 1808, als neuerlich eine Invasion drohte, sahen beide ihre Pläne in Gefahr, denn, wie Dänemark, war auch der König von Sachsen im Begriff, sich auf die Seite Napoleons zu schlagen; so erwartete denn auch Herr von Griesinger, daß er Wien Hals über Kopf mochte verlassen müssen. Die beiden Freunde befanden sich damit in der gleichen Lage und wollten in aller Eile die Suche nach Material, das nur in Wien verfügbar war, abschließen.

Nikolaus zögerte, wenn wir von Mozart sprachen, die Umstände seines Todes mit mir zu erörtern, da er fürchtete, an alte Wunden zu rühren. Da erschien nun in einer Wiener Zeitschrift ein Artikel, der den Giftmordverdacht gegen Kapellmeister Salieri, von mir in unbestimmter und nebelhafter Weise seit so langem gehegt, neu schürte. Hatte Salieri, damals noch am Leben, am Ende wirklich aus Berufsneid, weil er selbst den Text für ‚Così fan tutte' hatte vertonen wollen, den Tod Mozarts verschuldet? Nach all den Jahren schien Mozarts Tod plötzlich in ein Geheimnis gehüllt.

Ich wußte sehr wohl, daß Wolfgangs Grabstätte unauffindbar war, aber Nikolaus, weniger vertraut mit Wiener Verhältnissen einer längst vergangenen Zeit und mit der seinerzeitigen Begräbnisordnung, wollte nichts unversucht lassen, um vor der Abreise sein Material verläßlich zu ergänzen; vielleicht dachte er auch, mein Gedächtnis könnte mich wohl täuschen, verwirrt durch den Ansturm der Geschehnisse zur Zeit von Mozarts Sterben. In der Annahme, daß eine Suche nach Mozarts Grabstätte in seiner Begleitung für mich allzu erregend sein könnte, nahm er die Veröffentlichung jenes Zeitungsartikels als Vorwand, um seinen Freund, Herrn von Griesinger, zu überreden, mit mir einen letzten Versuch zu machen, das Grab zu finden.

An einem Sommertag fuhr ich mit ihm über den Rennweg hinaus nach St. Marx. Das Herzklopfen und die Schwäche in den Knien, als wir auf die Suche nach meinem Mandl gingen – diese fühlte ich ganz plötzlich, als wir mit dem Wagen die letzten Häuschen der Stadt hinter uns ließen und in der Ferne die Ebene vor uns sahen, die sich gegen Ungarn hin erstreckt. Wir schritten unter einem Dach von dicht belaubten Bäumen dahin, Herr von Griesinger ein oder zwei Schritte hinter mir; das natürliche Dunkel schien sich zu verdichten, und ich ging langsamer. Als wir das Ende der kurzen Allee erreichten und die Gräber vor uns sahen, Kreuze hier und dort, blieb ich stehen und blickte suchend umher; ich hatte nicht die Absicht, meinen Begleiter zu täuschen, oder doch nicht mehr, als ich mich selbst täuschte, und ihn glauben zu machen, ich könnte wissen, wo Mozarts Grab war; ich hoffte aber dennoch ein wenig, daß mein Blick zufällig hier oder dort seinen Namen erspähen mochte.

„Ich weiß nicht, wo das Grab ist", sagte ich; „ich glaube nicht, daß ich es finden kann." Wir schritten zwischen den Grabstätten hin und her, erst in gerader Richtung, dann planlos, wendeten uns hier- oder dorthin, wenn einer von uns ein Kreuz oder eine Inschrift erblickte, die wir aus der Entfernung nicht gut ausnehmen konnten.

„Hat Mozart einen Grabstein oder ein Kreuz?" fragte von Griesinger; „oder vielleicht ein Denkmal besonderer Art?"

Ich blieb stehen:

„Ich weiß es nicht; es wird vielleicht ein Kreuz sein."

Herr von Griesinger sah mich fragend an.

„Ich habe darüber mit Josef gesprochen; Josef Deiner. Jetzt fällt mir das ein. Josef Deiner war Hausmeister in der ‚Silbernen Schlange'; das war ganz in der Nähe des Kleinen Kaiserhauses in der Rauhensteingasse, wo Wolfgang starb; dort wohnten wir ja. Josef hat Wolfgang beim Morgengrauen gewaschen und angekleidet; das schwarze Gewand der Totenbruderschaft hat er ihm angezogen; dann haben sie ihn neben seinem Klavier aufgebahrt . . ." Ich wurde von Schluchzen übermannt; ich hatte den Faden verloren. Herr von Griesinger schwieg.

„Sie haben einen Josef Deiner erwähnt", sagte er nach einer Weile.

„Ja, natürlich, Josef Deiner." Ich sammelte meine Gedanken. „Josef war immer freundlich und hilfreich. Er schaffte das Brennholz aus dem Keller hinauf ins erste Stockwerk, als wir in der Rauhensteingasse wohnten; für unsere Magd Elise wäre die Arbeit zu schwer gewesen. Einmal kam er, um zu fragen, ob wir wieder Holz brauchten. Wolfgang, der gerade froher Laune war, summte eine Ecossaise und tanzte dabei mit mir im Kreis um den Tisch. Josef fragte, ob er mich wohl tanzen lehren wolle. ‚Das nicht', sagte Wolfgang, ‚wir machen uns warm, weil uns friert, und wir uns kein Holz kaufen können'. Daraufhin brachte uns Josef einen Armvoll Brennholz aus seinem eigenen Keller. Man sandte Elise zu ihm, als Wolfgang zu atmen aufgehört hatte; im Morgengrauen; er war der letzte, der ihn berührte . . ."

Die Tränen kamen wieder; Herr von Griesinger legte seine Hand auf meinen Arm und wartete still. Ich nahm mich zusammen, um endlich meine Erzählung zu Ende zu bringen:

„Josef war immer hilfreich und freundlich. Kurz nach Wolfgangs Tod kam er zu mir in die Wohnung, um mir zu sagen, er sei am Friedhof gewesen. ‚Werden Sie dem Herren Musikmeister nicht ein Kreuz aufstellen lassen?' fragte er; so drückte er sich aus: ‚Dem Herren Musikmeister'. Ich antwortete ihm: ‚Er wird schon eines bekommen'. Das sagte ich."

Herr von Griesinger nickte:

„Ich verstehe", sagte er; „vielleicht ließe sich am Friedhofsamt erfragen, wo Mozart liegt."

Wir gingen zurück zum Friedhofstor, traten in ein niedriges Häuschen, in dem zwei Männer an einem Tisch saßen, und trugen unser Anliegen vor.

„Wann fand diese Beerdigung statt?" fragte der eine.

„Am 6. Dezember 1791; mein lieber Mann starb am fünften. Sie haben sicher von Herrn Mozart gehört; Wolfgang Amadé Mozart, der Musiker; er war Hofkapellmeister . . . Kammermusiker."

Der Mann sah sein Gegenüber fragend an, dann schüttelten beide den Kopf. Sie holten ein Register herbei und blätterten darin:

„Wie war der Name?"

„Mozart."

„Am 6. Dezember . . . ein Begräbnis dritter Klasse . . . 8 Gulden 56 Kreuzer sind für die Bestattung erlegt worden, und 3 Gulden für den Leichenwagen", las einer der beiden.

„Wäre es vielleicht möglich, daß der Totengräber sich noch erinnert, in welchem Teil des Friedhofes die Beerdigungen zu jener Zeit vorgenommen wurden?“

Neuerliches Kopfschütteln. Der Totengräber sei schon vor Jahren aus dem Dienst geschieden und ruhe nun selbst längst unter der Erde. Übrigens würden seine Angaben uns nichts nützen, denn Gräber würden nur sieben Jahre lang in Stand gehalten; dann bestatte man die Überreste in einem Sammelgrab, um den Grund für neue Gräber freizumachen; zu Kaiser Josefs Zeiten habe man überdies laut Gesetz mehrere Leichname gemeinsam bestattet. Grabsteine und Kreuze auf Gräbern seien damals verboten gewesen.

Herr von Griesinger führte mich zum Wagen zurück.

„Unter Kaiser Josef“, sagte ich, als wir in dem holpernden Gefährt saßen, „nahm man Leichenbegängnisse auf die leichte Schulter; man hatte uns das beigebracht; der Kaiser erließ ein Verbot gegen prunkvolle Begräbnisse und pompöse Leichenreden; er untersagte ja auch viele kirchliche Prozessionen und Wallfahrten, übermäßige Schmückung der Kirchen und feierliche Gottesdienste an Wochentagen. Sie lebten damals vielleicht noch nicht in Wien. Einige Zeit lang soll man sich sogar an eine Verordnung gehalten haben, Leichen nachts, ohne Sarg, in Säcken zu bestatten, um Verschwendung zu vermeiden, und diese dann, in einer gemeinsamen Grube, mit ungelöschtem Kalk zu begießen.“

Herr von Griesinger verstand vielleicht gar nicht, was ich sagte.

„Unser Kaiser war gegen alle Verschwendung. Begräbnisse sollten keinem anderen Zweck dienen, als die Verbreitung von Seuchen zu verhindern, nichts weiter“, fügte ich hinzu.

Nissen nahm davon Kenntnis, daß wir das Grab nicht gefunden hatten. Er nickte, streichelte mir die Hand und sagte nichts weiter. Er arbeitete weiter eifrig an seiner Sammlung von Aufzeichnungen, ordnete Papiere, stellte Listen auf, notierte Zusammenhänge, sammelte, was sich sammeln ließ. Da gab es Portraits, Noten, Rechnungszettel, und selbst eine Skizze von Wolfgangs Ohr; diese zeigte einen weit offenen Gehörgang, dem der kleine Knorpel fehlte, der bei anderen den Eingang zum Ohr teilweise verdeckt. Wowi hat das Ohr seines Vaters; wohl nicht sein Talent, aber sein Ohr. Ich habe diese Skizze oft unter Nissens Papieren gesehen, und nie ohne daß eine sonderbare Rührung mich überkäme; schließlich erschien diese Zeichnung dann in seinem Buch.

Die Einzelheiten jenes Friedhofsbesuches mit Herrn von Griesinger sind in meiner Erinnerung sehr lebendig geblieben. Als Seine Majestät, der König von Bayern, dessen gütig gewährte Pension ich heute genießen darf – einer der wenigen, die sich nicht nur Mozarts, sondern auch seiner Witwe erinnern –, als der König mich vor einigen Jahren hier in Salzburg aufzusuchen geruhte, kam die Rede auf Mozarts Grabstätte:

„Wie kommt es, daß Sie auf dem Grab Ihres Gatten nie ein Kreuz aufstellen ließ? Wie war das möglich?"

Ich erwähnte Josef Deiners Mahnung und versuchte, das Mißverständnis zu erklären:

„Ich habe oft auf Friedhöfen, und besonders in Wien, viele Kreuze gesehen, und angenommen, daß die Pfarre, welche die Einsegnung vornimmt, auch die Kreuze besorgt. Das habe ich geglaubt." Ich gebrauchte dieselben Worte wie seinerzeit gegenüber Herrn von Griesinger, während der sinnlosen Suche auf dem St. Marxer Friedhof. Seit damals fühlte ich die Gegenwart Mozarts, die sich in Preßburg zu einer fast körperlichen verdichtete.

Endlich die Rückkehr nach Wien. Nissens Papiere sollten uns nach Kopenhagen begleiten. Was würde aber mit unserem übrigen Hausrat geschehen? Da gab es so viele Dinge, an denen ich hing. Wenn man, wie ich damals, gezwungen ist, viel über Dinge, über Gegenstände, über persönlichen Besitz nachzudenken, meint man fast, das Leben hänge an Dingen. Da war Karls Trinkglas, das er mir noch als Kind geschenkt hatte; es war das einzige, was ich von ihm besaß. Allabendlich füllte ich es selbst mit Wasser, da man den ungeschickten Dienstboten nie trauen konnte; ich stellte es auf meinen Nachttisch; am Morgen spülte ich mir mit dem Wasser den Mund aus, reinigte das Glas selbst und stellte es wieder auf seinen Platz. Lange überlegte ich mir, wie ich dieses Glas am besten verpacken konnte. Von Mozarts Klavier trennte ich mich schwer. Es war am Graben in seinem Zimmer gestanden, das ich so gut kannte; neun Jahre lang wanderte es mit uns von Wohnung zu Wohnung; neun Jahre; eine kurze Zeit, die mir wie eine Lebensspanne erscheint; das Klavier war ein alter Freund. Kurz vor unserer endgiltigen Abreise erst ging es dann nach Mailand, zu Karl, der darum gebeten hatte; fünf Dukaten zahlte ich für die Spedition, Karl zehn und noch etwas extra für die Verpackung. Nikolaus schalt mich aus, und nicht das erstemal, daß ich mit Karl eine Verrechnung führte, aber ich hatte so oft das Gefühl, ich dürfe mir größere Ausgaben nicht erlauben; Freigebigkeit hatte ich nie erlernen können, und nach der Besetzung Wiens durch Napoleon machten einem die Lebenskosten in Wien wahrhaftig angst und bange. Noch dazu mochte Nikolaus forthin ohne beträchtliches Einkommen bleiben. Es mag aber auch sein, daß einfach irgend etwas in mir mich dazu trieb, meinem Karl eine Buße dafür aufzuerlegen, daß er Wolfgangs Klavier, unser Klavier, erhielt, und daß ich ihn deshalb einen Teil der Spesen tragen ließ. Um Wowi nicht eifersüchtig zu machen, bat ich Karl, seinem Bruder zu schreiben, ich hätte das Klavier nach Kopenhagen mitgenommen. Als Wowi später dort in unserer Wohnung übernachtete, sah er wohl, daß seines Vaters Klavier nicht da stand. Davon ließ er mich nie etwas merken.

Wir waren im Herbst 1809, nach der Unterzeichnung eines Waffenstillstandes, nach Wien zurückgekehrt; Nissens Gesuch um Versetzung war noch immer nicht erledigt; gerade damals jedoch zeigten sich die ersten Anzeichen seiner Krankheit, die sich schnell verschlimmerten: arge Schmerzen in der Brust und Angstgefühle die sich besonders dann einstellten, wenn er sich überanstrengte; schonte er sich, so hatte er kaum Beschwerden. Es blieb daher nur ein Ausweg: er ersuchte um Versetzung in den Ruhestand. Es handelte sich um eine Formalität, die ohne weitere Umstände gewährt werden konnte. Wir wußten nun, daß wir, sobald die Geschäfte der Gesandtschaft einem anderen übergeben waren, Wien den Rücken kehren konnten. Für die letzten Monate mieteten wir eine Wohnung unter den Tuchlauben, im Stadtinneren, da durch die Kriegshandlungen die Vorstädte unsicher geworden waren: dort konnte man kaum seiner Habe, vielleicht nicht einmal seines Lebens sicher sein.

Aus Erzählungen jener, die den Krieg in der Stadt erlebt hatten, konnten wir uns ein Bild von der kurzen, aber katastrophalen Besetzung machen. Obwohl unsere Abwesenheit kaum vier Monate gewährt hatte, fühlten wir uns wie unter Fremden, denn die Schrecken und Leiden der Zurückgebliebenen waren uns fremd und hatten sie uns entfremdet. Selbst die Preise von Lebensmitteln, in keiner Beziehung zu jenen, die wir noch vor so kurzem in Wien bezahlt hatten, entzogen sich einfach unserem Verständnis. Der Schrecken des Kampfes hatte nur eine Nacht gewährt. Der Angriff begann abends bei der Burgbastei, wie einst während der Türkenbelagerung. Sieben Stunden lang schlugen Geschosse in der Stadt ein, riefen Brände hervor und verbreiteten Schrecken. Am Morgen wurde die Stadt übergeben; man öffnete die Tore, und die feindlichen Truppen zogen ein.

Man erfuhr, daß der Bruder des Kaisers, dem dieser den Befehl anvertraut hatte, verschwunden war und Wien seinem Schicksal überlassen hatte, ohne eine Aufforderung des Feindes zur Übergabe zu beantworten. In den Gängen der Hofburg hatte man Schießpulver aufgestapelt und dann beim Abzug vergessen; nur ein glücklicher Zufall hatte ein schreckliches Unglück verhütet. Man hatte bei der Flucht versehentlich auch zwölf Generäle zurückgelassen, die gefangengenommen wurden. Man hatte vergessen, die Praterauen zu besetzen: Graf Chotek, Zivilbefehlshaber der Stadt, war geflohen, ohne seinen Untergebenen seine Absicht mitzuteilen.

„Sie haben alles vergessen, außer ihrer eigenen Sicherheit", meinte Nikolaus, dessen Art es sonst nicht war, Kritik an Regierungsakten zu üben.

Die schnelle Übergabe der Stadt war unvermeidlich geworden, als der Hauptteil des Heeres unter dem Befehl Erzherzog Carls, das vor Preßburg stand, nicht zur Zeit eintraf, wie man es erwartet hatte. Weiß Gott, welche Leiden wir uns dadurch erspart hatten! Eine vom greisen Fürsterzbischof Hohenwart geführte Abordnung sprach am Morgen der Übergabe bei Kaiser Napoleon in Schönbrunn vor, um

Einzelheiten zu besprechen; der unmäßig dicke Graf Dietrichstein, der dieser Delegation auch angehörte, hatte Mühe, sich vor Napoleon zu verneigen; Kaiser Napoleon, so sagte man, habe unseren Erzbischof aufs rücksichtsloseste angefahren und ausgescholten, wie es seine Art war, weil die Stadt mit der Übergabe gezögert hatte. Frau Karoline Pichler erzählte mir voll Empörung, daß der Oheim ihres Vaters, wiederum ein Hieronymus Graf Colloredo, dem ‚zügellosen Stolz' des Eroberers, wie sie sich ausdrückte, fast zum Opfer gefallen sei; Kaiser Napoleon hatte hervorragende Mitglieder der oberen Klassen als Geisel in Verwahr nehmen lassen, wie etwa den alten Fürsten Metternich, und unter ihnen auch ihren Oheim; angesichts seines Namens konnte ich unvernünftigerweise mit dem alten, kranken Mann, den man nachts aus seinem Bett holte, kein Mitleid fühlen; als ich Nikolaus sagte, ich wünschte, Mozart hätte gewußt, daß der Stolz eines Colloredo einst so gebrochen werden sollte, meinte er mit einem abwehrenden Lächeln, er wolle die Vermutung, daß dies Mozart Genugtuung bereitet hätte, lieber nicht seinen Akten einverleiben. Karoline wußte übrigens zu berichten, daß es der Familie gelungen sei, den Polizeichef, der den Greis auf Befehl der Franzosen in Verwahrung genommen hatte, durch das Versprechen einer bedeutenden Bestechungssumme zu gewinnen, so daß jener im letzten Augenblick vor seinem Abtransport nach Frankreich freigelassen wurde; als der Polizeichef sein Bestechungsgeld verlangte, schlug der alte Fuchs ihm ein Schnippchen, indem er die Bezahlung verweigerte und ihm riet, sich bei den französischen Besatzungsbehörden darüber zu beschweren. Ja, eben – ein Colloredo!

In der Stadt hatte in der ersten Zeit der Besetzung Hungersnot geherrscht. Nachts schon bildeten sich Schlangen vor den Bäckerläden; manche hätten sich von Gras und Wurzeln genährt, sagte man. Als wir zurückkehrten, zahlte man 48 Kreuzer für ein Pfund Kalbfleisch und 18 Kreuzer für eine Semmel, die überdies abscheulich schlecht war – ein Schluck und ein Druck. Wohlhabende Familien waren verarmt, denn Münzen waren aus dem Verkehr verschwunden, und man besaß nur Bankozettel.

Die Greuel des Kampfes selbst müssen schrecklichster Art gewesen sein. Nach der Schlacht bei Wagram wurden die zahllosen Leichen und Tierkadaver auf dem Schlachtfeld verbrannt, und tagelang soll der Wind diesen Rauch des Todes nach der Stadt hin verweht haben.

Wieviele Österreicher nach Mähren entkommen waren, wußte niemand zu sagen. Das Entsetzen über die Niederlage war umso größer, als am Pfingstsonntag Erzherzog Carl bei Aspern einen Sieg erkämpft hatte, der die kühnsten Hoffnungen erweckte. Neugierige waren damals auf Hausdächer, Turmspitzen und selbst auf den Kahlenberg geklettert, um nach den Feuersäulen von brennenden Häusern zu spähen und auf den Kanonendonner zu lauschen. Die Siegesfreude verflog, als verstümmelte Soldaten, Franzosen und Österreicher, mit Blut bedeckt, ohnmächtig, mit einem Arm, einem Bein, auf Pferdewagen durch die Straßen gekarrt wurden.

Dennoch nahm das Leben schon wieder sein gewohntes Gesicht an, als wir zurückkamen. Die Überlebenden hatten ihre Toten begraben – oder verbrannt –, und man ging wieder auf Redouten. Zur Feier von Kaiser Napoleons Geburtstag, am 15. August, erdröhnten schon am frühen Morgen Kanonen von den Stadtmauern, und die Glocken läuteten den Tag ein. Nach einem Tedeum im Stephansdom und einem Festschmaus in der Hofburg, was müßigen Gaffern viel Zerstreuung bot, gab es abends eine Festbeleuchtung der Stadt, von den französischen Militärbehörden angeordnet. In einer Seitengasse der Kärntnerstraße sah man im Fenster eines Krämerladens die weithin leuchtenden Buchstaben Z-W-A-N-G; wenn man nähertrat, entpuppten sich diese als die Anfangsbuchstaben der Worte: Zur Weihe an Napoleons Geburtstagsfest. Feuerwerk, das von den Franzosen zur Verwendung an Napoleons Geburtstag zwischen dem Neutor und dem Schottentor aufgespeichert worden war, flog in die Luft, tötete sechsunddreißig Menschen und ging als ein Hagel platzender Granaten auf die Stadt nieder. Die berühmten Reiter Napoleons paradierten in ihren grellen Uniformen durch die Kärntnerstraße. Eine Proklamation an den Straßenecken machte bekannt, daß ein Seilermeister, in dessen Vorgärtchen man ein vergrabenes Kanonenrohr gefunden habe, erschossen worden sei. Wir lebten in einer Welt der Unordnung und Zügellosigkeit. Ein Mann aus Erfurt, wohl geistesumnachtet, da er erklärte, Gott habe ihn gesandt, versuchte, Kaiser Napoleon bei einer Parade in Schönbrunn zu erstechen, wurde gefangengenommen und hingerichtet. Die Stadt wimmelte von französischen Gelehrten und Kennern, die in Galerien und Bibliotheken nach Schätzen schnüffelten, die sich mitführen ließen. Wer Silber oder Silbergegenstände besaß, mußte diese abliefern. Wer Vermögen hatte, versuchte, sich durch den Ankauf von Häusern und Grundbesitz zu schützen. Die Armen gingen unter.

Man erzählte mir, Kaiser Napoleon habe im Schloßtheater zu Schönbrunn eine Aufführung von ‚Don Giovanni', seltsamerweise in deutscher Sprache, angeordnet; Lorenzo da Ponte und Mozart mußten dabei den Vorrang an den Kaiser abtreten, denn das von Uniformen strotzende Publikum war gezwungen, vor geschlossenem Vorhang an die zwei Stunden zu warten, bis ein Trommelwirbel seine Ankunft und den Beginn der Vorstellung anzeigte. Welcher unserer Kaiser hätte sich das erlaubt?

Die alte Welt verblich völlig an dem Frühlingstag, als Josef Haydn starb. Noch ein Jahr vorher hatte Herr Salieri seine ‚Schöpfung' im Festsaal der Universität geleitet; die Stadt hatte ihm gehuldigt, und Herr van Beethoven, wie immer ein wenig zu überschwenglich für meinen Geschmack, hatte ihm vor aller Welt die Stirn und die Hand geküßt. Nun war der Gute dahin, der sich immer noch mit einer gepuderten Perücke und Schnallen an den Schuhen, in einer reich gestickten Seidenweste mit Spitzenjabot, in schwarzseidenen Beinkleidern gezeigt hatte; der sich noch an unsere Herrscherin Maria Theresia erinnerte; der Wolfgang in übergroßer Güte den größten Komponisten aller Zeiten genannt hatte. Als ich Herrn Elssler, Haydns Faktotum, beim Begräbnis traf, kam er stumm auf mich zu; er hatte Tränen in den Augen:

„Mein guter Herr ist tot", sagte er – nichts weiter. Bei der Einsegnung spielte man Mozarts Requiem. Haydn hätte das beglückt.

Österreich schien mit ihm verblichen zu sein, und ich hätte nicht geglaubt, daß es wieder auferstehen könnte. Nach dem Friedensschluß und dem Abzug des fremden Heeres kehrte Kaiser Franz zurück; das Volk bejubelte seine Rückkehr beim Stubentor und vor der Hofburg; vielleicht auch nur den Abzug des Feindes. Zwischen Salzburg und Galizien, zwischen Kroatien und Böhmen hatte er viel Land und viele Untertanen verloren.

Für Nikolaus bedeutete das Ende des Krieges, daß er seine Geschäfte übergeben und abreisen konnte. Ordnungsliebend wie immer übernahm er die lästige Pflicht, vorher, wie es sein mußte, Karl und Wowi Rechenschaft über ihren Anteil an der Erbschaft ihres Vaters abzulegen. Da war ein wenig Mobiliar; zweihundert Gulden in Obligationen, bald völlig entwertet, übergab ich Josefas Gatten zur Obhut; durch meine Kunstreise und den Verkauf von Originalpartituren hatte ich alle Schulden Mozarts im Laufe der Zeit decken können. Das war alles, was von seinem Werk übrigblieb.

Die unfaßbare, oft groteske und grausige Folge von Ereignissen, die wir erlebt hatten, wurde plötzlich noch weit übertrumpft durch die völlig unglaubliche und dennoch wahre Nachricht, die im April 1810 bekannt wurde: unser Kaiser Franz hatte seine gnädige Zustimmung zur Vermählung seiner Tochter, der Erzherzogin Maria Luise, mit seinem Feind, Kaiser Napoleon, gegeben.

So unerwartet und unverständlich das Ereignis auch schien, ich war freudig überrascht, denn ich sagte mir, daß die Verbindung unseres Herrscherhauses mit dem französischen Eroberer der Kriegsgefahr ein Ende setzen würde; überdies, welche Frau würde nicht an einer Hochzeit ihre Freude finden.

„Gerade im April", sagte ich zu Nikolaus; „Aprilwetter!"

„Und heute ist noch dazu der erste April", war seine Antwort.

Man dachte an die arme Marie Antoinette, vermied es aber, von ihr zu sprechen. In der Augustinerkirche fand die Trauung statt; Erzherzog Carl vertrat den abwesenden Kaiser der Franzosen, gegen den er bei Aspern und Wagram gekämpft hatte; er führte die Braut zum Altar; sie schien schwerfällig, unanziehend, und stolperte über die Schleppe ihres Brautkleides. Ein Ball fand in dem Saal statt, in dem man noch ein Jahr vorher die Landwehrlieder gesungen hatte.

In einem langen Brief an Wowi gab ich eine Schilderung dieser Feier. Die Neuigkeit mußte meinen Politiker interessieren, da ich aber nicht wußte, was ich von ihr denken sollte, und das Herrscherhaus nicht gerne meiner Kritik unterwerfe, ließ ich Nikolaus eine sachliche und diplomatische Erörterung hinzufügen.

Ich mußte meinen Söhnen vor meiner Abreise schreiben, wohin sie ihre Briefe richten sollten. Welche Anschrift sollte ich wählen? Die Überlegung zwang mich, die Frage zu beantworten, wer ich nun eigentlich sei: ich war ja dabei, ein neues Leben zu beginnen. Die aus Wien ausgewanderte Tochter eines Mannheimer Souffleurs, neun Jahre mit einem Musiker verheiratet, dessen bescheidenes erstes Gehalt wegen frühzeitigen Ablebens vom Obersthofmarschallamt nicht ausbezahlt werden konnte, Pensionsempfängerin durch Höchste Kaiserliche Gnade bis zu ihrer Wiederverehelichung mit einem aus Gesundheitsgründen vorzeitig pensionierten dänischen Staatsbeamten?

„Richtet Eure Briefe", schrieb ich an Karl und Wowi, „richtet Eure Briefe an Constanze, Etatsrätin von Nissen, gewesene Witwe Mozart."

* * *

Es wurde eine lange Reise, diese Fahrt, die uns in ein neues Leben bringen sollte: sieben Wochen von Wien bis Kopenhagen. Die Umstände waren nicht danach angetan, uns stolz darauf zu machen auf das, was wir im Leben erreicht hatten.

Wir hatten nicht die Mittel, um im eigenen Wagen zu reisen. Da saßen wir in der Postkutsche, die uns mit allerlei Leuten zusammenwarf, deren Gesellschaft wir sonst nicht gesucht hätten. Das enge Nebeneinander, Körper an Körper, das Geschwätz, die Ausdünstung, die Hitze, gelegentlich Streit und Gestichel in dieser aufgezwungenen Gemeinschaft, riefen uns in Erinnerung, was wir gerne vergessen hätten: daß wir nicht mehr Anspruch auf Ansehen, Bedeutung oder Wohlhabenheit hatten als andere Flüchtlinge. Nach einer langen Laufbahn als Diplomat, die ihn immerhin nahe an die Höhen seines Berufs geführt hatte, war Nissen nun vorläufig und frühzeitig in den Ruhestand getreten; seine beste Hoffnung war es noch, daß sein König, in Anbetracht seiner vergangenen Verdienste, ihm eine bescheidene Anstellung im Staatsdienst gewähren würde. Erst fünfzig Jahre alt, fühlte er dennoch bereits die Schwächen und Beschwerden des Alters, wenn wir auch damals nicht ahnten, daß sein beginnendes Leiden ihn sechzehn Jahre später hinwegraffen würde. Es war offensichtlich, daß er der Schonung bedurfte, und dies gerade zu einer Zeit, da es galt, ein neues Leben aufzubauen. Er war niedergeschlagen, wenn er auch seine Gefühle zu verbergen suchte; er war bedrückt darüber, daß er Mozarts Stadt hatte verlassen müssen; die politische Lage machte ihm Sorgen, denn obwohl der Siegeszug Kaiser Napoleons, mit dem Dänemark nun verbündet war, unaufhaltsam schien, sprach man schon von einem drohenden Konflikt mit Rußland, von wachsendem Widerstand und von Unzufriedenheit in Deutschland, und vor allem von Englands Entschlossenheit, den Eroberer zu vernichten. Sollte Napoleon letzten Endes unterliegen, so mußte Dänemark, seines Schutzherren beraubt, von der Rache seiner Gegner das Schlimmste befürchten. Diese Befürchtungen bewahrheiteten sich ja später, als Dänemark am Wiener Kongreß Pommern und Norwegen verlor und damit zu einem kleinen, unbedeutenden Ländchen wurde.

Nikolaus und ich kamen einander auf dieser langen Reise in gewissem Sinne näher als je zuvor. Im Postwagen, in Landgasthäusern und Gasthofzimmern, von lästigen Fremden und täglich von neuen Gesichtern umgeben, waren wir aufeinander angewiesen. Auf Nikolaus wartete wohl die alte Heimat, aber er wußte, daß sie ihm fremd geworden sein mußte; auf mich wartete eine unbestimmte Zukunft, die mich zaghaft machte. Nicht nur im eigentlichen Sinn des Wortes, sondern auch in unseren Empfindungen eng aneinander geschmiegt, entdeckten wir, daß unsere Gedanken in dieselbe Richtung liefen: wir sprachen von Mozart – ich von meinem lieben Mann, er von dem Musiker, dem er ein Buch widmen wollte.

Ich selbst konnte damals nicht ernst nehmen, was Haydn von ihm gesagt hatte; es erschien mir übertrieben, wenn Nissen von seiner ‚Größe' sprach; und ich weiß heute noch nicht, wie ich es auffassen soll, da sich die Anzeichen mehren, daß sein Ruhm von einiger Dauer sein wird. Ich hatte Wolfgang seit jenem Zwischenfall in München lieb gehabt, als Luise ihn verlachte; was mich später an ihn band, war nicht nur die Leidenschaft der Jugend, sondern auch die Musik. Ich bewunderte seine Gottesgabe, so echt und tief und ernst zu Menschen sprechen zu können, einen in zwei Takten Glück oder Trauer fühlen zu lassen, und oft beides zugleich; gewiß, ich liebte seine Person, aber ich liebte ihn mit und wegen seiner Musik. Daß er aber so etwas wie ein Jean Paul, ein Bach oder ein Dante gewesen sein mochte, das geht mir noch heute nicht ein! Es käme mir verstiegen vor, Wolfgang als eines der großen Genies der Menschheit zu betrachten; gerade dies aber hatte Papa Haydn gesagt, und sagte Nissen nun.

Die Welt wäre vielleicht Mozarts gar nicht gewahr geworden, wenn Nikolaus sich nicht seines Ruhmes angenommen hätte. Daß es Nikolaus dazu trieb, war eine gütige Fügung Gottes.

Ich wußte seit langem, wie ernst es ihm mit seinem Plan war Er dachte mit Sehnsucht an Wien zurück, weil es Mozarts Stadt gewesen war; das Material, das er mit sich führte, so sagte er lächelnd, müßte er als seinen größten Schatz betrachten, wenn er mich nicht hätte; ich sei sein unmittelbares Band mit Mozart, und allein meine Gegenwart, abgesehen von der Liebe, die er für mich persönlich hege, könne ihm die Trennung von Wien weniger schmerzhaft machen. Sein literarisches Material und meine lebendigen Erinnerungen – ich hätte ja, Gott sei es gedankt, ein ausgezeichnetes Gedächtnis – seien für ihn die Gewähr, daß er Mozart einst in einem Buch ein Denkmal setzen und sein Bild für die Nachwelt retten werde.

So weit waren unsere Herzensergüsse gediehen, als die Postkutsche sich Prag näherte, wo wir einige Tage bleiben wollten.

Ich prüfte das Profil Nikolaus', das sich im mittäglichen Gegenlicht scharf im Fensterrahmen der Kutsche abhob. Er sah Wolfgang ähnlich; das hatte mich überrascht, als ich ihn zum erstenmal erblickte, und im Halbdunkel des Wageninneren war die Täuschung vollkommen, obwohl er damals volle fünfzehn Jahre älter war als Wolfgang in seinem Sterbejahr. Er war größer als Wolfgang, aber das konnte man, wenn er saß, übersehen. Ich strich ihm über die Schläfe, und da versetzte mein Gedächtnis mich in eine andere Postkutsche, in der ich vierundzwanzig Jahre vorher am Weg nach Prag gesessen war. Erst zwei Monate vorher hatten sie meinen kleinen Leopold in einem Schachtgrab in St. Marx begraben; mir gegenüber saß Franz Hofer, der Geiger; wir fuhren zur Prager Aufführung von ‚Le Nozze di Figaro', die Wolfgangs großer Triumph wurde. Das Ehepaar Duschek hatte diese Aufführung angeregt; es war Mittag, als wir in Prag ankamen. Und nun war Mozart längst nicht mehr; in Frankreich hatten sie ihren König ermordet, seine Gattin, seine Kinder; Napoleon hatte Europa erobert. Aber es war wiederum Mittag, in Prag, und der Postfahrplan hatte sich nicht geändert. Wolfgang war neben mir gesessen, sein Profil im Gegenlicht im Fensterrahmen der Kutsche; ich hatte ihm über die Schläfe gestrichen. Meine Hand lag auf Nikolaus' Wange. Wir fuhren in Prag ein.

Wir begaben uns zu Niemetscheks, wo man uns kurze Gastfreundschaft zugesagt hatte. Da war ich bei alten Freunden; wir umarmten einander; die Vergangenheit war mit uns – das macht traurig, und wir hatten Tränen in den Augen; stolz stellte ich Nikolaus meinen Freunden vor:

„Mein Gatte, Georg Nikolaus, Etatsrat von Nissen."

Wir traten in das Zimmer, in dem ich vierzehn Jahre vorher auf der Rückkehr von meiner Konzertreise einige Nächte verbracht hatte. Dann saßen wir um den Tisch mit der weißen Spitzendecke, und wieder schien es mir, als sei Mozart bei uns, ja als seien wir seinetwegen nach Prag gekommen. Wäre es nicht seinetwegen, so wären Niemetscheks, Nissen und ich einander fremd geblieben. Auf der Spitzendecke lag ein dünnes Bändchen, Niemetscheks ‚Leben des K. K. Kapellmeisters Wolfgang Gottlieb Mozart', welches er sieben Jahre nach Wolfgangs Tod veröffentlicht hatte; er hatte es wohl, ein wenig eitel, absichtlich auf den Tisch gelegt. Nikolaus nahm das Buch auf und blätterte darin:

„Das erste Buch über ihn", sagte er, „das erste von vielen, aber noch lange eines der besten."

Niemetschek dankte für das Kompliment und sagte, zu mir gewendet:

„Die erste Nachricht war Schlichtegrolls biographische Notiz in der ‚Leipziger Musikzeitung', ein Jahr nach dem Tod – hier . . ." Er holte eine alte Zeitschrift von einem Regal und zeigte auf den Titel: ‚Johannes Chrysostomus Wolfgang Gottlieb Mozart'. Schlichtegroll nannte Sie die ‚würdige Gattin Mozarts, die ihn von manchen Torheiten und Ausschweifungen abzuhalten suchte'. Eine merkwürdige Bemerkung, die aber dann weiterhin auf angebliche ‚überwiegende Sinnlichkeit und häusliche Unordnung' anspielt. Eine merkwürdige Bemerkung! Diese Notiz beruhte zum Teil auf Auskünften, die von Ihrer Schwägerin Maria Anna zur Verfügung gestellt worden waren."

Ich verstand seine Anspielung nicht recht und auch nicht die seltsame Wiederholung und seinen nachdrücklichen Ton; ich hätte sie wohl bald vergessen, denn das Gespräch wendete sich anderen Dingen zu: den Handschriften, den Absichten des Verlages Breitkopf und Haertel, den Plänen Andrés, der im Besitz aller Werke war. An den folgenden Tagen war jedoch wieder die Rede von

Mozarts Nachruhm, von dem, was man über ihn schrieb und sagte, oder nicht sagte, oder einst sagen oder nicht sagen würde; von klaren und trüben Quellen, aus denen Biographen Kenntnis und Unkenntnis schöpfen. Es gebe keine zweite Stadt auf Erden, meinte Niemetschek, wo Mozart so volle Gerechtigkeit widerfahren sei wie in Prag. Nie habe ein Publikum ein Werk und seine Aufführung so uneingeschränkt und einmütig bejubelt wie die Prager die Symphonie in D-Dur, als Mozart sie zum erstenmal im Theater am Obstmarkt aufführte. Seine Worte riefen meine Erinnerung wach. Nach der neuen Symphonie hatte Mozart eine halbe Stunde lang auf dem Klavier phantasiert; noch zweimal zwang ihn der Beifall an das Instrument, und schließlich ein drittes Mal. „Figaro!" rief eine Stimme aus dem Saal; Mozart begann, sein ‚Non piu andrai' zu spielen, das er liebte, und dann aus dem Stegreif Variationen, oft von Beifall unterbrochen. Prag lebte in einer Art Figarofieber; die Oper war zweimal gegeben worden und hatte tausend Gulden gebracht; auf der Straße erkannte man Mozart und feierte ihn wie eine Berühmtheit; Operndirektor Bondini hatte für hundert Dukaten eine neue Oper für die nächste Saison bestellt; das sollte ‚Don Giovanni' sein. Eine stadtbekannte Prager Figur, ein zerlumpter Straßenmusikant, hatte Mozart an einer Straßenecke stellig gemacht und ihn gebeten, ihm ein Thema auf seiner Harfe anzugeben. Wolfgang, nie glücklicher als in jenen Tagen in Prag, tat dem armen Mann den Gefallen; der Harfenist zog dann mit dem Thema und seinen eigenen Variationen von Schenke zu Schenke und sammelte mehr Almosen als je in seinem Leben.

Ich hatte meine Erinnerungen unwillkürlich laut ausgesprochen, wie der Zufall sie mir auf die Lippen brachte:

„Prag sang, spielte, pfiff und tanzte zu Melodien aus ‚Le Nozze di Figaro'; Drehorgeln auf den Straßen hatten die Melodien übernommen, wie sie heute noch die aus ‚Zauberflöte' spielen; es gab Klavierauszüge, Kammermusik und Tanzarrangements nach dieser Oper. Als wir ankamen, empfing uns die Familie der Grafen Thun, wie seinerzeit in Linz; wir waren in ihrem Palais geehrte Gäste. Am Tag unserer Ankunft gab Graf Canal für uns einen Ball, auf dem man zu Menuetten nach Figaromelodien tanzte; in unser Zimmer hatte man vorsorglich ein Pianoforte gestellt; Wolfgang arrangierte da eine Kammermusik für unsere Gastgeber. Abends holte ein Wagen uns zur Tafel bei Graf Canal ab, und von dort fuhren wir ins Theater, wo man eine Oper von Paisiello spielte; Mozart hatte zu viel gegessen und getrunken, wie gewöhnlich, und schlief während des ersten Aktes ein. Als wir dann wieder nach Wien zurückkamen, waren wir nichts weiter als Reisende, die nach Hause kamen. Man wendete sich schon von Mozart ab; man pries Ditters von Dittersdorfs neues Singspiel ‚Doktor und Apotheker'; Wien ist nicht Prag."

Ich errötete, da mir schien, ich hätte mich von meiner zweifelhaften Beredsamkeit hinreißen lassen. Niemetschek blickte mich eindringlich an; ich erinnere mich einer lächelnden Rührung über seine böhmakelnde Aussprache, welche in jedem Wort die erste Silbe betonte, wie in einem Bauerntanz:

„Welcher Unterschied zwischen den ersten zwei Besuchen in Prag, zur Aufführung von ‚Le Nozze di Figaro' und ‚Don Giovanni', und dem letzten, als ‚La Clemenza di Tito' gegeben wurde. Bei seinem letzten Aufenthalt hier kränkelte Mozart bereits. Er war blaß und fühlte sich nicht wohl, wenn auch die Zuneigung seiner Freunde und die Liebe des Prager Publikums ihn erheiterten und glücklich machten. Er ahnte vielleicht schon, daß der Tod auf ihn lauerte. Als er von uns Abschied nahm, weinte er. Wir haben ihn nie wiedergesehen."

Niemetscheks Blick suchte den meinen:

„Sie sind die einzige Hüterin lebendiger Erinnerungen an ihn", fügte er hinzu; „Sie müssen sein Bild für die Zukunft bewahren und überliefern. Sie schulden uns das. Die Wahrheit über ihn ist in Ihrer Obhut; und auch die Wahrheit über Sie selbst."

Die Mahnung klang wie eine Anspielung auf ein Rätsel, von Niemetschek bedeutsam betont. Er sprach ernst, aber die böhmische Betonung machte mich wieder lächeln.

Ich war von dem Gedanken von Mozarts geisterhafter Gegenwart so eingenommen, daß ich mich weigerte, Frau Duschek aufzusuchen. Nikolaus und Niemetscheks fanden meine Weigerung befremdend;

sie war es auch nach all dem, was Duscheks für Mozart und mich im Lauf des Lebens getan hatten. Frau Duschek war damals bereits Witwe: vielleicht hätte ich meine Abneigung überwunden, wenn ihr Gatte, der Pianist, noch gelebt hätte. Sie waren beide mit den Mozartischen schon in Salzburg befreundet gewesen und hatten Wolfgang gefördert; sie hatten Karl aufgenommen, und schließlich Wowi; dennoch wollte ich undankbar sein. Ich war auf Josefa Duschek eifersüchtig, noch immer eifersüchtig, zwanzig Jahre nach Wolfgangs Tod: ich konnte sie nicht aufsuchen.

Meine Eifersucht hatte natürlich nichts mit Untreue und Liebelei zu tun; an Liebeleien war ich gewohnt; Stubenmädeleien verzieh ich. Zwischenfälle, die sich in der Hinterstube des Gasthauses abspielten, wo Wolfgang im Garten kegelte und während des Wartens mit Kellnerinnen scherzte – Begegnungen in der Garderobe nach Proben bei Schikaneder –, verstohlene Küsse, flüchtige Umarmungen und eilige Abenteuer zwischen Tageshelle und Dunkel der Nacht konnte ich verstehen und vergeben. Ich wußte von Chormädchen und minder begabten Soprani; ich konnte sie übersehen und vergessen. Was vorgefallen war, konnte ich erraten, da es ja immer dasselbe war, oder halb von Wolfgang erfahren; wenn er spät nachts beim Schreiben das unruhige Fieber seiner Gedanken in die wohl gemessenen Palisaden seiner Notenköpfe gebannt, die Blätter beiseite geschoben, sein Glas Punsch getrunken hatte und schlaftrunken Zuflucht suchte, wenn er den Arm um mich legte und ganz eins mit mir sein wollte, dann beichtete er sein Abenteuer. Was er mir erzählte, konnte ich vergessen; deshalb eben wollte ich, daß er es mir erzähle. Was mir Kummer machte, waren Frauen, deren Stimme, Musikalität oder Persönlichkeit ihn festhielt. Josefa Duschek war eine von diesen, älter als Wolfgang, eine fast mütterliche Freundin, eine Muse, und deshalb eine jener, die ich als Rivalinnen fürchtete.

Einmal sperrte Josefa Duschek ihn in ihr Gartenhäuschen in der Bertramka, ihrem Sommerhaus, um ihn scherzhaft zu zwingen, eine seit langem versprochene Arie für sie fertigzustellen, und gab den Schlüssel erst heraus, als ‚Bella mia fiamma‘ beendet war; eines Nachmittags war er mit ihr ins Stift Strahov, auf der Prager Höhe, gegangen und hatte dort auf der Orgel eine Fuge für sie improvisiert. Von musikalischen Opfern, wie diesen, erzählte er mir mit weit weniger Befangenheit als von leichtfertigen Amusements, ohne zu ahnen, daß ich sie weniger leicht vergeben konnte. Darum wollte ich Josefa Duschek nicht aufsuchen. Ihresgleichen fühlte ich mich unterlegen. Ja, ich war wohl eifersüchtig auf Josefa Duschek, auf Luise und andere, wie Nancy Storace, und überdies traurig, daß ich nicht eine von ihnen war.

Daß ich Josefa Duschek nicht aufgesucht hatte, lag mir im Sinn, als der Postwagen von Prag weg und später die Elbe entlang rollte. Ich eröffnete Nikolaus meine Gefühle, wenn auch nicht zur Gänze; mein Gewissen plagte mich, da ich mich undankbar gezeigt hatte, und meine Eifersucht böser Neid war. Völlig konnte ich Nikolaus mein Herz nicht eröffnen, wenn es sich um mein Leben mit Wolfgang handelte; eine Art leiser Scham hinderte mich, ihm Erinnerungen und Gefühle völlig preiszugeben. Nikolaus sollte in der Folge darüber klagen, daß in seinen Aufzeichnungen gerade Mozarts Jahre mit mir, für die ich als Zeuge hätte dienen können, schütter belegt waren; als ich nach seinem Tod in sein Material Einsicht nahm, erkannte ich, wie begründet seine Klage gewesen war. Eine merkwürdige Hemmung schien dem Schleusentor meiner Erinnerungen, durch das mein vergangenes Leben sonst so klar und unaufhaltsam sprudelte, einen Riegel vorzusetzen. Es war, als wollte ich meinen zweiten Mann verhindern, meinem ersten voll in die Augen zu blicken, aber gerade das war Nissens Ziel als Biograph. Er wollte seinem Leben durch dieses Buch Sinn geben, und ich war es vielleicht, die diese Pflanze fast verdorren ließ.

Prag – Aussig – die holde Sächsische Schweiz – Dresden – Meißen – Wittenberg – Berlin: es war eine lange Reise, eine Reise durch Deutschland und zugleich eine Reise durch die Vergangenheit, denn da stürmten allentwegen Erinnerungen auf mich ein; Erinnerungen an Städte, die Wolfgang besucht und aus denen er an mich geschrieben hatte, wo er Akademien veranstaltet hatte, und meine eigenen Erinnerungen aus der Zeit meiner Konzertreise nach seinem Tod. Die Landschaft schien die Vergangenheit, gleich dem leichten

Schlamm am Boden eines Flußbettes, aufzustöbern; die Fahrt durch Stätten, die in Wolfgangs Leben und in meinem eine Rolle gespielt hatten, vollendete das Werk der Prager Gespräche. Ich versuchte, Nikolaus zu erklären, warum die Furcht vor der Macht großer Frauen einen Schatten über meine Beziehung zu Wolfgang geworfen hatte: ich hätte gebangt, sagte ich, seine Geliebte, aber nicht seine Freundin sein zu können. Ich errötete.

Nikolaus sprach mit jener Stärke und Bestimmtheit, die mir immer Mut gaben; er wollte mir Selbstvertrauen einflößen. Ich sei Mozarts gute Kameradin gewesen, sagte er; ich habe ihn glücklich gemacht; das habe auch Niemetschek bestätigt; es wäre unsinnig, verstiegen, anmaßend, ja lächerlich, hätte ich oder irgendein Sterblicher den Ehrgeiz, Mozart ebenbürtig zu scheinen. Er sei nicht nur eines der großen, sondern eines der größten Genies in der Geschichte der Menschheit gewesen; je länger er sich mit Mozarts Werk beschäftige, desto mehr sei er davon überzeugt. Ich sah ihn lächelnd an, aber sein Blick blieb ernst, fast feierlich.

„Ich habe ihn auch bewundert“, sagte ich; „ich habe ihn immer bewundert; es war unvergleichlich, wenn er spielte; niemand spielte wie er. ‚Das geht ans Herz‘, hat Haydn einmal gesagt. Aber ein Genie . . .? Es ist lieb von dir, ein so großes Wort zu gebrauchen, aber . . . ein Genie?!“

„Ich meine das wörtlich: eines der größten Genies in der Geschichte der Menschheit. Du mußt versuchen, das zu verstehen.“

Indem er wieder auf meine Bemerkung über Josefa Duschek zurückkam, begann Nikolaus, mir dann eine Art Verschwörung zu enthüllen, die mir erst phantastisch und unglaubwürdig erschien, von deren Bestehen ich mich aber seither, im Laufe meines Lebens, überzeugt habe. Niemetschek, Nissen, Nissens literarische Freunde, Kenner der Musik schienen eingeweiht zu sein, aber ich, ihr Opfer, war blind. Noch erschreckt mich diese Verschwörung, und ich bin vor ihr hilflos. Ab und zu, hier und dort erscheint ein Buch, ein Artikel mit Anspielungen, die immer offener und frecher werden, als hätte man sich verschworen, meine Vergangenheit, meine Erinnerung an das, was ich als Wahrheit erkenne, zu verfälschen. Wäre ich nicht eine alte Frau, die ihre eigene Zeit längst überlebt hat, so läge ich nun stumm im Grab, und die Lügen würden als Wahrheit gelten. Die Nachwelt tut ja vielleicht jedem Unrecht, indem sie ihre Vorurteile über Tote als ein Urteil über Lebende ausgibt. Nissen war der erste, der diese Verschwörung mir gegenüber erwähnte, damals auf der Reise nach Kopenhagen. Er wolle sie in seinem Buch bekämpfen, den Anklagen den Boden entziehen, die Wahrheit über Mozart sagen und, ja, auch über mich. Ich solle ihm dabei helfen, meine Erinnerungen beitragen.

Er bezog sich auf Gespräche mit Niemetschek und auf Bemerkungen, die dieser unter vier Augen gemacht hatte. Mit der Zärtlichkeit, die er mir immer bewiesen hat, erklärte er mir, worum es sich handelte. Vorsichtig darauf bedacht, mir nicht weh zu tun, sagte er, es bestehe in der Musikwelt die Neigung, Mozarts Schwierigkeiten und Leiden, seine Enttäuschungen, seine Entbehrungen, seine Not, ja seine Krankheit und seinen Tod mir und meiner Familie anzukreiden.

Ich blickte ihn verständnislos an. Ich wollte voll Entsetzen aufspringen, meinen Zorn bekunden; die anderen Reisenden sahen verwundert auf uns, verstanden nicht, was vorging, und fragten sich, ob unser endloses, aufgeregtes Geflüster bloß ein schlecht verheimlichter Streit zwischen Eheleuten sei. Ich zwang mich zur Ruhe

„Was wirft man mir denn vor?"

„Vorläufig sind es noch keine Vorwürfe, sondern nur Vermutungen und Verdächtigungen; die Ankläger sind literarische Klatschbasen. Ich sehe jedoch voraus, daß die Stimmen lauter und zahlreicher werden. Wer weiß, was die Zukunft, das nächste Jahrhundert zu sagen haben werden."

„Das nächste Jahrhundert! Wer sollte denn im nächsten Jahrhundert sich noch Mozarts und meiner erinnern? Haydn . . . ja, gewiß; auch Stamitz . . . Hasse . . . Albrechtsberger . . . Ditters von Dittersdorf. Aber Mozart? Warum nicht gar Beethoven? Oder mein Vetter Karl Maria?"

„Man wird sich Mozarts erinnern und auch deiner, als seiner Gattin. Man wird dir vorwerfen – denn Verdächtigungen werden sich zu Vorwürfen verdichten –, du hättest sein Genie verkannt; du hättest ihn nicht verstanden.“ Nikolaus streichelte meine Hand, um mich zu beruhigen, denn ich hatte vor Abscheu aufgeschrien, so daß der dicke Herr mit dem Schnurrbart, der uns gegenüber saß, aus dem Schlaf aufschreckte. Wie doch ein Gesicht in der Erinnerung Jahrzehnte überlebt!

„Mozart nicht verstanden! Was gab es denn zu verstehen? Ich habe ihn glücklich gemacht! Das hat auch Niemetschek gesagt! Das ist wichtiger als Verständnis. Ich war nicht mit einem Kapitel aus der Musikgeschichte verheiratet! Ich war nicht die Frau des Musikers Mozart: mein Mann hieß Wolfgang.“

„Man wird dir dennoch vorwerfen, du hättest ihn verkannt.“

„Es war meine Pflicht, mich nicht in seine Berufsfragen einzudrängen. Ich wollte nicht vorgeben, seine Arbeit teilen zu wollen, oder teilen zu können. Ich habe mich nie darum gekümmert, ob das Orchester ein Andante zu schnell nahm; ob ein Ornament der Sopranstimme überlassen werden sollte; ob der Soloeinsatz eines Konzerts zu unerwartet schien. Ich habe mich nie um technische Fragen gekümmert.“

„Man wird dir auch das vorwerfen“, sagte Nikolaus beharrlich. „Musiker, Musikfreunde und Literaten, Schriftsteller, Kritiker und Handlanger der Kritik werden sich immer mehr mit Mozart beschäftigen, je deutlicher ihnen seine Größe wird, und ich höre diese Anklagen schon jetzt halb und halb, aber sie werden lauter, bitterer und harscher werden. Man wird deine Mutter und dich anklagen, ihr hättet Mozart durch Intrigen zur Ehe verleitet; man wird behaupten, du wärest leichtsinnig und leichtlebig gewesen, putzsüchtig und vergnügungssüchtig, unbedacht und verschwenderisch; du hättest deinen Haushalt vernachlässigt, Geld vergeudet und Mozart gezwungen, mehr zu arbeiten, als seiner Gesundheit zuträglich war; eure notdürftige Lage, wenn ich so sagen darf, Mozarts Krankheit, sein früher Tod seien letzten Endes durch dich verschuldet gewesen. Das wird man einst sagen. Ich höre Andeutungen dieser Mutmaßungen schon heute. Man spricht sie nur halb aus; man schwächt sie durch Floskeln und Beteuerungen ab, aber einst wird man sie niederschreiben; man wird sie in Zeitschriften, Vorlesungen und Büchern verewigen; der Klatsch wird zur Geschichte werden, und du, Constanze, wirst sein Opfer sein."

Ich rang nach Atem. Ich stand am Rand eines Abgrundes. Ich blickte in diesen Abgrund und sah Ungeheuer, die ich dort nicht vermutet hatte. Ich konnte nur ein Wort hervorbringen:

„Warum?"

„Weil man ein schlechtes Gewissen hat. Je klarer Mozarts Größe wird, desto beschämender die Kleinlichkeit des Hofes und der Wankelmut des Publikums; zwei, drei Jahre lang lief es zu Mozarts Akademien, aber dann zog es ihm wieder Dittersdorf und Salieri vor. Der Kaiser zögerte, ‚Le Nozze di Figaro' auch nur zu erlauben; ‚Don Giovanni' mußte in Prag zur ersten Aufführung gebracht werden, und ‚Die Zauberflöte' auf Schikaneders Vorstadtbühne. Bei der Krönung Kaiser Leopolds in Frankfurt fand man für Mozart keine Aufgabe; auf eigene Kosten mußte er dorthin fahren und am Rande der Festlichkeiten auf Brocken hoffen, die unter die Tafel der Großen fallen würden. Du kennst ja die Litanei der Enttäuschungen. Wenige Wochen später war er tot, und seitdem hat man ein böses Gewissen. Du bist als Prügelknabe für diese Sünden ausersehen."

Was Nissen sagte, war hassenswert, aber wahr. Ich mußte widerwillig seine Gabe bewundern, Gedanken so klar auszudrücken. Wenn ich das nur könnte!

Während der ganzen Reise kämpfte ich mit diesem Albtraum. Ich konnte an Nissens Vermutungen nicht zweifeln, denn ich wußte, daß er in literarisch und künstlerisch interessierten Kreisen viele Freunde hatte und ein scharfer Beobachter war; man sah in ihm auch einen Schriftsteller; man wußte, daß er in seiner Jugend eine Tragödie, ‚Arist', verfaßt hatte, wenn sie auch nie aufgeführt worden war; man wußte, daß er als junger Mann deutsche und dänische Gedichte geschrieben hatte; daß er versucht hatte, die deutsche Ballade, von der Europa schwärmte, durch Nachahmungen in der dänischen Sprache heimisch zu machen. Dichter, Künstler, Musiker waren in Wien geachtet. Man vermutete bereits, daß Nissen eine Studie über Mozart vorbereite, und jene, denen literarisches Talent versagt war, hofften durch seine Feder ihre Ansicht der Nachwelt mitteilen zu können, durch seinen Mund zur Nachwelt zu sprechen. Die Musik ist ja in Wien auch heute noch eine Art Staatsreligion; was sie betrifft, ist wichtig, und jeder Musikaster wollte seine Ideen in Nissens noch ungeschriebenes Buch einschmuggeln. Vorerst war man vorsichtig, wenn man mit ihm über Mozart sprach, denn man vermutete, daß er dessen Witwe nahestand, obwohl man vor unserer Heirat nicht recht wissen konnte, wie es um uns stand. Manche hatten dadurch vielleicht weniger Bedenken, freimütig mit ihm zu sprechen. Überdies konnte mein feinsinniger Nikolaus ja recht gut verstehen, was unausgesprochen blieb; dazu hatte er lange genug unter Diplomaten gelebt: ich hatte daher keinen Grund, an dem zu zweifeln, was er sagte. Vielleicht nahm ich es ihm dennoch ein wenig übel, wie man eben dem Überbringer einer bösen Botschaft diese übelnimmt; dieses Gefühl mag zu meiner Verschlossenheit bezüglich der Vergangenheit dann beigetragen haben.

Die Entdeckung traf mich wie ein plötzlicher Windstoß, der Häuser, Bäume und Besitz hinwegfegt und das Gesicht einer Landschaft in eine Wüste verwandelt. Meine Verstörtheit wuchs, je weiter ich mich von Wien und damit von der Vergangenheit entfernte. Das Schlimmste war, daß jene Anschuldigungen, wenn ich auch wußte, daß sie falsch waren, dennoch den Anschein der Wahrheit trugen. Es war schwer, mir selbst eine Schuld einzugestehen – das ist immer für jedermann schwer. Nissens Erklärungen riefen nagende Zweifel in mir wach. Ich habe niemals jemandem dieses Zugeständnis gemacht, selbst ihm nicht. Deshalb habe ich Briefe meines Schwiegervaters und Mozarts vernichtet, die, so schien mir, als falsche Zeugen gegen mich hätten verwendet werden können, wenn ich nicht mehr da bin und mich nicht mehr verteidigen kann. Vor dem lieben Gott kann ich mich dann verantworten, und er ist der Einzige, der mich dann richten soll und mir meine Vergehen vergeben möge. Ich will jedoch nicht, daß eines Tages, in der Zukunft, Eindringlinge in das Gehege einbrechen, in dem mein Leben sich abgespielt hat; ich würde nicht wollen, daß sie den Sinn jener Briefe entstellen und verzerren.

Es ist schlimm genug, daß aus den Winkeln der Vergangenheit Gespenster erscheinen, wenn ich nur an sie denke. Hätte ich für Wolfgang nicht einen besser geordneten Haushalt führen müssen? Ihm ein besser geordnetes Leben bereiten müssen? Hätte ich meine Kleinen vor dem frühen Sterben schützen können? Ihnen eine bessere Mutter sein sollen? Hatte ich für Wolfgang Geduld und Verständnis, wie er sie brauchte, als er im Fasching vor dem Todesjahr vierzig Menuette und Tänze für die Redoutensäle schreiben mußte, um unser Brot zu verdienen? Wußte ich wirklich nicht, wie es um uns stand, als ich im letzten Jahr zur Wasserkur nach Baden fuhr, zu einer Zeit, als Wolfgang seinen Logenbruder Puchberg um Geld für unseren Haushalt angehen mußte? Machte ich mir selbst vor, daß ich es nicht wisse?

Meine Verwirrung wurde in Hamburg übermächtig. Als das Licht aus war und ich in unserem Gasthofzimmer im Dunkel in meinem Bett lag, fühlte ich Tränen über meine Wangen rollen, bitter, ruhig, langsam, dann unaufhaltsamer, bis es ein Weinkrampf wurde, den ich zu unterdrücken suchte, und der mich bis zum Morgengrauen wach hielt. Ich zwang mich zur Stille; ich wollte Nikolaus nicht wecken.

Er betonte seine Absicht, in seinem Buch Mozarts Genius, sein Werk, aber auch seine Ehe mit mir, meine Treue und Pflichterfüllung ins rechte Licht zu rücken. Ich sollte ihm helfen, durch meine Erinnerungen die Vergangenheit zum Leben zu erwecken.

Das habe ich nicht gekonnt. Geheimnisse, die Wolfgang und mich verbanden, habe ich Nikolaus nicht enthüllen wollen. Er hat sein Versprechen gehalten und an seinem Buch gearbeitet, bis ihm der Tod die Feder aus der Hand schlug; ich hatte Vertrauen zu ihm und zu seiner Gabe, die Wahrheit in Worte zu fassen.

Dennoch muß ich mich nun, am Ende meines Lebens, wenn fast schon die Nacht einfällt, fragen, ob ich nicht ihn, ebenso wie Wolfgang, letzten Endes enttäuscht habe.

* * *

Es waren vorerst nicht meine Erinnerungen, die aus der Tiefe der Vergangenheit hervorströmten, sondern die Nissens. Als der Postwagen über die Grenze und durch das dänische Land rollte, wollte er seine Kindheit und seine Jugend mit mir teilen. Ich erkannte damals, was uns im Grunde unseres Wesens aufs engste verband: wir waren nicht nur beide zur selben Zeit, wenn auch in weit verschiedenen Gegenden des Erdteils aufgewachsen, sondern für uns beide waren in der Kindheit Mangel und Enge ständige Gefährten gewesen. Als Mann hatte Nikolaus mehr Hoffnung gehabt als ich, der Enge zu entfliehen, aber beide hatte uns die ärmliche Kindheit fürs Leben gekennzeichnet.

Je älter ich nun werde, desto mehr muß ich mich wundern, daß ich im Grunde meines Vaters kleine Constanze geblieben bin und es bis zu meinem letzten Atemzug bleiben werde. Manchmal treibt es mich, zum Spiegel zu laufen und hineinzublicken, um sicher zu sein, daß ich nicht mehr das Mädchen mit dem dunklen Haar und dem schief hängenden Leinenkittel bin, dem man eben gesagt hat, die Milch sei wieder um einen Kreuzer teurer geworden, denn die Angst vor der Not jagt mich heute ebenso ins Bockshorn wie einst jenes Mädchen. Wie seltsam, daß wir unser Leben lang kleine Buben und Mädchen bleiben würden, wenn es keine Spiegel gäbe.

Das dänische Land rief in Nikolaus Erinnerungen wach an karge Mahlzeiten und zerschlissene Kleidung. Das Heim seiner Kindheit war ärmlich gewesen, vielleicht ärmlicher als meines, aber sein Vater war weniger rastlos gewesen als der meine, seine Mutter geduldiger. Schon als Kind kam er weg von daheim, ins Haus eines Onkels, des Bruders seiner Mutter, Propst Zoega, der den Eltern die Last abnehmen wollte; er wäre da wohl in Strenge und Gottesfurcht aufgewachsen, als richtig engstirniger Däne, in einem kleinen Flecken, dessen kurioser Name, Møgeltønder, mir noch heute ein Lächeln der Rührung auf die Lippen zwingt, wenn man ihn nicht schon zwei Jahre später im Heim eines anderen Onkels untergebracht hätte, eines Justizrates bei der Königlichen Post. Wie bereitwillig man damals war, Kinder aus dem Haus zu geben!

Dann kam das Studium, die erste Anstellung bei der Post, der Übertritt in den diplomatischen Dienst, der erste Posten bei der dänischen Vertretung beim Reichstag in Regensburg.

Kopenhagen war ein Ruinenfeld, als wir dort ankamen. Ganze Stadtviertel noch immer in Trümmern; Wracks von Schiffen im Hafen. Es herrschte Mangel an Waren; Läden blieben geschlossen. Dennoch war die Ankunft in Dänemark für mich der Beginn eines neuen Lebens. Zum erstenmal hatte ich das beglückende Gefühl, unter Freunden zu sein, unter Menschen, die mir wohlwollten; Nikolaus' Freunde, und er hatte deren viele, nahmen mich mit einer offenen Herzlichkeit auf, die ich selten gekannt hatte, vielleicht weil auch ich Wien fremd blieb. Wie schön erschien mir dieses Land! Wir kamen im September 1810 an. Das Land willkommte uns mit Sonnenschein, obwohl es fast schon Herbst war; die sanft-grünen Wiesen erstreckten sich friedlich bis an den fernen Horizont, wo sie in den blaßblauen Himmel übergingen. Die traurige Atmosphäre der halb zerstörten Stadt blieb uns fürs erste erspart, denn Johann Friederich Tutein, Nissens alter Freund, nahm uns in seinem herrlichen Heim auf, das anderthalb Meilen außerhalb der Stadt, umgeben von alten Bäumen, im welligen Grasland lag.

Eine Oase des Glücks! Friederich, vier Jahre älter als Nikolaus, lebt heute noch da oben im Norden, mit seiner Sophia, die in meinem Alter steht und damals meine liebe Freundin wurde. Zum erstenmal in meinem Leben kannte ich die Freuden der Freundschaft. Wie es bei denen jetzt zugeht, wüßte ich allzugern, aber sie schreiben mir selten, und ich frage mich, ob sie noch an mich denken. Wie das im Leben vor sich geht, ist ein wahres Rätsel, denn im Heim der Tuteins standen Friederich, Sophia, Nikolaus und ich einander so nahe wie Brüder und Schwestern, oder wenigstens bildete ich mir das ein. So schaffen wir im Alter noch mehr Einsamkeit um uns, als das Altern an sich ohnedies bringt. Dennoch wird es mir warm ums Herz, wenn ich an jenen Herbst und Winter im Hause Tutein denke. Peter Tutein, der alte Herr, den ich nie gekannt hatte, war schon seit über zehn Jahren tot; dennoch war er immer gegenwärtig; fast mußte man sich wundern, daß der Ehrensitz an der Speisetafel nicht ihm vorbehalten blieb, und wäre er plötzlich in die Tür getreten, wenn wir alle in Erwartung der Mahlzeit Platz genommen hatten, so hätte ich mich kaum gewundert. Die Zigarrenkästchen, die Kupferstiche und Blumenvasen, die das Dekor seines Lebens gebildet hatten, standen auf der Kommode, hingen an den Wänden; Geschäftsfreunde aus aller Welt hatten ihm, dem bedeutenden Großkaufmann, diese Geschenke gesandt, und man erinnerte sich seiner dank diesen kleinen Andenken, durch die Freunde sich ihm hatten ins Gedächtnis rufen wollen. Seine Kinder sprachen ein Deutsch, das zwar bereits den gemächlichen dänischen Klang hatte, aber man konnte noch immer die Mannheimer Töne heraushören. Die Mannheimer Klänge waren es vielleicht, die mir das Haus Tutein vom ersten Augenblick an so traulich erscheinen ließen. Peter Tutein war aus Mannheim nach Kopenhagen gezogen, und seine Kinder, Friederich, Lucia, Friederica, Dorothea, sie alle sprachen wie mein Vater und meine Mutter, wie Luise, Josefa und Sophie. Das erste, was ich in Kopenhagen hörte, war das Mannheimerische meiner Kindheit, welches Wolfgang so gern belächelt hatte. Es schien mir fast, ich sei endlich heimgekehrt. Friederichs Söhne, Peter und Ferdinand, waren allerdings schon richtige Dänen, die nur noch ein drolliges, unbeholfenes Deutsch sprachen.

Die Tuteins führten ein Patrizierhaus. Ich hatte dergleichen nie erlebt. Wohlhabende Großkaufleute, hohe Beamte und Diplomaten, und vor allem auch Künstler, Sänger, Komponisten, die man in Bürgerskreisen ehrte, gingen ein und aus. Bei unserer Ankunft gab Friederich einen Empfang zu unseren Ehren. Ich erwartete nichts weiter als eben dies, eine Gesellschaft, die Bekanntschaften, vielleicht gar zukünftige Freundschaften vermitteln konnte. Die Gelegenheit wurde aber zu einem Ereignis, das nach den Jahren einfacher Bescheidenheit umso beglückender war.

Als erster Gast traf George Gerson ein. Ein junger Mann von zwanzig Jahren mit dunklen Augen und schwarzem Haar, elegant und modisch, aber zugleich ein wenig dämonisch und künstlerhaft. Das alles reimte sich gut zusammen, denn er war sowohl Bankier als auch Musiker – eine seltsame Kombination. Unter seinen jüdischen

Glaubensgenossen war diese Mischung des feinsinnigen Kunstsinnes und der tüchtigen Geldwirtschaft gar nicht selten. Er trat auf uns zu, und bevor man ihm Nikolaus und mich vorstellen konnte, sagte er:

„Ich freue mich, Sie als einer der ersten in Ihrer Heimat begrüßen zu dürfen, Herr Staatsrat, und ich bin stolz darauf, die gewesene Witwe des großen Mozart, Frau Staatsrätin Constanze von Nissen, in Dänemark willkommen zu heißen.“

Unbeachtet von allen mag dieser kurze Augenblick gewesen sein, aber die Anrede bedeutete viel für mich, weil ich mir dessen, was mir bald selbstverständlich wurde, damals noch nicht bewußt war: daß man mich als die Gattin eines großen Mannes und als die eines angesehenen Diplomaten ehrte. Die Zeit der Erniedrigungen war vorbei, wie die Zeit des Mangels, der Gnadenpension, der Mißachtung und Nichtachtung, und die Zeit der Heuchelei als Nissens zweideutige Gefährtin. Dänemark gab mir das, worauf ich Anspruch erhob; George Gerson war der erste, wenn auch nur einer von vielen, der es tat: man zollte mir Achtung.

George Gerson habe ich nicht vergessen. Vierzehn Jahre später heiratete er eines der schönsten Mädchen in Kopenhagen; ein Jahr nachher war er tot, im selben Alter wie Wolfgang, und ihm gar nicht unähnlich. In seinem kurzen Leben hat er eine Symphonie, Kammermusik, Lieder, eine weltberühmte Ouverture und den allbekannten Pater-Noster-Choral geschrieben. In Kopenhagen bewunderte man ihn als den gewandtesten Quartettspieler der Stadt; Haydn und Mozart hatte er dort eingeführt, ja später sogar Beethoven. Von Wien sprach er mit Feuer und Begeisterung. Wien war sein Athen; seine Begegnung mit Mozarts Witwe war für ihn wie für manche andere dänische Musikfreunde, fast die Erfüllung eines Traums, so schien mir.

Aus dem Nebel der Vergangenheit tauchen andere auf, deren Pfad ich im Haus Tutein kreuzte. Da war der einäugige Kuhlau, eben aus Hamburg eingetroffen, um der Konskription in Napoleons Heer zu entgehen; er lebte in Kopenhagen vorerst unter einem falschen Namen, den wir alle vorgeben mußten, für den seinen zu halten. Nach dem Sensationserfolg eines Konzerts im Königlichen Theater war er an den Hof geladen worden, um der Königin vorzuspielen, und damit war er berühmt. Er schrieb Singspiele, und dieser seelensgute Junggeselle führte in Lynby, nahe der Stadt, einen riesigen Haushalt, in dem er Dutzenden von armen Verwandten Unterschlupf gewährte. Später soll er in Wien mit Beethoven einmal einen feuchtseligen Champagnerabend verbracht haben, bei dem die beiden im Wettkampf Rundgesänge aus dem Stegreif sangen – ein Zeitvertreib, der Kuhlau wohl mehr zusagen mußte als dem sonst tragisch ernsten Beethoven, denn eine dieser von ihm erfundenen Melodien setzte Kuhlau sogar auf seine Visitkarte.

Der Cellist Frederik Funck war ein anderer tüchtiger Musiker und lieber Freund, der bei Tuteins verkehrte. Auch sein ernstes Künstlertum erinnerte mich an Wolfgang: wie dieser in Wien, war er in Dänemark der erste, der seine eigenen öffentlichen Konzerte veranstaltete. Ganz wie Wolfgang ging er mit seiner Kunst auf Reisen, nach Berlin, Prag, Wien, ja nach Finnland und Rußland. In Paris spielte er später vor König Ludwig XVIII. Ich gab ihm einmal einen Empfehlungsbrief an meinen Vetter Karl Maria, und nicht ohne Stolz ließ ich mir von dem größten Cellisten aller Zeiten als Mozarts Witwe und als Base eines berühmten Opernkomponisten für die Vermittlung danken.

Unter den würdigen Gestalten, die so gut ins Haus Tutein paßten, tauchten auch farbenprächtige Exemplare der menschlichen Fauna auf, die ein wenig aus dem Rahmen fielen. Da war Friederike Brun, die sich mit ihrem Gatten, der als ehemaliger dänischer Konsul in St. Petersburg mit Nissen befreundet war, in Kopenhagen zur selben Zeit niederließ wie wir. Es ist richtig, daß sie eine ganze Menge Gedichte und Reisebeschreibungen veröffentlicht hatte, daß sie in ihrem Leben viel gereist war und viel gesehen hatte, aber mich irritierte es einigermaßen, das muß ich schon sagen, wenn sie bei Erwähnung eines berühmten Namens, etwa dessen Klopstocks oder Goethes, in ihrer gezierten und überspannten Art immer durchblicken ließ, es handle sich um einen guten Freund. Auf eines ihrer Gedichte, ‚Ich denke dein‘, ein sentimentales Machwerk, welches Goethe nachgedichtet haben soll, tat sie sich besonders viel zugute, aber man erzählt sich, daß der alte Goethe eine hartnäckige Halsentzündung vorgeschützt habe, als sie nach vielen Jahren ihre wahrscheinlich flüchtige Bekanntschaft als Kind aufdringlich zu erneuern suchte.

Friederike Bruns Meisterstück war sicherlich ihre Tochter Ida, die, damals erst achtzehn Jahre alt, bereits so berühmt war, daß sie nur selten und flüchtig das Haus Tutein mit ihrer Gegenwart beehren konnte. Man wußte nie recht, ob sie gerade in Paris, Neapel oder St. Petersburg weile. Ida hatte eine hübsche Stimme und das Talent, Charakterzüge, Gebärden und Manieriertheiten pantomimisch nachahmen zu können. Ihre Mutter hatte, als das Kind erst sieben Jahre alt gewesen war, begonnen, sie auszubilden und aus ihr eine sogenannte Ausdruckskünstlerin zu machen. Fast alle Kinder haben ja im frühen Alter diesen Nachahmungstrieb, und als Wolfgang und ich mit den Geschwistern Jacquin befreundet waren, vergnügten wir uns auch oft damit, Figuren und Szenen aus der Geschichte, Dichtkunst oder Malerei in stummen Bildern darzustellen – etwa den Abschied Hektors von Andromache; nie wäre es uns jedoch eingefallen, diese einfachen Vergnügungen als Ausdruckskunst zu bezeichnen.

Diese unternehmungslustigen Frauenzimmer wollten es wohl alle der berüchtigten Frau von Staël gleichtun. Während unseres ersten Jahres in Kopenhagen erschien deren Buch ‚De l'Allemagne', und da erwähnte sie tatsächlich sehr rühmend unsere Ida. Das Buch ging von Hand zu Hand, man zeigte einander die Stelle, und wenn Friederike Brun ein Pfau gewesen wäre, hätte sie gewiß ein Rad geschlagen. Ganz Europa streute Ida damals Weihrauch – der französische Dichter Lamartine, natürlich Frau von Staëls treu gehorsamer Pudelhund, Herr von Schlegel, der überspannte Dichter Chateaubriand, der Bildhauer Canova, und der Däne Thorvaldsen, dem sie gerade für eine Büste Modell saß; ja selbst Wieland und Goethe. Einige Jahre später heiratete sie den österreichischen Gesandten in Dänemark, de Bombelles. Später soll sie die enge Vertraute und Lebensgefährtin Ihrer Kaiserlichen Hoheit Marie Louise, der Witwe Napoleons, geworden sein. Trotz ihrer Erfolge schien sie mir einfach und bescheiden, wenn sie bei Tuteins erschien, wenigstens im Vergleich mit ihrer Mutter; einmal, als sie mit mir länger plauderte, behandelte selbst sie mich mit der Achtung, an die ich bereits gewohnt war, selbst von ihresgleichen.

Zu dieser glänzenden Welt hatte Nikolaus mir Zutritt verschafft.

Signor Giuseppe Vincenzo Antonio Siboni, ein Heldentenorist vom Teatro della Scala in Mailand, dessen römischer Feldherr in Spontinis ‚La Vestale' ihm den Beinamen eines Talma der Opernbühne eingetragen hatte, war der glänzende Mittelpunkt unseres Kreises. Ein wahrer Riese, lebhaft, laut, eitel, kindlich in seiner Freude an eleganten Festen, leidenschaftlich in seiner Liebe zur Musik, ein Löwe, wenn man seine künstlerischen Pläne durchkreuzte, rührend gutmütig, wenn Kollegen seine Hilfe brauchten: ein richtiger Italiener. Prinz Christian Friederich hatte ihn in Neapel gehört und nach Kopenhagen gebracht, wo er dann Direktor des Königlichen Theaters wurde. Die Däninnen schwärmten von seinen südländischen Augen; in den höchsten Kreisen bewarb man sich darum, ihn als Gesangslehrer zu gewinnen; durch ihn erst lernte Dänemark die italienische Opernkunst und die Werke seines Freundes Rossini kennen. Als man ihn mir vorstellte, erzitterte er stumm, ein gewaltiges Feuer leuchtete in seinen Augen auf, mit einer allumfassenden Geste hob er beide Arme, und mit metallener Resonanz sagte er, sang er fast den Namen ‚Mozart'. Ein dummes Ding in einer Ecke des Speisesaales lachte auf, da sein starker Akzent selbst in diesen zwei Silben mitklang. Die dänische Aussprache hat ja dieser geniale Mann nie erlernt!

Dies und jenes, dieser und jener riefen die Erinnerung an Mozart, oft unversehens, wach, und Nikolaus selbst lenkte meine Aufmerksamkeit unbefangen immer wieder auf Begegnungen und Zwischenfälle, die mit Mozart zu tun hatten. In steigendem Maß war auch er von Gedanken an ihn besessen und darauf förmlich versessen, ihn zu beschwören.

Claus Schall, dem ich öfter als anderen bei Tuteins begegnete, wurde mir von Nikolaus fast als eine Wiederverkörperung Wolfgangs vorgestellt. Er war dessen Altersgenosse:

„Herr Schall ist Mozart in Prag begegnet“, sagte Nikolaus.

„Wann?“ fragte ich.

„Gnädige Frau erinnern sich meiner nicht; ich kann das verstehen. Sie waren aber damals auch in Prag; Sie hatten Ihren Gatten dorthin begleitet zur Erstaufführung von ‚La Clemenza di Tito‘. Die Festoper zur Krönung Seiner Majestät Leopold II. zum König von Böhmen. Sie waren auch dort, aber Sie erinnern sich meiner natürlich nicht. 1791 . . . das war im Jahre 1791.“

Mein Gedächtnis hatte keine Spur einer früheren Begegnung mit Claus Schall bewahrt, aber das Datum beschwor die Erinnerung an jenes Jahr herauf. Hier stand unerwartet einer, der Mozart im Jahr seines Todes gesehen hatte und mich nun inmitten eines festlichen Abends bei Tuteins in fast leibliche Berührung mit ihm brachte. Während ich Schall zunickte, liefen Bilder jener Zeit vor meinem inneren Auge ab, und ich starrte auf die hell erleuchtete Bühne der Erinnerung, auf die Figuren, deren eine ich war.

Juni. Ich fahre in der Postkutsche von Wien nach Baden zur Kur. Mein kleiner Karl, sieben Jahre alt, sitzt neben mir; diesmal wird er bei mir sein; mir gegenüber Süssmayer, der Notenkopist, der bei uns wohnt und dem Mozart Musikunterricht gibt; Sauermayer nennt er ihn mit scherzhafter Zärtlichkeit, wenn er sein Spiel mit Wörtern und Silben treibt, den ‚dalketen Buben‘, ‚Lacci Bacci‘; er vertraut ihm aber und hat ihn deshalb mit mir nach Baden geschickt, damit er mir bei meiner Installierung helfe. Ich blicke auf meine durch die Schwangerschaft unförmig geschwollenen Füße. Die Badener Kur wird mir helfen, sage ich mir. Ich schäme mich. Ich frage mich, ohne wirkliches Bedauern, ob ich Wolfgang die Ausgabe eines Aufenthaltes in Baden vielleicht hätte ersparen sollen, da Geld gerade besonders knapp ist. Als ich in die ebenerdige Badener Wohnung eintrete, die Stoll, der Schulmeister, für mich vorbereitet hat, fühle ich mich geborgen; der Mensch ist wie jedes Tier; er fühlt sich sicher, wenn er in seine Höhle kriechen kann. Stolls erste Worte betreffen Mozarts Wohlergehen. Stoll leitet den Chor in der Pfarrkirche. Wolfgang schreibt mir täglich. Stanzi-Marini ist der Kosename, den er gerade für mich ersonnen hat; jede Zeile ist voll fast mütterlicher

Zärtlichkeit; eine richtige Mutter habe ich nicht gehabt. Er hoffe, meine Wohnung sei nicht zu feucht; ich möge vorsichtig sein und im schlüpfrigen Bad nicht ausgleiten. Dann der erste Besuch Wolfgangs; weitere Besuche; er berichtet über seine Tage in Wien. Er habe Lorl, unser Dienstmädchen, entlassen.

„Um Geld einzusparen?" frage ich.

Ja, das auch. Kurz nach meiner Abreise von Wien habe man ihm den erhofften und erwarteten Auftrag der böhmischen Stände überbracht, einen Text von Metastasio als Krönungsoper in Musik zu setzen; zweihundert Dukaten werde das bringen; ‚La Clemenza di Tito', ein sehr geeigneter Stoff für diese Gelegenheit. Er habe bereits zu schreiben begonnen. Die Krönung sei für den 6. September angesetzt. Er müsse zur Aufführung nach Prag, um nach dem Rechten zu sehen; ich würde auch mitfahren; ja, Süssmayer auch, der dalkete Bub; vielleicht auch Stadler, der Klarinettist, falls er ihn im Orchester brauchen könne. Ich frage Wolfgang, wie er ohne Lorl auskomme; der Hausmeister des Bierhauses ‚Zur Silbernen Schlange' bringe ihm häufig gekochtes Essen und dazu schwarzen Kaffee; der sei ja immer schon so ein lieber Kerl gewesen, dieser Josef Deiner; manchmal esse er mit Süssmayer in der ‚Ungarischen Krone', gar nicht weit von unserer Wohnung; hie und da im ‚Schneckenhäusl', wo er auch schon in einem Gastzimmer übernachtet habe.

„So ein unordentliches Leben!" sage ich; „Wann denkst du, daß wir nach Prag reisen? Werden wir mit der Postkutsche fahren oder im Privatwagen?"

Bei Puchberg sei er auch oft eingeladen; es gehe ganz gut ohne Lorl. Puchberg sei sehr gut zu ihm; er helfe ihm oft mit Geld aus; er werde ihm das eines Tages entgelten können, so hoffe er; nun werde er ja aus Prag bald die zweihundert Dukaten erhalten.

Wolfgang täuscht mich über seine Sorgen, wie er sich selbst täuscht. Ein wenig ahne ich es. Ich will nach Hause, zurück nach Wien, um dort entbunden zu werden, aber Wolfgang fehlt noch das Geld für die Miete in Baden, und so muß ich warten. Er fuhr zurück nach Hause. Er schrieb wohl wieder an Puchberg um Geld. Es muß damals arg gewesen sein. Nach all den Jahren gab es in Wien keine Besoldung für ihn; nicht in Wien, und anderswo auch nicht; er arbeitete unermüdlich; ,La Clemenza di Tito', aber anderes auch, und zugleich; die Tänze und Menuette auf Bestellung für die Redoutensäle; zwei Stücke für die automatische Orgel in Müllers Kunstkabinett; zwei für die blinde Marianne Kirchgässner, die sich auf der Glasharmonika produziert; gut war er ja immer zu denen, die Hilfe brauchten. Das war das Frühjahr vor seinem Tod, als er den Wiener Stadtmagistrat höflichst ersuchte, ihm zu erlauben, dem alten Kapellmeister an der Stephanskirche ohne Entgelt assistieren zu dürfen; Wolfgang sah da die Möglichkeit einer Anstellung nach dessen Ableben.

Um dem lieben Chormeister Stoll für seine Mühe zu danken, schrieb Wolfgang für ihn das ,Ave Verum Corpus' und leitete die B-Dur-Messe in der Pfarrkirche. Einigen standen Tränen in den Augen, als eine engelsreine Knabenstimme durch die Kirche schwebte; die innige Frömmigkeit sprach sie an; so oft ich das Stück höre, kann ich diese Stimme hören. Das war die letzte Messe, die wir in Baden hörten. Ich erhielt die heilige Labung; die folgende Woche fuhren wir nach Wien zurück, und am 26. Juli, nachts, kamen die Wehen; ich schenkte Wowi das Leben; seinen Vater sollte er nie wirklich kennen; ein Lächeln hat er ihm nach den ersten Wochen geschenkt, wenn er sich über die Wiege beugte; da ballte er die kleinen Fäustchen und griff vor sich hin in die Luft; gekannt aber hat er ihn nie. Im August fuhren wir ja schon wieder nach Prag – Wolfgang, Süssmayer, ich selbst und Stadler, den man im Orchester brauchen konnte. Die Kinder gaben wir in Pflege; auch den kleinen Wowi, wie damals, als wir nach Salzburg fuhren, seinen Bruder, den wir nicht wiedergesehen haben. Im Postwagen hielt Wolfgang sein Notenpapier auf seinen Knien und schrieb unablässig; die neue Oper war nicht ganz fertig. Er war blaß und müde, aber er freute sich auf Prag; auf die Stadt, die Freunde, die Oper. Wir stiegen bei Duscheks in der Bertramka ab. Das Operntheater gab ,Don Giovanni'; Prags ,Don Giovanni'; der Hof war da und Wolfgangs Prager. Als wir spät abends in die Bertramka zurückkehrten und auf unser Zimmer gingen, war

Wolfgang still und bedrückt, trotz des Erfolgs. Wir gingen zu Bett, und er löschte die Kerze aus. Dann war es still. Nach einer Weile sagte er:

„Die Totenmesse. Ich muß den Grabgesang bald beenden.“

Der Gedanke lag ihm im Sinn, seitdem der hagere graue Mann zum erstenmal aufgetaucht war.

Vier Tage später ging ‚La Clemenza di Tito‘ in Szene. Die Mitglieder des Hofes, die Damen in Seidenkleidern, die Offiziere in bunten Uniformen plauderten während der Ouverture, besuchten einander später in ihren Logen, wo ein Imbiß serviert wurde, und schenkten dem schimmernden Saal ihre Aufmerksamkeit; der Beifall war schwach. Damals liebte man nur italienische Opern. Ein mißgünstiger Beobachter wollte wissen, daß die Kaiserin sich abfällig über das Werk geäußert habe:

„Una porcheria tedesca!“ habe sie gesagt – eine deutsche Oper für Schweine.

Trotz der Enttäuschung hatte Wolfgang Tränen in den Augen, als wir Prag wieder verließen. Niemetschek umarmte ihn. Vielleicht ahnte er wirklich, daß sie einander nie mehr wiedersehen würden. Vielleicht hätte ich es auch ahnen können – 1791 – im September – in Prag.

Claus Schalls Züge tauchten aus der Vergangenheit auf, und er sagte:

„Gnädige Frau erinnern sich meiner nicht, ich kann das verstehen. Gnädige Frau waren aber damals auch in Prag.“

„Nein, wirklich nicht. Sie müssen das entschuldigen. Das liegt ja so weit zurück.“ Schalls Anblick nährte das Feuer der Erinnerung und des Bedauerns, denn Mozart war sein Abgott, und er sprach von ihm fast, als ob er noch lebte. Er glich ihm in manchem. Wie Mozart selbst, hatte auch er schon als Kind Musik erlernt. Sein Vater, ursprünglich Schuhmachergeselle, war später Tanzmeister geworden, und der kleine Claus spielte die Violine bei seinen Tanzkursen. Gleichsam um seine eigene Kunst mit der des Vaters zu vereinen, wurde er Figurant im Kopenhagener Ballett. Seine große Laufbahn verdankte er einem Zufall, denn als einmal eine Ballettprobe für die

Abendvorstellung angesetzt war, meldete sich der Korrepetitor krank, und trotz eifrigen Suchens konnte man die Schlüssel zu seinem Notenschrank nicht finden. Die Zeit drängte, und man war ratlos, als Claus Schall sich erbötig machte, die ganze Musik aus dem Gedächtnis zu spielen. Das tat er auch fehlerfrei, und am Abend leitete er sogar das Orchester. Sein musikalisches Gedächtnis erinnerte mich wiederum an Mozart. Claus Schall, der als Violinvirtuose ganz Europa bereiste, schrieb unzählige Ballette für Kopenhagen. Wenn ich eine Bemerkung über Ähnlichkeiten zwischen ihm und Mozart ins Gespräch einflocht, schoß ihm vor Stolz das Blut in die Wangen. Als Quartettspieler und in seinen Amateurkonzerten pflegte er Wiener Meister, vor allem Haydn und Mozart, und sein Eifer als Organisator öffentlicher Konzerte, unabhängig von adeliger Gunst und Ungunst, war ganz mozartisch; mozartisch erschien mir auch sein Berufseifer und sein musikalischer Ernst, der ihn allerdings jüngst erst seinen Posten gekostet hat. Gewürzkrämer Holms, bei dem ich noch immer 7.200 Gulden liegen habe und mit dem ich deshalb in Korrespondenz stehe, schrieb mir vor kurzem aus Kopenhagen, daß Schall eben einen Theaterskandal verursacht habe und von seiner Stelle als Kapellmeister zurückgetreten sei. Der eitle Siboni habe den Sängern eigenwillige Interpretationen aufgezwungen; Schall habe als Kapellmeister auf den seinen bestanden; während einer Première verlor Schall, schon weit über siebzig, aber noch jugendlich ungestüm, die Geduld und klopfte mit dem Taktstock unentwegt auf das Dirigentenpult, um die Sänger zur Disziplin zu mahnen; das Publikum begann zu zischen; die Primadonna brach auf offener Bühne in Tränen aus, da sie glaubte, das Zeichen gelte ihr, aber Schall bestand auf seinem Recht. Dem Andenken seiner Abgötter ist dieser von der Liebe zur Musik Besessene offenbar treu geblieben, denn auf seinem Gut, der Schallburg, soll er einen Musikpavillon erbaut und vor diesem Büsten Glucks, Haydns und Mozarts aufgestellt haben.

Die Erinnerung an diesen Claus Schall hat sich in meine Gedanken eingenistet, denn er wurde auch der Urheber eines Traumes, der seine Wurzeln in der Wirklichkeit hatte, mich nach dem

Gespräch mit ihm heimzusuchen begann und lange Zeit, immer wieder, beunruhigte; wenn ich voll Angst erwachte, konnte ich Traum und Wirklichkeit eine Weile nicht voneinander unterscheiden. Der Traum kehrte in leicht veränderter Gestalt oft wieder, wenn auch der graue Bote in ihm immer derselbe blieb; er schien aus dem Traum zu treten, das Morgengrauen zu überleben und in den folgenden Nächten größer, drohender, mit lebendiger Gewalt am Rand der Dunkelheit auf mich zu warten, bis ich die Kerze ausblies und eingeschlafen war. Der Bote hatte seinen Weg aus Wien an mein Bett in Dänemark gefunden, wo ich die ruhigen Atemzüge Nissens neben mir hörte. Der hagere Mann stand plötzlich da; er sagte nichts; er stand vor mir; dann nickte er; dann blickte er auf Nissen; damit erwachte ich, und der Angstschweiß stand mir auf der Stirne.

Den Mann hatte es einst gegeben; er war nichts weiter als eben dies, ein Mann, der grau gekleidet ging. Wolfgang aber hatte ein Gespenst aus ihm gemacht – umso erschreckender für mich, da ich an Gespenster glaube. In Kopenhagen suchte mich dieses Gespenst heim, nachdem Schall vom letzten Jahr gesprochen hatte.

Am Tage nach der Rückkehr aus Baden, als ich schwer und unbeweglich auf dem Sofa im Wohnzimmer hockte, und doch ruhig und im Frieden mit mir selbst, da das Leben sich in mir regte, das ich ans Licht bringen sollte, schellte die Türglocke. Ich dachte daran, daß Lorl nicht mehr bei uns war. Langsam und schwerfällig erhob ich mich, ging in das Vorzimmer und öffnete die Tür. Draußen stand er, der Bote. Er wollte mit Wolfgang sprechen. Ich führte ihn in das Arbeitszimmer und schloß die Tür. Dann ging ich zu meinem Platz auf dem Sofa und versank wieder in meine friedliche Erwartung. Als der Besucher aus dem Arbeitszimmer wieder ins Wohnzimmer getreten war, ernst, stumm, höflich, als er langsam genickt und die Wohnungstür hinter sich geschlossen hatte, zeigte Wolfgang mir einen Brief, den der Fremde ihm übergeben hatte. Der Brief trug keine Unterschrift. Er enthielt einen Auftrag auf eine Totenmesse und die Bitte, einen Preis für die Komposition zu nennen. Der Termin der Ablieferung war nicht genannt. Wolfgang hatte den Auftrag angenommen. Er war verstört:

„Fünfzig Dukaten habe ich gefordert", sagte er. Er dachte vielleicht an Puchberg; an die Kosten der bevorstehenden Reise nach Prag; an Lorl; an das Kind, das ich erwartete.

Wowi lag bereits in seiner Wiege, als der Bote wiederkam. Dieser überbrachte wieder einen Briefumschlag, der diesmal eine Anzahlung enthielt; der Rest werde bei Übergabe der Komposition beglichen; der Termin der Ablieferung sei von geringer Bedeutung und bleibe Herrn Mozart überlassen; gelegentlich werde nachgefragt werden, wie die Arbeit fortschreite; es verstehe sich, daß der Auftraggeber unbekannt bleibe. Ernst, stumm, höflich nickte der Mann und schloß die Tür. Wolfgangs Hand zitterte. Zum erstenmal war ihm eben der ausgefallene Gedanke durch den Kopf gegangen, er habe die Komposition seiner eigenen Totenmesse übernommen. Seine Stimmung blieb ohne Einfluß auf mich, denn ich war wieder Mutter; ich blickte auf das kleine Gesichtchen in der Wiege.

Der Bote kam am Tag unserer Abreise nach Prag wieder. Ich saß bereits im Wagen; Stadler stieg gerade ein, und Süssmayer kam aus dem Haus. Da stand er. Er nickte langsam und fragte, für wann Mozart die Ablieferung der Totenmesse in Aussicht stellen könne. Nach unserer Rückkehr, meinte dieser. Ernst und betont, aber ungeschickt scherzhaft sagte er, an mich gewandt:

„Ein Bote aus der anderen Welt."

Wenn Mozart scherzte, lachte er kurz auf; das Lachen blieb aus. Er war abergläubisch, wie ich. Er erschreckte mich. Ich glaube an Träume, an Boten und Botschaften – möge der liebe Gott uns bewahren! Ich dachte an den Kleinen, den ich zurückließ; an Raimund, den ich auch zurückgelassen hatte; an die anderen. Wolfgang gab Süssmayer scherzhaft ein leichtes Kopfstück, aber das kurze Auflachen, das folgte, klang unecht.

Der graue Mann ist wiedergekommen. In Kopenhagen trat er in meinen Traum, nachdem ich mit Schall geplaudert hatte. Ich verstand seine Botschaft nicht, denn er blieb stumm. Ich erzählte Nikolaus von meinem Traum.

Nikolaus machte mir Sorgen, denn er fühlte damals wieder gelegentlich die bösen Schmerzen in der Brust. Sie kamen nicht allzu oft und waren mild, aber er schien sehr hilflos, wenn es ihn traf. Ich glaubte dunkel an einen Zusammenhang zwischen seinen Anfällen und dem Boten meiner Träume.

Trotz allem waren die dänischen Jahre eine Zeit der äußeren Geborgenheit; vor Schmerzen in der Brust und vor Boten, die in Träumen auftauchen, ist man ja nie sicher. Wir verließen das gastliche, aber eben deshalb einem nie endenden Strom von Gästen ausgesetzte Haus Tutein, sobald wir ein Wohnhaus in der Stadt gefunden hatten, welches Nissen als zusätzliche Einkommensquelle käuflich erwarb. Die stillen kühlen Zimmer im zweiten Stockwerk, in der Lavendelgasse, wurden unsere Zuflucht für die nächsten zehn Jahre. Was wären das für Jahre gewesen, hätte ich allein in Wien als Witwe gehaust! Unser Heim war bescheiden, aber groß genug, um der Zufriedenheit Zuflucht zu gewähren. Eine alte Magd konnten wir uns sogar leisten; kochen konnte sie ja nicht, aber im Hause war ein Traiteur etabliert, der uns täglich das Essen für mäßigen Preis lieferte; so hatten wir denn unseren weiß gedeckten Tisch und eine Bediente, die uns die Mahlzeiten zur gewohnten Zeit auf diesen Tisch stellte.

Nach unserer Übersiedlung nach Kopenhagen erreichte Nissen eine Anstellung als Zensor der politischen Blätter; zu gleicher Zeit wurde er zum Wirklichen Staatsrat ernannt. Seitdem zögerte ich nicht mehr, ein ‚von‘ zu usurpieren. Ich war ja Österreicherin und daran gewohnt, daß Hausmeister, Droschkenkutscher und dienstbare Geister einem das Adelsprädikat gegen Erlag eines großzügigen Trinkgeldes verliehen; meiner kleinen Eitelkeit schäme ich mich auch heute nicht. Mein Gatte war ja ein Staatsrat, ein Wirklicher, nicht davon zu reden, daß auch Wolfgang das Recht gehabt hätte, sich ‚Ritter‘ zu nennen; als er mit seinem Vater in Rom war, hatte der Heilige Vater ihn in Audienz empfangen und ihm den Orden vom Goldenen Sporn verliehen, wie einst Orlando di Lasso; damit hatte Wolfgang sogar Herrn von Gluck überflügelt, der nur Ritter des Laterans war. Leider machte sich Wolfgang nichts aus äußeren Ehren, und in seiner österreichischen Art bezog er sich manchmal mit einem allzu derben Scherz auf seine Verleihungsurkunde.

Die Zensur gab Nissen viel Arbeit. Wiederum füllte sich unsere Wohnung mit Papieren. Nikolaus war ein gewissenhafter Zensor. Viele Stunden konnte er da beim Pult sitzen und seine Blätter von A bis Z zerpflücken, während mich die schöne dänische Sonne zu einem Spaziergang verlockte. Trotz des Titels war sein Einkommen bescheiden: ein Fünftel dessen, was er in Wien verdient hatte. Karl, erst Anfänger im Staatsdienst, verdiente als Übersetzer bei der Kommission für die Reform der Schulen in Mailand, obwohl Staatsbeamte notorisch schlecht bezahlt werden, ebensoviel. Dennoch war dieser Arbeitsauftrag ein Segen für Nikolaus, denn er erlaubte ihm eine sitzende Lebensweise. Diese war seiner Gesundheit zuträglich und mag sein Leben um Jahre verlängert haben. Nikolaus klagte nie über sein Leiden. Er liebte mich zu sehr, um mich zu beunruhigen. Er ahnte jedoch, daß ihm kein langes Leben beschieden sein würde; seine Ärzte hatten mir dies durch vorsichtige Andeutungen bestätigt. Dennoch konnten wir uns unseres ruhigen Lebens erfreuen, und während der ersten Jahre in der Lavendelgasse, wenn Nikolaus schon lange keinen Anfall gehabt hatte und die laue Brise einer Sommernacht uns eine Ahnung von Glück zuwehte, spielten wir selbst mit dem Gedanken, daß er vielleicht eines Tages doch wieder in den aktiven diplomatischen Dienst zurückkehren und eine kleine Stelle irgendwo in Italien erhalten könnte – oder in Mondenero, wie ich in einem Brief an Karl schrieb: ich meinte Montenegro, und wußte gar nicht, wo das lag und wie man das schrieb – solch eine Schande!

Nissens alte Freunde in Dänemark waren wohlhabend, manche waren Gutsbesitzer, und im Sommer konnten wir bei dem einen oder anderen im Holsteinischen Zuflucht finden. Das waren schöne Tage, wenn ich auf der endlosen Heide unter dem gewaltigen und doch so sanften holsteinischen Himmel im goldenen Abendlicht spazierenging. Hätten wir später nicht die lieben Berge um Salzburg und in Gastein gehabt, ich wäre untröstlich darüber gewesen, daß ich meine holsteinischen Wiesen hatte aufgeben müssen.

Trotz Nissens bescheidenem Gehalt hatten wir unser gutes Auskommen, denn er wußte klug und umsichtig alle nötigen

Ausgaben zu planen. Manchmal dachte ich damals daran, wie das mit Wolfgang gewesen war, und wunderte mich über unseren Leichtsinn. Wir wollten der Not ein Schnippchen schlagen, indem wir ihr nicht ins Auge blickten; Wolfgang schützte mich vor ihr, indem er sie mir verheimlichte; wenn kein Geld im Hause war, ließen wir uns aus der ‚Silbernen Schlange' ein gutes Abendbrot bringen und dem Wirt durch Josef Deiner sagen, er möge es uns ankreiden; während des Faschings vergaßen wir unsere Sorgen, wie andere auch; zu Opern hatten wir freien Zutritt, und bei Schikaneder auch noch eine ständige Einladung zu einem Krug Wein mit den Schauspielern nach der Vorstellung; im Sommer schickte mich Wolfgang zur Kur nach Baden; ich tat, als wüßte ich nicht, daß kein Geld für Extravaganzen da sei, und er tat, als wüßte er nicht, daß ich die Unwissende nur spielte; dann wehte die Vorsehung einen Auftrag ins Haus, oder von Trattner übersandte in einem Umschlag fällige Bezahlung für die Lektionen seiner Frau. Mit Wolfgangs Tod verlor ich mein Schild gegen die Not; schwarz, hoffnungslos, unerbittlich starrte sie mich an; ich mußte ihr in die Augen sehen und wußte, daß es von da an auf Leben und Tod ging. Zweihundert Gulden in bar lagen unter einigen Hemden im Schrank: das war Wolfgangs Hinterlassenschaft – ein Viertel seiner jährlichen Besoldung. Am nächsten Tag kam der Beamte der Verlassenschaftsbehörde; mit Papier und Feder rechnete er, räusperte sich, redete zu sich selbst und eröffnete das Ergebnis seiner Schätzung des Hausrats – vierhundert Gulden. Die Schulden beliefen sich auf dreitausend. In Wien lief ein Gerücht um, daß es dreißigtausend seien. Dreitausend Gulden! Herr von Puchberg zeigte mir die gleiche Güte, die er Wolfgang gezeigt hatte, und ließ seinen Anspruch auf tausend Gulden fallen, half mir in der ersten Not und übernahm die Vormundschaft für die Kleinen. Seine Majestät, der Kaiser, wollte nicht, daß ein Mozart der Nachwelt nichts als unbezahlte Schulden hinterlasse; er regte eine Akademie von Werken aus dem Nachlaß an, deren Erlös er durch eine Allerhöchste Spende ergänzte; damit war ein Teil von Mozarts Schuld an die Welt getilgt. Aber was sollte aus seiner Witwe und aus seinen Kindern werden? Ich begann, Manuskripte zu verkaufen. Boten klopften an die Tür und überbrachten diskret einen Briefumschlag mit ein wenig Geld. Eine Woche nach Wolfgangs Tod richtete ich ein Gesuch an Seine Majestät um eine Pension als mittellose Witwe seines Kammermusikers. Der Bescheid kam nach drei Monaten: die Pension wurde mit 266 Gulden und 40 Kreuzern bemessen, gewissenhaft als ein Drittel von Mozarts erstem Gehalt errechnet, das noch nicht fällig gewesen war. Ich dankte Seiner Majestät untertänigst. Später unternahm ich meine Konzertreise. Dann vermietete ich Zimmer, wie einst meine Mutter, und trat mit neunundzwanzig Jahren mein Witwenleben an. Ich war die Hinterbliebene eines musikalischen Hofangestellten, dessen Stern schon im Verblassen gewesen war, als er jung und unerwartet starb.

Mit Nissen war alles anders geworden. In Dänemark kannte man meinen früheren Namen und achtete meinen neuen. Ich war siebenundvierzig Jahre alt, als wir nach Kopenhagen kamen; schon eine alte Frau, wenn man nicht eine Madame de Staël oder eine Friederike Brun ist. Der Liebeszauber von einst war nur mehr eine Erinnerung für mich; die Liebe, die Nikolaus mir schenkte, war aber noch immer die Quelle eines ruhigen, friedlichen und sehr reichen Glücks. Er hat mir ein neues Leben, eine neue Heimat und ein neues Heim geschenkt. Selbst ein Clavichord hatte ich da, in meinem lieben Unterschlupf in der Lavendelgasse. Ich konnte meine Stimme üben, und Nissen spielte selbst mit dem Gedanken, mir ein richtiges Klavier aus Wien zu bestellen. Auch eine neue Familie hatte ich durch ihn. Unsere Cousine Schonstrup wurde eine Freundin; ich hatte nie eine richtige Freundin gehabt; vielleicht deshalb nicht, weil ich selbst keiner anderen Frau je eine Freundin gewesen bin, gehetzt, unsicher und mißtrauisch gegen andere, wie das Schicksal mich gemacht hatte, mit meiner Angst, das Wenige zu verlieren, das ich im Leben errungen hatte. Mit der Zufriedenheit kam in Kopenhagen auch die Ruhe, die in der Freundschaft gedeiht. Da war Gewürzkrämer Holms, mein Finanzberater, der immer für alles Rat wußte, und in dessen Heim man sich heimisch fühlte. Da war der kleine Georg Falck, das liebe Kind, dessen Patenschaft Nikolaus übernommen hatte. Nikolaus wäre ein guter Vater gewesen; er liebte den kleinen

Georg. Nie hat er Kinder gehabt: dazu war es zu spät. Nie hat er davon gesprochen, daß ihm dieses Glück versagt war, aber ich weiß, daß der Harm an ihm nagte. Darum waren seine Briefe an Karl und an Wowi Briefe eines wahren Vaters, voll Herzlichkeit und ernsten Rates. Als ich Nikolaus verlor, schrieb Wowi, der nie einen anderen Vater gekannt hatte, daß er in ihm seinen Vater betrauere. Dieser Vater ohne Kinder weinte bittere Tränen über das Unglück des kleinen Georg. Das Kind erblindete allmählich und hatte, als Nikolaus starb, schon fast völlig das Augenlicht verloren. Bis zu seiner letzten Stunde muß er an ihn gedacht haben, denn in seinem Letzten Willen, in Nikolaus' umsichtiger Art an drei verschiedenen Stellen hinterlegt, setzte er dem armen Kleinen eine Rente von hundert Gulden aus.

Das Glück in Kopenhagen fand sein Ende in einer bösen Nacht. Als der Morgen graute, lag ein dichter Schleier auf den Fensterscheiben und verdeckte die Aussicht, denn während der Nacht war Frost eingefallen. Das scheint mir in der Erinnerung ein Sinnbild des Schleiers, der in jener Nacht auf unser Schicksal fiel. Ein unbestimmtes Geräusch hatte mich geweckt. Es dauerte eine Weile, bis ich zu klarem Bewußtsein kam – vielleicht eine halbe Stunde, vielleicht nur Sekunden, die mir dann so lang erschienen. Nikolaus lag neben mir und stöhnte. Ich zündete eine Kerze an: Licht vertreibt die Schrecken der Nacht. Das Stöhnen schien nachzulassen. Seine Augen waren geschlossen, seine Züge verzerrt; er hatte sich auf die Seite gewendet und die Arme über der Brust gekreuzt; mit der rechten Hand schien er sein Herz zu pressen und zu beschwichtigen; er blieb stumm und stöhnte.

In den letzten Jahren hatten ihn Anfälle wohl geplagt, aber bei weitem nie so heftig, so gewaltsam und überwältigend. Er hatte seine Knie hochgezogen. Angstvoll lag er da, gleichsam sich kleiner machend, um ins Nichts zu vergehen; er blieb stumm und fuhr fort, zu stöhnen. Diese Anfälle hatten sich nach langen Pausen wiederholt, aber nie so lange gedauert. Der Arzt hatte geraten, in solchem Fall, sollte dies unvermeidlich werden, eine Schüssel heißen, fast siedenden Wassers auf die Brust des Kranken zu gießen, und darauf eine zweite Schüssel eiskalten Wassers, um den Krampf zu überkommen. Ich sprang auf und lief in die Küche, um die nötigen Vorbereitungen zu treffen. Als ich in unser Schlafzimmer zurückkam, war es schon hell. Der Krampf schien sich zu lösen. Nikolaus hüstelte: das war ein gutes Zeichen. Er streckte die Beine aus und schlief allmählich wieder ein. Die grausame Prozedur konnte für diesmal unterbleiben. Er schlief länger als gewöhnlich. Ich stand beim Fenster und blickte durch den feuchten Schleier in den Nebel hinaus. Als Nikolaus erwachte und aufstand, sahen wir einander in die Augen; unser Lächeln überdeckte unseren Ernst. Wir hatten beide die Mahnung verstanden und waren hilflos.

Hilflos dachte ich an die Wohnung in der Rauhensteingasse; draußen die Kälte und das Dunkel; Mozarts Kopf auf seinem Polster; meine Schwester Sophie, die in der Tür steht; seine Stimme, die sagt: „Sophie, Sie müssen mich sterben sehen“. Die Stimme verstummte, und ich hörte Nikolaus' Stimme:

„Guten Morgen, meine liebe Constanze. Ein wirklich guter Morgen. Jetzt ist alles gut. Ich will heute ernstlich beginnen, mein Material für die Biographie zum letzten Mal durchzusehen. Ein sehr guter Morgen, meine liebe Constanze.“

Ich wußte, daß Nikolaus an den Tod dachte, der von da an als Gefährte bei uns weilen würde; ich verstand, daß er nach dieser bösen Nacht an das Buch denken mußte, das er noch schreiben wollte, bevor alles zu Ende war; ich verstand, daß er fürchtete, es mochte ihm nicht genug Zeit dazu bleiben. Was würde denn sonst noch von ihm bleiben? Er hatte keine Kinder; ein paar jugendliche, längst vergessene Dichtungen . . . sonst nichts. Das Buch sollte es sein! Er mußte an die Arbeit gehen, wenn er es noch vollenden wollte Ich würde dazu beitragen, daß er seinen Anteil an menschlicher Unsterblichkeit erringen konnte, und er würde in dem Buch auch die Wahrheit über mich sagen. Ohne mich könne er das Buch nicht schreiben. Ich sah hinaus in den undurchsichtigen Nebel und fragte mich, ob ich imstande sein würde, zu tun, was er erwartete. Nach der bösen Nacht wußte er, daß ihm wenig Zeit für die letzte Pflicht seines Lebens blieb.

Zärtlich, ruhig, bedacht auf mein Wohlergehen, bemühte Nikolaus sich, mich nicht merken zu lassen, daß die Zeit drängte. Es hieß, endgiltig Ordnung in sein Material zu bringen, bevor er mit der Niederschrift beginnen konnte. Er tat dies mit der Genauigkeit und dem Eifer, die er als Diplomat erworben hatte. Ich, die ich mit Papier, Federn, Dokumenten und allem, was daran hängt, auf Kriegsfuß stand, unwissend und tölpisch, sah mit Verwunderung, wie er die nebelhaften Gestalten und Ereignisse der Vergangenheit aus Papieren heraufbeschwor. Unsichtbar und noch unbelebt lagen sie verborgen in Notizen, Schachteln, Heften, Briefumschlägen, Säckchen und rätselhaften Papierstreifen und schienen der Erlösung zu harren. Nikolaus sortierte und kopierte alles auf weißen Bogen, ordnete alles nach Namen, nach Daten und Orten, legte Mappe um Mappe an, füllte Umschläge mit Papieren und baute ein Archiv auf. Während er seinen Morgenspaziergang machte und das Mädchen sein Zimmer aufräumte, sah ich, wie so eine Arbeit vor sich geht: da standen die Mappen in Reih' und Glied und füllten ein ganzes Regal. Irgendwo in diesem Wirrsal von Papieren hatte auch alles, was in meinem Leben geschehen war, seine Spur hinterlassen; irgendwo mußte das Pariser Haus zu finden sein, in dem Wolfgang gewohnt hatte; die Medizin, die man ihm als Kind gab, als er in Holland schwer erkrankt war; die Arbeit und das Geplauder mit seinen Schülerinnen; vielleicht seine Liebelei mit der kleinen Gerl; Nikolaus mochte am Ende sogar das verlorene Thema für das Klavierkonzert aufgestöbert haben. Er wußte all das in dem Wirrsal zu finden. Ein Gedächtnis bestehend aus Papier hatte er da aufgebaut, unerschöpflich, ähnlich meinem eigenen, in dem die Vergangenheit sich niedergelassen hatte. In meinem eigenen Kopf lag all das in Unordnung und ungereimt herum; da sah es aus wie in unserer Wohnung in der Wipplingerstraße. Ich wünschte, ich könnte wie Nikolaus Ordnung in meine Gedanken bringen und sie zum Gehorsam zwingen, aber wenn ich auch inzwischen die Rechtschreibung und die Grammatik gemeistert habe – diesen Zaubertrick habe ich bis heute nicht erlernt.

Die Mappen erregten meine Neugier, denn ich dachte, sie mochten manches enthalten, dem ich selbst gern auf die Spur

Meine Schwester Aloysia im Glanz der Feste, mit ihrem hellblauen Reifrock von Seide, ihrer sinnlichen Ephebengestalt, ihrem samtenen Haar.

Josef Langes hohe Gestalt und wehmütige Augen waren höchst anziehend; seine Trauer um die tote Geliebte umgab ihn mit einer romantischen Aura.

Mozart machte meine Schwester Josefa zur ,Königin der Nacht', und der Glanz dieser Erinnerung hat ihr Leben bis zu ihrem Ende erhellt.

Meine Mutter, die kein bestimmtes Alter hatte und, für mich, ihr ganzes Leben lang dieses unbestimmte Alter bewahrte.

Nancy Storace, die erste Susanna; dieser englische Engel mit der himmlischen Stimme hat Wolfgang bezaubert.

Meine Schwester Sophie, die heute bei mir haust, die liebe Zeugin meiner Jugend.

gekommen wäre. Ich mußte mich aber hüten, an sie zu rühren, denn als ich das einmal tat, glomm der Zorn in Nissens sanften Augen auf. Unter meiner Wäsche, im Schrank, lagen meine eigenen Notizen, die ich für mich behielt: kleine Heftchen, vollgekritzelt, die ich im Laufe der Zeit angehäuft hatte, und die nun in einer großen Schachtel vor mir auf dem Tisch stehen, wenn ich schreibe, um meinem Gedächtnis nachzuhelfen. Ich will alles zu Papier bringen, was ich Nissen nicht sagte und nicht sagen konnte, weil ich zungenlahm war; ich muß es zu Papier bringen, bevor es auch für mich zu spät wird; Nissen hat wohl das selbe Gefühl gehabt nach jener schlimmen Nacht in der Lavendelgasse. Vielleicht läßt sich die Lücke doch noch füllen, und falls Niemetschek, Nissen, Haydn und Mister Novello wirklich recht gehabt haben und man sich in hundert Jahren noch Mozarts erinnern wird, dann wird irgend jemand, irgendwo, irgendwann vielleicht meinem Geschreibsel Aufmerksamkeit schenken; zusammen mit Nissens Buch wird es dann doch irgend etwas wie die Wahrheit darstellen; dann wird man vielleicht alles verstehen – daß ich es war, die Wolfgang glücklich gemacht hat, und Nikolaus der, der seinen Ruhm bewahrt hat. Das soll dann mein eigenes Stück Anteil an menschlicher Unsterblichkeit sein.

Nikolaus glaubte ernstlich, eine Mahnung Mozarts zu fühlen, als erwartete dieser von ihm die Erfüllung einer Aufgabe; er sah sein Buch als die letzte Gelegenheit, durch ein persönliches Zeugnis Mozarts Andenken zu bewahren. Mit mir, mit Nannerl, mit Karl würden die letzen Zeugen verschwinden, und damit das letzte Zeugnis. Ich selbst bin ja heute wirklich eine Botin aus dem Jahrhundert, als man noch Perücken trug, einem Jahrhundert, das heute schon fern erscheint. Je mehr Nikolaus mich dazu drängte, ihm mein Leben mit Wolfgang aufzuschließen, desto mehr schrak ich jedoch davor zurück. Ich fühlte nun einmal, abergläubisch wie ich bin, daß ich noch immer ihm allein gehörte; und wenn wir bei einem Kammermusikabend bei George Gerson oder auf der Schallburg Streichquartette oder Sonaten von Mozart hörten, dann klang das Andante manchmal in meinen Ohren wie eine eifersüchtige Warnung.

Eine unerwartete Nachricht aus Lemberg, in der Wowi eine bevorstehende Kunstreise ankündigte, die ihn auch zu uns führen sollte, war für mich fast wie eine Botschaft von Mozart selbst, denn Wowi war in meinen Gedanken sein wiedererstandener Vater.

Seit Jahrzehnten bestand zwischen mir und meinen Söhnen kein anderes Band als das so unendlich gebrechliche des Briefwechsels. Worte, auf Papier gebannt, anfangs flüchtig hingeworfen, später sorgfältig mit Nissens Hilfe abgewogen, säuberlich niedergeschrieben, versiegelt, von der Post über Berge und durch Ebenen in weite Ferne getragen – Worte, Worte, Worte, das war das trockene Skelett der Liebe, die eine Mutter und ihre Kinder verbindet.

Ich erinnere mich noch an unseren ersten Brief aus Kopenhagen, der an Karl ging. Ich nenne ihn ‚unseren' Brief, denn ich konnte mir damals noch immer nicht zutrauen, einen Brief zu schreiben, ohne erröten zu müssen.

„Ich nehme dir die Mühe ab", sagte Nikolaus, aber es ging ihm darum, mich zu lehren, zu erziehen – mich altes und noch immer unwissendes Ding –, denn wenn er einen Brief beendet hatte, kam er aus seinem Zimmer, setzte sich zu mir, las ihn mit mir durch und besprach ihn; um darauf zu sehen, daß er nichts vergessen habe, sagte er. Der immer unbedachte Karl wollte sich bei unserer Übersiedlung nach Dänemark sein Anteil an Mozarts Erbschaft und am Ertrag der Kompositionen auszahlen lassen; das Geld wäre wohl zu nichts zerronnen, wenn mein kluger Nissen ihm nicht mit väterlicher Geduld erklärt hätte, daß es ratsam sei, zu warten, bis die Kriegswirren vorbei seien und die Kurse von Banknoten und Wertpapieren sich wieder erholt haben würden. Es mag sehr wohl sein, daß ich Karl, der schon so lange im fernen Mailand hauste, als Sohn verloren hätte, wenn Nikolaus ihn nicht mit seiner Briefschreibkunst an uns gefesselt hätte. Er hatte die Gabe, Gefühle und Gedanken lebendig zu Papier zu bringen; ich habe das nie erlernt. Wenn ich Nikolaus über die welligen Haare streichen konnte, oder wenn ich meinen Kopf auf Wolfgangs Schulter legte, dann war ich sicher, verstanden zu werden; der Briefumschlag jedoch erstickt meine Gefühle.

Karl sandte mir aus Mailand ein Paar Korallenohrgehänge zu unserer Hochzeit, und Nissen wußte nicht, was er von meiner übermäßigen Freude darüber denken sollte; der Grund dieser Freude war, daß mir dies als Beweis erschien, daß Karl nach all den Jahren in der Fremde immer noch an mich als an seine liebe Mutter dachte. Es war Nikolaus, der durch seine Briefe mir geholfen hatte, dieses Band zu schmieden. Während der Kriegsjahre war es in Wien nicht leicht gewesen, Waren zu finden, die man suchte, in Kopenhagen bestanden dieselben Schwierigkeiten, als wir dort ankamen: England ließ keine Waren ins Land. Als Staatsrat mußte Nissen zu Empfängen bei Hof erscheinen, und ich benötigte mehr Kleider, als ich besaß, um ihn zu begleiten. Als Karl eines Tages hoffen durfte, uns in Dänemark zu besuchen, falls einer seiner adeligen Freunde ihn in seiner Kutsche mitnähme – es kam ja nie dazu –, bat ich ihn wieder um den bewußten Strohhut, den ich mir in Wien, als ich noch jünger und eitler war, gewünscht hatte, und um Stoff für ein Kleid. Nissen dachte immer an alles: er las meinen Brief durch und fügte die Mahnung hinzu, Karl möge nur ja nicht versuchen, die Geschenke durch die Maut zu schmuggeln und dadurch am Ende seinen Stiefvater – den politischen Zensor, man denke nur! – in einen peinlichen Skandal zu verwickeln. Der kannte meinen Karl besser als ich, wenn er ihn auch nie gesehen hatte!

Der Briefwechsel mit Wowi, mit dem wir so lange unter einem Dach gehaust hatten, war wärmer, persönlicher, von Herzensnähe beseelt. Nikolaus nannte ihn Wolf. Ich fand es leichter, mit ihm zu plaudern als mit seinem ernsten, vielleicht etwas verschlossenen Bruder. Er war es ja, dem ich den Namen Amadeus beigelegt hatte. Nimm mir das nicht übel, mein lieber Karl, wenn du diese Blätter eines Tages liest. Ich habe dich als mein teures Kind herzlich geliebt, das weiß Gott, aber dein kleiner Bruder Wowi blieb eben immer das Nesthäkchen, das kannst du ja verstehen. Ihm hatte ich, um dem Tod zu trotzen, weil ich das Sterben nicht wahrhaben wollte, seinen Namen beigelegt. Auch das hat man mir als Schuld angekreidet: ich habe aus der Namensgleichheit zwischen Vater und Sohn Kapital schlagen wollen, als ich mit dem Kleinen auf Reisen ging. Wäre es denn so verwerflich gewesen, wenn eine Witwe auf diese Weise Brot für ihre Kleinen aufzutreiben suchte? Wenn das begabte Söhnchen eines Musikers, der selbst als Wunderkind seinen ersten Ruhm errungen hatte, in zartem Alter es seinem Vater gleichgetan hätte? War es so schlimm, daß ich ihn damals vor dem Prager Publikum auf einen Tisch stellte, so daß man den fünf Jahre alten Knirps besser sehen konnte, und ihn das Papagenolied singen ließ? Man hat mir zum Vorwurf gemacht, ich hätte damit die Gesundheit des Kindes gefährdet.

Nun schrieb Wowi uns nach Kopenhagen, er wolle Rußland besuchen, Danzig, Dänemark, Hamburg, Berlin, Prag, Wien, die Schweiz, Italien, und überall Konzerte geben, Musiker treffen, Verbindungen anknüpfen, sehen, lernen, und vielleicht eine Ernennung zum Kapellmeister oder Hofmusikdirektor erlangen; es war fast, als spreche aus ihm sein Vater. Er war wohl ein Mann geworden, seit ich ihn zum letztenmal gesehen hatte. Drei Jahre hatte er es in Lemberg bei Kammerherrn Janiszewski ausgehalten, dessen Töchter er unterrichtete. Dann wagte er den Sprung und wurde unabhängiger Lehrer und Musiker; er kam bei den Czartoryskis an, bei den Sapiehas, im Hause Poniatowski und anderwärts bei polnischen Adeligen. Was mag der Siebzehnjährige von mir gedacht haben, daß ich ihn in die polnische Einöde geschickt hatte? Und nun sollte er vor mir stehen als Mann und vielleicht an die Vergangenheit denken! Wir hatten zärtliche Briefe mit ihm gewechselt, aber was bedeuten denn Briefe, selbst wenn sie zärtlich sind? Wer weiß denn, was in den Köpfen anderer vorgeht, selbst wenn es die eigenen Kinder sind? Mochten nicht beide Söhne von mir Rechenschaft fordern, weil ich sie hinausgeschickt hatte, nach Livorno den einen, nach Lemberg den anderen? Als ich es tat, schien es das richtige. Aber warum? Auch das wird Nikolaus in seinem Buch vielleicht klarstellen, sagte ich mir, wenn ich es ihm bloß erklären kann, aber ich hätte wissen sollen, daß ich das nicht konnte; wir ahnen ja kaum die Gründe unseres Tuns, und sie anderen zu erklären, geht über Menschenkraft. Vielleicht würde Wowi, wenn ich ihm erst in die Augen blicken könnte, alles verstehen.

Er sollte im Juli, an seinem Geburtstag, so hofften wir, in Helsingør eintreffen. Nikolaus hatte es einrichten können, daß uns im königlichen Lustschloß Friedensburg für das Zusammentreffen ein Raum zur Verfügung gestellt wurde. Die Sommerpracht hatte den riesigen Park des Schlosses in ein üppig blühendes Wunderland verwandelt. Elf Jahre war es her, daß ich Wolfgang nicht gesehen hatte. Wir erfuhren, daß die Windstille sein Schiff stillgelegt hatte, so daß wir ihn erst am folgenden Tag erwarten durften. Mein kleines Söhnchen – ein achtundzwanzigjähriger Mann! Der Polizeimeister hatte versprochen, ihn gleich nach der Landung zu uns zu führen. Ich stand mit dem Rücken gegen die Fenster, durch die der grüne Widerschein der dänischen Sommersonne glänzte, den Blick auf die Tür gerichtet. Ich merkte, daß ich am ganzen Leib zitterte. Wowi sagte mir später, er habe ebenso gebebt und meine Züge im Gegenlicht nicht ausnehmen können. Er habe mich erst nicht erkannt. Er lief auf mich zu, und ich hielt Mozart in den Armen. Seine Gestalt, seine Stirn, seine Augen, seine zärtlichen und bedachten Gesten, und, ja, seine Tränen. Als ich meine feuchte Wange gegen die seine preßte, fragte ich mich, ob er die Jahre der Härte und Zucht, mit denen ich ihn behandelt hatte, vergessen habe; ob er mir alles vergeben hatte. Ich fühlte am Druck seiner Arme, wie überglücklich er war, wieder eine Mutter zu haben; er umarmte Nikolaus, den er Vater nannte. Er war noch ein Kind gewesen, als er ihn zum letztenmal gesehen hatte, aber dieser halb verlorene Sohn und dieser von Gott gesandte Vater standen einander durch den Briefwechsel nahe. Warum hatte ich ihn nur je weggeschickt? Hätte Nikolaus diese Frage beantworten können? Ich habe sie nie über die Lippen gebracht. Nun muß ich mich damit abfinden, daß die Rechnung abgeschlossen ist; daß die Besucher des Sebastiansfriedhofs, wenn ich dort bei ihm liege, den Kopf darüber schütteln werden, daß Constanze keine bessere Mutter wurde, als es die ihre gewesen ist.

Wowi führte ein Tagebuch. Das eröffnete er mir am folgenden Tage; ich durfte es lesen. Sein Urteil war gefällt und dort bereits eingetragen: „Ich habe beide, besonders meine Mutter, über alle Erwartung gütig gefunden. Alles Vergangene ist vergessen, sie ist mir eine liebende, wirkliche Mutter geworden, was sie wohl immer war, mir aber nicht zeigen wollte.“ Das war wohl der Ausdruck seines wahren Gefühls. Es war das Beste, das ich erhoffen durfte. Wie alle Mozartischen, brachte Wowi sein Leben zu Papier: Briefe, Tagebücher, musikalische Herzensergüsse, das waren auch seine Früchte. Und ich dummes altes Weib mache es ihnen nun nach.

Wir frühstückten im Garten, umgeben vom Glanz des Sommers und vom Glück des Wiedersehens. Wowi übergab uns zwei bestickte Lederbeutel, die er als Geschenke aus Polen mitgebracht hatte. Dann verließ uns Nikolaus, um in die Stadt zu gehen. Als wir allein waren, zog Wowi noch ein Geschenk aus der Tasche, einen hübschen, wenn auch bescheidenen Ring. Er steckte ihn mir an den Finger und sagte:

„Diesen Ring schickt dir Juszinka. Das ist die Frau, die ich über alles liebe.“

Da saß mein kleiner Wowi und sprach von der Frau, die er über alles liebte. Meine Gesangstunden mit Mozart, die Abende am Petersplatz, Wolfgangs Zimmer am Graben mit dem engen, langen, dunklen, geheimnisvollen Zugang, die Wut meiner Mutter, die kalte Anmaßung Thorwarts gingen mir durch den Sinn: die Runde des Lebens und der Liebe war geschlossen. Ich nahm Wowis Hand in die meine und sagte:

„Erzähle mir von Juszinka.“

Er hungerte danach, sein Herz auszuschütten. Ich hatte es versäumt, ihm eine gute Mutter zu sein; als er jedoch von Juszinka sprach, wußte ich, daß ich durch die rechten Worte seine gute Freundin werden konnte.

„Erzähle mir von ihr“, sagte ich; „erzähle mir von Juszinka. Ich werde ihr selbst schreiben und ihr für den Ring danken.“

„Nein, nein, auf keinen Fall, das darfst du nicht. Ich nenne sie Juszinka oder Jusza. Josefine heißt sie. Du darfst ihr nicht schreiben. In meinem Reisetagebuch heißt sie einfach J–, der Vorsicht halber; du wirst sie da oft erwähnt finden. Ich habe dir ja schon gesagt, daß ich vor dir kein Geheimnis haben will, und du in das Tagebuch

Einsicht nehmen magst. Das Tagebuch führe ich für Juszinka, damit sie im nachhinein meine Reise miterleben kann. Eine so lange Trennung fällt uns beiden nicht leicht, aber es mußte sein. Ich wollte dich und Vater sehen, und ich mußte etwas für meine künstlerische Laufbahn tun, Konzerte geben, Geld verdienen, bekannt werden. Der Abschied von Juszinka fiel mir sehr schwer."

Durch Frage und Antwort erfuhr ich in einer halben Stunde alles, die ganze herzbrechende Geschichte, die kein gutes Ende nehmen konnte, obwohl er sich das noch nicht eingestanden hatte. Ich verstand sein Gefühl und schloß Juszinka in mein Herz, aber ich ließ ihn nicht merken, daß ich das Leid voraussah, das ihm noch bevorstand. Die Mozartischen können Engelsmelodien schreiben, die Frieden atmen, aber auf ihrem Leben liegt ein harter Schatten.

Juszinka war eine verheiratete Frau. Sie war fünf Jahre älter als Wowi. Sie war eine geborene Gräfin Castiglioni und hatte in Polen einen Gubernialrat von Baroni-Cavalcabò geheiratet. Sie hatte ihm Kinder geboren, war aber jung und schön geblieben. Nach siebzehnjähriger Ehe waren ihre Gefühle für ihren Mann erkaltet. Wowi war als Musiklehrer für die Kinder ins Haus gekommen. Er hatte dort in einem trostlosen Lande eine Art Heim gefunden. Die Frau, jung genug, um ihn zu bezaubern, alt genug, um schon vor der Einsamkeit der späten Jahre zu schaudern, verliebte sich in ihn, und er sich in sie. Nach einem öffentlichen Abschiedskonzert in Lemberg hatte er mit der Geliebten in Zolkiew, außerhalb der Stadt, ein heimliches nächtliches Stelldichein gehabt. Sie lagen einander in den Armen, vergossen Tränen und schworen einander ewige Treue. „Meine Geliebte, mein Alles, nur mit dir kann ich ganz glücklich sein, du bist so gut, so himmlisch gut . . . Wird es mir wohl jemals gegönnt sein, alles Glück, das mir auf dieser Erde widerfährt, mit dir zu teilen?" hieß es im Tagebuch. Was er sich dachte, als er diese Zeilen schrieb, wußte ich nicht, aber wer kann denn einen Liebenden fragen, was er sich denkt? Josefine war eine verheiratete Adelige, Wowi ein mittelloser junger Musiker. Was hatte denn Wolfgang seinem Vater antworten können, oder ich meiner Mutter, als sie wissen wollten, was wir uns wohl dachten?

Jede Woche gingen Briefe hin und her zwischen Wowi und Juszinka. Wenn er in einer Stadt anlangte, führte ihn sein erster Weg zur Post, um zu erfahren, ob sie ihm geschrieben hatte. Sobald er ein Konzert gegeben hatte, drängte er darauf, die Stadt so schnell wie möglich zu verlassen, um die Zeit der Trennung nicht zu verlängern. Sein Tagebuch war ein einziger Herzenserguß für die Geliebte.

Bald nach Wowis Abreise faßten wir den Entschluß zur Übersiedlung nach Salzburg: ich mußte meine ganze Aufmerksamkeit meinen eigenen Geschäften und jenen Nissens widmen, und es galt, soviel Dringendes und Unaufschiebbares zu bestellen, daß ich kaum Zeit fand, so oft an Wowi und an seine glücklich-unglückliche Liebe zu denken, wie ich es gewollt hätte. Der arme Junge, dem der Tod seinen Vater genommen hatte, als er noch in der Wiege lag, und die Umstände seine Mutter, als er fast noch ein Kind war, zweifelte an seinem Talent, weil es nicht dem seines Vaters gleichkam; und nun vergeudete er seine Liebe, weil ihm ein polnischer Gubernialrat zuvorgekommen war. Vielleicht kettete auch er sich an eine mütterliche Frau, weil er eine Mutter suchte. Ich konnte voraussehen, daß sie es sein würde, die zuerst nüchtern werden sollte.

Gleich zu Beginn seiner Konzertreise, als er nach Danzig kam, hatte sich ein abstruser und absurder Zwischenfall ereignet. Als die Nachricht sich in der Stadt verbreitete, daß Mozart, der Komponist, eben gelandet sei, stellte die Börse ihre Geschäfte ein, da man dachte, es mit Wolfgang Amadé zu tun zu haben; als man erfuhr, um wen es sich handelte, mußte Wowis Konzert wegen Mangels an Interesse abgesagt werden. Lachend erzählte er uns von dem Mißverständnis, aber seine Augen, sanft und traurig, verrieten sein wahres Gefühl; und doch wäre es am Ende Wolfgang selbst in Danzig gar nicht anders ergangen.

Ein vierzehnjähriger Junge brannte von zu Hause durch, als er hörte, daß der berühmte Mozart in Hamburg ein Konzert geben sollte, und lief acht Meilen zu Fuß, um ihn zu hören.

Er gab überall Akademien, die Aufsehen erregten. In Dresden widerfuhr ihm die seltene Ehre, bei Hof zu spielen, aber er wußte, daß die Ehre nicht ihm, sondern dem Sohn Mozarts galt. Wowi schien in Dänemark ungeduldig, seine Juszinka bald wiederzusehen, aber später dehnte er seine Kunstreise immer weiter aus: Leipzig, Dresden, Prag, Wien, Laibach, Triest, Venedig, Zürich, Bern ... was weiß ich?! In Schleswig besuchte er Nikolaus' Vetter; in Berlin das Ehepaar Beer, deren Sohn Meyer seitdem als Meyerbeer mit seinen Opern berühmt geworden ist, und noch eine andere früher jüdische Familie, die Mendelssohns, deren Söhnchen damals schon als Wunderkind galt, wie einst Mozart und Wowi selbst; in Dresden meinen Vetter Karl Maria, der gerade seinen ‚Freischütz' dort einstudierte und Wowis Erscheinen vor dem Königspaar arrangierte; in Mailand seinen Bruder Karl; in Salzburg meine Schwägerin Nannerl, die weinte und ihn umarmte, als er ihr vorspielte; in Wien Schubert, Luise, seinen Onkel Mayr, den zweiten Mann meiner Schwester Josefa; und weiß Gott noch wie viele andere ... Welch endlose Wanderung! Welch eine Pilgerfahrt in die Vergangenheit! Fast könnte man meinen, er habe das Wiedersehen mit Juszinka absichtlich hinausgezögert. Wir waren schon seit einem Jahr in Salzburg, und er über dreißig Jahre alt, als er in Kiew endlich seine Reise abbrechen und sein Konzert dort absagen mußte, da in Rußland gerade Hoftrauer nach dem plötzlichen Tod des Zaren erklärt worden war. Seitdem lebt er ständig im Haus Baroni-Cavalcabò in Lemberg. Endlich ein behagliches Heim, wie er sagt. Mir geht es ans Herz, wenn ich an diese vergeudete Liebe denke. Das habe ich ihn nie merken lassen. Ich bin seine Freundin geblieben. Das hilft die Einsamkeit bannen.

Wowi war nach drei Wochen nach Kopenhagen vorausgefahren, um dort eine Akademie vorzubereiten. Ich kannte die Begeisterung Kopenhagens für Mozart – für Wolfgang Amadé Mozart. Seine Abfahrt, obwohl wir uns bald in der Stadt wiedersehen sollten, gab mir den Vorgeschmack der späteren Trennung. Er sollte bei uns in der Lavendelgasse, wo die Wohnung leerstand, absteigen. Ich umarmte ihn, und da hielt ich Mozart in den Armen. Wieder die Erinnerung an den Dezembertag in Wien, als ich selbst Wowis Alter gehabt hatte; als er, Wowi, aus dem Haus gebracht worden war, als sie den Leichnam seines Vaters davongetragen hatten; als Süssmayer, Sophie, Deiner hilflos ein und aus gingen; als Türen sich öffneten und schlossen; das verlassene Bett; der Weinkrampf, als ich mich auf das leere Bett warf. Ich war achtundzwanzig Jahre alt. Weihnacht stand vor der Tür. Ich klammerte mich an Mozart, als ich Wowi in den Armen hielt und ihn bat, die erste Nacht in der Lavendelgasse in meinem Bett zu schlafen. Ich wußte, daß mein Haus Ordnung und Reinlichkeit atmete. Ich war stolz darauf, eine gute Hausfrau zu sein.

Das waren schöne Tage für Wowi in Kopenhagen. Er fand Zutritt bei unseren Freunden – bei Siboni, Gerson, Kuhlau, Schall, beim Theatermaler Wallick, der eine ganze Stadtlandschaft auf die Bühne zaubern konnte, beim Dichter Oehlenschlaeger, bei Weyse, der bei Hof mit Mozarts Klavierkonzerten glänzte.

„Was sie mehr als meine Ichheit interessiert, ist, den Sohn meines Vaters kennenzulernen", sagte Wowi. Seine Akademie brachte einen Erlös von einhundert Reichstalern und starken Beifall. Wem galt dieser?

Nach einem Abschiedsfest für Mozarts Sohn bei Tuteins, das alle bis nach Mitternacht vereinigte, kam der Morgen der Abreise. Ein gemeinsames Frühstück im Garten. Wir schwiegen und wagten nicht, einander anzusehen, aus Furcht, in Tränen auszubrechen. Dann erschienen zwei von Wowis neuen Freunden. Ich küßte ihn. Sie und Nissen begleiteten ihn zur Post. Nissen sollte ihn nie mehr wiedersehen.

„Mein bester, mein einziger Freund, von Kindheit an mein Vater und Wohltäter", schrieb Wowi sieben Jahre später aus Lemberg, als ich ihm mitteilte, Nikolaus sei tot.

Nikolaus' Anfälle hatten ausgesetzt, aber sein Befinden verschlimmerte sich. Er litt an Kopfschmerzen, an Atemnot, an unerklärten heißen Wallungen. Er schien gejagt von Angst und Ungeduld. In meiner Sorge kam mir der Gedanke, seinen Arzt zu fragen, ob ihm etwa ein Aufenthalt im Kurort Gastein ratsam schien. Ich hatte Gastein nie selbst gesehen, aber man sprach in Europa von diesen Wunderkuren. Der Arzt war dem Gedanken nicht abgeneigt, und Nikolaus nahm ihn mit Begeisterung auf. Er brauchte Ruhe und

Beschaulichkeit, um arbeiten zu können; er wollte seine Laufbahn beenden, seine Arbeit als Zensor aufgeben, sich seinem Freundeskreis und allen gesellschaftlichen Verpflichtungen entziehen, dem allzu geschäftigen Kopenhagen entkommen, irgendwo einen stillen Winkel finden und an seine letzte Arbeit gehen. Er verbrachte seine Tage mit Mozart; er sprach von ihm, wenn wir einen Spaziergang machten oder abends beisammen saßen; Mozart war wohl sein Gefährte selbst in seinen Nachtgedanken. Es schien natürlich, die Frage aufzuwerfen, ob es nicht ratsam wäre, Salzburg, Mozarts Geburtsstadt, als Ruheort zu wählen, dorthin zu ziehen und damit auch Gastein nahe zu sein.

Ich sah, wie der Kreis des Schicksals sich zu schließen begann. Unser Haus kam auf den Markt und war schnell verkauft. Im Sommer 1821 fuhren wir über München und Salzburg nach Gastein.

* * *

Die ungeahnte, dröhnende Gewalt dieser Landschaft, die unerwartet vor uns stand, als unsere Kutsche die Serpentinen der Bergstraße überwunden hatte, die aus dem Talboden zum Talschluß hinaufführt, traf uns wie ein Posaunenstoß, ein Altarbild vom Letzten Gericht. Nie hätten wir vermutet, daß es derlei geben könnte: die in den Himmel stoßenden dunklen Bergzacken, der Wasserfall, der vom Himmel herab in die Hölle zu toben scheint und dabei seinen Weg mitten durch das Städtchen nimmt, das ohrenbetäubende Brausen, der friedliche Gegensatz der Kuhschellen auf den besonnten Matten, der geheimnisvolle Schleier der Wolken und Nebelschwaden, die bei Regenwetter sich auf die Stadt senken. Zum erstenmal verstand ich wirklich Mozarts Abneigung gegen diese Gebirge: die Landschaft atmet den Geist Beethovens, nicht den seinen.

Während des Sommers wurde das liebe Gastein Nikolaus und mir schnell zum Heim. Bei Straubinger hatten wir zwei Zimmer gemietet; wenn wir die Fenster öffneten, konnten wir das Toben des Wildbaches hören. Jetzt noch klingt es in meine Stube in Salzburg. Wir fanden gute Leute, die uns freundlich und mit Achtung begegneten. Der Beyergrabenwirt leistete uns Gesellschaft, wenn wir bei ihm ein Glas kaltes Bier tranken. Straubingers Tochter zeigte uns stolz die zweiundzwanzig Zimmer des Gasthofes. Der Apotheker schnitt vorsorglich Schreibfedern für uns zu – ein gebildeter Mann, dem Nissen anvertraute, er hoffe, seine Federn bald für die Abfassung einer Lebensbeschreibung des berühmten Komponisten Mozart zu verwenden. Unser vorsorglicher Doktor Storck bestätigte nach einer Untersuchung, daß Nikolaus sich von den Heilbädern Besserung erhoffen dürfe, und riet auch mir, von der Gelegenheit Gebrauch zu machen. Die herrlichen Bäder! Wie neugeboren fühlten wir uns jedesmal. Bei Morgengrauen standen wir auf, kochten uns auf einem kleinen Kohlenofen im Zimmer unseren Kaffee und gingen dann zur Badestube – ein dunkles Holzgewölbe voll warmen Dampfes, durch das der Quell floß. Der Badwaschel sah darauf, daß wir den vollen Nutzen aus der Quelle zogen. Nach einer Stunde, zurück zum Gasthof und, todmüde, auf eine Stunde ins Bett. Wenn wir wieder aufgestanden und angekleidet waren, war Nikolaus so hungrig, daß er sich wie ein Junge auf das Gulyas stürzte, das man uns in der Gaststube in einer dunkelbraunen, gewürzten Sauce servierte.

Im Herbst waren wir zurück in Salzburg; bei Bürgermeister Haffter, am Marktplatz, fanden wir Unterschlupf, bis unser Heim am Nonnberg, nahe dem Kloster, für uns bereit war. Das Haus lag am Abhang über der Stadt, überragt vom Mönchsberg, von Felsen und von der steinernen Drohung der Feste. Wir konnten den Fluß unten im Tal sehen und zwischen ihm und unserem Bergzug die ummauerte Stadt, den Dom, die vielen Türme; von einer Holzbank im Garten, unter einer Weinlaube, konnte man das Haus in der Getreidegasse erkennen, in dem Mozart geboren wurde, die Kirchgasse, wo Wowi jüngst Nannerl besucht hatte, und höher, näher zu uns, die Friedhöfe; den Petersfriedhof, wo Michael Haydn liegt, und jetzt auch Nannerl; den Sebastiansfriedhof mit dem Grab des Zauberers Paracelsus, wo die Grabstätte meines Schwiegervaters lag, die er mit Nannerls kleinem Töchterchen teilte – der alte Mann und das Kind. Das ist das ererbte Grab, in dem ich seitdem Nissen begraben habe und Genoveva, die Mutter meines Vetters Karl Maria, und das auch meines sein wird, wann immer es Gott gefällt.

Wir lebten in dem Häuschen mit seinen kleinen Zimmerchen, den weiß getünchten Wänden und den niedrigen Decken ein wenig wie die Nonnen im Kloster nebenan. Ein richtiges Salzburger Bauernhaus war das mit seinen winzigen quadratischen Fenstern. Möbel hatten wir wenige. Im ersten Stockwerk lag unser Schlafzimmer mit dem Fenster nach hinten, eine grüne Decke auf den Betten, ein Schrank, sonst nichts. Nissens Arbeitszimmer blickte über die Stadt hin; hier sollte das Buch geschrieben werden. An die Wand des Sitzzimmers hängte ich den Stich, der Wolfgang, Nannerl und den alten Mozart beim Klavier zeigt unter einem Portrait von Wolfgangs Mutter; daneben hängte ich ein Bild unserer Cousine Schonstrup, auf meinen Sekretär stellte ich Wolfgangs marmornes Tintenzeug mit dem silbernen Tintengefäß und dem Sandbehälter, an dem man noch den Fleck sah, der zur Zeit des Requiems entstanden war. Die Wände des kleinen Raums widmete ich der Jugend: da hing das Bild Wolfgangs als Kind, mit seinem kleinen Degen, und das, auf dem Wowi und Karl, der eine fünf, der andere zwölf Jahre alt, einander zärtlich umschlungen halten. Die sind noch immer bei mir und um mich, die lieben Bilder. Eines mehr, das Bild Nissens, hängt nun über dem Mozartischen Familienbild.

Als der Herbst zum Winter wurde, richtete Nikolaus sein Arbeitszimmer zurecht. Die Bücher, Papiere und Mappen füllten wiederum Laden und Regale; eine Batterie gespitzter Schreibfedern lag auf dem Sekretär, und die Arbeit begann. Gastein im Sommer, Salzburg im Herbst und Winter, das war die Runde unseres Lebens während der nächsten fünf Jahre.

Mozart war bei uns, wenn ihm auch einst das Leben in Salzburg zuwider gewesen war, und sogar die Stadt selbst – diese liebliche Stadt und diese gütigen, freundlichen Salzburger!

Eine Geschichte der Musik, aus dem Englischen übersetzt, in der Mozart erwähnt und gewürdigt war, erschien im Jahr nach unserer Übersiedlung. Im fernen Amerika, in Neu-York, so erfuhren wir, veröffentlichte Lorenzo da Ponte, der ‚Le Nozze di Figaro', ‚Don Giovanni' und ‚Così fan tutte' geschrieben hatte, seine Erinnerungen; er lehre dort Italienisch an einer Universität, sagte man, und habe ‚Don Giovanni' zur Aufführung gebracht. Ich fühlte eine Art Verlegenheit, wenn ich dergleichen hörte. Die Welt mochte sich fragen, wie die Constanze Weber dazu gekommen war, in das Leben dessen einzutreten, der noch dreißig Jahre nach seinem Tod ferne Länder erobern konnte.

„Mozarts Musik wird immer mehr geschätzt", sagte Nissen, „und man wird auch immer mehr über sein Wesen, sein Schicksal und seine Lebensgenossen wissen wollen, nicht nur hier, in seinem Land, sondern überall in der Welt. Ich schulde dieser Welt mein Buch über Mozart, da ich ihm näher stehe als andere. Schriebe ich nicht nieder, was ich über ihn erfahren kann, so wäre meine Handlungsweise ebenso verwerflich wie die Andrés, dem du so viele musikalische Kompositionen verkauft hast, und der sie unter Schloß und Riegel der Welt vorenthält. Du mußt mir helfen, Mozart besser zu verstehen. André ist wohl von Natur aus ein Sammler und Eigenbrötler, der das Seine geizig vor anderen verbergen will, ich aber muß niederschreiben, was ich erfahren kann.“

Nikolaus, tiefmusikalisch, noch ein wenig der Dichter, der er als Jüngling sein wollte, dessen Nerven wie die Saiten eines Klaviers die feinsten Schwingungen mit einem zarten Ton beantworteten, fühlte sich Mozart leiblich nahe, seit wir unser Leben teilten. Das hatte er mir gestanden, und es war eine Art Wollust für ihn. Ich aber war, wie André, eine Sammlernatur. Meine Erinnerungen waren ein Schatz, den ich nicht teilen wollte, am wenigsten mit dem Mann, den ich liebte, anders als Mozart, aber doch von ganzem Herzen. Wenn er neben mir lag und meine Hand liebkoste, löschte diese Liebkosung die Erinnerung an Wolfgang aus, aber meine Hemmung kam wieder mit dem Morgengrauen; sie dauerte an, und je länger sie mir die Lippen schloß, desto unüberwindlicher wurde sie.

Seit dem ersten gesegneten Badeaufenthalt in Gastein hatte sich Nikolaus' Zustand gebessert. Wir sprachen wieder von der Zukunft. Wir unternahmen eine kurze Reise nach Deutschland, die auch wiederum Mozart galt und dem Besuch von Stätten und Personen, die er einst gekannt hatte; die Ausbeute war ein neues Bündel von Notizen. Seltsam war es, wenn da aus dem Dunkel, aus der fernen Vergangenheit, ein Dokument seinen Weg zu uns fand, das einst ein Teil meines Lebens und damals, in der Vergangenheit, Gegenwart für mich gewesen sein mußte, das ich einst in der Hand gehalten haben mußte und doch nicht wiedererkannte. So machten wir in Gastein die Bekanntschaft Johann Michael Vogls, eines Sängers und guten Freundes von Herrn Süssmayer; er kam von einer Wanderung durch die österreichischen Berge in Begleitung Franz Schuberts, auf der die beiden in Privathäusern, Gaststätten und Dörfern, wie die Bänkelsänger in alter Zeit, Schuberts Lieder vorgetragen hatten. Vogl erwähnte einen Linzer Beamten, der Wolfgang gekannt haben und unbekannte Originalmanuskripte von seiner Hand besitzen sollte. Mir sagte der Name nichts, aber auf Nissens Anfrage tauchte ein Menuett auf, dessen Echtheit er von mir bestätigt wissen wollte. Welch starkes, fast unheimliches Gefühl mich da überkam, als ich diese Notenblätter in der Hand hielt, mir völlig fremd, und doch ohne jeden Zweifel die Schriftzüge erkannte, die auf dem Papier zum Leben zu erwachen schienen.

Nissens Briefwechsel mit Personen, die mit Mozart in Berührung gekommen sein mochten und vielleicht Wissenswertes über ihn berichten konnten, wurde zu einem Fangnetz, das sich weit ausbreitete. Es galt, mit diesen Menschen in Verbindung zu treten, bevor sie verschwanden und ihre Erinnerungen mit sich nahmen.

Briefe an meine Schwester Luise waren Rufe in einen Wald, die ohne Echo blieben. Sie verbarg ihre Gefühle. Sie lebte in Wien in beschränkten Verhältnissen und verdiente ihren Lebensunterhalt mit Gesangstunden. Sie mochte am Ende bedauern, daß sie nicht Mozarts Frau geworden war. Sie beneidete vielleicht gar mein Schicksal, hielt mich gar für die Klügere, die Begabtere, die Bedeutendere. Sie, die strahlende Luise! Das Leben hatte sie gefügig gemacht. Eine alte Frau heute, wie wir alle besiegt vom Feinde Zeit, wohnt sie nun auch hier in Salzburg. Wir sehen einander nicht allzu oft. Wenn sie mich besucht, sprechen wir von der frühen Winterkälte, vom teuren Kaffee und vom Hündchen ihrer Nachbarin, das schon zwölf Jahre alt ist. Sie vermeidet es, Wolfgang zu erwähnen, wie ich es vermied, wenn Nikolaus mir seine Fragen stellte.

Sophie, die heute bei mir haust, die liebe Zeugin meiner Jugend, lebte damals noch in Diakovar mit Jakob Haibel, Schikaneders Tenorist, der inzwischen dort unten Chorregent geworden war. Wie war das süße kleine Mädchen nur da hinunter verschlagen worden? Wie einsam mußten die beiden dort sein, ohne Kinder! Auch sie besiegt vom Feinde Zeit. Wenn Nikolaus von Mozarts Sterben sprach, zog ich wie eine Schildkröte den Kopf ein und versteckte mich in meiner schützenden Schale. Diese Erinnerung ließ ich nicht gern aufleben. Zwei der anderen Zeugen dieses Sterbens konnte er nicht mehr erreichen: der Arzt war längst tot, Josef Deiner tot oder verschollen. So schrieb er denn an Sophie um Auskunft. Ihre Antwort lag in seinen Mappen bis nach seinem Tod. Ich wollte sie nicht lesen. Dann erst nahm ich sie vor, als ich das Material für Doktor Feuerstein vorbereiten mußte, der Nissens Buch vollenden sollte. Da las ich dann Sophies Brief. Die gute Seele! In ihrer einfachen, unbeholfenen Art erzählte sie da von der Todesnacht.

Karl war immer ein schlechter Briefschreiber. So viele Briefe gingen durch die Post verloren, schrieb er. Manchmal verdächtigte ich ihn, daß er da nur eine Ausrede erfunden habe, der faule Lump, wenn er es wieder einmal unterlassen hatte, einen meiner Briefe zu beantworten. Wie verschieden er von seinem Bruder ist! Oft denke ich, es fehle ihm an Lebenskraft. So wenig ist ihm im Leben gelungen: der bescheidene Broterwerb – die ältliche Geliebte – das tote Kind. Einmal habe ich die kleine Constanze wenigstens während meines Mailänder Besuches in die Arme schließen können. Das war der uneingestandene Zweck meiner Reise dorthin. Da Karl so selten schrieb und ich ihn, seit er 1797 nach Livorno in die Lehre gegangen war, nicht mehr gesehen hatte, schlug Nissen vor, ich solle ihn in Mailand aufsuchen, um zu erfahren, welche Erinnerungen an seinen Vater er beitragen konnte. Nikolaus traute sich die Reise selbst nicht mehr zu, und so fuhr ich im Frühjahr 1825, sobald der Schnee geschmolzen war, über Innsbruck und den Brenner Paß nach Mailand. Schön war diese Fahrt! Ich sehe noch den von goldenem Sonnenlicht erfüllten Schimmer über Bozen und den letzten Schnee auf den Bergen. Ich sehnte mich, Karl endlich wiederzusehen. Ein böses Gewissen hatte ich auch seinetwegen. Puchberg und Herr van Swieten hatten mir seinerzeit geraten, den Jungen aus dem Haus zu geben, und ich, mit meinen neunundzwanzig Jahren, konnte an der Weisheit solcher Herren nicht zweifeln; gut meinten sie es gewiß, aber zur Zeit Kaiser Josefs fehlte es allen an Gemüt. Karls Zieheltern, Freunde und Erzieher waren die Niemetscheks und die Duscheks gewesen, nicht ich; die Stätten seiner Erinnerung hießen Prag, Livorno und Mailand, nicht Wien und Salzburg. Ich fragte mich, was ich ihm bedeuten konnte. Wie hatte Nikolaus annehmen können, daß Karl noch Wissenswertes über seinen Vater berichten konnte? Oder hatte er es nie angenommen und nur mir den Vorwand nicht rauben wollen, meinen Sohn und meine Enkelin zu besuchen? Das hätte ihm ähnlich gesehen! Wie würde ich diesem vierzigjährigen Staatsbeamten in Mailand, diesem einsamen Mann, der seinen

Traum, Musiker zu werden, hatte aufgeben müssen, gegenübertreten? Er wohnte damals bei der Witwe eines Obersten, die seine Geliebte und die Mutter seines Kindes geworden war. Eine Heirat war aus finanziellen Gründen unmöglich. Hatte ich, ohne es zu wollen, auch sein Schicksal gelenkt, als ich aus ihm einen Kaufmann, aus seinem Bruder einen Musiker machte?

Wie verschieden war das Zusammentreffen in Mailand mit ihm von dem mit seinem Bruder! Karl war fast ein Fremder. Ein gütiger und freundlicher Fremder, der mir nichts nachtrug und mir nichts vorwarf, aber doch ein Fremder. Er hatte Nikolaus nie gesehen, mit Nannerl nie gesprochen.

Vielleicht wird manches von dem, was ich hier sage, dir, Karl, weh tun, wenn du es eines Tages liest; vielleicht wird manch anderes anderen weh tun, sie überraschen oder abstoßen. Dennoch muß ich sagen, was ich zu sagen habe. Ich will keinem der Lebenden Schmerz bereiten, keinem der Toten oder der noch nicht Geborenen Unrecht tun, aber was ich zu sagen habe, muß gesagt sein, darf nicht verschwiegen werden, denn dies ist ja für mich die letzte Gelegenheit, es zu sagen. Wenn ich jetzt nicht aufrichtig wäre, wenn ich jetzt nicht die Wahrheit sagte, wo ich zum letztenmal die Gelegenheit habe, es zu tun, welchen Sinn hätten dann diese Blätter?

Karl war trotz allem von all denen, die mir nahestanden, der einzige, der sich außer mir selbst wenigstens noch an Mozarts Züge erinnern zu können glaubte. Das war ein Band zwischen ihm und mir. Er war auch noch immer dankbar für Nissens väterliche Briefe und Empfehlungen. Er war ruhig, reif, ergeben und völlig verschieden von Wowi: seltsam muß das Zusammentreffen der beiden Brüder gewesen sein, als sie einander fünf Jahre vorher in Mailand gesehen hatten. Dennoch glichen sie einander irgendwie: keinem der beiden war es gelungen, ein starkes Liebesband mit einer jungen Geliebten zu knüpfen und eine Ehe einzugehen. Ich war traurig, daß in ein paar Jahren in der weiten Welt keiner mehr Mozarts Namen tragen würde. Wenn Wowi sanft war, war Karl schwach. Auch er lebte im Schatten seines Vaters, aber er hätte es nicht gewagt, als ein Musiker namens Mozart seinen Weg zu machen; seine Jugendträume waren ausgeträumt, er lebte im Dunkel und war es zufrieden. Beim Abschied umarmte ich Constanze zum letztenmal im Leben. Stanzi nannte ich sie, wie Wolfgang mich genannt hatte. Sie sprach den Namen mit einem gelispelten S-T aus, die kleine Italienerin. Ich kehrte nach Salzburg zurück und berichtete, daß meine Suche nach Nachrichten über Mozart vergeblich gewesen sei. Nikolaus hob ergeben die Arme, küßte mich auf die Stirn und sagte:

„Meine gute Constanze. Vielen Dank.“

Es war um diese Zeit, während der Salzburger Jahre an Nissens Seite, daß ich des Absterbens gewahr wurde, das doch stets um uns vor sich geht, unsere Welt verändert und uns schließlich zu Fremden in ihr macht.

Es ist wahr, daß Generationen von Menschen ständig wie Wellen über die Welt und über die Jahre rollen; in Dänemark hatte ich zum erstenmal das Meer gesehen; wenn ich dort den Strand entlang ging und die ewige Bewegung sah, die Wellenberge, die aus der Ferne heranrollten, immer gleich, nie endend, näher kamen, wuchsen, brausten, schäumten, brachen, über den Sand rieselten und in nichts verschwanden, war mir eingefallen, daß sie Generationen glichen. Wie kommt es, daß wir erst im Alter, unversehens, eines Tages den Eindruck haben, daß die Wellen ausbleiben, daß die Welt wegstirbt, daß wir bald allein sein werden? Sind wir dann empfänglicher für Gedanken an den Tod? Haben wir in unserer Jugend das ständige Sterben um uns übersehen? Glaubten wir in unserer Jugend nicht an den Tod?

Seit ich über sechzig war, schien mir, daß meine Welt zu verblassen begann.

Wie ein altes, sinnloses Echo kam mir zu Ohren, daß Peter Winter, der Münchener Hofmusiker, der einst Wolfgangs Freund gewesen und inzwischen durch seine Opern recht bekannt geworden war, gestorben sei; einst wollte er dem alten Mozart weismachen, sein Sohn wolle nur deshalb in Wien leben, weil ihm die Wiener Weiber den Kopf verdreht hätten.

Der berühmte Poet Jean Paul starb damals. Den hatte ich nie gesehen, aber alle seine Bücher hatte ich gelesen, und die waren ein

Teil meiner Welt. Er war ja vielleicht der größte Dichter aller Zeiten, wenn ihm auch viele Goethe vorziehen.

Salieri starb. Er sei im Wahnsinn gestorben, hieß es in Wien, und auf dem Totenbett habe er sich selbst, vielleicht im Fieber, des Giftmordes an Mozart bezichtigt. Da war dieser schreckliche Verdacht wieder: ein Gerücht, von dem niemand sagen kann, woher es kommt; es läßt sich nicht erfahren, wer die letzten Stunden mit Salieri verbracht hat. Nissen, bedacht und zurückhaltend, wollte mich nicht verletzen, deutete aber an, er halte meinen wilden Verdacht für verstiegen. Er wies auf die gütige Förderung hin, die Salieri Wowi als seinem Schüler hatte angedeihen lassen, und auf das Zeugnis, das er ihm ausgestellt hatte. Wowi hatte in Kopenhagen schon auf meinen Verdacht ebenso geantwortet und wiederholt versucht, mich von diesem Gedanken abzubringen, den er absurd nennt. Karl hatte in Mailand in mich gedrängt, diesem Gerücht entgegenzutreten, und hatte dies selbst in einem Zeitungsartikel getan. Noch im vorhergehenden Jahr hatte der Sanitätschef von Wien eine Erklärung abgegeben, daß Mozart einem rheumatischen Entzündungsfieber erlegen sei, und daß sein Leichnam keinerlei Vergiftungserscheinungen aufgewiesen habe; er habe ihn als damaliger Stadtarzt selbst gesehen. Man hatte mir gegenüber von einem hitzigen Fraiselfieber gesprochen: hatte ich recht verstanden? Hatte man sich geirrt? Wer weiß, wo die Wahrheit ist!

Mein Vetter Karl Maria starb. Aus London kam die Nachricht, wo er seine neue Oper ‚Oberon' gerade aufgeführt hatte, die ihm zweitausend Pfund eingebracht haben soll – mehr als Mozart alle seine Opern zusammen.

Nannerl erblindete. Schon bevor wir nach Salzburg gezogen waren, hatte sie das rechte Augenlicht verloren, und nun war die Welt für sie völlig dunkel: vielleicht ein schwereres Schicksal als Tod! Ich suchte sie auf. Sie war sanft und ergeben. Ich fühlte mich ihr näher als je vorher, näher, als wenn sie mir noch hätte in die Augen blicken können. Eine Schwester aber war sie für mich nicht. Wir kamen selten in das Haus in der Kirchgasse, obwohl es so nahe dem unseren lag. Nannerl hat nie ein verletzendes Wort zu mir gesagt, aber sie erkannte mich nicht als die Frau an, der ihr Bruder seine Liebe geschenkt hatte. Ihr Leben lang hat sie ihrem Vater die Treue bewahrt, der mich nie seine Tochter genannt hat. Ich habe dessentwegen nie übel über sie gedacht, denn sie war eine gute Frau, aber wir sind einander fremd geblieben. Mozart liebte seine um fünf Jahre ältere Schwester zärtlich: er und sie, die einzigen von sieben, die noch am Leben waren. Da war der Tod so mitleidlos gewesen wie bei uns. Mozarts Mutter hätte ich wohl verstehen und lieben können, so scheint mir. Mozarts Liebe zu Nannerl war tief und wahr, das fühlte man, wenn er von seiner tränenseligen, gemütsweichen Schwester sprach, wenn er sie, das hübsche junge Mädchen, zärtlich-scherzhaft ‚Schwester Pferdegesicht' nannte. Nach unserer Heirat waren ihre Briefe selten und kalt im Ton geworden. Auch sie hat seit ihren Kindheitstagen ein Tagebuch geführt, wie ihr Vater es wollte. Eines Tages werde auch dieses Tagebuch, so sagte Nissen, zum Beweismaterial für Geschichtsschreiber werden und vielleicht gegen mich zeugen. Nannerls Tagebuch kann wohl kaum die Chronik eines glücklichen Lebens sein. Der wohlhabende Gerichtspfleger in Sankt Gilgen, den sie endlich geheiratet hat, Johann Baptist Freiherr von Berchtold zu Sonnenburg, soll so abschreckend gewesen sein wie sein Name, kühl wie der Wolfgangsee, an dem sie in demselben Haus lebten, in dem Wolfgangs Mutter einst geboren wurde und aufwuchs. Nannerls Gatte, fünfzehn Jahre älter als sie, schon zum drittenmal verheiratet, brachte fünf ungezogene Rangen in die Ehe mit. Auch Nannerl hat dann Kinder zu Grabe getragen, zwei von den dreien, die sie geboren hat. Den kleinen Leopold, den letzten, brachte sie im Haus ihres Vaters zur Welt, wo der Kleine lange blieb. Sie hatte uns erzählt, wie mein Schwiegervater neben seinem Bettchen mit einer Gabel auf einen Messingleuchter schlug, um zu beobachten, wie das Kind auf den Glockenton reagierte: er hoffte, einen zweiten Musiker erziehen zu können – denn ein großer Lehrer war Vater Mozart –, und diese Hoffnung war sein Alles während der letzten Wochen seines Lebens, eine Hoffnung, die unerfüllt blieb. Der kleine Leopold ist später Zollbeamter geworden. Seine Mutter zog nach dem Tod ihres Mannes, noch während der napoleonischen Kriegswirren, nach

Salzburg, und da erblindete sie. Vor zehn Jahren ist dann auch ihre Zeit gekommen. Sie verlosch wie eine niedergebrannte Kerze, schwach und müde wie sie war, und ihr Sohn hat sie am Petersfriedhof begraben lassen, denn die Grabstätte ihres Vaters hatte Wolfgang geerbt, und die ist jetzt mein Besitz. Da liegt sie, neben Michael Haydn, fern von ihren Lieben, wie sie gelebt hat. Zu ihrer Hochzeit hatte Wolfgang ihr geschrieben, er wünsche ihr, daß ihre Ehe so gut werden möge wie die seine. Ich denke ohne Liebe an sie, aber auch ohne Haß, das weiß der liebe Gott, und ich denke daran, wie seltsam es ist, daß ich letzten Endes in diesem schweren Leben gar mehr Glück geerntet haben mag als das blinde Nannerl, das unter einem so günstigen Stern geboren war.

Nach meiner Rückkehr aus Mailand hatte ich Nikolaus verändert gefunden. Ich schrieb meinen Eindruck der Trennung zu, nach der mir vielleicht auffallen mochte, was ich vorher nicht beachtet hatte. Er, der allen vertraut hatte, und dem alle vertrauten, zeigte Mißtrauen gegen Kaufleute, bei denen er Waren bestellt hatte, gegen Nachbarn, in deren Haus er ihm unbekannte Besucher beobachtete, gegen Korrespondenten, die seine Briefe nicht beantworteten. Er hatte Kopien seines Letzten Willens an verschiedenen Stellen hinterlegt – bei Vetter Schonstrup in Kopenhagen, beim Kopenhagener Magistrat und bei Salzburger Stellen – mit der Weisung, diese im Fall seines Ablebens an mich oder an meine Söhne zu übersenden; er erinnerte sich nicht, wo diese lagen, und der Gedanke quälte ihn, dessen Gedächtnis immer so vorzüglich gewesen war. Er wachte nachts auf und begann, von dieser Sorge zu sprechen. Monate später sollte ich von Wowi erfahren, daß Nikolaus drei Wochen vor seinem Tod an ihn geschrieben hatte, um seine Anordnungen zu bestätigen, ihn zu beschwören, mich von seinen Befürchtungen nichts wissen zu lassen, und all dies in einem umständlichen, langatmigen Stil, der von seiner sonst so klaren Redeweise merkwürdig abstach. Er fühle einen ständigen Druck im Kopf, schrieb er in diesem Brief, Summen in den Ohren, und das Ende werde wohl bald kommen; mir verheimliche er seine Befürchtungen, da er mich über alles liebe und ihm der Gedanke einer ewigen Trennung unerträglich sei. Nikolaus begann, sich zu wiederholen: er sagte am Nachmittag, was er schon am Morgen gesagt hatte, und am Abend, was er am nächsten Morgen wiederholen sollte. Er, der die Freuden und Leiden anderer immer behutsam geteilt hatte, schloß sich in seine Einsamkeit ein, die er mit niemandem teilen wollte als mit mir. Er wollte keine Besucher empfangen und schützte vor, daß er mit seiner Zeit geizen müsse, um sie der Arbeit an seinem Buch zu widmen. Das üble Wetter und die langen Winterabende gewährten ihm Muße, um zu ordnen, zu vergleichen, zu schreiben, aber das Manuskript wuchs nur langsam; es wurde ihm schwerer und schwerer, seinen Weg durch das Wirrsal der Sätze zu finden. Er war gezwungen, immer wieder Einsicht in diese oder jene Notiz zu nehmen, die er eben sorgfältig studiert hatte, nur um zu entdecken, daß er den Gegenstand auf dem am Vortag abgefaßten Blatt bereits behandelt hatte. Wenn ich zu ihm sprach, überhörte er, was ich gesagt hatte; wenn er mir antworten wollte, kostete es ihn Mühe, seinen Satz zu formulieren; wenn er endlich seine Antwort formte, entsprach sie nicht der Frage.

„Unser Buch ist im Stocken", sagte er; er nannte seine Arbeit ‚unser Buch', und bis zur letzten Stunde habe ich von ihm nie ein Wort des Vorwurfs gehört, daß ich so wenig zu ‚unserem' Buch beigetragen hatte. Wenn ich ihn an seinem Schreibtisch unbemerkt beobachtete, schien er hilflos, verloren, erschöpft vom Warten auf etwas, das nie eintraf. Sein Gesichtsausdruck war verändert.

Ich ertappte mich dabei, wie ich nach Altweiberart alltägliche Gesten als Krankheitssymptome auffaßte, und ich ertappe mich heute dabei, wie ich nach Altweiberart Gefallen daran finde, diese Symptome zu beschreiben. Hätte ich Wolfgang so aufmerksam beobachtet, nachdem wir aus Prag zurückgekehrt waren, vielleicht hätte ich ihn vor dem Tod schützen können. Damals aber war ich eben noch kein altes Weib.

Das Jahr 1826 brach an. Der März brachte den Föhn, der den Schnee von den Bergwänden wegschmilzt. Das war die Zeit, als Nikolaus den Brief an Wowi schrieb, den er mir verheimlichte. Der Föhn, sagt man in Österreich, bringe Gefahr: da denken junge Menschen an den Tod, und alte sterben. Eines Morgens, als der Wind die Wolkenfetzen besonders schnell über den fahlen Himmel jagte, klagte Nikolaus über Schwindel und getrübtes Augenlicht. Er richtete sich auf, um aufzustehen, drehte sich, wie von einer unsichtbaren Hand gestoßen, um sich selbst und fiel aufs Bett zurück. Ich erkannte im blitzartigen Schein einer alten Erinnerung die verzweifelte Geste meines sterbenden Vaters, eine Pirouette vom Choreographen Tod ersonnen.

Das Sterben dauerte eine Woche. Der Arzt verschrieb kalte Umschläge, er ließ zur Ader, verbot feste Nahrung und empfahl Rhabarbersaft. Nikolaus ließ geduldig alles geschehen. Er klagte nicht. Er wehrte sich nicht. Er kämpfte nicht um sein Leben. Er sprach kein Wort. Er drückte meine Hand, wenn ich die seine nahm. Er blickte mich dankbar an, wenn ich ihm über die Haare strich oder ihn auf die Schläfe küßte. Er lallte, wenn er sprechen wollte. Dann wurden seine Gesten und Bewegungen träger. Seine Augen folgten mir nicht mehr, wenn ich durchs Zimmer ging. Sein Atem ging leise, ruhig, schmerzlos. Abends röchelte er leise. Der Tod kam ohne Schreck, ohne Kampf, ruhig, unmerklich. Der Arzt schloß ihm die Augen und zog die grüne Decke über sein Gesicht. Ich war zum zweitenmal allein.

Erst als die Männer ihn forttrugen, kamen die Tränen und das Schluchzen. Wie eine Stümperin auf der Bühne mimte ich die Gesten der Vorbereitung zur Nacht; ich wusch mich, spülte mir den Mund aus, zog mein Nachthemd an, löschte die Kerze aus, aber ich konnte nicht schlafen. Mit wem sollte ich meine Angst teilen? Mit dem blinden Nannerl? Mit Wowi im fernen Lemberg? Mit Karl in Mailand, der dort sein Leben verfließen ließ? Ich hatte Angst. Ich zündete meine Kerze wieder an. Dann schlief ich vor Erschöpfung ein.

Der Morgen brachte graues Licht, das Brausen des Föhns, leere Zimmer, die nun nicht mehr mitleidvoll im Dunkel lagen. Auf Nissens Schreibtisch lagen Bücher, Papiere, Federn, zwei Mappen und in einem Körbchen das unvollendete Manuskript.

In diesem Körbchen lag Mozarts Ruhm, Nikolaus' Lebensaufgabe, die Wahrheit über Mozart und ein Teil der Wahrheit über mich.

Ich hatte meine Schuld nicht beglichen. Ich hatte Nikolaus Erinnerungen vorenthalten, für mich bewahrt, weil eine Art Scham und Selbstsucht mich dazu zwang. Ich sagte mir, ich hätte Nikolaus weh getan, wenn ich allzu Persönliches preisgegeben hätte, aber wer, außer dem lieben Gott, kann wissen, ob das nicht bloß eine Ausrede ist, die ich mir zurechtgezimmert hatte. Der Tod hatte Nikolaus die Feder aus der Hand genommen, wie Mozart. Er hatte das Ende des Weges nicht erreicht. Mit meiner Hilfe hätte er es vielleicht gekonnt. Vielleicht hatte ich zum zweitenmal einen Mann, für den ich lebte, verraten. Nikolaus hatte Mozart Jahre seines Lebens gewidmet. Würde ein Stoß Papier in einem Körbchen sein einziges Denkmal sein? Und Mozarts Ruhm? Und mein Name? Sollte all das denen überlassen bleiben, die noch nicht geboren waren? Der Abend brachte neues Dunkel und neue Trauer.

Nikolaus ließ ich im Familiengrab am Sebastiansfriedhof beisetzen, denn nun gehörte er für immer zu uns, zu den Mozartischen und den Weberischen. Neben Leopold Mozart sollte er liegen, neben meiner Tante Genoveva und Nannerls Tochter Jeanette, der jung Verstorbenen. Ich werde auch neben ihm liegen. An ihm hing unser Schicksal, und das sollte man wissen. Das Epitaph für Leopold Mozart auf dem Grabstein ließ ich tilgen. Aus Nikolaus' Lade zog ich einen Bogen Papier und entwarf die neue Inschrift, die nun da steht:

‚Georg Nikolaus von Nissen, Königl. Dänischer Wirklicher Etatsrat, Ritter des Danebrogh Ordens, Gatte der Witwe Mozart, geb. zu Hardensleben in Dänemark d. 22. Jänner 1761. Starb hier den 24. März 1826.'

Hadersleben hätte es da heißen sollen, aber das fiel mir erst auf, als der Meißel schon sein Werk getan hatte. Als ich den Fehler entdeckte, kamen mir Tränen in die Augen, denn fast konnte ich Nikolaus lächeln sehen, seine Hand auf meiner Wange fühlen und ihn kopfschüttelnd sagen hören: ‚Solch ein Wirrkopf!'

‚Dem Wohltäter der Familie Mozart gewidmet von seiner Gattin und seinen dankbaren Stiefsöhnen Karl und Wolfgang Mozart' – das setzte ich auf die Rückseite. Für die kahlen Flanken des Steins wollte ich etwas Poetisches; da half mir der Steinmetz, der darin Erfahrung hatte, aber vielleicht nicht viel Geschmack. Er fand mir zwei Gedichte. Ich hätte besser daran getan, einen Satz aus dem Brief Wowis zu wählen.

Dieser beschwor mich, zu ihm nach Lemberg zu ziehen, oder wenigstens nach Wien, zu Luise und ihren Kindern, zur Tochter Josefas und deren Familie. Ich wollte von Salzburg, von meinem Gastein, vom Sebastiansfriedhof und von meinem Nonnberg nicht weg. Da gab es noch viele Geschäfte für mich. Da lag das Manuskript Nissens in seinem Körbchen.

Ein Brief, der allzu lange unterwegs gewesen war, half mir, eine Entscheidung zu treffen: Sophies Gatte, Jakob, war in Diakovar am selben Tag verschieden wie Nikolaus. Am selben Tag! Sophie war allein wie ich. Es war ein Zeichen vom Himmel. Das lasse ich mir nicht nehmen, daß es ein Zeichen war, und das kann ich nicht als Aberglauben abtun. Ich schrieb unverzüglich an sie, und so kam sie zu mir, für immer; das ist die süßeste Freude, welche das Leben mir noch gewährt hat, daß ich meine Sophie nun in der Küche herumgeistern höre, während ich in meinen Papieren krame und den Staub der Vergangenheit aufstöbere.

Wowi ließ ich auch kommen. Nur für kurze drei Wochen und trotz seiner Bedenken wegen der teuren Reise. Seit unserem Treffen in Kopenhagen hatte ich ihm mit Geldgeschenken ausgeholfen, wie ich es noch immer tue, und damit beruhigte ich mein Gewissen. Ich wollte ihn hier haben, denn es galt, den Schlußpunkt unter das Leben eines sehr guten Mannes zu setzen. Die gnädige Genehmigung für meinen Plan hatte ich schon vom Hochwürdigen Herrn Erzbischof erwirkt. Wowi fiel mir in die Arme. Es gab Tränen, und er war wieder bei mir, mein lieber Sohn. Er suchte seine Tante, das Nannerl auf, die ihn bei seinem vorherigen Besuch noch hatte sehen können. Er spielte ihr vor, und sie vergoß Tränen aus ihren toten Augen. Dann übergab sie ihm ein großes Paket von Briefen, die zwischen Wolfgang und seinem Vater vor unserer Heirat noch gewechselt worden waren; die legte ich fürs erste in Nissens Mappen. Als zweite Gabe kündigte sie ihm an, daß sie zu seinen und seines Bruders Gunsten auf alles

Einkommen vom Requiem verzichte. Das war lieb von ihr, aber ich fragte mich, ob sie es nicht tue, weil sie von meinem Entschluß bezüglich der Grabstätte gehört hatte, ihn mißbilligte und nichts mehr mit uns gemein haben wollte. Eine Andeutung in ihrem Gespräch mit Wowi machte mich wohl glauben, daß dem so war: sie hatte ihren Letzten Willen geändert und wollte, entgegen einer früheren Bestimmung, nicht im Familiengrab bei ihrem Vater und ihrer Tochter liegen. Ich bin der Toten nicht böse und vergebe meinen Schuldigern, wie unser Herr Jesu mir meine Sünden vergeben möge. Meine Absicht aber führte ich dennoch aus, denn ich wollte, daß meine Söhne, Salzburg, die Welt und die Nachwelt wissen sollten, daß wir zueinander gehörten, daß keiner von uns verdiente, vergessen zu werden, und daß ich mehr als ein dummes Gänschen aus Zell im Wiesental war, das durch Zufall Wolfgang Amadé Mozart und dem Etatsrat Georg Nikolaus von Nissen über den Weg gelaufen war.

Eine heilige Seelenmesse für Nissen in der Universitätskirche, wie ich es geplant hatte, das war der Schlußpunkt, den ich unter sein Leben setzte. Sie spielten und sangen für ihn Mozarts Requiem. Wowi leitete die Messe; die beste Aufführung, die man je gehört habe – so schrieb die Zeitung.

Ich saß da, lauschte und hatte Teil an allem, denn ohne mich wäre alles nicht gewesen, wie es war.

Ite. Missa est.

* * *

Die leeren Zimmer waren das Schlimmste. Und die Stille in Nikolaus' Arbeitszimmer. Da lag das Manuskript, da stand der Schreibtisch mit seinen Laden, in denen die Vergangenheit lauerte. Ich ging immer wieder dorthin, machte mir vor, es sei Zufall, ging mit dem Staubtuch über die Bücherrücken, die Regale entlang, dann berührte ich das Deckblatt des Manuskripts: es half nichts, sobald ich das Papier knistern hörte, kamen die Tränen und das Schluchzen.

Der Mai ging zu Ende; die Sommersonne schien durch die Fenster, und je heller sie schien, desto trauriger war das Zimmer. Schließlich begann die Zeit ihr Werk zu tun. Sie heilt alle Wunden, heißt es; das glaube ich ja nun nicht, aber sie schafft Narben, und wir gewöhnen uns daran, diese zu fühlen. So kam denn der Tag, als ich, wenn ich auch aufschluchzen und mir die Tränen von der Wange wischen mußte, und wieder aufschluchzte, als wäre Trauer ein Krampf, der den Menschen packt und schüttelt – der Tag, als ich mich endlich zwang, eine Lade zu öffnen und eine Mappe herauszuziehen und zu öffnen: ‚1782–1785', stand am Umschlag, ‚erste Erfolge in Wien'. Briefe . . . Kalenderblätter . . . Notizen . . . wieder Briefe . . . Programme . . . Rechnungen . . . Konzertankündigungen. Ich wendete die Blätter, las hier und dort, erkannte Namen – ‚Einladung zur Subskription für eine Reihe von Akademien im Kasino auf der Mehlgrube . . .' – ‚Die zwanzigjährige Geigerin Regina Strinasachi aus Mantua gibt sich die Ehre . . .' – ‚Gottfried Jacquin . . .' – ‚. . . Herr Strack, Cellist in der Hausmusik Seiner Majestät . . .'

Die Sommersonne war im Untergehen. Erinnerungen kamen aus dem Zwielicht des Zimmers. Das Kästchen sah nun aus wie eine Miniaturnachbildung der Stirnwand des Kasinos auf der Mehlgrube. Das Halbdunkel verlieh Gersons Portraitskizze an der Wand die Züge Gottfried Jacquins. Ein schleifendes Wagenrad am Pflaster draußen wurde zum Klang einer D-Saite, und Regina Strinasachi stimmte ihre Geige nebenan in Mozarts Arbeitszimmer. Die Vergangenheit stieg aus den Mappen, und Wolfgang besetzte Nikolaus' Schreibpult. Während vieler Monate lebte ich in dieser

Vergangenheit; vielleicht wurde das der Anstoß dazu, daß ich meine Erinnerungen zu schreiben begann. Papier um Papier, Bogen um Bogen, Blatt um Blatt las ich meinen Weg zurück, in die Tage von einst. Das tote Papier gebar Menschen und Ereignisse, die einst gewesen waren. Ich sah, was da auf dem Papier stand, aber ich sah zugleich, was ich Nikolaus vorenthalten hatte; alles kam zurück, kristallklar, und lebte wieder auf, nun, da er dahin war, und auch Wolfgang erschien und agierte im geheimnisvollen Land meiner Erinnerung, wesenlos und doch lebendig.

Philip Jakob Martin aus Regensburg veranstaltet im Restaurationsgebäude des Kaiserlichen Augartens, der vor kurzem von Seiner Majestät, Kaiser Josef II., seinen Wienern ‚von ihrem Schätzer', wie die Aufschrift am Eingang besagt, zugänglich gemacht worden ist, Abonnementkonzerte. Mozart wirkt im Jahre 1782 mit, und das Publikum akklamiert ihn. Man bewundert den Klaviervirtuosen mit den schönen Fingern, dessen bleiches Gesicht nicht zu seiner gemütlichen Miene paßt. Es ist schwer, Zutritt zu den Akademien zu finden, denn reiche Bürger und viele Adelige haben schon von ihm gehört und wollen diese Akademien nicht versäumen. Seine Schwägerin Aloysia Lange gibt eine Akademie im Nationaltheater bei der Hofburg, auf dem Platz vor St. Michael. Mozart produziert sich auch. Ist seine Liebe für Luise tot? Er schreibt gerne Arien für sie. Vor Beginn der Akademie im Hofburgtheater überbringt man Wolfgang einen Briefumschlag von Seiner Majestät, der eine Gratuität von fünfundzwanzig Dukaten enthält. Die Einnahme beläuft sich auf fast fünfhundert Gulden. Ein sehr langes Programm, wie das üblich ist: zwei Symphonien, ein Klavierkonzert. Seine Majestät erhebt sich, winkt mit dem Hut Mozart auf der Bühne zu und ruft: „Bravo, Mozart!". Luise singt dann noch zwei ihrer Arien, Wolfgang spielt ein Rondo, dann noch eine Fuge, Variationen auf ein Thema von Paisiello. Er spielt zwanzigmal im Laufe eines Monats. Seine Akademien sind voll subskribiert; einen Souverain bezahlt jeder Subskribent. Als der alte Mozart 1785 nach Wien kommt, sieht er erstaunt, daß seinem Sohn das Abenteuer gelungen ist. Wolfgang ist beglückt über die Anerkennung seines Vaters, denn das

Zerwürfnis mit ihm hat ihn verstört zur Zeit unserer Heirat und der Reise nach Salzburg, zur Zeit der ‚Entführung aus dem Serail' und der Geburt des armen Kleinen, den wir kaum gekannt haben. Nun ist unser Zweiter, Karl, schon ein Jahr alt. Das Stammeln des Enkelsohns stimmt den alten Mozart während seines langen Besuches mild und versöhnlich. Er ist wohl ein gütiger und lieber Mann, mein Schwiegervater, aber mich hat er immer eingeschüchtert. Wolfgang verwendet ebensoviel Eifer darauf, seines Vaters Anerkennung zu gewinnen wie die der Welt. Zweitausend Gulden könnte er auf die Bank legen, sagt er stolz zu seinem Vater, da die Akademien ständig erfolgreich seien. Auf die fragende Geste seines Vaters fügt er hinzu, er müsse fürs erste Schulden abzahlen. Der Alte wirft mir einen vorwurfsvollen Blick zu. Karl läuft tolpatschig auf ihn zu und verbirgt sein Gesicht in seinem Schoß; der Großvater lacht, hebt ihn auf und küßt ihn. Zwölfmal wird Wolfgangs Fortepiano während meines Schwiegervaters Besuch zu Akademien ins Kasino und in verschiedene Privathäuser geschafft. Die Akademien zwingen Wolfgang zu unablässiger Komposition: vierzehn Klavierkonzerte allein im Jahre 1784. Er steht früh auf, schon um sechs, um sieben ist er angekleidet und beginnt zu schreiben. Ich schlafe noch um diese Stunde. Nach dem Frühstück vergeudet er viel Zeit damit, sein Haar zu pudern und aus seiner Sammlung von farbigen Fräcken den zu wählen, der ihm je nach Wetter und Stimmung der richtige scheint: das ist eine seiner drolligen Marotten. Er schreibt mühelos; das Weinen des Kindes, der Lärm des Teppichklopfens vom inneren Hof und das Geschwätz unseres Dienstmädchens stören ihn nicht; er nimmt sogar am Gespräch teil, während er weiterschreibt. Das Schreiben belebt ihn. Das ist eine eigene Gabe, die ich schwer verstehen kann. Manchmal verlangt er ein Glas Punsch; erst wenn er mit dem Schreiben fertig ist, geht er ans Klavier und spielt die Komposition. Den Rest des Vormittags verbringt er mit Unterricht. Da hat er es eilig und läuft zu seinen Schülerinnen. „Er hat nie eine Schülerin gehabt, in die er sich nicht verliebt hätte", hat Peter Winter einmal gesagt. Ein Dummkopf, dieser Peter Winter; Mozart nannte ihn einen Narren. Die Schülerinnen. Da gibt es die Gräfinnen

Rumbeck ... Palffy ... Zichy ... Therese von Trattner, die Frau des Buchhändlers am Graben, Wolfgangs Liebling ... Das fette Fräulein Aurnhammer. Wolfgangs Leben ist so voll von Menschen, Freunden, Freude und Arbeit, daß ich mich manchmal frage, ob da immer Platz für mich sein wird. Nachts, im Dunkel, wenn die Kerze verlöscht ist, spreche ich davon. Dann lacht er mich aus. Das engste Band ist jenes, das ihn an seine Familie kettet. Das Schreiben geht ihm über alles, aber sein gutes Herz gehört jedem, und so findet er trotz seiner Verpflichtungen Zeit für alles und für alle. Für eine junge Geigerin aus Mantua schreibt er auf deren Bitten im letzten Augenblick eine Sonate, aber die Zeit drängt so sehr, daß er ihre Violinstimme erst spät am Abend vor der Akademie ins reine schreiben und ihr übergeben kann; für seine Klavierstimme fehlt ihm die Zeit, und am nächsten Tag begleitet er sie ohne Probe mit Hilfe einer Skizze; der Kaiser mit seinen scharfen Augen erspäht das leere Notenblatt von seiner Loge aus; nach dem Konzert ruft er Mozart zu sich: „Hat Er's wieder darauf ankommen lassen, Mozart?" sagt er; Wolfgang errötet. Trotz seiner Freude am Schaffen überkommt ihn eine Art Traurigkeit, wenn man von seinem Erfolg spricht: die Wiener lieben ihn, weil er ihnen gebe, was sie von ihm verlangen, meint er, aber sie würden sich von ihm abwenden, ginge er seine eigenen Wege. „Schreib populärer, sonst kann ich nichts mehr von dir drucken und bezahlen", sagt sein Verleger Hofmeister eines Tages. Mozart aber meint es so ernst mit seiner Musik, daß er nicht klein beigeben will. „Nun, so verdien' ich nichts mehr und hungere und scher' mich doch den Teufel darum", antwortet er. Er will aber beileibe nicht, daß andere hungern. Für einen alten Freund aus Salzburg schreibt er fünf Hornstücke, obwohl gerade Akademien vorbereitet sein wollen und seine Zeit in Anspruch nehmen. Freundschaft ist eben eine der Würzen des Lebens für Wolfgang, zumal wenn der Freund ein Schützling seines Vaters ist, wie dieser Hornist Ignaz Leutgeb. Der bringt sich damit fort, Käse zu erzeugen in einem kleinen Häuschen, das er in der Vorstadt gekauft hat, aber Wolfgang hält große Stücke auf seine Hornbläserei. Unsere Freunde gleichen Wolfgang und mir: sie sind einfache Leute, nicht große Damen und Herren, wie sie bei den Langes verkehren. Mit einer Art grober Herzlichkeit, wie sie Österreicher oft als Freundschaftsbezeigung affektieren, läßt Wolfgang seinen Freund Leutgeb in drollig persiflierter Demut auf dem Fußboden knien und im Zimmer herumkriechen, während er ein Stück für ihn schreibt; als ich die Tür öffne, kann ich diese Parodie der bittenden Gebärde nicht gleich verstehen und glaube, die beiden seien von Sinnen. Meine Verblüffung erheitert sie noch mehr. Zwischen den Notenzeilen macht sich Wolfgang in einer Parodie italienischer Tempobezeichnungen über die Angst des Hornisten vor gewagten Bravourstellen lustig: pianissimo . . . sanftissimo . . . con gefühlissimo; dann bekommt der tölpische Leutgeb sein Stück mit einer Widmung, geschrieben mit Tinten in vier verschiedenen Farben, die besagt, daß Wolfgang Amadé Mozart sich des Esels, Ochsen und Narren Ignaz Leutgeb mit dieser Komposition erbarmt habe. In solcher Maske war die Muse in meinem Elternhaus nie erschienen, aber wir waren ja keine richtigen Österreicher. Ich bin erst zwanzig Jahre alt und weiß nichts von der Welt; ich müßte lachen, wenn einer mir erzählen wollte, man würde einmal Bücher über das Mandl schreiben, das da seinen Freund am Boden herumkriechen läßt. Er benimmt sich ja wahrlich würdelos, wenn er mit seinen Freunden und Kumpanen seinen Ulk treibt, aber wenn ich ihm das sage, lacht er mich aus. Für den Münchener Sänger Peierl, den er den ‚Esel Peierl' nennt, bereitet er einen lateinischen Rundgesang vor, um seine drollige bayrische Aussprache im Freundeskreis bloßzustellen; die Kerle stören meinen kleinen Karl aus dem Schlaf, wenn der ‚eselhafte Peierl' ahnungslos seine immer wiederholte Zeile ‚lectu mihi Mars' mit weichen bayrischen Verschlußlauten und breiten Gaumentönen singt. Das ist derselbe Wolfgang, der gerade schwermütige und tragische Quartette schreibt, die er so liebt, daß er sie einer Widmung an Haydn für würdig erachtet. Kleinodien nennt dieser sie dann. Ich versuche nie, Einfluß auf Wolfgangs Schaffen zu nehmen, aber ich frage mich, und einmal auch ihn, wozu diese Quartette gut seien, die offensichtlich keinem Publikum zusagen können. Wir beginnen das auch zu fühlen, daß die Leute nur zu Wolfgangs Akademien laufen, solange er ihnen gibt, was sie wollen,

Mein Bild nahm Mozart auf die Reise mit. Dann schrieb er: „Denke, daß ich alle Nacht, ehe ich ins Bett gehe, eine gute halbe Stunde mit Deinem Porträt spreche."

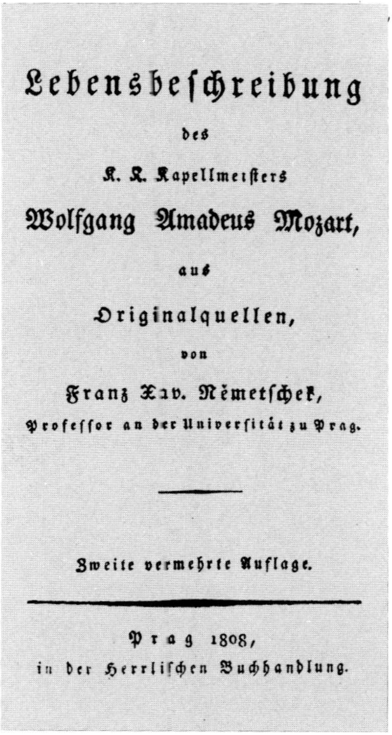

Lebensbeschreibung

des

K. K. Kapellmeisters

Wolfgang Amadeus Mozart,

aus

Originalquellen,

von

Franz Xav. Němetschek,

Professor an der Universität zu Prag.

Zweite vermehrte Auflage.

Prag 1808,

in der Herrlischen Buchhandlung.

Auf der Spitzendecke lag ein dünnes Bändchen, Niemetscheks (Němetscheks) ‚Leben des K. K. Kapellmeisters Wolfgang Amadeus Mozart'.

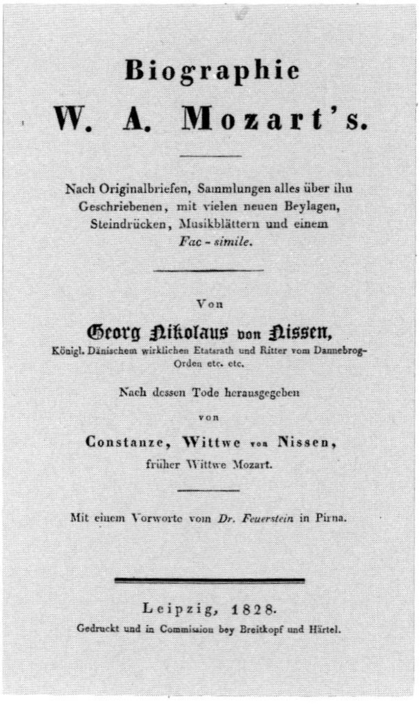

Biographie

W. A. Mozart's.

Nach Originalbriefen, Sammlungen alles über ihn Geschriebenen, mit vielen neuen Beylagen, Steindrücken, Musikblättern und einem *Fac-simile.*

Von

Georg Nikolaus von Nissen,

Königl. Dänischem wirklichen Etatsrath und Ritter vom Dannebrog-Orden etc. etc.

Nach dessen Tode herausgegeben

von

Constanze, Wittwe von Nissen,

früher Wittwe Mozart.

Mit einem Vorworte vom *Dr. Feuerstein* in Pirna.

Leipzig, 1828.

Gedruckt und in Commission bey Breitkopf und Härtel.

Aus umschnürten Paketen von Dokumenten, aus Nikolaus' Manuskript war ein Buch geworden. Ich hatte das erreicht!

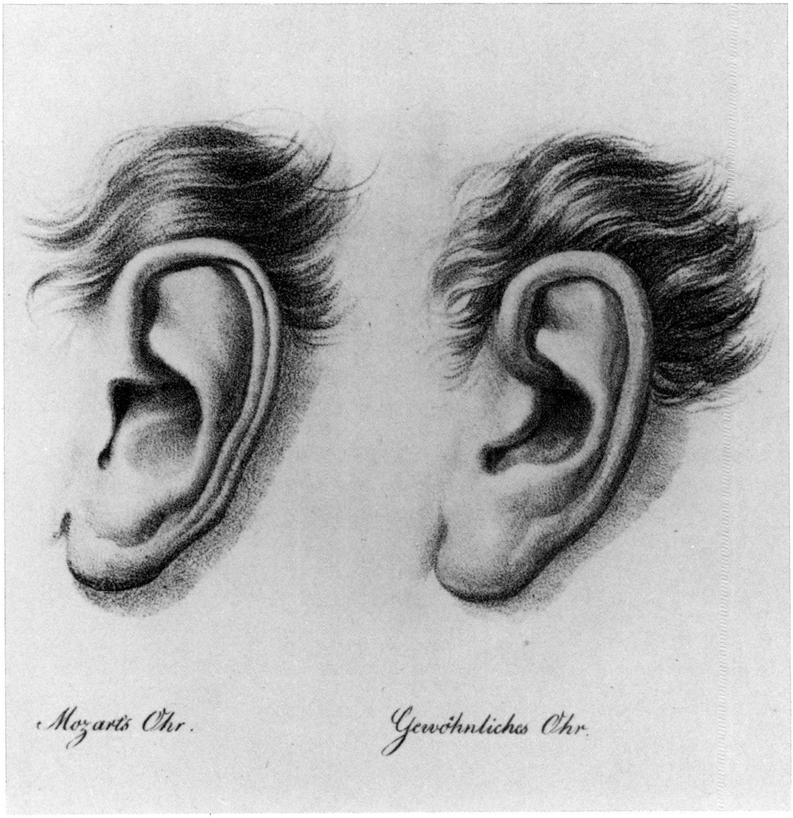

Ich habe diese Skizze von Wolfgangs Ohr oft unter Nissens Papieren gesehen, und nie ohne daß eine sonderbare Rührung mich überkäme.

Nikolaus ließ ich im Familiengrab am Salzburger Sebastiansfriedhof beisetzen, neben Leopold Mozart, neben meiner Tante Genoveva und Nannerls Tochter Jeannette. Ich werde auch neben ihm liegen.

daß sie aber ein untreues Volk sind. Wolfgang hat sich von Gönnern losgesagt, aber das Publikum, dem er sich verschrieben hat, kann vielleicht ein ärgerer Tyrann sein. So muß er doch wieder an Gönner denken! Da Seine Majestät ihn schätzt, denkt Wolfgang wieder an eine Anstellung bei Hof; er hat da gute Freunde, wie Kammerdiener Strack, der bei der Kaiserlichen Hausmusik das Cello spielt, und andere, die er für Freunde hält, wie Kammerkompositeur Salieri; Ritter von Gluck ist ihm wirklich gut gesinnt. Dennoch ist keine Ernennung zu erreichen. Er hofft, als Musiklehrer der Braut Erzherzog Franzens gewählt zu werden, die wie alle Mitglieder der erlauchten Familie Musik übt, aber der Kaiser entscheidet sich schließlich für Salieri. Wie schon immer, denkt Wolfgang wieder an die Möglichkeiten der Opernbühne.

Eine andere Mappe . . . eine andere Aufschrift in Nissens Handschrift:

‚Le Nozze di Figaro – Hofburgtheater, Wien, 1. Mai 1786.'

Es ist spät. Ich schließe die Mappe, schiebe sie zurück in die Lade, die Vergangenheit versinkt, und ich bin wieder allein mit Nissens Schatten im leeren Zimmer. Es war Nacht und kein Laut kam aus der Küche. Sophie war zu Bett gegangen. Der nächste Morgen führte mich zurück zu den Aufzeichnungen, die ich sichten wollte. Tag für Tag ging das so, und die Nächte dazwischen schwinden aus der Erinnerung: meine Begegnung mit den Gestalten der Vergangenheit wird zu einem nie abreißenden Reigen.

‚Le Nozze di Figaro – Hofburgtheater, Wien, 1. Mai 1786.'

Programmzettel . . . Notenpapier, Melodien, Briefe . . .

Im Winter 1783 hören wir im Hofburgtheater Paisiellos Oper ‚Il Barbiere di Sevilla'. Nissens Notiz ruft die Erinnerung an den Theaterbesuch wach. Heutzutage hört man nur mehr Rossinis Vertonung, aber ich erinnere mich gut an dieses anmutige und melodiöse Werk, und an den Namen Beaumarchais, dessen Komödie die Vorlage für Paisiellos Oper geliefert hat. In Paris war das ein großer Erfolg gewesen. Im folgenden Jahr hört man, daß Beaumarchais eine neue Komödie unter dem Titel ‚Le mariage de Figaro' zur Aufführung gebracht hat, welche die Geschichte des Barbiers weiterführt, um den Erfolg auszunutzen. Die Pariser belagern das Theater förmlich, um dieses Stück zu sehen, sagt man; der König habe sich der Aufführung anfangs widersetzt, da er das Werk für skandalös halte, habe aber schließlich nachgeben müssen; diese Komödie enthalte schamlose Szenen und heikle Situationen; da gebe es einen Pagen von gemeiner Abkunft, der sich ins Schlafzimmer einer Gräfin einschleiche; einen Grafen, welcher der Braut seines Barbiers nachstelle; vor allem Figaro, den Sohn des Volkes, der seinen adeligen Herrn übertölpelt. Erst Jahre später, als die entsetzlichen Ereignisse in Paris Frankreich und die ganze Welt ins Verderben stürzen – selbst in Wien wird eine jakobinische Verschwörung aufgedeckt –, versteht man, daß dieser Figaro ein Geselle ist, der seinem Herrn sehr wohl mit dem Rasiermesser die Kehle durchschneiden könnte; ein Revolutionär! Der Kaiser hat das Stück darum in Wien verboten. In Deutschland, so sagt man, sei es hier und dort unter Auslassung der anzüglichsten Stellen aufgeführt worden; da jedoch verschiedene Übersetzungen der Komödie im Umlauf sind und von Hand zu Hand gehen, so daß jeder den Text fast auswendig kennt, ist es zu Zwischenfällen gekommen, wenn das Publikum eine schlagkräftige Zeile entgegen seiner Erwartung vermißt.

Für mich ist der Wiener Besuch meines Schwiegervaters, im Jahre 1785, die letzte Gelegenheit, um seine Liebe zu werben. Er hat erst im Jahr vorher sein geliebtes Nannerl aufgeben müssen, als sie mit ihrem Mann nach St. Gilgen zog. Da sollte doch in seinem Herzen Platz für mich sein. Er haust nun allein mit Theresel, seiner alten Haushälterin, in der großen Wohnung am Hannibalplatz in Salzburg. Ich habe meinen Vater früh verloren und sehne mich danach, wieder einen zu haben. Mein Versuch schlägt fehl, wie die früheren. Mein Schwiegervater ist höflich, zurückhaltend und fast fremd; vielleicht ist das auch sein augsburgisches Erbe. Seltsamerweise ergibt sich der Schimmer einer Hoffnung auf eine Annäherung durch meine Mutter. Diese wohnt damals noch mit Josefa und Sophie am Petersplatz. Wir besuchen sie dort mit dem alten Mozart, und in der fast erschreckend großen Wohnung, die mir, seit ich nicht dort hause, noch viel mehr als ein Labyrinth erscheint, bereitet meine Mutter eines jener unerwarteten Festmähler, welche die Höhepunkte ihres Lebens sind: Fasan mit Rotkraut, Champagnerwein, nachher Konfekt und Kaffee. Dieses Gelage übertrifft noch manche Mannheimer Schlemmerei. Sie und Josefa, Musen der Kochkunst, müssen wohl Stunden in ihrer Küche verbracht haben, um diese Kunstwerke des Wohlgeschmacks zu bereiten. Der alte Mozart ist zufrieden, weich und zärtlich, fast gerührt; ich erkenne, woher Wolfgangs Entzücken an Tafelfreuden stammt. Ich ergebe mich der unsinnigen Hoffnung, daß der Duft und die feine Derbheit der Knödel – „Klöße", sagt meine Mutter – „Nein, Knödel", verbessert sie mein Schwiegervater – durch Zauberkraft seine Bewunderung für die Kochkunst meiner Mutter in Zuneigung für mich wandeln werden.

Während des Besuches seines Vaters erlebt Wolfgang, was ihm vielleicht als der größte Triumph seines Lebens erscheint. Man musiziert bei Haydn und spielt die schwermütigen Quartette ab. Haydn spendet Wolfgang in Gegenwart seines Vaters verschwenderisches Lob; die feierliche Anerkennung Papa Haydns – Wolfgang hat diesen Namen für ihn geprägt, wie er gerne für jeden einen neuen Namen erfindet – macht meinen Schwiegervater stolz; sie löscht für Wolfgang Kritteleien aus, wie jene im ‚Musikalischen Wochenblatt', wo behauptet wird, er habe „wenig höhere Kultur und wenig, oder vielleicht gar keinen wissenschaftlichen Geschmack"; was die Quartette betrifft, so verstehe ich im stillen, wie das Wochenblatt zu seiner Meinung kommt.

Wolfgang spielt mit seinem Vater im Hause Wetzlar; während der Abendtafel drängt der Baron gesprächsweise Wolfgang, Beaumarchais' Komödie trotz ihres notorisch aufrührerischen Charakters als Oper zu verwenden. Die Aufführung einer deutschen Übersetzung bei Schikaneder ist vor kurzem verboten worden; hier hat sich in Nissens Notizen ein kleiner Irrtum eingeschlichen! Wie wird sich Seine Majestät dazu stellen? Baron Wetzlar ist sicher, er könne Aufführungen in London und selbst in Paris durchsetzen, sollte der Kaiser die Oper in Wien verbieten. Das ist vielleicht ein Teil seines jüdischen Erbes, daß er sich höherer Autorität nicht blind beugt; einem reichen Bankier wie ihm kann man solchen Einfluß wohl zutrauen; der Wein gibt allen wohl auch Mut und Zuversicht. Da Ponte will nicht nur den Text schreiben, sondern macht sich auch erbötig, den Kaiser zu überreden, daß er die Aufführung gestattet. Man wisse ja, wie groß des Kaisers Interesse am Theater sei: er werde Paris oder London nicht den Ruhm überlassen, diese Oper zu bringen. Kaiser Josef hat seit seiner Thronbesteigung so viele Freiheiten gewährt, daß man ihm nun zutraut, er werde selbst die Aufführung einer aufrührerischen Oper fördern. Wir haben Lorenzo da Ponte bei Baron Wetzlar öfters getroffen. Er kommt aus Venedig und soll auch, wie der Baron, aus einer jüdischen Familie stammen, aber im Hause eines Bischofs aufgezogen worden sein, der sein Taufpate wurde und dessen Namen er trage. Er hörte es nicht ungern, wenn man munkelte, er sei des Bischofs natürlicher Sohn. Später in Kopenhagen, als Nikolaus und ich unter unseren Freunden einige jüdische Künstler kennenlernten, habe ich oft an Baron Wetzlar gedacht, dessen Namen unser erstes Kind so kurz getragen hat. Er ist ein guter Freund, der uns aufrichtig wohlwill. Er hat uns großzügig unsere erste Wohnung gegeben und uns freigiebig mit Geld ausgeholfen. Ich habe an ihm nie etwas von der Geldgier gemerkt, die man seinesgleichen zuschreibt; sein selbstloser Eifer, der Kunst zu dienen, der auch unsere dänischen Freunde auszeichnete, und die offenherzige Freundschaft, die diese Leute uns zeigten, stehen im Widerspruch mit manchem, was man über Juden hört. Karoline Pichler etwa erzählte mir einst, daß sie auf einer Reise nach Prag dort auch den Stadtteil besucht habe, in dem ausschließlich Juden wohnen, und sich dort von einer Menge zerfetzter, halb verhungerter Gestalten umdrängt gesehen habe, die sie in abscheulicher Geldgier um Almosen angegangen seien. Wer weiß, wo die Wahrheit liegt?

Da Ponte gelingt es tatsächlich, bei Seiner Majestät vorzusprechen. Er versichert, verschiedene anstößige Stellen zu ändern, ersetzt, zum Beispiel, eine Brandrede Figaros gegen den Adel durch einen Angriff auf treulose Weibsbilder, und erhält die Allerhöchste Erlaubnis, ans Werk zu gehen und die Oper für das Hofburgtheater vorzubereiten. Wolfgang solle die Partitur dem Kaiser so bald als möglich vorlegen. Die Entscheidung ist eine Überraschung, zumal

Baron Wetzlar hinter Da Pontes Rücken mit Augenzwinkern zu sagen pflegt, man dürfe nur ein Zehntel dessen glauben, was dieser verspreche. Erzählen kann er ja gut, dieser Da Ponte! Wenn er etwa von Casanova erzählt, von dem berühmten Mann, der, so behauptet er, sein Freund sei, hört man gebannt zu, wenn man auch nicht sicher sein kann, wo die Wahrheit aufhört und das Libretto beginnt. Da Ponte allein kann die Tischrunde bei Baron Wetzlar sehr wohl unterhalten. Er behauptet, die katholische Priesterweihe erhalten zu haben; er will in Triest Musik und Rhetorik unterrichtet haben; die venezianische Regierung habe ihn ausgewiesen, weil er eine politische Satire verfaßt habe, die Mißfallen erregte. Salieri hat ihn als Theaterdichter nach Wien gerufen; bei mir spricht das nicht für ihn. In den vier Jahren seines Aufenthaltes hat er durch seine böse Zunge und seine Ränke manche Feinde erworben; Salieri selbst verspottet ihn im Figarojahr bei Hof in einer opera buffa, ‚Prima la musica e poi le parole‘ – ‚Erst die Worte, dann die Musik‘. Wolfgang, der sonst für Welsche wenig übrig hat, schätzt sein Talent. Hie und da höre ich noch heute von ihm. In London soll er als Theaterdirektor Bankrott gemacht haben; in Amerika soll er Schnapsfabrikant geworden sein. Seine ersten Versuche, sich in Wien durchzusetzen, sind nicht erfolgreich gewesen; eine Oper, die er mit Salieri schrieb, ist vom Publikum abgelehnt worden; nach anderen Mißerfolgen arbeitet er nun mit Wolfgang an ‚Le Nozze di Figaro‘ mit besonderer Sorgfalt, da er vielleicht glaubt, sein Ruf hänge von diesem Werk ab; abgesehen davon jedoch sagt ihm der Stoff zu, denn Da Ponte ist ein Mann, der den Drang hegt, die alte Welt zu unterhöhlen, die seinem Volk das Ansehen versagt. Er ist angezogen von Beaumarchais, der die Großen verspottet, die Schlösser, Reichtum, schöne Frauen und ergebene Diener haben. Er findet Gefallen am Schlüpfrigen – das sehe ich seinen Lippen an. Ich sehe all das in der Erinnerung, und ich sehe mich selbst unter den Geistern, die aus Nissens Mappen steigen, aber von dem, an das ich mich erinnere, ist bei weitem nicht alles in Nissens Mappen zu finden. Wolfgang reizt die Versuchung, durch Figaros Mund, der seinen Herrn Grafen frech zu einem Tänzchen auffordert, zum Fürsterzbischof zu sprechen, und zu anderen auch.

So wird die neue Oper für beide ein persönliches Werk. Darum habe ich vielleicht Platz in ihr gefunden. Bin ich Barbarina? Ich habe es geglaubt, bis Luise eines Tages, in einem jener seltenen Augenblicke, in denen meine Schwester mir ihre Seele vertraut, mir gesteht, sie sehe sich selbst in Barbarina. Die Wahrscheinlichkeit, daß wir beide recht haben, hat mich damals eifersüchtig gemacht.

Am 1. Mai 1786 spielt das Hofburgtheater zum erstenmal ‚Le Nozze di Figaro'. Ich bin im Theater, aber ich bin dort nicht am rechten Ort. Ich erwarte wieder ein Kind. Im Oktober wird es da sein. Daß der Kleine nur einen Monat lang auf dieser Welt weilen wird, gerade lang genug, um die Taufe zu empfangen und den Namen Leopold, all das wissen wir noch nicht. Endlich eines, das nach Wolfgangs Vater benannt ist. Das Ungeborene und unsere Trauer sind noch im Schoß der Zukunft. Ich aber habe in meiner Loge das Vorgefühl kommenden Leids. Ich fühle mich einsam, überflüssig; ich trage Wolfgangs Kind, aber mit seiner Musik habe ich nichts zu tun. Auf der Bühne singt Benucci mit seiner Stentorstimme Wolfgangs Lieblingsarie, ‚Non più andrai, farfallone amoroso'; er schmettert sein ‚A la gloria militar' mit siegreichem Humor in den Saal, ein Wirbelsturm geht durchs Theater, und Benucci wiederholt die Arie. Alle Arien ohne Ausnahme werden da capo gesungen, was die Dauer der Aufführung verdoppelt. Der Kaiser, der sich aller Kleinigkeiten selbst annimmt, verbietet schließlich Wiederholungen. Die Gräfin erscheint auf der Bühne, gehüllt in die Engelstöne ihrer Melodien, den himmelblauen Zauber ihres Reifrocks, den Heiligenschein ihrer blonden Perücke, das Glitzern ihrer Perlen, das silberne Jäckchen und das lockende Geheimnis ihres Halsausschnitts. Mein Gesicht ist aufgeblasen, meine Fußknöchel geschwollen; in wenigen Wochen werde ich unförmig sein, dann schwerer und schwerer beweglich, häßlicher und häßlicher, hassenswert. Susanna tritt leichtfüßig auf; das ist Nancy Storace, die englische Sängerin. Ihr Bruder war Wolfgangs Schüler. Sie ist Luises Rivalin im Theater; die Wiener, mit dem ihnen eigenen unberechenbaren Impuls, haben sie, als sie aus Venedig hierherkam, zur Göttin erhoben; als sie plötzlich auf offener Bühne eines Tages ihre Stimme verlor, sie aber nach drei Monaten wie durch ein Wunder wiederfand, schrieben Da Ponte und Salieri eine Kantate auf ihre Genesung; man wird sie in Wien ebenso schnell vergessen, wie man sie in den Himmel erhoben hat. Nancy Storaces Briefe an Wolfgang habe ich nach seinem Tod in seiner Lade gefunden. Dieses schöne junge Weib mit seiner herrlichen Stimme ist ein Teufel gewesen; die Briefe ließen keinen Zweifel darüber; die Musikalität dieses englischen Engels und ihre himmlische Stimme haben Wolfgang bezaubert. Seine Schutzheilige ist die heilige Caecilia, die Beschützerin der Musik – die Geliebte seiner Träume aber ist wohl eine kichernde, trillernde, leicht geschürzte, leicht zu erobernde Speisenträgerin, eine Küchenhilfe, ein Stubenkätzchen. Während der Proben hat er die heilige Caecilia in Gestalt Nancy Storaces, aber im Gewand des Stubenkätzchens Susanna, Tag für Tag auf der Bühne gesehen: sie wurde für ihn unwiderstehlich. Die Briefe lassen keinen Zweifel darüber. Ich habe einen nach dem anderen verschlungen und dann vernichtet. Wie andere Briefe. Schwer, unbeweglich, unförmig hocke ich in meiner Loge, starre auf Susanna, die den Mantel der Gräfin um ihre Schultern legt, sich im Jasminbusch versteckt und ihre verführerische Stimme in die Sommernacht fließen läßt: ‚Vieni ove amore per goder t'appella, finchè non splende in ciel notturna face, finchè l'aria è ancor bruna e il mondo tace‘.

Diese Oper war verhext. Die üblichen Eifersüchteleien unter den Sängern und im Orchester arteten aus. Einer wollte ausspringen, dann noch einer. Die Musiker beklagten sich über Unzulänglichkeiten der Partitur. Da Ponte mit seiner Ränkesucht, seiner Wichtigtuerei und seinen vertraulich geflüsterten Geheimnissen schuf noch mehr Mißtrauen. Hatte Salieri am Ende die Hand im Spiel? Man will das Werk absetzen, die Proben unterbrechen, als der Kaiser von der Intrige erfährt, im Theater erscheint und persönlich die Fortsetzung der Proben anordnet. Die Arbeit zieht sich hinaus, die Musiker beklagen sich über die Sänger, die Sänger über die Musiker, immer neue Schwierigkeiten entstehen. Wolfgang leitet alle Proben und kommt erst nach Mitternacht nach Hause. Halb und halb glaube ich seinen Berichten über die Proben, aber später fand ich die Briefe.

‚Le Nozze di Figaro‘ ist ein großer Erfolg, aber was kümmert mich das? Ich sitze daheim in der heißen Wohnung, mit meinen schmerzenden Fußknöcheln, meinem schwellenden Körper, meinen Schwindelanfällen, und kaue an dem hartgesottenen Eiweiß, welches unser Dienstmädchen mir vorsetzt, nachdem sie das Eigelb entfernt hat. Trocken ist das; das wird groß im Mund, das schwillt, wie die Frucht in meinem Leib. Eine wachsende, weiche, weiße Masse, die ich schlucken muß, viermal im Tag. Wenn ich erbreche, bringt man mir ein anderes Eiweiß. Was kümmert mich Figaro?

Der Streit zwischen mir und Wolfgang wegen Nancy Storace war abscheulich. Ich klagte ihn an, ich wütete, ich vergaß mich, ich war laut und zügellos und legte in meine Anklagen all den Zorn, der sich in mir aufgespeichert hatte, nicht nur gegen Nancy Storace, sondern gegen mein Eiweiß, meine Übelkeiten, meine schmerzenden Gelenke, die Kälte meines Schwiegervaters, unseren Geldmangel, die frühzeitige Sommerhitze. Alles endete in krampfartigem Schluchzen. Wolfgang war sehr ruhig, sehr zärtlich, als bäte er um Verzeihung.

Er sagt, daß dem Publikum die verwickelte Orchesterpartitur lästig sei, weil sie die Aufmerksamkeit von den Sängern ablenke, welche allein den Narren wichtig seien. Trotz des Erfolges studiere man bereits eine neue Oper ein. Ich höre das gern, denn solange man ‚Le Nozze di Figaro‘ gibt, leitet Wolfgang die Aufführungen und sieht allabendlich Nancy Storace. Die neue Oper, ‚Cosa Rara‘, ist ein leichtes Werk, gerade das, was man liebt. ‚Le Nozze di Figaro‘ wird abgesetzt, und ich atme auf. Wolfgang vermutet nicht, daß er gerade den Höhepunkt seines Ruhms überschritten hat.

Er arbeitet fast bis zur Erschöpfung; er schreibt; er gibt Unterricht. Er spricht von einer Reise nach Italien, aber das ist unmöglich. Er erwartet eine größere Gratuität von Seiner Majestät für ‚Le Nozze di Figaro‘. Die Gratuität bleibt aus.

Ich will das Böse vergessen; ich will, daß alles wieder sein möge, wie es war – Wolfgang und Stanzi-Marini. Vielleicht hätte das Stubenkätzchen, verkleidet als die heilige Caecilia, ihn nie in Versuchung führen können, hätte ich nicht ein Kind erwartet. In unserer schönen Wohnung in der Schulerstraße, wo wir seit zwei Jahren wohnen, bringe ich am 16. Oktober 1786 mein Kind zur Welt: Johann Thomas Leopold. Ich sitze bei seiner Wiege, beim Fenster im ersten Stockwerk, aus dem man über den Dächern die Spitze des Stephansturms erspähen kann. Da liegt das Kind im Schlaf unter seiner Spitzendecke; der gelegentliche Widerhall von Pferdehufen auf dem Pflaster stört kaum die Stille; Wolfgang arbeitet im Musikzimmer mit dem anmutigen Stuckengel an der Decke. Es ist die schönste Wohnung, die wir je bewohnt haben. Wir fühlen uns hier geborgen und blicken mit Zuversicht in die Zukunft. Man kennt Mozart nun; jeder kennt ihn; man grüßt ihn auf der Straße; Beethoven klopft an seine Tür, ein noch unbekannter junger Mann, der die weite Reise aus Bonn unternommen hat, um ihm vorspielen zu können, um seine Anerkennung und seinen Rat zu suchen. Es ist undenkbar, daß man ihn hier in Wien vergessen kann, daß der Hof ihm Salieri und Martini vorziehen wird. Die Gunst der Großen, die Musikern einst die Sorge um das tägliche Brot abnahmen, als mein Vater nach Mannheim ans Kurfürstliche Theater ging, das frei zugänglich war, da der Kurfürst alle Ausgaben aus seiner Schatulle deckte – als man in Wien Gluck und Salieri anstellte –, diese Gunst ist am Versiegen. Heute muß man Subskribenten für Akademien finden, Verhandlungen führen mit Leuten, die Musik wie eine Ware zu verkaufen wissen, wie der ehemalige Geiger Salomon, der Haydn und andere nach London bringen will. Dort müssen Musiker hin, um sich durchzusetzen; dort gibt es eine Menge zu verdienen; dort kann man reich und berühmt werden. Wolfgang aber ist nicht Haydn; vielleicht fehlt ihm der Geschäftssinn! Dennoch will ihm seit der Begegnung mit Nancy Storace London nicht aus dem Sinn. Er will dort einen Auftrag für eine Oper erhalten, Konzerte geben. Besucher aus England, wie Mister Kelly, der den Basilio in ‚Le Nozze di Figaro' gesungen hat, und Mister Attwood, ein Schüler Wolfgangs, bestärken ihn in seinen Plänen und reden ihm zu, die Reise zu unternehmen. Um einem Zornesausbruch vorzubeugen, hat Wolfgang mir erklärt, er wolle keineswegs allein reisen; ich solle ihn nach England begleiten; weder er noch ich erwähnen den Namen Storace.

Was aber soll mit Karl geschehen? Und mit dem kleinen Leopold? Wir müßten Geld ausleihen, um die Kosten dieser weiten Reise zu bestreiten; wir müßten wieder jemanden finden, der uns Geld leiht; vielleicht wieder ein Bruder aus der Freimaurerloge, der nun auch Haydn und Wolfgangs Vater angehören. Wir beschließen endlich, Wolfgangs Vater zu bitten, er möge die beiden Kinder während der Dauer unserer Reise zu sich nehmen; in seiner großen Wohnung am Hannibalplatz habe er ja nun Platz genug für Karl und für den Kleinen, der seinen Namen trägt; unser Dienstbote könnte wohl auch dort wohnen, so daß Vater Mozart mit den Kindern keine Mühe haben würde; wir würden selbstverständlich für die Kosten der Nahrung aufkommen. Mister Attwood und Mister Kelly kommen auf ihrer Rückreise nach England durch Salzburg; sie sollen Vater Mozart aufsuchen, ihm diesen Vorschlag überbringen und ihm erklären, wie wichtig ein Erfolg in London heutzutage für die Laufbahn eines Musikers ist.

Die Antwort aus Salzburg ist ein unwiderrufliches ‚Nein'. Leopold Mozart hat kein Verständnis für die Gepflogenheiten der neuen Zeit. Außerdem ist Nannerls Kleiner noch immer im Hause seines Großvaters, da seine Mutter kränkelt, und Wolfgang entschuldigt seines Vaters Weigerung damit, daß er sagt, drei Kinder seien dem alten Mann eben zu viel. Vielleicht wäre es zu einem Zerwürfnis mit meinem Schwiegervater gekommen, wenn nicht das Unglück mit unserem kleinen Leopold uns getroffen hätte, für den sein Großvater keinen Platz gehabt hatte.

Das dauerte nicht lange. Eines Nachts hüstelte er, dann füllte sich sein kleiner Mund mit Schaum; am nächsten Morgen atmete er schwer; der Arzt riet uns, ihm weniger Milch zu geben und ihm einige Male täglich Tee einzuflößen. Am Tag, bevor er einen Monat alt werden sollte, wurde er stiller und stiller; am Nachmittag hörte er zu atmen auf. Ich starrte lang auf die Wiege beim Fenster. Sie begruben ihn in einem Schachtgrab in St. Marx. Kaum eine Stunde war er tot, da trugen sie ihn schon in die Stephanskirche, wo man ihn vor so kurzem erst getauft hatte, und aus der Totenkammer, nach Einbruch der Dunkelheit, wie das damals Gesetz war, hinaus zum Friedhof mit den anderen, die an jenem Tag den Frieden gefunden hatten. Erst vierundzwanzig Stunden später – man sprach damals viel von Scheintod – durften sie in die Erde gelegt werden, alle zusammen, ohne Zeugen, ein einsames Begräbnis. Die armen Seelen!

Kaiser Josef wandte ja seine Aufmerksamkeit oft Dingen zu, die man kaum als der Teilnahme des größten Monarchen des Erdkreises würdig erachtet hätte – und so war es auch mit seiner Begräbnisordnung, von der die Menschen heute nichts mehr zu wissen scheinen. ‚Das Begräbnis kann kein anderes Absehen haben, als das Verwesen so bald als möglich zu befördern', hieß es da. Die Philosophen, wie man sie in Frankreich nannte, Leute wie Herr van Swieten und seine Freunde, verabscheuten Sentimentalität und appellierten an die Vernunft. Die Protzerei und der Prunk der Wiener Begräbnisse sollen dem Kaiser zuwider gewesen sein; auch wollte er wohl die Geistlichen um die Einkünfte bringen, die sich daraus ergaben, daß man die Hinterbliebenen fühlen ließ, sie müßten ihre Liebe für die Hingeschiedenen durch Glockengeläute, bestickte Kirchenfahnen und Musikkapellen beweisen. So beschränkte er eben durch seine Verordnung, was an pompe funèbre erlaubt war; der Geistliche durfte nur einen Gulden, und nicht einen Kreuzer mehr, berechnen. Er hielt den Totenkult für schieren Aberglauben, unser Kaiser. Und da sitze ich nun und kann immerfort nur an meine Toten denken.

Von all dem steht nichts in Nissens Aufzeichnungen. Ich hätte ihm wohl vom kleinen Leopold und seinem Begräbnis erzählen sollen. Wolfgang und ich glaubten innigst, daß unser Kleiner ein Engel geworden sei, und das glaube ich auch heute noch. Nach der heiligen Messe in der Stephanskirche mußten wir aber dennoch bitterlich weinen. Mitten in diese Trauer kam der Brief aus Prag. Wir vergaßen den kleinen Leopold dessenthalben natürlich nicht, auch später nicht, aber der Brief und der Vorschlag, den er enthielt, erforderten nun Wolfgangs Zeit und Aufmerksamkeit, und auch meine. Nissens Aufzeichnungen wissen von diesem Brief zu berichten, aber so gar nichts von den Umständen, unter denen er uns erreicht hat, und wie ich sie hier aufzeichne. Gerade das wäre doch das Wesentliche, aber wie hätte ich ihm das erklären können.

Direktor Bondini will im Dezember in Prag ‚Le Nozze di Figaro' bringen. Musikfreunde und das Prager Orchester hoffen, daß Mozart auch ein Konzert leiten werde; man hoffe, daß er ein neues Werk zur Aufführung bringen werde.

Diese Einladung verdankt Wolfgang dem Pianisten Franz Duschek und seiner Frau Josefa. Franz Duschek genießt Ansehen in Prag; dort muß man kein Adeliger sein, um Ansehen zu genießen. Sein Haus in den Prager Hügeln, die Bertramka, ist eine Art Musenheim, wo Dichter, Künstler und Musiker verkehren; das Haus ist fast eine Legende. Sie nennt man die böhmische Gabrieli; sie hat in Polen und in Deutschland gesungen. Auch sie ist eine Inkarnation der heiligen Caecilia: sie ist drei Jahre älter als Wolfgang, ihrer Kunst, ihrer Begabung, ihres Wertes bewußt, und die Heilige selbst in Menschengestalt, aber eine Heilige ohne Heiligenschein, eine schöne böhmische Frau ohne falsche Würde, immer mit beiden Füßen auf dem böhmischen Boden; immer zu einem Scherz aufgelegt, ganz wie Wolfgang selbst. Niemand hat je Böses über sie gesagt, auch ich nicht, obwohl ich mir einmal einbildete, daß sie eines Abends, als beide allein in der Bertramka waren, für einen flüchtigen Augenblick Wolfgangs Geliebte geworden sei.

Wolfgang arbeitet an der D-Dur-Symphonie, die er in Prag aufführen will. Auf mein Bitten hat er versprochen, Franz Hofer, den Geiger, mitzunehmen, denn ich hoffe, daß Franz meine Schwester Josefa heiraten wird, falls er eine gute Stellung findet.

Der Prager ‚Figaro', das Konzert und die Liebe der Stadt wurden Wolfgangs größte Freude. Diese Freude, die Prag uns geschenkt hat, verklärt unsere Rückkehr nach Wien. Dort hat man Mozart fast schon vergessen. Im Hofburgtheater hört man ‚Cosa Rara' auf italienisch und zugleich in der Vorstadt, bei Schikaneder, auf deutsch; man läuft zu Dittersdorfs ‚Doktor und Apotheker', zu ‚Betrug durch Aberglaube' und zu ‚Liebe im Narrenhaus'. Wie hätte ich Nissen erklären können, wie es Mozart traf, als wir, noch benommen vom Erfolg in Prag und bestürzt über den schalen Empfang in Wien, die Nachricht erhielten, daß sein Vater in Salzburg gestorben sei? Wie können wir verstehen, was im Herzen anderer vorgeht, selbst wenn es sich um unsere Freunde, unsere Eltern, unsere Kinder handelt? Vielleicht schließen darum Gatte und Gattin im Augenblick des Entzückens voreinander die Augen. Ich werde selbst nie wissen und hätte Nissen nicht sagen können, was in Wolfgangs Herz vorging, als die Todesnachricht kam. Wir können ja nicht in die Seele anderer blicken, nur in ihre Augen und auf ihren Mund; wir können nicht in ihr Herz eindringen und sie trösten; wir können sie nur anblicken und zu ihnen sprechen.

Wolfgangs Augen sagten mir, es sei, nach dem Prager Erfolg, den er in seinen in einem ständigen Strom nach Salzburg gehenden Briefen seinem Vater noch geschildert hatte, der leerste, hoffnungsloseste Augenblick seines Lebens. So blickte ich ihm denn in die Augen. Das war alles, was ich tun konnte; das war alles, was ich wußte.

Wie hätte ich Nissen mehr sagen können, als ich wußte?

* * *

Ich habe meinen Schwiegervater nie geliebt, da er mir nicht die Gelegenheit dazu gegeben hat, aber daß ich ihn lieben wollte, das weiß der liebe Gott. Darum traf mich die Kälte in seinen Briefen so hart. Wie konnte dieser gütige Mann so hart gegen die Frau sein, die sein Sohn liebte?

Nach Wolfgangs Tod, nachdem ich die dringendsten Geschäfte erledigt, mit Luise meine Kunstreise nach Deutschland gemacht hatte, müde allein zurückgekommen war, mit den Dukaten, die ich erlöst hatte, Schulden bezahlt und etwas beiseite gelegt hatte – nachdem all das getan war, blieb mir noch die Witwenpflicht, ganz wie später nach Nissens Tod, einem abgerissenen Leben ein sinnvolles Ende zu setzen. Wenn wir sterben, lassen wir Menschen Erinnerungen zurück und die Trauer unserer Lieben; der eine oder andere noch ein paar armselige Wertpapiere, Silberleuchter und anderen Kram, ein paar Joch Ackerland, wenn es hoch geht. Meine beiden Männer haben Papiere zurückgelassen – Regale voll, Laden voll, Mappen voll, Schachteln voll, Stöße, Haufen von Papieren, säuberlich geordnet und klassifiziert im Falle Nissens, in gebündeltem Durcheinander im Fall Wolfgangs. Diese Papiere galt es zu ordnen, nach Mozarts Tod. Ich stand dieser Lawine hilflos gegenüber; mit meinen neunundzwanzig Jahren war ich in diesen Dingen unerfahren wie eine Neunzehnjährige und, ich fürchte, damals unwissend wie eine Neunjährige. Abt Stadler war noch nicht erschienen, um mir seine Hilfe anzubieten. Verlage, Journale, Bewunderer des Toten bestürmten mich in Briefen um Material für Biographien, um Andenken, um unveröffentlichte Werke, um dies und jenes, dessen Wert ich nicht kannte. In dem Wust von Papieren ging ich zuerst an die Sichtung der Briefe; in ihnen war die Rede von Menschen, die ich kannte, von Ereignissen, an die ich mich erinnerte; sie schienen mir persönlicher, leichter verständlich als Dokumente, Verträge, Abrechnungen, Besprechungen von Libretti, flüchtig aufgezeichnete Kompositionen; hier und da erwähnten sie diesen oder jenen Tag in unserem Leben, über den ich süße oder bittere Tränen vergossen hatte. Ich suchte nach den Briefen, die ich einst verstohlen in Wolfgangs Zimmer auf dem Petersplatz durchflogen hatte. Sie lagen da, und es gab deren mehr und ähnliche in Leopold Mozarts sorgfältig ziselierter Handschrift.

Was mein Schwiegervater schrieb, hat er aus schierer Liebe für seinen Sohn geschrieben; diese Liebe hat seine Meinung über mich bestimmt; in seinen Zweifeln kann ich heute den Widerschein einer Art von Wahrheit erkennen, und eben das macht seine Anklagen bitter wie Galle; es ist eine Wahrheit, gesehen durch eine schadhafte Linse, so daß sie entstellt, verzerrt, verbogen und verdreht zur Unwahrheit wird: meine Mutter – unaufrichtig, unverläßlich, nachlässig, pflichtvergessen, zanksüchtig, geldgierig, rücksichtslos; meine Schwester Aloysia – ein leichtsinniges und leichtlebiges Geschöpf; mein Vater – der gedankenlose Sklave seiner Frau, die ihn ansporne, künstlerische Gaben vorzutäuschen, welche er nie besaß, um sich in das Mannheimer Musikleben einzuschleichen; als dieser Plan mißlang, habe sie ihre Tochter Aloysia dazu angestiftet, durch ihre Koketterie einen Gatten einzufangen, der Talent, Ansehen oder Geld genug besitze, um ihr eine Laufbahn als Sängerin zu sichern und der Familie zu Reichtum zu verhelfen; nachdem Mozart Aloysias Netz entschlüpft war, habe ihre Mutter auf schlaue Art mich als Köder verwendet, und ich sei ein williges Werkzeug gewesen; ich habe die Eigenschaften meiner Mutter in reichem Maße geerbt; ich sei, wie sie, unfähig, einen ordentlichen Haushalt zu führen, nicht geeignet, eine gute Gattin oder Mutter zu sein; ich sei vergnügungssüchtig, oberflächlich, nicht würdig, das Leben eines braven Mannes zu teilen. Diese Briefe enthielten die schreckliche, die hassenswerte, die ungeheuerliche Anklage, die mich eines Tages in der Postkutsche auf dem Weg von Prag nach Kopenhagen erschaudern machen sollte, als Nissen sie schonend als eine zukünftige Drohung erwähnte. Diese Briefe waren meine Feinde. Sie fachten meinen Zorn an, meine Entrüstung, meine hilflose Abwehr. Deshalb mußte ich sie vernichten.

Es war die Geste eines hilflosen Kindes. Lägen die Briefe heute vor mir, dann könnte ich die Anklage entkräften, mich rechtfertigen. Nissen hätte mit seiner klugen Einsicht die Wahrheit ergründen und ein gerechtes Bild von ihr geben können, hätte er die Briefe besessen, von denen nur wenige mein Autodafé überlebt haben. Heute, nachdem die langsame Reifung eines langen Menschenlebens meinen Geist geklärt hat, wünsche ich, die Briefe wären noch da. Mein alter Widersacher, Wolfgangs Vater, hat denn doch mit seiner Empfehlung recht behalten, daß man alles Geschriebene sorgfältig hüten muß. Die Reifung hat allerdings auch mein Herz gegen mich selbst gehärtet, und ich sehe nun im fahlen Licht meiner letzten Jahre, daß manche Anklagen und Verdächtigungen vielleicht halb begründet waren. Lange hat es gedauert, bis ich imstande war, so unnachsichtig über mich selbst zu denken. Allerdings, als ich ein riesiges Bündel von Briefen erhielt, die Wolfgang im Lauf der Zeit an seinen Vater gerichtet hatte, und die Nannerl mir schließlich in ihrem Letzten Willen vermachte, habe ich meine Geste von einst wiederholt und auch von diesen manche verbrannt. Ich hatte in Wolfgangs Erwiderungen den Widerschein der Anklagen seines Vaters gelesen. Wäre Nikolaus noch am Leben gewesen, er hätte gewiß gesagt, es sei besser, daß die Nachwelt eine halbe Wahrheit kenne als gar keine. Ich war aber nicht hellhörig genug, um auf Nissens Stimme aus dem Jenseits zu hören.

Da gab es noch andere Briefe, Briefe Wolfgangs, die ich als einen Schatz bewahre, voll von Worten der wahren Liebe, in der wir zwei, noch nicht ganz der Kindheit entronnen, uns geborgen fühlten. „Sie ist nicht häßlich, aber auch nichts weniger als schön", schrieb er einmal an seinen Vater, vor unserer Heirat; „ihre ganze Schönheit besteht in zwei kleinen schwarzen Augen und in einem schönen Wachstum. Sie hat keinen Witz, aber gesunden Menschenverstand genug, um ihre Pflichten als eine Frau und Mutter erfüllen zu können. Ich liebe sie, und sie liebt mich von Herzen – sagen Sie mir, ob ich mir eine bessere Frau wünschen könnte." So sah er mich, und so kann auch ich selbst mich sehen, ohne zu erröten: ich habe mir nie eingebildet, eine Schönheit oder ein Kirchenlicht zu sein. Als Frau bin ich stolz darauf, zwei Männer glücklich gemacht zu haben; wir Frauen sind, was Männer aus uns machen; so ist es nun einmal; darum ist nun mein Name der zweier Männer. Wolfgang hat mir oft seine

Liebe beteuert und mir immer wieder gezeigt, daß ich ihm Frieden und Frohsinn gab. Allzu oft hat er mir seine Liebeserklärungen schriftlich gemacht, denn ich habe mir einmal ausgerechnet, daß er zwischen einem Viertel und einem Drittel seines kurzen Lebens auf Reisen verbracht hat. Da waren die Reisen als Wunderkind, die drei Reisen mit seinem Vater nach Italien, die nach Augsburg, München und Mannheim, die Fahrt nach Paris, auf der er seine Mutter verlor, die Kunstreisen nach Prag, Frankfurt und Berlin, und andere. Wann immer er allein reiste, schrieb er mir jede Woche. Wie viele liebe Briefe es da gab! „Herzallerliebstes Weibchen! Ich freue mich wie ein Kind wieder zu Dir zurück . . . Es fliegen erstaunlich viele Busserl herum – ha! ha! – ich habe drei erwischt – die sind kostbar . . . Denke, daß ich alle Nacht, ehe ich ins Bett gehe, eine gute halbe Stunde mit Deinem Porträt spreche, und so auch beim Erwachen . . . O stru! stri! ich küsse und drück Dich 1,095.060,437.082mal“, ach, all der liebe Unsinn, und manches, das ich gar nicht niederschreiben will, weil es mich erröten macht. Haben mein Schwiegervater und Nannerl das verstanden? Gewußt haben sie manches, aber Wissen heißt nicht Verstehen. Und die Nörgler der Nachwelt, vor denen Nikolaus mich gewarnt hat! Es ist schon richtig, daß ich nicht Wolfgangs Muse gewesen bin, aber der brauchte ja keine Muse: dazu verstand er sein Handwerk zu gut. Er brauchte ein Weibchen, mit dem er auf der Redoute tanzen konnte; das über seine Scherze lachte; das nicht zeterte, wenn das Geld ausging; das ihm keine Vorwürfe machte, wenn er spät vom Kegeln nach Hause kam; mit dem er auf dem großen Billardtisch in unserer Wohnung eine Partie spielen konnte; das, wie ich, in Prag, während unserer zweiten Reise, nachts in der Bertramka mit ihm aufblieb, als er die Ouverture für die Generalprobe des ‚Don Giovanni‘ am nächsten Morgen fertigzustellen hatte. Ich tat damals, als glaubte ich ihm, als er sagte, es falle ihm nichts Rechtes ein, aber ich wußte, daß er sein Stück im Kopf fertig hatte; daß es ihm Spaß machte, wenn ich vorgab, beunruhigt zu sein, und Komödie spielte, als wären wir beide Personen in einer opera buffa. Dann begann er Punsch zu trinken und wurde schläfrig, zwang sich aber, munter zu bleiben, und schrieb weiter. Um ihn wach zu halten, sollte ich ihm etwas erzählen, gleichgiltig was, aber mir fiel nichts ein als Kindermärchen, wie ich sie Karl an seinem Bettchen erzählt hatte – der Gestiefelte Kater, der Kleine Däumling und ähnliches Zeug; damit hielt ich Wolfgang wach. Er schrieb fleißig, nickte ein, wenn ich schwieg, wurde munter, wenn er wieder meine Stimme hörte, legte sich aber schließlich aufs Sofa, um sich ein wenig auszuschlafen; die Glocken vom Hradschin hatten eben drei geschlagen. Da der Bote vom Theater um sieben Uhr morgens die fertige Ouverture abholen sollte, hatte ich Wolfgang versprochen, ihn nach einer Stunde zu wecken, aber er tat mir leid, da er bleich und müde war, und so ließ ich ihn zwei Stunden schlafen. Ich wachte neben ihm und weckte ihn erst um fünf auf. Um sieben klopfte dann der Bote an die Tür, und ich konnte ihm die Ouverture für den Kopisten geben. Von jener Nacht hatte ich Nissen erzählt; später fand ich die Notiz in seiner Mappe und die Schilderung in seinem Manuskript, am richtigen Ort. Und doch! An der Schilderung fehlt etwas. So habe ich auf meine Art doch verstanden, wie man eine Ouverture schreibt, und nicht die schlechteste. Ich verstand nicht allzuviel von Musik, jedoch alles, was Wolfgang mit mir teilen wollte. Meinem Vater und seinen Kindern lag ja die Musik im Blut; in Mannheim hatte Wolfgang in mir den musikalischen Eifer erweckt – in mir und auch in Luise. Seinen singenden Engel nannte er mich, nachdem ich in Salzburg in der Peterskirche das Solo in der c-Moll-Messe gesungen hatte; das habe ich nicht vergessen, denn von anderen bekam ich damals nicht viel Liebes zu hören. Verliebt wie wir beide waren, nachdem wir unser erstes Kleines bekommen und wieder verloren hatten, verliebten wir uns zusammen in Bachs Fugen, deren Wolfgang einige von Herrn van Swietens musikalischen Morgengesellschaften nach Hause gebracht hatte; er wollte sie sammeln. Der Herr Baron war der Sohn des Leibarztes unserer guten Kaiserin Maria Theresia, die große Stücke auf diesen gehalten hatte: die arme Frau hatte sich für unfruchtbar gehalten, bis ihr Erlauchter Gemahl Van Swieten zu Rate zog; dann schenkte sie sechzehn Kindern das Leben. Sein Sohn war ein mächtiger Mann: Gesandter in Paris und Berlin, dann Direktor unserer Hofbibliothek und Praeses der Kaiserlichen Studienkommission, die dem neuen Geist unter Kaiser Josef zum Sieg verhalf. Beim Herrn Baron spielte man meist Händel und Bach. Zu Hause spielte Wolfgang die Fugen, die er dort kennengelernt hatte; er könne von diesen viel lernen, sagte er. Er erklärte mir den seltsamen Bau dieser Tongebilde, und als ich mit einem Mal verstand, wie die Stimmen sich ineinanderfügten, war es mir, als hätte ich eine große Entdeckung gemacht. „Du willst ja nur mehr Fugen hören", sagte Wolfgang; ich konnte davon nicht genug bekommen. Da er immer aus dem Kopf spielte, drängte ich ihn, eine Fuge für mich zu Papier zu bringen. Als ich dann das Gebilde nicht nur hören, sondern wahrhaftig mit eigenen Augen sehen und seine Mechanik bewundern konnte, schien mir, ich blicke in eine neue Welt. Mit verliebten Fingern spielten wir miteinander das dreistimmige Tongefüge, folgten der verschlungenen Melodie auf dem Notenblatt, und dann machte Wolfgang eine gute Kopie, die er an Nannerl sandte. Weder die, noch der alte Mozart, noch irgendeiner der Nörgler der Nachwelt hat je geahnt, wie so eine Fuge zwei Herzen aneinanderschlagen kann wie Kieselsteine, daß es Funken sprüht. Wenn die, welche bezweifeln, daß ich Wolfgang und seine Musik verstanden habe, ihn befragen könnten, würde auch er sich heute noch, wie ich, an Herrn van Swietens Fugen erinnern. Wenn wir jungen Leute uns bei Freiherrn von Jacquin, dem Botaniker, mit seinen Kindern von den anderen absonderten und im rückwärtigen Flügel der schönen Villa beim neuen Botanischen Garten sangen, musizierten und lebendige Bilder stellten, verstanden wir alle einander recht gut; da war Gottfried, der Jüngste, Wolfgangs lieber Freund, der so bald starb, mit seiner schönen Stimme; sein Bruder Josef; seine Schwester Franziska, Wolfgangs Schülerin, für die er einmal auf der Kegelbahn während der Wartepausen ein Klaviertrio schrieb. Nichts von all dem stand in den Briefen, die ich vernichtet habe, nichts von all dem in Nissens Notizen: die Tatsachen sind da aufgezeichnet, aber nicht die Wahrheit, denn die Wahrheit besteht nicht aus Tatsachen.

Das Echo der Anwürfe gegen mich ist nicht verhallt. Immer wieder hört man, Nannerl habe einst diesem oder jenem Journal, diesem oder jenem Verleger oder Schriftsteller, wie dem Londoner Musikverleger Novello, als er mit seiner Gattin hier in Salzburg sie und mich aufsuchte, gesagt, meine Verschwendungssucht hätte Mozart dazu gezwungen, mehr zu arbeiten, als seiner schwächlichen Gesundheit zuträglich war, so daß ich letzten Endes selbst an seinem frühen Tod nicht unschuldig sei. Und wer hätte damals dem lieben, blinden Nannerl nicht geglaubt?

Feste Bande hatten Nannerl mit Wolfgang verbunden seit den gemeinsamen Kinderjahren und Reisen der beiden Wunderkinder. Wolfgang schickte ihr gerne eine Abschrift seiner Klavierkompositionen, und wenn er eine davon besonders liebte, schrieb er obenan: ‚Nur von meiner Schwester Nannerl zu spielen'. Ich beneidete beide um die Geschwisterliebe, die sie verband und die mir unbekannt war. Wolfgangs ältere Schwester, dieses anziehende Mädchen mit dem weichen Gemüt, dem so leicht die Tränen in den Augen standen, wurde hart und bitter, als die Jahre vergingen, und das erklärt vielleicht, warum sie auch hart gegen mich war. Ich kann verstehen, daß diese enttäuschte Frau, gewissermaßen die angetraute Haushälterin des abgelebten Hofrats von Berchtold und Stiefmutter seiner ungezogenen Brut, von bösen Gedanken geplagt war. Darum habe ich sie nie verdammt, und schon gar nicht, als sie alt und blind war, zum Schluß zu schwach selbst, um die Tasten von Wolfgangs Spinett anzuschlagen, welches ihr als einzige Erinnerung aus der Kindheit geblieben war.

Auch meines Schwiegervaters Andenken habe ich nie entehren wollen; da ich mir gewünscht hatte, ihn lieben zu dürfen, konnte ich sein Andenken nicht hassen. Diese Versuchung fühlte ich nur, als ich Nissen begrub, denn da wußte ich, daß es nun für immer zu spät war, ihm, meinem einzigen Fürsprecher, zu erklären, was an der Wahrheit über mich erlogen und was an den Lügen über mich die Wahrheit war. Das Gestrüpp der Scheinwahrheiten war so undurchdringlich geworden, daß ich nie die rechten Worte hatte finden können, um Licht in das Halbdunkel zu bringen. Als Nissen starb, war es zu spät.

Dann las ich sein Manuskript. Die neun Jahre, während deren Wolfgang mit mir durchs Leben gewandert war, hatten darin keine andere Spur hinterlassen als den Bericht über Mozarts Werk, über den Aufgang und den Niedergang seines Ruhms. Freuden, Tränen, Sorgen um die Kleinen, der Kampf um Dukaten, der Ärger über Hausherren und Nachbarn, Gelächter von Freunden, als Wolfgang und ich sein Stegreifduett ‚Caro mio, Druck und Schluck' sangen – nichts von all dem war da zu lesen; und doch, was ist das Leben, und selbst die Ewigkeit, ohne den Alltag, ohne seine Nichtigkeiten, seine Langeweile, seine von Glück oder Trauer erfüllten Augenblicke, die alle gleich schnell und für immer vergehen? Denn die Zeit ist des Menschen Feind, sein unerbittlicher Feind, der immer siegt: die Zeit ist Satan, der uns vernichten will. Die Zeit raubte Wolfgang sein junges Leben; die Zeit schlug Nissen nieder, bevor er die letzten Kapitel schreiben konnte; die Zeit hat meine Kleinen geraubt; nun gewährt sie mir, zum Hohn, ein langes Leben und läßt mich mein eigenes Jahrhundert überleben, so daß ich einsam in einer fremden Welt leben muß, unfähig, zu sagen, was ich zu sagen habe, während der, welcher meine Worte hätte übermitteln können, mit den anderen im Grabe liegt, Staub und Asche. Seine Aufzeichnungen hat er hinterlassen – Papiere; auch die werden eines Tages zerfallen.

Ich zog die nächste Mappe aus der Lade: ‚Don Giovanni'.

Wolfgang bereitet unsere zweite Reise nach Prag vor, zehn Monate nach der ersten, um die in Auftrag gegebene Oper dort auf die Bühne zu bringen. Der Auftrag verspricht Ehre, Erfolg, vielleicht Gewinn, aber der Mensch kann der Zeit nicht vertrauen; diese bereitet schon ihr grausiges Finale vor, grausig wie in ‚Don Giovanni'. Schon vor der ersten Reise nach Prag hatte Wolfgang gewußt, daß die Musik, die ihm am Herzen lag, die Wiener langweilen würde. Zwei Wochen nachdem die Zeitung Wolfgangs neue Subskriptionskonzerte angekündigt hat, steht erst ein einziger Name auf der Liste, der des Herrn van Swieten. Die Akademien müssen abgesagt werden. In der ausverkauften Akademie eines Sängers, dessen Namen ich mich nicht mehr entsinnen kann, spielt Mozart eine Klaviereinlage.

‚Don Giovanni' ist eine wahre Todesoper. Am Tag der Abreise nach Prag erreicht Wolfgang die Nachricht vom Tod Doktor Barisanis, seines teuren Jugendfreundes aus Salzburg, Primararzt des

Allgemeinen Krankenhauses, der ihn oft behandelt hat und seine Musik liebte wie wenige. Ein anderer lieber Freund, der junge Graf Hatzfeld, stirbt zur selben Zeit in Bonn. Als wollte der Tod den Erfolg von ‚Don Giovanni‘ in einen Rahmen der Trauer stellen, erwartet uns bei der Rückkehr aus Prag die Nachricht, daß Ritter von Gluck einem Schlagfluß erlegen ist. Ein halbes Jahr später wird unser zur Zeit des ‚Don Giovanni‘ noch nicht geborenes kleines Töchterchen all diesen folgen, gleichsam, als wäre der Tod unser Nachbar und klopfe an unsere Tür, um uns nicht vergessen zu lassen, daß er immer nahe ist. Wolfgangs friedlich-heitere Augen werden düster: Gedanken ans Sterben wohnen in ihnen. Er weint oft. Seine ernste Stimmung, sein Kummer, seine Todesgedanken finden ihren Weg in die ‚Don-Giovanni‘-Musik. Solche Ahnungen liegen ihm nie ferne, aber nun überfallen sie ihn öfter als sonst; manchmal seufzt er und macht eine trübe Andeutung, meist aber verschweigt er seine Angst. Oft liegt er nachts im Dunkel neben mir, schlaflos, und drängt sich an mich. Ich kenne diesen kalten Hauch, der ihn aus dem Land des Todes anweht. Ich habe ihn einmal in Linz, auf der Rückkehr aus Salzburg, gefühlt, als Wolfgang seine Ecce-Homo-Skizze zeichnete. Ich kann seitdem ‚Don Giovanni‘ nie hören, ohne ans Sterben zu denken. Das schreckliche Gastmahl, das Stampfen des Steinernen Gastes, die Klage Donna Annas um ihren toten Vater, die Friedhofsmusik, das sind nicht Melodien für die Opernbühne, sondern Wolfgangs Klagen um seine Toten. Die Liebesabenteuer des abscheulichen Don Giovanni sind für mich immer verbunden mit diesem Jahr der Todesgedanken. Die grauenvolle Verbindung von Liebe und Tod, die aus jeder Note in ‚Don Giovanni‘ spricht, ist für mich fremd und abstoßend. Die lüsternen Lippen Signor Da Pontes, sein friedloser Ehrgeiz und sein geheimes Aufrührertum haben mich immer erschreckt, und heute höre ich ‚Don Giovanni‘ von allen Opern Wolfgangs am wenigsten gern, denn diese Musik ist für mich allzu sehr aus dem Leben gegriffen. Die zweite Prager Reise wird lebendig, sobald ich die ersten Donnerschläge der Ouverture höre. Da Ponte, der nichts mit dem Unheil jenes Jahres zu tun hatte, erscheint mir heute, in der späten Erinnerung, als der Erfinder der unheiligen Verbindung von Liebe und Tod und als ein übernatürlicher Bote des Übels. Sein Vorschlag einer ‚Don-Giovanni'-Oper und die erste Nachricht von Vater Mozarts Todeskrankheit kamen am selben Tag.

Da Ponte hatte damals viele Eisen im Feuer. Er schrieb für Salieri eine Oper nach Beaumarchais; eine andere für Martini, von dessen ‚Cosa Rara' Wien schwärmte, so daß Wolfgang den Einfall hatte, diese Musik in der Gastmahlszene zu zitieren und die unheimliche Szene dadurch in die Welt der Zuschauer zu verlegen; auf den Stoff von ‚Don Giovanni' war Da Ponte durch eine italienische Oper aufmerksam geworden, die man ihm als kaiserlichem Theaterdichter zur Empfehlung vorgelegt hatte; fast nur durch Zufall hatte er in dem Büchlein geblättert, das auf seinem Schreibtisch lag. Wolfgang gefiel der Stoff für Prag, und Da Ponte stellte das Buch in zwei Monaten fertig. Er schrieb nachts, um sich der Arbeitslast zu entledigen, die er sich aufgebürdet hatte, und oft genug merkt man dem Text an, daß er eine Nachtgeburt ist. Um sich in der Haut des weiberhungrigen Don Giovanni heimisch zu fühlen, schellte Da Ponte manchmal mitten in der Nacht seiner Wirtin und ließ sich von deren sechzehnjähriger Tochter ein Glas Punsch bringen; sie sollte seine nächtliche Muse sein, sagte der schlechte Kerl.

Der größte Teil der Partitur ist bei der Abreise nach Prag fertig. Wir erhalten Quartier im Gasthof ‚Zu den drei Löwen' am Kohlmarkt; Wolfgang kann aus unserem Fenster zu Signor Da Ponte hinüberrufen, der gegenüber abgestiegen ist, um Änderungen im Text zu besprechen; abends fährt er oft allein hinaus zur Bertramka; der Lärm der Stadt störe ihn beim Schreiben, sagt er; auch liebe er die Stille der ländlichen Landschaft und den steinernen Tisch im Garten, an dem er beim Schreiben Duscheks und ihre Freunde beim Kegelspielen beobachten könne; er habe da ein freundliches Zimmer, von dem er die Baumkronen im Moldautal sehen könne, und da gehe die Arbeit leichter vonstatten. Das ist wohl wirklich alles so. Ich bleibe allein in unserem Zimmer in den ‚Drei Löwen' und warte, schlafe dann ein und verbringe eine unruhige Nacht; von Zeit zu Zeit wache ich auf, dem Weinen nahe. Der böhmischen Gabrieli in der Bertramka fühle ich mich nicht gewachsen. Am Morgen kommt Wolfgang nach Hause, ist lieb zu mir, scherzt und küßt mich. Manchmal gibt es Streit, obwohl er die Wahrheit gesagt hat, wenn er meinte, es arbeite sich besser in der Bertramka, und er habe sich beim Kaffeesieder an der Karlsbrücke und im Weinkeller im Tempelgäßchen so lange aufgehalten, daß es zu spät geworden sei, um noch in den Gasthof zurückzukehren. All das fehlt in Nissens Mappen. Wer könnte denn Eifersucht auf eine heilige Caecilia verstehen, außer der Frau, die sie fühlt?

Die Proben schaffen Ärger. Der Regisseur Guardasoni, Da Ponte und Wolfgang sind am Verzweifeln: wenn die Sänger abends auftreten, weigern sie sich, den Tag dem Rollenstudium zu widmen. Die jüngst vermählte Schwester des Kaisers kommt mit ihrem Gemahl durch Prag, aber das neue Werk, das für die Festvorstellung vorgesehen war, ist nicht fertig, und Wolfgang entgeht wieder einmal eine Gelegenheit, die Aufmerksamkeit von Gönnern auf sich zu ziehen. Während der Proben, im Halbdunkel einer Loge, schreibt er die Tafelmusik, Leporellos Vorwürfe, die erschreckende Friedhofsmusik. Die Inspiration bleibt ja nie aus, aber das Schreiben scheint nun eine außerordentliche körperliche Anstrengung zu erfordern. Wolfgang ist hartnäckig wie ein Soldat, der seinen letzten Kampf gewinnen muß. Diesen Sieg bringt die Aufführung im Oktober. Ich sitze wieder einmal in meiner Loge, unbeteiligt an dem, was ich höre, schwanger, müde, halb betäubt, schwer, zu schwer, zu groß. Wolfgang erscheint im Orchester, und es gibt Beifall. Donna Annas und Oktavians edle Melodien fließen ungehört an meinen Ohren vorbei; ich fühle nichts als den Schauder dieser Oper der Verderbnis und des Verderbens. Im Gasthof finde ich an Nachmittagen Rast und Ruhe, während Wolfgang mit Josefa Duschek zum Stift Strahov hinauffährt, um dort die Orgel zu versuchen, deren schönen Ton er mir rühmt. Eine Fuge hat er improvisiert. Der Gedanke an unsere Fugenzeit geht mir durch den Kopf, aber ich bin zu müde, um das zu erwähnen.

* * *

Kurz vor meiner Entbindung kamen wir nach Wien zurück und zu seinem Novemberwetter. Öfter als sonst trat ich damals in eine Kirche ein, an der ich gerade vorbeiging, um ein Gebet zu verrichten. Der düstere Commendatore lag mir im Sinn, ebenso wie Wolfgang, aber wir sprachen nicht von solchen Nachtgedanken: eine Art Aberglaube versiegelte uns den Mund.

Wir nannten unser Kind Theresia, wie unsere tote Herrscherin; unser erstes Mädchen, geboren im Jahr des ‚Don Giovanni', in dem der Tod so viele abberufen hatte. Wir dankten dem lieben Gott für das neue Leben, das er uns geschenkt hatte. Voll Staunen und Erwartung blickte der dreijährige Karl auf die geballten Fäustchen und verkniffenen Äuglein seiner kleinen Schwester. Die kleine Theresia brachte Hoffnung als Angebinde in ihr kurzes Leben. Noch vor Weihnachten kommt von Seiner Majestät die Ernennung Mozarts zum Kaiserlich-Königlichen Kammerkompositeur, die Stellung, die Herr Ritter von Gluck innegehabt hatte. Dieser war durch seinen dritten Schlagfluß hinweggerafft worden. Er war seit Jahren auf der rechten Seite gelähmt gewesen und unfähig, zu schreiben. Ich dachte mit freundlicher Wehmut an den alten Herrn, der bei der ersten Aufführung der ‚Entführung aus dem Serail' so freundlich zu mir gewesen war, wenn es mich auch immer geärgert hatte, daß Salieri sein Liebling blieb. Vielleicht war er im Alter wieder ein wenig kindisch geworden, denn er soll mit zwei Freunden bei Tisch in einem unbewachten Augenblick, als seine umsichtige Frau gerade das Zimmer verlassen hatte, ein volles Glas Likör geleert haben, was ihm streng verboten war. Der alte Schlemmer! Kurz nachher hatte er einen Anfall und verlor das Bewußtsein. Ritter von Glucks Besoldung von zweitausend Gulden hatte der sparsame Kaiser für Wolfgang auf achthundert herabgesetzt; die kaiserliche Gnade mochte jedoch bedeutendere Vergünstigungen für die Zukunft ankündigen; man sagte ja, der Kaiser wisse gar nicht, wieviel seine Bürger zum Lebensunterhalt brauchten, da er nie Geld bei sich trage; er verlasse sich daher bei der Bemessung von Besoldungen auf den Rat Untergebener. Wolfgang tat die Sache kurz und bündig damit ab, daß er sagte: „Er ist ein Knicker". Nach so vielen Jahren eifriger Bemühung um eine würdige Anstellung war er enttäuscht: „Zuviel für das, was ich leiste, zu wenig für das, was ich leisten könnte", sagte er. Fortan würde er Tanzmusik für die Bälle im Redoutensaal schreiben: nichts anderes erwarte man von ihm.

Wichtiger als die Aussicht auf ein ständiges Gehalt war die Absicht Seiner Majestät, auch in Wien ‚Don Giovanni' aufführen zu lassen. Luise, deren Stimmumfang noch bewundernswerter war als in ihrer Jugend, gab man die Rolle der Donna Anna. Wieder Proben, und für mich Stunden des Alleinseins mit der kleinen Theresia. Das Hofburgtheater, das dem derben Geschmack schmeicheln wollte, zwang Wolfgang zu Änderungen; die göttliche Arie ‚Il mio tesoro' wurde gestrichen; Leporello und Zerlina erhielten statt dessen ein anzügliches Duett. Das Publikum fand die Oper langweilig und begann zu vermuten, Mozart sei nichts weiter als ein gealtertes Wunderkind. „Das ist kein Bissen für meine Wiener", sagte Seine Majestät. „Laßt ihnen nur Zeit zum Kauen", meinte Mozart, als man ihm den Ausspruch hinterbrachte; das war aber nicht aufrichtig gemeint; Wolfgang buhlte nicht um die Nachwelt; er wollte ganz in seiner eigenen Zeit leben.

Damals wurde uns der Zins für die schöne Wohnung in der Schulerstraße zu hoch, und im kalten Dezemberwetter zogen wir, wenige Tage nach Wolfgangs Ernennung zum Kammerkompositeur, mit Karl und der kleinen Theresia in eine billige Behausung unter den Tuchlauben: eine dunkle, feuchte Wohnung mit schlauchartigen Zimmern und niedriger Decke. Dort starb meine Kleine, schnell und ruhig wie die anderen, ein halbes Jahr alt. Wir flohen weit hinaus aus der Stadt, ins Haus ‚Zu den Goldenen Drei Sternen'; je schlimmer die Bedrängnis, desto strahlender wurden die Namen unserer Behausungen. Wolfgang, der sich nie etwas aus dem Leben am Lande gemacht hatte, gab vor, daß die schönen Bäume vor den Fenstern ihm die Arbeit angenehmer machten.

Etwas über zweihundert Gulden hatte der Wiener ‚Don Giovanni' eingebracht – das war alles. Die Flucht vor der Sorge, die

Jagd nach Talern sollte nicht mehr enden. So war es daheim, im Elternhaus, gewesen. Wir wußten beide, woran der andere dachte, sprachen aber nicht davon; wenn die Türglocke schellte, hoben wir den Kopf und sagten: „Wer wird das wohl sein?" Der Ertrag von ‚Don Giovanni' war ausgegeben: wir hatten Schulden bezahlt. Subskribenten für Akademien waren wieder ausgeblieben, die Akademien abgesagt.

‚Die drei letzten Symphonien – Bearbeitungen von Händel.' Das ist der Titel der nächsten Mappe, in der ich blättere.

Herr van Swieten will Händels Werke aufgeführt sehen und hat Wolfgang beauftragt, deren einige für ihn zu bearbeiten. ‚Acis und Galatea.' ‚Der Messias.' Wolfgang habe darunter gelitten, daß er Bearbeitungen anfertigen mußte, sagt Nissen. Ich wußte das nicht. Ich erfuhr erst durch Nissen, daß Wolfgang gelitten hatte, und ich erfuhr es von ihm dreißig Jahre nach Wolfgangs Tod; ich habe mit ihm unter einem Dach gelebt, habe am selben Tisch gesessen und im selben Bett geschlafen und wußte nicht, daß er gelitten hat. Nissen wußte besser als ich, was Wolfgang gefühlt hat, er, der mir Fragen über ihn gestellt hatte. Ich hatte im Dunkel gelebt. Ich wußte nichts weiter, als daß Wolfgang für Herrn van Swieten Werke von Händel bearbeitet hatte.

Dabei trug diese Arbeit nicht viel. Wie so viele andere. Herr van Swieten war ein bedachter und sparsamer Herr. Wie es damals um uns gestanden hatte, erfuhr ich erst nach Wolfgangs Tod, als ich seine Briefe und später Nissens Papiere durchlas. Wolfgang schrieb gern bei Nacht, wenn alles still war. Der Lampenschein, der durch die Türspalte fiel, war mir nicht ungewohnt. Was ich nicht ahnte, war, daß er Briefe schrieb, von denen ich nichts wissen sollte. Bettelbriefe! Er schämte sich wohl: er schrieb sie, wenn ich schon schlief. Die Briefe waren an seinen Logenbruder gerichtet, an den Kaufmann Puchberg, denselben, der mir später nach Wolfgangs Tod die Bezahlung der Schuld an ihn erließ; derselbe, der uns schon früher geholfen hatte. Es waren Briefe an einen Freund, aber doch Bettelbriefe. Mozart versicherte ihm, daß eine einmalige großzügige Hilfe ihm für immer Sicherheit bringen würde; er erwarte ja eine

Zahlung von zweitausend Gulden; er werde bald alle Schulden an ihn, seinen großmütigen Gönner, begleichen können; nur noch dies eine Mal solle er ihm aus der Not helfen; er habe es ja schon so oft getan, und Mozart werde ihm das nie vergessen. Nur noch einmal! Wenn die zweitausend Gulden verfügbar werden . . . Woher? Von wem? Und die zweihundert Dukaten für die Krönungsoper!

All das reimte ich mir zusammen, als ich Einsicht in die Briefe nahm. Wolfgang verbarg seine Nöte vor mir. Ich hätte wohl trotzdem alles ahnen können, hätte ich es ahnen wollen. Er schämte sich seiner Not. Er vergoß vielleicht Tränen über seine Briefe an Puchberg.

Er glaube Aussichten zu haben, schrieb er. Vielleicht würden sich für Akademien doch Subskribenten finden; vielleicht würde er einen neuen Opernauftrag erhalten; für Prag? Für Wien? Für Dresden vielleicht? Oder gar für Berlin? In Berlin könnte der König ihn zum Musikdirektor ernennen? Quartette, die er auf eigene Kosten stechen lassen könnte, würden vielleicht in genügender Menge von Liebhabern der Hausmusik gekauft werden, um einen wesentlichen Gewinn abzuwerfen. Oder vielleicht ließe sich ein Verleger finden, der sich zu einer größeren Summe überreden ließe, um die Stücke auf eigene Kosten zu vertreiben. Eine Widmung von Klaviersonaten an adelige Gönner würde doch gewiß ein beachtliches Geldgeschenk bringen!

So bat Wolfgang seinen Freund um Darlehen, deren Rückzahlung er zuversichtlich versprechen konnte. Zweitausend Gulden? Oder, falls dies nicht ginge, doch wenigstens tausend. Sollte Michael Puchberg im Augenblick nicht genügend Bargeld zur Verfügung haben, so würde eine Anleihe von fünfhundert Gulden für ein oder zwei Tage Mozart helfen, seine momentanen Zahlungsschwierigkeiten zu überkommen. Herr Puchberg übersandte Wolfgang zweihundert Gulden; es war nicht die letzte Anleihe, noch die erste, aber was sind denn auch zweihundert Gulden?

Die Schulden hatten sich gehäuft, nachdem Wolfgang im Frühjahr 1789 wiederum auf Reisen gegangen war. Das war eine Reise, die wenig einbrachte, und Wolfgang deckte die Schulden, indem er neue machte. Es wäre damals unmöglich gewesen, eine

Reise in Betracht zu ziehen, hätte sich die Möglichkeit dazu nicht durch Zufall ergeben: ein Schüler Wolfgangs, Fürst Lichnowsky, bot ihm an, ihn in seinem Reisewagen nach Berlin mitzunehmen. Wieder einmal die Suche nach dem Gelobten Land! Sicherlich ließen sich Akademien veranstalten, vielleicht würde Prag einen neuen Opernauftrag erteilen, kleinere Höfe mochten Wolfgang einladen, sich zu Zuwendungen entschließen, am Ende konnte man sogar an eine Anstellung beim preußischen Hof denken? Ich habe mich gefragt, ob es nicht schiere Wanderlust war, die Wolfgang von Stadt zu Stadt trieb; fremde Städte, fremde Länder waren ja zehn Jahre lang, während seiner verlorenen Kindheit und Jugend, seine Heimat gewesen, als er auf endloser Wanderung überall zu Hause war und nirgends. Vielleicht wurde er damals mit dieser Wanderlust angesteckt.

Diesmal konnte ich ihn nicht begleiten, da er als Gast mitfuhr. Widerstrebend blieb ich zurück, obwohl ich wußte, daß es unvermeidlich war und wohl auch besser so: wir wollten das Ungeborene diesmal nur ja nicht gefährden. Wieder in gesegneten Umständen, wie man es nennt! Bedrückt nahm Wolfgang Abschied; die Briefe, die er mir fast täglich sandte, waren die zärtlichsten, die er je geschrieben hatte; in jedem erwähnte er das Kleine, das am Weg war. Diese Briefe habe ich gut aufbewahrt und oft überlesen; ich wünschte, Wolfgangs Vater hätte diese Briefe noch lesen können! Sie kamen in ständiger Folge – aus Budweis – aus Prag – „Liebstes Weibchen, ich sehne mich so sehr nach Nachrichten von Dir"; aus Dresden – Josefa Duschek war gerade in Dresden – „Liebstes Weibchen, hätte ich doch auch schon einen Brief von Dir! . . . Wenn ich Dir alles erzählen wollte, was ich mit Deinem lieben Porträt anfange, würdest Du wohl recht lachen. Zum Beispiel, wenn ich es aus seinem Arrest herausnehme, so sage ich: ‚Grüß Dich Gott, Stanzerl! Grüß Dich Gott, Spitzbub! Knallerballer! Spitzignas! Bagatellerl! Schluck und druck! . . . Nun glaub ich so ziemlich was Dummes (für die Welt wenigstens) hingeschrieben zu haben, für uns aber, die wir uns so innig lieben, ist es gewiß nicht dumm." Mein kleines Porträt begleitete Wolfgang in seinem Gepäck, auf all seinen

Reisen. Ob Nannerl sich das je gedacht hat? Eifersüchtig war er auch ein wenig, denn ohne Eifersucht gibt es keine richtige Liebe: „Ich bitte dich, nicht allein auf Deine und meine Ehre in Deinem Betragen Rücksicht zu nehmen, sondern auch auf den Schein. Sei nicht böse auf diese Bitte." Und das in meinem Zustand – wie ich nur aussah! Die Erinnerung an unseren ersten großen Zwist, wegen des Wadenmessens, war ihm vielleicht wieder in den Sinn gekommen. So lange war das ja damals noch gar nicht her. Mir aber wagte er zu schreiben, daß Josefa Duschek eigens von Dresden nach Leipzig gereist sei, um an seiner Akademie mitzuwirken! Berlin. Der König empfing ihn, bestellte Quartette und Sonaten für seine Tochter und schenkte Wolfgang hundert Friedrichsdor; keine Anstellung, kein Auftrag für die Oper. Von seinen Friedrichsdor mußte Wolfgang noch hundert Gulden seinem Fürst Lichnowsky leihen, da diesem das Geld ausgegangen war. Seinen Schüler, den elfjährigen Hummel, hörte er in einem Konzert; der Erfolg eines Schülers beglückte ihn immer. Das Komödienhaus am Gendarmenmarkt setzte auf Befehl des Königs ‚Die Entführung aus dem Serail' an: Freude und Erfolg brachte die Reise, aber der Ertrag war bescheiden. Ich wartete zu Hause, einsam und ungeduldig, wenn auch die Briefe mich glücklich machten: „Donnerstag den 28. gehe ich nach Dresden ab, wo ich übernachten werde; den 1. Juni werde ich in Prag schlafen, und den Vierten? den Vierten? bei meinem liebsten Weiberl . . ." Den Rest hat Nissen mit schweren Strichen getilgt, unleserlich gemacht. Ich erinnere mich an diese unleserliche Stelle; die war ein wenig freimütig in der Wortwahl, wie das bei Wolfgang vorkam, aber nicht verdammenswert zwischen Eheleuten, wenn man nicht gerade ein Däne ist.

Eine gewisse Henriette Baranius hätte am Gendarmenmarkt Blonde gesungen, erzählte mir Wolfgang am Morgen des Fünften. Sie sei selbst blond, sagte er, richtig blond, nicht dunkelhaarig wie sein Spitzignas; eine niedliche Person, eine zierliche, springlustige Spielzeugpuppe, genau wie er sich immer Blonde vorgestellt habe; lustig und zierlich, aber voll Gemüt; und eine sehr schöne Stimme. Lügen konnte er nie. Ich grollte ihm, und er bat um Verzeihung; ich vergab ihm alles; da war ja nicht viel zu vergeben. Als er meine Füße sah, die wieder angelaufen waren und schmerzten, überkam ihn zärtliche Sorge. Am nächsten Morgen ließ er Doktor Closset kommen, der zu einer Kur in Baden riet.

Dies war die ärgste Zeit der Geldknappheit. Wolfgang wollte mich vor Sorgen bewahren. Ich hätte ahnen können, wie es um uns stand, aber ich wollte nicht neugierig sein: ich war froh, nach Baden zu entkommen, das trübe Leben in Wien los zu sein, der Sommerhitze zu entgehen. Im schönen Baden fühlte ich mich wohl; ich liebte die Waldwege; das sogenannte Kasino mit seinem schönen Saal und die Musik, zu der man tanzte; ich tanzte gern. Trotz meines Zustandes fühlte ich mich in Baden leicht und unbeschwert. Da ich die Gattin des Kaiserlichen Kammerkompositeurs war, beobachtete man mich. Man prüfte mein Lächeln, meine Haartracht, meine Kleider; man klatschte über mich und über die Herren, mit denen ich tanzte. Als mir das Geflüster zu Ohren kam, gefiel mir meine Rolle, und ich bemühte mich, sie besser und auffälliger zu spielen: es war eine unschuldige Komödie, die mir die Zeit vertrieb und mir überdies die Genugtuung gewährte, mich an Wolfgang ein wenig für die blonde Blonde zu rächen. Und nichts von all dem in Nissens Mappe!

Wolfgang ist in Wien mit Proben für eine Wiederaufnahme von ‚Le Nozze di Figaro' beschäftigt. Er hat wenig Zeit, wenig Geld, aber er besucht mich oft. Man hat ihm das Geschwätz über mich hinterbracht. Er zürnt mir, wie ich ihm gezürnt habe, aber mit weniger Ursache. Vielleicht geht der Ärger bei ihm tiefer. Keiner von uns beiden ist damals guten Mutes, denn es ist ein schlimmes Jahr, für uns und für andere auch. Es gibt Krieg gegen die Türken. Der Kaiser selbst ist bei der Armee in Ungarn; wir werden in einer Schlacht nach der anderen geschlagen, feindliche Festungen widerstehen der Belagerung, während des Rückzuges verlieren wir viele Soldaten, Tausende sollen in Spitälern schweren Krankheiten erlegen sein, die in jenen Gegenden wüten. Als der Kaiser selbst schließlich nach Wien zurückkehrt, ist er leidend und bringt den Keim der Krankheit mit sich, deren Opfer er bald werden soll. Marschall Loudon übernimmt seine Stelle im Feld: dann geht es endlich besser, und als wir aus Baden nach Wien zurückkommen, steht bereits die Eroberung Belgrads bevor.

Ich mußte nach Hause, denn die Zeit meiner Entbindung nahte. Wir hofften auf ein frohes Glück, wie alle Eltern, wenn ihnen ein Kind geschenkt wird, aber unsere Erwartung war getrübt durch die allgemeine Sorge; durch den Groll des Volkes, das sich fragte, wie es die schweren Kriegszeiten überstehen würde; durch die seltsamen Nachrichten aus Frankreich, wo der Pöbel die Bahn der Gesetzlosigkeit eingeschlagen hatte, die zu Revolution, Königsmord und Krieg geführt hat; durch die Sorge um Geld und Brot. Die Geburt des kleinen Wurms war ein grausames Sterben; seit damals habe ich vor dem Tod keine Angst mehr, so sehr ich auch eines Tages mag leiden müssen, wenn mich unser Herrgott ruft. Das Kind atmete schwach eine Stunde lang; wir tauften es auf den Namen Anna, nach Wolfgangs unglücklicher Mutter; dann hörte auch das schwache Atmen auf, es zuckte, und alles war vorbei. Fast tot geboren, hat die Kleine nichts von dieser Welt mitgenommen als ein wenig dürftigen Atem und einen Namen.

Mich hatten meine schweren Beine und mein Schwindel in innere Unruhe versetzt. Nach der Geburt und dem Tod der kleinen Anna wurde es noch schlimmer. Die Schwangerschaften hatten mich geschwächt. Mein Leben wurde ein ständiges Schwanken zwischen Kränkeln und Krankheit. Wolfgang fragte mich tausendmal am Tag, wie ich mich fühle; ich antwortete gereizt und ungeduldig; wenn er von den Proben zu ‚Così fan tutte' heimkam, brachte er mir kleine Leckerbissen mit; ich wies sie brüsk zurück; auf den Fußspitzen ging er von einem Zimmer ins andere; ich, die ich mein Kränkeln nicht wahrhaben wollte, verwies es ihm. Der Haushalt verlotterte: Papierfetzen, schmutzige Haarbürsten, ungewaschene Teller standen auf dem Tisch, auf Möbeln, auf Stühlen; wenn man einen dieser Teller aufhob, gewahrte man die Staubschicht, die ihn umgab. Ich war mir all dessen nicht bewußt. Ich war zufrieden, wenn Wolfgang sich in sein Musikzimmer einschloß. Dort schrieb er wohl um Geld an Puchberg und auch an andere. Er versuchte, Darlehen zu erhalten, um alte zu tilgen; es würde ihm bald ein leichtes sein, dies zu tun, meinte er zuversichtlich, denn die erste Aufführung einer neuen Oper stehe bevor; sein vierteljähriges Gehalt als Hofkapellmeister werde demnächst fällig.

‚Così fan tutte' wurde ein lauer Erfolg. Dennoch durften wir hoffen, daß die Einnahmen uns über die ärgsten Schwierigkeiten hinweghelfen würden. Im Februar 1790 aber starb Kaiser Josef. Wegen der Hoftrauer wurde ‚Così fan tutte' nach zehn Aufführungen abgesetzt.

Unser Kaiser hatte sein Volk nie verstanden, aber als er tot war, hatte dieses dennoch das Gefühl, verwaist zu sein. Fünf Jahre lang hatte er anscheinend schon gekränkelt, öffentliche Zeremonien abgesagt, seine Loge im Hofburgtheater unbesetzt gelassen, wo man ihn immer zu sehen erwartete; wenn er sich zeigte, sah er bleich und verhärmt aus. Nach seiner Rückkehr aus dem türkischen Feldzug hütete er oft das Bett, so berichtete die Wiener Zeitung, hustete viel und schlief schlecht. Zur Weihnacht 1789 habe er Blut erbrochen und an heftigem Herzklopfen gelitten; jedermann wußte Einzelheiten über seinen Zustand zu berichten; solche Dinge sprechen sich in Wien schnell herum, gleichsam als Familiengeschwätz, selbst wenn sie sich in den Gemächern der Hofburg abspielen. Er schien in wenigen Wochen um Jahre gealtert zu sein; wie ein Gespenst soll er ausgesehen haben. Alle packte das Gefühl kommenden Unheils, als die blutjunge Erzherzogin Elisabeth von Württemberg, erst seit einem Jahr mit des Kaisers Enkel Franz vermählt, der heute unser Kaiser ist, plötzlich starb; sie war die einzige wahre Freundin unseres Kaisers gewesen, und man erzählte sich, sie sei nach einem Besuch aus Schreck darüber gestorben, daß sie ihn so spukhaft aussehend gefunden hatte. Zwei Tage später, in den frühen Morgenstunden, verschied dann der Kaiser selbst. In einem schmucklosen Kupfersarg, sparsam selbst im Tod, ließ er sich in die Gruft tragen, als wollte er noch ein letztes Beispiel setzen; die Wiener vergaßen sein letztes Beispiel so schnell wie vieles andere.

Die Sorgen und Enttäuschungen der letzten Monate hatten wohl dazu beigetragen, daß ich diesen Tod fast als einen persönlichen Verlust empfand; damals waren jedoch viele bedrückt, denn die letzte Krankheit und der Tod des Kaisers schienen eine Mahnung an die Vergänglichkeit. Aus den Niederlanden und aus Ungarn berichtete man von Unruhen; seine engsten Berater hatten sich dem Kaiser zuletzt widersetzt; das gemeine Volk machte Gebrauch von der Redefreiheit, die er selbst gewährt hatte, um ihn und seine Reformen zu schmähen, die es noch wenige Jahre vorher bejubelt hatte. Die Leibeigenschaft der Bauern hatte der Kaiser aufgehoben; der Gutsherr durfte nicht mehr auf dem Handkuß seiner Bauern bestehen; Krankenhäuser hatte er gebaut, Heime für Findelkinder, für Blinde, Taubstumme und alte Leute. All das war nun vergessen, und man erinnerte sich nur daran, daß er Schlachten gegen die Türken verloren hatte; daß er Kirchenprozessionen verboten und religiöse Feiertage abgeschafft hatte; daß er der Kirche befohlen hatte, die schönen Gewänder von den Heiligenstatuen zu entfernen; prunkvolle Umgänge hatte er verboten; Protestanten zum Unglauben ermutigt, indem er ihnen Religionsfreiheit zugestand; den Juden hatte er Familiennamen beigelegt und ihnen erlaubt, sich zu kleiden wie andere und zu wohnen, wo sie wollten; die Jesuiten hatte er vertrieben und vielleicht gar, wie manche behaupteten, geplant, mit der Heiligen Römischen Kirche zu brechen. Man lächelte vielsagend, wenn vorlaute Spaßmacher den Namen des toten Kaisers in einem Atem mit dem der abscheulichen Revolutionäre in Frankreich nannten, Robespierre, und wie sie alle hießen.

Wolfgangs Freimaurerbrüder betrauerten den Tod des Kaisers. Sein Bruder Leopold war nicht vom selben Schlag. Binnen weniger Wochen wurde Wien eine andere Stadt, zumalen für die Theaterleute. Seine Majestät entließ Graf Rosenberg, den Intendanten des Hofburgtheaters; Da Ponte wurde verabschiedet; täglich erzählte man sich unglaubwürdige Gerüchte, die sich am folgenden Tag als wahr erwiesen; Thorwart, mein alter Vormund, dem ich nur noch selten begegnet war, sollte des Kaisers vertrauter Berater in künstlerischen Dingen sein; Da Pontes Ungnade war sein Werk, wie die Ungnade vieler Sänger, die man entließ; Salieri trat von der Leitung der Oper zurück, vielleicht um der Erniedrigung einer Entlassung zu entgehen. Verstärkte dies seine Eifersucht auf Mozart, der auf seinem Posten blieb? Nissens Notizen enthalten nur Tatsachen, selten Erklärungen, nie Vermutungen.

Wolfgang kränkelt. Er ist bleich. Seine Wangen sind ungesund aufgeblasen, seine Augen matt. Es sind die Sorgen, sage ich mir, und die allgemeine Unruhe. Er muß vermuten, daß der Hof ihn nicht weiter fördern will, daß man sich seiner vielleicht bald nicht mehr erinnern wird, daß die neuen Herren ihm wenig Bedeutung zumessen; er muß vermuten, daß er besser daran tun würde, wie Salieri, zurückzutreten; er kann sich das nicht erlauben: achthundert Gulden! Er, der einmal Fürsterzbischof Hieronymus Graf Colloredo die Stirn geboten hat, bleibt auf seinem Posten.

Er richtet eine Bittschrift an Erzherzog Franz, in der er sich um die Stellung eines zweiten Kapellmeisters und Musiklehrers bei der Erlauchten Familie bewirbt. Herr van Swieten befürwortet das Bittschreiben – vielleicht ein übel gewählter Fürsprecher, da er als der Inspirator der Pläne des verstorbenen Herrschers gilt. Das Gesuch wird nicht beantwortet.

Die Zukunft schien damals ungewiß. Man sprach von Kaiser Leopolds Plänen, der die Politik seines Bruders nicht gebilligt hatte; von dem, was nun anders werden sollte; von den schrecklichen Ereignissen in Frankreich. Für eine Weile vergaß man Oper, Theater, Akademien und ergötzte sich an politischen Erwägungen.

Zwei Schüler verbleiben. Für ein paar Gulden verkauft Wolfgang Kompositionen an Artaria zur Veröffentlichung; er bittet seinen Freund Puchberg, ihn an Personen zu empfehlen, die an Klavierunterricht interessiert sein mochten. Dieser weiß im Augenblick keinen Rat, hilft aber wieder mit Geld aus. Wolfgang klagt, daß er seine Zeit mit Brotarbeit vergeuden muß; daß er statt einer Oper Tänze schreiben muß; er ist gereizt; er begründet sein Aufbrausen mit Zahnschmerzen, die ihn häufig plagen. Das Ende der Hoftrauer kommt endlich. Der König von Neapel wird zu Besuch in Wien erwartet, und mit ihm erscheint Kaiser Leopold zum erstenmal seit seiner Thronbesteigung wieder im Theater; als Festvorstellung setzt man eine Oper von Salieri an; bei Hof ehrt man den Besucher mit anderen musikalischen Darbietungen, aber Mozart wird übergangen.

Ich will von Berufssorgen nichts wissen; ich übersehe die Geldschwierigkeiten; das ist leichter so für mich. Wolfgang lockt mich auf diese Bahn des geringsten Widerstandes, indem er Sorgen des Alltags von mir fernhält; ich bin zu jung, oder vielleicht nur zu unreif, um der Versuchung zu widerstehen. Ich kann tun, als wäre es sein Wille, mir Sorgen abzunehmen. Körperliche Leiden, die mich seit meiner letzten Entbindung plagen, mögen meine Entschuldigung sein: ich habe mit mir selbst zu tun. Wolfgang schlägt wieder einen Aufenthalt in Baden vor; vielleicht hätte ich seine Fürsorge ablehnen sollen; vielleicht wußte ich, oder hätte ich wissen sollen, daß wir uns diese Ausgabe nicht leisten konnten. Ich ging dennoch zur Kur nach Baden.

Aus Mozarts Briefen, aus Nissens Mappen erfuhr ich später, was ich schon wußte, geisterhaft vergrößert durch die Lupe des Rückblicks auf die Vergangenheit, durch das verspätete Wissen dessen, was später geschah. Während meiner Abwesenheit hatte Wolfgang die abwegigsten und abenteuerlichsten Finanzierungsprojekte ersonnen. Nissen, der mich gelehrt hatte, wie man mit Geld umgeht, war erstaunt darüber, wie weltfremd Wolfgang in diesen Dingen gewesen war.

Hätte er sich doch wenigstens bei seinem erfahrenen Freund Puchberg Rat geholt! Er schämte sich aber wohl seiner nimmer endenden Geldnöte. Der Klarinettist Stadler, ein angeblicher Freund, machte sich anheischig, ihm tausend Gulden in bar zu verschaffen, falls er bereit sei, einen Wechsel auf zweitausend Gulden auszustellen und für dessen Tilgung einen zahlungskräftigen Bürgen zu stellen; der verbleibende Restbetrag von tausend Gulden würde Mozart in Form von Ware zur Verfügung gestellt werden, und zwar handle es sich um Ballen von Tuch bester Qualität, die sich leicht würden an den Mann bringen lassen; den Bürgen für den Wechsel fand Mozart in der Person eines Musikverlegers, dem er sich anderseits zur Lieferung von musikalischen Kompositionen verpflichten sollte; Honorare für diese Kompositionen würden direkt an die Gläubiger ausgezahlt werden, um zur Tilgung von Kapital und Zinsen zu dienen. Zur gleichen Zeit machte sich ein änderer

Geschäftsmann erbötig, Wolfgang ein Darlehen von tausend Gulden gegen nur fünf Prozent Zinsen zu leihen und unsere Möbel als Pfand anzunehmen.

Während diese finanziellen Transaktionen zur Erörterung standen, jagte Wolfgang zugleich immer bescheideneren Summen nach, um laufende Rechnungen zu begleichen. Mein Zimmer in Baden wollte bezahlt sein. Dort besuchte er mich, wie vorher, und blieb eine Weile, um Ausgaben für Mahlzeiten in den sündhaft teuren Wiener Gasthöfen zu vermeiden; wie ein Liebespaar hausten wir da in meiner Kammer. Oft konnten wir nicht sagen, wie spät es war, denn Wolfgang hatte seine goldene Taschenuhr dem Virtuosen Pokorny als Pfand für ein kleines Darlehen überlassen; die Bestätigung fand ich später unter seinen Papieren: der Tod hatte ihm nicht die Zeit gelassen, die Uhr auszulösen. Wie schwer mußte es Wolfgang gefallen sein, diesen Herrn Pokorny um Geld anzugehen! Pokornys Tochter, Frau Hofdemel, war seine Klavierschülerin, und Wolfgang hatte zur gleichen Zeit auch ihrem Gatten, einem Kanzlisten bei der Obersten Justizstelle, einen Wechsel für eine Anleihe von hundert Gulden ausgestellt. Herr Hofdemel hatte den Ehrgeiz, in Wolfgangs Freimaurerloge einzutreten, und das war wohl, abgesehen von der Fürsprache seiner Frau, der Grund, warum er sich auf eine Anleihe einließ. Den Wechsel gab er an den Inhaber einer Modewarenhandlung am Kohlmarkt weiter, und wer weiß, wie oft dort im Laden ‚Zum Meerfräule' die Geldnöte des Herrn Kammerkompositeurs mit Kundinnen besprochen wurden, und der Leichtsinn seiner Frau Constanze, die auf Kosten anderer zur Kur in Baden weilte. Schließlich mußte Wolfgang wieder Herrn Puchberg um hundert Gulden angehen, um diesen Wechsel einzulösen. Das furchtbare Ereignis, das sich im Hause Hofdemel am Tage nach Mozarts Tod abspielte, war wohl die grausame Folge der aus Geschwätz geborenen Gerüchte über Beziehungen zwischen Wolfgang und seiner blutjungen Klavierschülerin. In meiner damaligen Verzweiflung schien es mir nicht wichtig, zu ergründen, ob Maria Magdalena Hofdemel eine keusche Maria oder eine sündige Magdalena gewesen war.

Zu Ende des Sommers kehrte ich aus Baden nach Wien zurück. Die Krönung Seiner Majestät zum Heiligen Römischen Kaiser im Frankfurter Dom war für den Herbst angesetzt. Festlichkeiten würden Musikern, Sängern und Schauspielern die Gelegenheit bieten, sich vor Besuchern aus aller Welt zu zeigen; für eine Weile würde Frankfurt die Hauptstadt des Erdteils sein. Man berief Musiker aus Mannheim, München, Salzburg; man würde den berühmten Castrato Ceccarelli – damals sagte man ‚musico' – von der Salzburger Hofkapelle hören; der Schauspieler Iffland sollte auftreten; der von Wolfgang verachtete Abt Vogler sollte in einem großen Orgelkonzert in der Karmeliterkirche eine Fantasie über ‚Das Jüngste Gericht' nach Rubens' berühmtem Bild spielen; wer Abt Voglers Kunst kannte, konnte ein Tongemälde erwarten, das die Zuhörer durch krachenden Donner, tosende Meeresbrandung und die Posaunen am Tag des Zornes in panischen Schrecken versetzen würde; diese Erwartung wurde dann nicht enttäuscht, und man rühmte im besonderen die Gewalt des letzten Erdbebens. Unser Herrscher nahm Salieri und siebzehn Kammermusiker aus Wien nach Frankfurt mit; Mozart, den Günstling seines toten Bruders, überging er.

Wolfgang wollte denn versuchen, sich in Frankfurt auf eigene Faust durchzusetzen. Ich überredete ihn, all meinen Schmuck und unser Tafelsilber im Dorotheum zu versetzen und so seine Reisekosten zu decken. Er bestellte eine private Reisekutsche für sich selbst und Franz Hofer, der in Frankfurt vielleicht auch würde etwas Geld verdienen können – nun hatte dieser ja eine Familie, ein kleines Töchterchen, das kaum einen Monat alt war –, und neuerlich ging Wolfgang auf die Suche nach Ruhm und Erfolg. Die allwöchentlichen Briefe sprachen von Sehnsucht, von Einsamkeit, von den hohen Preisen; von Festlichkeiten, denen Wolfgang nur am Rande beiwohnte; von Akademien, die Beifall und wenig Geld brachten; von anderen, die abgesagt werden mußten; von einem Abstecher nach München, wo Wolfgang Kapellmeister Cannabich traf. Er spielte dort auch vor dem König von Neapel, wessen man ihn in Wien nicht für würdig gehalten hatte.

Um mich nicht allein draußen in der einsamen Währinger Straße wohnen zu lassen, hatte Wolfgang vor der Abreise eine andere Wohnung in der Stadt genommen: unsere letzte, die Unglückswohnung im ersten Stockwerk in der Rauhensteingasse. Die Übersiedlung fand jedoch erst eine Woche nach seiner Abreise statt, und ich mußte sie allein, mit Karls Hilfe, vornehmen. Der gute Junge arbeitete brav mit. Er war immer ruhig, gehorsam – vielleicht allzu ruhig und gehorsam –, da er die bedrückende Stimmung wohl fühlen, aber mit seinen sechs Jahren nicht verstehen konnte. Als alles gepackt war, öffnete ich noch einmal alle Schränke und Laden, um sicher zu sein, daß ich nichts übersehen hatte, und da war auch die Lade, in der das Tafelsilber gelegen hatte. Ich schob sie wieder zu und schickte Karl zum Fuhrmann, um ihn wissen zu lassen, daß nun alles bereit sei und er kommen möge.

Wolfgangs Heimkehr. Er schien verzagt, als er in die fremde Wohnung trat und sich mit den Zimmern und ihrer Einrichtung vertraut machte. „Ich werde zweifelsohne gewiß etwas erreichen", hatte er mir nach der Ankunft aus Frankfurt geschrieben, „so groß aber, wie Du und verschiedene Freunde es sich vorstellen, wird es sicherlich nicht sein." Er hatte den Nachsatz aus einer Art Schuldbewußtsein hinzugefügt, um übertriebene Erwartungen zu dämpfen. Was er ‚erreicht' hatte, war in der Tat nicht viel mehr als die Summe, die wir benötigten, um unseren Besitz aus dem Dorotheum wieder zu holen. Die Versatzzettel bewahrten wir in einer Schatulle auf, in der ich allerlei aufzuheben pflegte; wir waren nicht ordnungsliebend genug, um Versatzscheine in Listen einzutragen. Ich wußte, als ich die Schatulle öffnete, daß einige der Scheine fehlten; ich wußte auch, daß die einzige Person, die allein das Zimmer betreten und Zutritt zu der unversperrten Schatulle gehabt hatte, unser vermeintlicher Freund Stadler gewesen war. Während Wolfgangs Abwesenheit hatte ich den Klarinettspieler Stadler kommen lassen, um mit ihm die Einzelheiten der versprochenen Anleihe zu besprechen; Wolfgang hatte mir brieflich Anweisungen gegeben, wie die Verhandlungen zu führen seien. Zum Glück wurde durch mein Ungeschick nichts aus dem Plan.

Wolfgangs Aufmerksamkeit war nun wieder auf Opernpläne gerichtet. In Prag bereitete man die Krönung Kaiser Leopolds II. zum König von Böhmen vor, und die Wahl der böhmischen Stände war auf eine Festoper von Mozart gefallen. Er zog in Betracht, den Stoff von ‚La Clemenza di Tito' neu zu setzen, der ihm für die Feier höchst geeignet erschien. Metastasios berühmter Text würde wohl einen Erfolg verbürgen. Da waren aber noch andere Aufträge zu erledigen: Musik für den Fasching, für das Müllersche Kunstkabinett . . .

Herr Müller war ein neuer und häufiger Besucher und Auftraggeber. Am Stock-im-Eisen-Platz hatte er im ersten Stockwerk eine Kunstgalerie, wo man gegen bescheidenes Entgelt Gipsabgüsse berühmter griechischer Bildwerke, für meine Begriffe zu nackt und schamlos, wie auch Spieluhren, welche eine Flöte oder den Gesang eines Kanarienvogels nachahmten, automatisch sich bewegende Puppen orientalischen Stils, Modelle des Sternenhimmels, die sich leise surrend drehten, und dergleichen Werke bewundern konnte. Von all dem verspielten Kram, für den man sich damals begeisterte, ist heute nichts geblieben als das Metronom. Man sagte, Müller sei ein angenommener Name, und daß Wolfgangs Auftraggeber in Wahrheit ein Graf und ehemaliger Offizier, Deym von Stritetz, sei, der durch ein geheimnisvolles Duell seine Ehre und seine Stellung verloren habe, aus Wien habe fliehen müssen und endlich nach langen Jahren wieder zurückgekehrt sei. Er bestellte öfters Kompositionen für Spielwerke. Nach dem Tod des Feldmarschalls Freiherr von Loudon, des Siegers von Belgrad, eröffnete der ehemalige Graf eine Art Panoptikum zur Erinnerung an ihn. Den ganzen Tag und bis zehn Uhr nachts drängte sich da die Menge, um für dreißig Kreuzer eine täuschend ähnliche Wachsstatue des toten Heerführers in einem gläsernen Sarg und daneben die Wachsfigur eines trauernden Türkenmädchens zu betrachten, das er aus dem Feldzug heimgebracht hatte. Wenn die Stunde schlug, spielte ein kunstvolles Werk eine düstere Trauermusik. Diese hatte Wolfgang geschrieben. Ich fand das Schauspiel würdig und konnte meine Tränen nicht unterdrücken, aber Wolfgang liebte es nicht, sich solchen, wenn auch gut bezahlten, Pflichtarbeiten zu unterziehen.

Seine bedrückte Stimmung, umso auffallender bei ihm, der sonst froh und zuversichtlich gewesen war, übermannte ihn völlig, als Papa Haydn in unserer neuen Wohnung erschien, um vor einer langen Reise nach London Abschied von ihm zu nehmen. Seit meines Schwiegervaters Tod betrachtete Wolfgang ihn mit unendlicher Zuneigung als einen zweiten Vater. Man betrachtete damals London als das Mekka der Musiker, wo sich Ruhm und Reichtum erwerben ließen; der Geiger Salomon aus Bonn war dort Impresario geworden, hatte Herrn Haydn einen Vertrag angeboten und machte sich erbötig, nach Haydns Rückkehr auch Wolfgang nach London zu bringen. Mit tragisch-geheimnisvoller Stimme, jedoch mit der größten Bestimmtheit, drückte Wolfgang Zweifel aus, daß es dazu kommen würde; für den Augenblick konnte er sich nicht dazu entschließen, eine feste Zusage zu geben, da er seine bestehenden Aufträge erst erledigen mußte. Haydn umarmte Wolfgang und sprach von den Möglichkeiten, die sich ihm in England eröffnen könnten.

Wolfgang schüttelte den Kopf. Er begleitete Haydn zur Tür. Als er sich umwandte, sah ich Tränen in seinen Augen. Er wußte, daß es ein Abschied für ewig war.

Er bestätigte seine Entmutigung gewissermaßen schriftlich, als er an den Hohen Magistrat der Stadt Wien ein ergebenes Ansuchen richtete, dem alternden Kapellmeister an der Stephanskirche ohne Entgelt als Hilfe adjungiert zu werden; er hatte die Möglichkeit einer späteren, wenn auch bescheiden besoldeten Ernennung als sein Nachfolger im Sinn. Diese Bewilligung wurde erteilt.

Als ich in Begleitung des kleinen Karl und Süssmayers für den nächsten Sommer wieder nach Baden zog, brannte ich förmlich darauf, den bedrückenden Sorgen zu entrinnen. Ich hoffte innigst, daß unser Herrgott mir das Kleine belassen würde, das ich trug, und heute noch verrichte ich Dankgebete dafür, daß er meine Bitte erfüllt hat. Solch eine freudige Hoffnung scheint ja zugleich ein Versprechen, daß sich alles zum Guten wenden wird. Ohne daß die Vernunft Gründe oder die Berechtigung für solch eine Hoffnung liefern könnte, hatte ich mich zu überzeugen vermocht, daß das keimende

Leben nicht gedeihen konnte, wenn es nicht fern von daheim, in der freien, ruhigen, sorglosen Luft meines lieben Badens reifte.

In einem lieben kleinen Haus in der Renngasse hatte der Schullehrer Stoll, Wolfgangs Freund, der auch den Kirchenchor leitete, eine Wohnung im Erdgeschoß gemietet, gleich links vom Hauseingang gelegen und sorgfältig von ihm gewählt, wie Wolfgang es ihm eingeschärft hatte, so daß ich nicht über Stufen klettern mußte; ‚Zum Blumenstock‘ hieß das Haus; jeden Morgen kam der Hausherr, Stadtsyndikus Grundgeyer, zu mir herunter, um sich zu erkundigen, wie es mir gehe. Im zweiten Stockwerk, oberhalb der Scheune, die neben meinem Quartier lag, mietete Wolfgang dann noch eine winzige Bodenkammer: von dort konnte er bei Tag zu mir herunterrufen und noch spät nachts schreiben, ohne mich zu stören. Dort schrieb er das ‚Ave Verum Corpus‘ für Anton Stoll; von dort brachte er es in die Welt der Menschen über die schmale, wackelige Holzstiege.

Wolfgang verstand meine geheimen Gedanken. Als er das Stück am Fronleichnamstag in der Pfarrkirche aufführte, sagte mir die Himmelsmelodie deutlicher als Worte, was er fühlte: er kämpfte um Gottvertrauen. Ich wollte ihm sagen, daß auch ich ihn verstand, aber die Worte wollten mir nicht über die Lippen. Mir gelang gerade noch ein Lächeln. Arm in Arm gingen wir nach Hause, im Herzen Frieden, wie immer, wenn man von der Andacht kommt. Dann nach Wien, kurz vor der Niederkunft. Von Trattners hatten versprochen, wieder, wie schon vorher, unsere Taufpaten zu sein. Den Namen Wolfgang hatten wir gewählt. Nur noch vier Monate beließ unser Herrgott zwei dieses Namens unter unserem Dach.

So bist du in diese Welt gekommen, Wowi, zu mir und zu dem Vater, an den du dich nicht erinnerst. Nun verstehst du besser, was deine Ankunft bedeutet hat.

* * *

Außer der seligen Freude an der Erinnerung ist das der Hauptgrund, warum ich diese Zeilen niederschreibe: damit ihr alle wißt und besser versteht, wie alles wirklich war; damit ihr euch das vorstellen könnt, du, Wowi – ja, und natürlich auch dein Bruder Karl – und die anderen. Blatt für Blatt, Wort für Wort bin ich durch Nissens Aufzeichnungen gegangen nach seinem Tod, nachdem Sophie zu mir gekommen war, nach Wowis Besuch; diese Aufzeichnungen riefen die Vergangenheit wach, aber die volle, die lebendige Wahrheit, so schien mir, sagten sie nicht; diese Vergangenheit nahm in den dunkeln Winkeln und Ecken meiner Erinnerung Gestalt an. Ich las Nissens unfertiges Manuskript, bevor ich es auf Wowis Rat dem Musiker Jähndl zur Bearbeitung übergab. An diesem Manuskript erkannte ich Nikolaus: da war seine Liebe zur Musik, seine Bewunderung für Mozart, seine Sorgfalt, seine Verläßlichkeit, aber wie alles wirklich war, davon wußte diese Handschrift nichts.

Wowi hatte aus Lemberg, nach seiner Rückkehr dorthin, an den Bearbeiter Jähndl geschrieben, er möge Mozarts Zerwürfnis mit seinem erzbischöflichen Herrn nicht in einem zu grellen Licht darstellen, da dies seinem eigenen, Wowis, Fortkommen als Musiker schaden könnte. Dieser kleine Zwischenfall war für mich ein Wink, daß Geschichte trügerisch ist; daß Geschichte als Abbild der Vergangenheit ausgibt, was nur deren Spiegelung im Kopfe des Geschichtsschreibers ist. Dieser läßt aus, was er nicht weiß, fügt hinzu, was ihm einleuchtend scheint, und unterdrückt, was ihm oder anderen mißfällt oder mißfallen könnte. Wieviele Stellen gab es da in den Briefen Mozarts, seines Vaters, seiner Schwester, seiner Freunde, die Nissen ausgestrichen und unleserlich gemacht hatte, weil er sie nicht wahrhaben wollte. Wieviele Briefe waren da durch meine eigene Schuld verschwunden! Was übriggeblieben ist, das ist Geschichte. Wenn man aus Nissens Buch nicht erfahren kann, wie alles wirklich gewesen ist, dann doch auch nicht aus den noch ungeschriebenen Büchern der Zukunft. Wie würdet ihr dann eines Tages wissen, wie alles gewesen ist, du, Wowi, und Karl, Luise, Luises

Kinder, Josefas Tochter? In meinem Kopf, da lag die Vergangenheit aufgespeichert. Was ich Nikolaus erzählt hatte, lag in seinem unveröffentlichten Manuskript beschlossen. Außer dem, was da beschlossen lag, gab es keine wahre Nachricht über mich, über Mozart – würde es nie eine geben!

So beschloß ich, obwohl Jähndl es letzten Endes ablehnte, Nissens Arbeit zu vollenden, zu erzwingen, daß dieses Werk das Licht der Welt erblickte. Unter Nikolaus' Papieren fand ich dann Doktor Feuersteins Adresse und einige seiner Briefe; ich erinnerte mich an den Besuch dieses lebhaften und ungewöhnlichen Mannes. Mit seinen früh ergrauten Schläfen sah er älter aus, als er war, aber seine Gebärden, sein Benehmen, seine Ausdrucksart waren die eines Jünglings. Auf einer Alpenreise war er durch Salzburg gekommen, hatte Nissens Bekanntschaft gemacht und, als er erfuhr, daß Nissen mit der gewesenen Witwe Mozart verheiratet war, hatten er und Nikolaus in ihrer Bewunderung für Mozart ein gemeinsames Interesse entdeckt. Die beiden ungleichen Männer wurden Freunde, wenn es auch eine briefliche Freundschaft blieb. Was sie verband, war vielleicht ein Bedauern, das beide hegten, sowohl der Arzt in Pirna, wie der pensionierte Diplomat in Salzburg, der eine, daß er sein Leben nicht der Literatur, der andere, daß er das seine nicht der Musik hatte widmen können. Auf unserer Deutschlandreise suchten Nikolaus und ich Doktor Feuerstein auf, und da erwähnte Nikolaus, daß er ein Buch über Mozart vorbereite; nun wendete ich mich an Nikolaus' Freund, und er, der in diesen Dingen Erfahrung besaß, stimmte zu, das Manuskript abzuschließen und zum Druck vorzubereiten.

Zwei Jahre später lagen die gedruckten Bände in Nissens altem Arbeitszimmer. Aus den Mappen und Bündeln von Papieren, aus den mit Bändern umschnürten Paketen von Dokumenten, aus Nikolaus' Manuskript war ein Buch geworden. Ich hatte das erreicht. Ich hatte das Gelübde eines anderen eingelöst. Ich hatte die Frucht von Nikolaus' Arbeit zur Reife gebracht. Wenn er das Buch hätte sehen können, würde es ihn beglückt haben, den guten Mann, und er hätte mich geküßt, hätte mir gedankt und hätte sich vielleicht gewundert, daß ich dazu imstande gewesen war. Das Andenken an Mozart war in diesem Buch enthalten, und auch das machte mich glücklich. In dieser Schrift trafen sich die beiden Männer, denen ich gehört hatte; mit einemmal schienen sie es zu sein, die meinem so merkwürdig zerfahrenen und unruhigen Leben Sinn gegeben hatten. Der Weg von Mannheim nach München, von München nach Wien, von Wien nach Kopenhagen, von Kopenhagen nach Salzburg schien nicht mehr sinnlos. Was überraschend, unerwartet, verstiegen, verwirrend in diesem meinem Leben geschienen hatte, war nun sinnvoll. Der liebe Gott hat doch dieses Leben für mich ausgedacht, sagte ich mir, denn es schien mir, als begänne ich, seine Absichten zu verstehen. Eben das wollte ich sagen, als ich dem Mozartverehrer Schwaan in Rostock schrieb, ich sei zweimal glücklich gewesen und habe zwei Männer glücklich gemacht.

Dennoch enthält das Buch Nissens und Doktor Feuersteins nichts über mein eigenes Leben. Weiß Gott, wie oft ich dieses Buch gelesen habe! Was es zu berichten weiß, ist die reine Wahrheit; die Wahrheit aber und das Leben, das sind zwei verschiedene Dinge!

Glücklich machte es mich, daß ich das Buch, das Kind von Nikolaus' Geist, das einzige, das er mir hat schenken können, aus der Taufe gehoben habe. Ich war die Taufpatin und Doktor Feuerstein der Stiefvater; ein richtiger Stiefvater noch dazu, ganz wie in den alten Märchen.

Nur neunhundert Subskribenten fanden sich für Mozarts Biographie, davon vierhundert allein in Berlin und Preußen, wo Kapellmeister Spontini sich der Förderung angenommen hatte. War Mozart anderwärts schon vergessen? Oder war seine Zeit noch nicht gekommen? Wo blieben denn die Subskribenten aus Prag, aus Wien, aus Salzburg, aus München, aus Mannheim? Wowi erhielt sein Exemplar, das noch nach Druckerschwärze roch, als er nach seiner Pilgerfahrt hierher zu Nissens Tod wiederum nach Salzburg kam; Mister Novello, der Musikverleger, der so rührend freundlich zu mir war, nahm seines selbst nach London mit; dieser und jener Freund Nissens erhielt ein Buch zum Andenken an den Toten. Dennoch verbleiben mir heute noch hundertvierundzwanzig von den neunhundert Exemplaren: der Buchhändler Mechetti, der den Vertrieb des Buches für Wien übernommen hatte, hat dort im Laufe von sieben Jahren nur hundertsiebzig Exemplare verkauft; drei Jahre ließ er meine dringenden Briefe ohne Antwort, dann gab es Ausflüchte, lahme Erklärungen, und zwei Jahre später eine Zahlung von zweihundert Gulden; Kapellmeister Spontini hatte eintausendfünfhundert Taler erlöst und an Doktor Feuerstein gesandt, aber dieser hüllte sich dann plötzlich in Stillschweigen, behielt offenbar das Geld und beantwortete meine Briefe nicht mehr; wieviel Ärger, all die Jahre! Er muß wohl auch sein schweres Kreuz zu tragen gehabt haben, der Arme; lange bemühte ich mich, zu erfahren, was da vorging; er hatte mir noch geschrieben, daß sein kleines Söhnchen gestorben sei; das machte mich traurig, ich weinte und sagte in der Kirche ein Gebet für die arme Seele; dann gab er seine ärztliche Tätigkeit auf, zu früh, wie mir schien; er sandte mir ein von ihm veröffentlichtes sonderbares Buch ‚Über die Krankheiten der Nerven und des Geistes' mit der Bitte, für seine Verbreitung etwas zu tun. Ich schrieb ihm dringende und drohende Briefe, wie Nikolaus es mich gelehrt hatte, aber ohne Erfolg; Wowi suchte ihn auf einer späteren Reise auf, aber der gute Junge, der mit jedermann freundlich und geduldig ist, erreichte natürlich nichts. Vor erst zwei Jahren kam dann ein Brief vom Magistrat in Pirna, daß Doktor Feuerstein verarmt sei, sich dem Trunk ergeben habe, wiederholt wegen Bettel und Betrug verhaftet worden und jüngst im Armenhaus in Dresden gestorben sei. Wo nichts ist, hat selbst der Kaiser sein Recht verloren.

Und nun liegen all die Bücher auf den Schränken; so viele Menschenleben sind in sie verwoben; ich habe sie oft gezählt, aber es werden nie weniger, und so werde ich das Buch nun bald verramschen müssen. Ich hätte der Welt so gerne gezeigt, wer Mozart war und wieviel Nissen für seinen Ruhm getan hat, und auch wer ich bin. Das war die letzte Aufgabe, die ich mir noch gesetzt hatte. Wozu wäre ich denn noch auf der Welt, wenn diese Aufgabe erfüllt ist? Wenn die Nacht auf die Stadt fällt und alles unsichtbar wird, habe ich oft das Gefühl, daß die Welt, in der ich heute lebe, tatsächlich versunken ist;

daß ich nur noch als Zeugin der Welt von gestern und vorgestern am Leben bin, eingekapselt in den spärlichen Lichtkegel meiner Lampe und unsichtbar für die Jungen; für sie wird meine Zeit, die alte Zeit, bald nichts als dunkle, rätselhafte Vorgeschichte sein. Das sind die Stunden, da ich meine Suppe auslöffle, meine Papiere und Tagebücher unter der Lampe auf dem Tisch ausbreite und zu schreiben beginne. Die Vergangenheit verdichtet sich dann schnell und leicht zu greifbarem Leben; wie Doktor Mesmers kosmischer Magnetismus steigt sie aus diesen zauberkräftigen alten Papieren auf und wird lebendig. Wenn ich aber in die andere Richtung zu blicken versuche, in die Zukunft, sehe ich nichts. Das nennt man Greisenalter; und das ist es, was wir Alten Einsamkeit nennen; die Toten sind unsere einzigen Weggenossen, und es werden deren täglich mehr.

Ich schreibe das nicht aus Mitleid mit mir selbst, denn ich bin ja das, was man eine zufriedene alte Frau nennt; eine, die noch leben, gehen, hören und sehen kann; die nicht einmal von ihren Lieben vergessen ist, so wenig, wie sie es sind.

Luise hat mich besucht, im selben Jahr, als Josef Lange starb. Gesehen hatte sie ihn ja seit langem nicht mehr, aber vielleicht erinnerte sein Tod sie daran, wie einsam man wird. Auch sie. Kein Wunder! Sie, die immer auf der Bühne gestanden hatte, geliebt und bewundert, hat immer Menschen abgeschüttelt, verlassen, sich von ihnen abgewendet; von Wolfgang, von ihrem Mann, von ihren Kindern. Sie ist noch immer zu stolz, um zuzugeben, daß sie etwas bedauert. Sie brachte sich mit Gesangslektionen mühsam genug in Wien fort; ihre beiden Kinder sind auch beim Theater, haben wohl wenig Zeit für sie, und so bleibt der armen Luise niemand auf der Welt als ihre Schwester Constanze. Hie und da habe ich ihr zwanzig Gulden geschickt, um ihr ein wenig zu helfen. Wie merkwürdig, daß die alte Constanze, die immer den Groschen zweimal hat umdrehen müssen, nun andere mit Geld unterstützen kann! Als Luise dann endlich hierher nach Salzburg zog, wußte sie nicht, daß wir einander dadurch nicht näherkommen würden; sie wußte nicht, daß wir nicht weniger einsam sein würden zu zweit, denn wovon könnten wir zwei alte Frauen denn sprechen als von Toten und von unserer Einsamkeit?

Karl habe ich nun schon wieder so lange nicht gesehen. Die Mutter des Töchterleins, das er nach mir benannt hatte, ist nicht mehr bei ihm. Vielleicht würde es ihm gut tun, wenn seine Mutter ihn umarmen könnte, um mit ihm von dem toten Kind zu sprechen und ihn zu trösten.

Wowi hat mich schon zum drittenmal besucht. Drei Wochen konnte er hier verbringen und drei im lieben Gastein, gerade als in Lemberg die schreckliche Cholera wütete. Je älter ich werde, desto drohender scheinen mir solche Plagen, desto hilfloser die Ärzte, die miteinander nicht einig werden, wie man sich gegen diese Seuchen am besten schützt. Die Cholera sei ansteckend, behaupten die einen, während andere dies bestreiten; man dürfe weder Obst noch Gemüse genießen, müsse sich möglichst in seinem Heim abschließen und selbst die schmutzige Wäsche nicht aus dem Haus geben, predigen die ersteren; dies sei geradezu schädlich, sagen ihre Gegner, denn ein ruhiges Gemüt und die Fortsetzung der gewohnten Lebensweise seien der beste Schutz gegen die Krankheit; der einzige Punkt, in dem alle übereinstimmen, ist, daß Schweinefleisch und Gurken schädlich sind. Hoffentlich bleiben mein Salzburg und mein Gastein von diesem Fluch verschont!

Mir scheint, daß mein Geschreibsel sinnlos wird! Von der Vergangenheit habe ich ja, so glaube ich, alles berichtet, und nun rede ich von der Gegenwart, und fast schon von der Zukunft. Die aber soll denen gehören, für die ich alles niederschreibe: ich altes Weib sollte von ihr schweigen; meine Aufgabe ist erfüllt, da ich erzählt habe, woran ich mich erinnere. Ich fürchte allerdings, daß diese Blätter oft so verworren sind, daß man Mühe haben könnte, seinen Weg durch das Wirrsal zu finden. In meiner konfusen Manier, eigenwillig mit der Zeit umzuspringen, habe ich dabei noch gar nicht von unserer letzten Reise nach Prag, von meinem letzten Besuch in Baden, von der ‚Zauberflöte‘ und dem ‚Requiem‘ erzählt. Noch von den letzten Tagen und Stunden. Von den letzten Tagen und Stunden. Vielleicht hat eine geheimnisvolle Tür in meinem Herzen sich geschlossen, um all das zu verbergen, denn die Erinnerung schmerzt noch immer.

Jetzt aber, da ich diese Tür wieder geöffnet habe, muß ich doch noch einmal hineinblicken und die flackernden Schatten beobachten und beschreiben.

* * *

Ich hätte im Oktober Wien nicht verlassen sollen. Karl und den kleinen Wowi, der schon gelernt hatte, den Kopf zu heben und zu lächeln, wenn man ihn anblickte, gab ich in Purkersdorf wieder in Pension. Dann fuhr ich, diesmal mit Sophie, nach Baden. Nicht nur die letzte Schwangerschaft, sondern auch die Anstrengungen der Reise nach Prag hatten mich erschöpft. Die langen Abende bei Duscheks; das enge Quartier; das Kommen und Gehen; Besprechungen mit Stadler, Süssmayer, Niemetschek, Bondini; die Spannung, als Wolfgang zugleich mit ‚La Clemenza di Tito' eine Festvorstellung von ‚Don Giovanni' vorbereiten mußte; der Trubel in den engen Straßen der Stadt, die während der Krönungsfeierlichkeiten Residenzstadt geworden war – all das war zuviel gewesen in meinem Zustand. Ich hätte in Wien bleiben sollen, Wolfgang aber hatte darauf bestanden, daß ich ihn auf dieser Fahrt begleite; er wollte nicht wieder ohne mich auf Reisen gehen.

Die ersten Tage nach dem mäßigen Erfolg der neuen Oper brachten eine Art Rückschlag und müßige Niedergeschlagenheit nach der fieberhaften Tätigkeit, eine Leere und Enttäuschung. ‚La Clemenza di Tito' hatte mit seinem feierlichen Ernst allzu sehr gegen die festliche Freude der Krönungsstadt abgestochen. Man bewunderte Metastasios Empfindungstiefe und bedauerte, daß die Musik der Größe des Textes nicht entsprach.

Die Erinnerung an den geisterhaften Besucher, der ein Requiem bei ihm bestellt hatte, ließ Wolfgang nicht los. Die Notwendigkeit, diese Komposition zu beenden und abzuliefern, bedrückte ihn. In der Stille der Nacht, nach festlichen Tagen, bevor wir zu Bett gingen, ganz plötzlich, unvermittelt sprach Wolfgang vom Tod. Von seinem Tod. Ich überging seine Bemerkungen. Er aber warf nach Augenblicken kurzer und stiller Überlegung, ohne äußeren Anlaß, mitten im Gespräch, derlei Andeutungen ein: „Die Stunde schlägt", sagte er etwa, oder: „Ich bin zu Ende", und dann: „Das Leben war doch schön." Wolfgang, sanft wie immer, hatte einen trüben hoffnungslosen, hilflos ergebenen Blick, als wir Prag verließen.

Ich wußte, daß die Oper zweihundert Dukaten eingebracht hatte; ich wußte uns fürs erste außer Geldnot; das wenigstens war es, was ich glauben wollte. Ein Oktober in Wien schien mir eine allzu schlimme Heimsuchung. Ich wartete die Aufführung von ‚Zauberflöte' am letzten Septembertag ab; Wolfgang hatte gewünscht, daß ich sie höre. Dann fuhr ich nach Baden, zum letztenmal. Die Melodien dieser Zauberflöte sind es, die in meiner Erinnerung Wolfgangs Sterben begleiten – ‚Die Zauberflöte', nicht das ‚Requiem'.

Als Wolfgang zum erstenmal den Namen Schikaneders erwähnte, als zum erstenmal von einer Zauberoper die Rede war, die er für ihn schreiben sollte, brach eine fremde Kraft in mein Leben ein; fast schien es mir von da an, als finde Wolfgang plötzlich ein spielerisches Gefallen an einer Art musikalischen Lotterlebens. Wolfgang kannte Schikaneder noch aus Salzburg, als dieser dort Theater gespielt hatte. Schikaneder war ein guter Schauspieler, der sein Publikum ganz in der Hand hatte und, wie Wolfgang mit seinen Melodien, die Leute in plötzlichem Übergang von Scherz zu Ernst fast zu gleicher Zeit zum Lächeln und zum Weinen bringen konnte; er hatte eine schöne Baritonstimme; er verstand sein Handwerk. Als Theaterdirektor wußte er genau, was sein Publikum wollte, noch bevor das Publikum selbst es wußte, und er war immer voll neuer Einfälle. Marinellis Kasperl füllte das Vorstadttheater in der Leopoldstadt allabendlich zum Bersten, aber als Schikaneder seinen Dummen Anton erfand, kam man in sein Theater im Freihaus auf der Wieden. Bei jeder Aufführung überraschte er die Zuschauer mit neuen Einfällen, mit Bühnenblitz und Donner, mit Erdbeben, die ganze Städte verschlangen, mit schwebenden Wolken, auf denen Geister vom Himmel herabkamen, mit Wasserfällen und wahrheitsgetreuen Fabeltieren. Er spielte alles: Possen, Schiller, Goethe, Salieri, Opern, Paisiellos ‚Barbier von Sevilla', Martinis ‚Cosa Rara' – ‚Ein seltener Fall' – und seine Selbstparodie ‚Dieser Fall ist noch weit seltener'. Tüchtig war Schikaneder, das mußte man ihm lassen; dennoch erschreckte mich, was man über ihn erzählte, und stieß mich ab, da es Bilder aus meiner Jugend heraufbeschwor, Bilder, die ich vergessen wollte: der Durst nach dem Erfolg, der meinen Vater in Atem gehalten hatte; der

Hunger nach Geld, der meine Mutter geplagt hatte; die ewige Drohung des Mißerfolges, die der Fluch des Theaters ist; die kalte, rücksichtslose Sucht nach Genuß meiner Schwester Aloysia, die aber auch für mich immer eine Versuchung gewesen ist, und die Freundschaft, Liebe und Ehe zerstören kann. Die vornehme Persönlichkeit eines Josef Lange sprach mich an, aber Schikaneders Komödiantentum empfand ich als eine persönliche Drohung: Schikaneder, das war mein Vater, wäre er erfolgreich gewesen. Wenn die Drohung auch ungreifbar war, so erschreckte mich doch Schikaneders Einfluß auf Wolfgang während der Arbeit an der ‚Zauberflöte'. Diese Theaterwelt war mein Albtraum. Die Salons in Kopenhagen, unser bürgerliches Heim in Salzburg, Nissens gediegene Ruhe waren weit mehr nach meinem Geschmack.

Wolfgang hatte Schikaneder, der auch Freimaurer war, bald nach dessen Ankunft in Wien in seiner Loge wieder getroffen. Seine Frau war ihm damals davongelaufen und lebte offen und schamlos mit ihrem Geliebten, einem Schauspieler namens Friedel. Die beiden führten das scheunenartige Theater in einem der Höfe des Starhembergschen Freihauses auf der Wieden mit seinem Labyrinth von ineinandergeschachtelten und übereinandergetürmten Gebäuden. Dort wohnte auch Josefa mit ihrem Mann; sie hatte in diesem Theater ihre erste Anstellung gefunden. Als Friedel unerwartet starb, nahm Schikaneder seine Frau, diese abwegige Sünderin, wieder zu sich; diese Mißachtung menschlicher Sitte war es, die mich verlegen machte und mir Schauder einflößte, denn ich fragte mich, wie Wolfgang einen solchen Mann als seinen Freund betrachten konnte. Was für Gedanken hätte sich mein guter, ordentlicher Nissen über solche Verhältnisse gemacht? Schikaneder trat damit nicht nur in seine Rechte als Gatte wieder ein, sondern übernahm auch die Führung des Theaters.

Wolfgang hatte an ihm und seinen Gesellen Gefallen gefunden: das war eben eine Seite seiner Natur. Unschuldig waren ihre Vergnügungen, aber dennoch manchmal fragwürdig. Nach den Treffen in der Loge, wo das geheimnisvolle Freimaurerritual zelebriert wurde, gab es regelmäßig, und oft bis spät in die Nacht, eine

Freß- und Sauforgie in einem kleinen Gartenhäuschen hinter Schikaneders Scheune. Mir wurde bedeutet, daß derlei Vergnügungen nur Männern zusagen konnten und mich abstoßen würden; ich hätte auch Wolfgang keineswegs begleiten wollen, aber für manche Frauen, im besonderen für einige von Schikaneders Schauspielerinnen, wurde eine Ausnahme gemacht. Dazu gehörte die Gattin des Bassisten Gerl, der die Rolle des Sarastro gesungen hat. Wolfgang gestand mir, was zwischen ihnen vorgefallen war; ich habe darüber keine Tränen vergossen.

Bei diesen Zusammenkünften, zu vorgerückter Nachtstunde, wenn man schon einige Gläser Punsch geleert hatte, planten Wolfgang und Schikaneder ihre Zauberoper. Das Nebeneinander von Scherz und Ernst, von Erhabenheit und Unsinn in ‚Zauberflöte' sind für mich, die ich sein Innerstes kannte, das lebendigste Abbild von Wolfgangs Wesen. Von all seiner Musik ist es diese, die ihm am meisten ähnelt. ‚Die Zauberflöte' wurde ausgeheckt wie ein Streich übermütiger Trinkkumpane, ausgeheckt von Schauspielern und Schauspielerinnen, von Freunden und Zufallsbesuchern, die da im Theater auftauchten und wieder verschwanden.

Wolfgang war oft müde, manchmal niedergeschlagen, wenn er sich krank fühlte und Gedanken ans Sterben ihn bedrückten. In dieser schweren Zeit fand er etwas Glück in seiner Freundschaft mit Schikaneder. Dieser wußte, daß Wolfgang Leckerbissen und süffigen Wein liebte. Um ihn aufzuheitern, tischte er ihm in seinem Gartenhäuschen dies und jenes auf und sah darauf, daß dieser und jener alte Bekannte wie zufällig vorbeikam, so daß es immer Gesellschaft und Zerstreuung gab. Nichts regte Wolfgangs Einbildungskraft mehr an als Frohsinn unter Freunden.

Giesecke, so nannte er sich damals, war vielleicht der erste, der die Idee zu dieser Oper hatte. Er spielte kleine Rollen bei Schikaneder, schrieb Liedertexte und Prologe für neue Stücke, entwarf Kostüme und war ein Faktotum und allgemeiner Tausendsassa. Er hatte einmal den Text für eine Zauberoper geschrieben, die auf Wielands ‚Oberon' beruhte, ganz wie die letzte Oper meines Vetters. Wolfgang hatte sie in Frankfurt gesehen, als er zur

Kaiserkrönung dort war. Der eigentliche Name Gieseckes war Metzler; er war freundlich, klug und belesen, und man konnte, wenn er von der Vergangenheit sprach, eine für seine Jahre reiche Erfahrung und vielseitige Laufbahn vermuten; wenn man schon glaubte, alles über ihn zu wissen, eröffnete er durch Andeutungen Einblicke in neue, unerwartete Episoden seines Lebens. Überall in Deutschland hatte er Theater gespielt; in Esterhaz, als Haydn noch als fürstlicher Kapellmeister dort wirkte, war er als Sänger aufgetreten; in Augsburg hatte er die beiden Jura studiert und in Göttingen Mineralogie – und all das schon mit dreißig Jahren. Ja, wie nur? Er war ja kaum älter als ich, und ich konnte mich nicht genug wundern über seine vielfältigen Abenteuer, die er im unterhaltendsten Plauderton zum besten gab.

Beim Punsch stückten er, Wolfgang und Schikaneder, der sich dennoch als der eigentliche und alleinige Autor betrachtete, ‚Die Zauberflöte' zusammen. Metzler soll ein paar Jahrzehnte später behauptet haben, daß er der alleinige Verfasser sei. Ich kann es fast glauben, aber damals bedeutete ihm literarischer Ruhm gar nicht mehr viel, denn er hatte längst wieder beschlossen, seinen Beruf zu wechseln. Tatsächlich wurde er bald ein berühmter Gelehrter; noch bevor Nissen und ich nach Kopenhagen übersiedelten, war er dort aufgetaucht, und der König hatte ihn auf eine jahrelange Forschungsreise nach Grönland gesandt; später soll er sogar zum Professor der Mineralogie in Edinburgh ernannt worden sein.

Dieser seltsame Mann, dessen bunte Lebenserfahrung ihn selbst fast zu einer Figur aus ‚Zauberflöte' machte, kannte sehr gründlich die Schriften Wielands, dessen grillenhafte Einbildungskraft seinem eigenen Wesen so sehr entsprach; in diesen Schriften hatte er einen Stoff gefunden, der Schikaneder zusagte. Dieser wollte seinen Konkurrenten, den Theaterdirektor Marinelli, ausstechen, der in der Leopoldstadt ein Stück aufführte, dessen pathetisch-geheimnisvolle indische Priesterszenen Stadtgespräch geworden waren. Feen und Geister, die auf der Bühne unter Blitz und Donner Felsen sprengen und alte Weiber in junge Mädchen verwandeln, waren Schikaneders Spezialität; so wurde denn eine Zauberoper zusammengestoppelt.

Für sich selbst dachte sich Schikaneder die Gestalt des Vogelfängers Papageno aus; Schritt für Schritt nahm alles Gestalt an; als man Wolfgangs ersten Entwurf des Duetts zwischen dem Vogelfänger und seinem Liebchen probierte – Papageno – Papagena, unterbrach Schikaneder von der Bühne herab die Musik in seinem volkstümlichen Wienerisch:

„Du, Mozart, dös is nix! Da muß mehr Staunen d'rin liegen."

„Pa-Pa-Pa-Pa-Pageno?" erwiderte Wolfgang fragend.

Ich hatte mich wie gewöhnlich vom Theater fern gehalten und blieb bei meinem jüngst Geborenen zu Hause. Wolfgang kam spät, oft erst am Morgen nach Hause. Die Vorbereitungen zu ‚Zauberflöte' haben ihm mehr Freude gemacht als die zu irgendeinem anderen seiner Stücke. Seine ganze Seele legte er da hinein, und wenn ich das Glockenspiel höre oder Taminos Umgang mit der Flöte, dann höre ich Wolfgang. Dann höre ich, noch heute, Wolfgang. Wenn er selbst die Melodie spielte und mitsummte, hatte er feuchte Augen.

Ignaz von Born lag damals im Sterben – der berühmte Mineralog, der die Freimaurerloge ‚Zur wahren Eintracht' gegründet hatte. Metzler besuchte den guten Mann täglich, und Wolfgang begleitete ihn: Metzler und Von Born hatten ja eine gemeinsame Liebe, eben die Wissenschaft der Minerale, und Wolfgang, der sein Leben lang innig an all seinen Freunden hing, war zum Tode betrübt, daß er diesen alten Freund und Gönner verlieren sollte; vielleicht auch – ich glaube an Zeichen – schien der nahende Tod des Freundes ihm ein Vorbote seines eigenen. Am Bett des Kranken sprach man von der Freimaurerei, die für alle ein ernstes Ziel war; Wolfgang hatte seinen Vater, Haydn und andere in seine Loge ‚Zur gekrönten Hoffnung' eingeführt; er hatte feierliche Musikstücke für seine Brüder geschrieben, und Schikaneder hatte Texte dazu geliefert. So kam es ganz natürlich dazu, daß von Born selbst auf dem Sterbebett Anteil an der Geburt der ‚Zauberflöte' nahm und auf seine Anregung freimaurerische Gedanken feierlicher Natur Eingang in das halb fertige, sonst heitere Singspiel fanden.

Damals erst, so spät, begann ich zu verstehen, wie ein Künstler an die Arbeit geht und wie aus mannigfaltigen Quellen unansehnliche kleine Wässerchen sich im Flußbett einer Schöpferkraft sammeln und zu einem gewaltigen Strom werden.

Meine Schwester Josefa, schon über fünfunddreißig Jahre alt, bekannt, aber nicht berühmt, sah die Zeit wie Sand durch ihre Finger rinnen; Wolfgang wollte ihr die Möglichkeit eines späten Erfolges bieten, denn er dachte immer an jene, die ihm nahestanden, und hatte Zeit und Teilnahme für alle. Wie er für Josefa einst die Rolle der Köchin in seinen italienischen Reiseplänen vorgesehen hatte, um sie an dem großen Unternehmen teilhaben zu lassen, machte er sie nun zur Königin der Nacht und schrieb für sie die zwei großen Arien. Die Stimme meiner Josefa war der Aufgabe nicht ganz gewachsen, aber als sie dann auf der Bühne stand in ihrem nachtdunklen, geheimnisvollen Gewand, übertraf sie sich selbst, und die zweihundert Aufführungen von ‚Zauberflöte' in den nächsten vier Jahren wurden der Höhepunkt, wenn auch zugleich das Ende ihrer Laufbahn: der Glanz dieser Erinnerung hat ihr Leben bis zu ihrem Tode vor nun bald zwanzig Jahren erhellt.

Wolfgang hatte gewünscht, daß ich bis zur ersten Aufführung bei ihm sei. Ich konnte meine Abreise nach Baden kaum erwarten; Baden war für mich damals, was Gastein mir heute ist. Am letzten Septembertag gab man ‚Zauberflöte' zum erstenmal. Wolfgang leitete das Orchester; Süssmayer blätterte die Noten um; Schikaneder sang Papageno; Metzler hatte man eine kleine Sprechrolle als Sklave Sarastros gegeben. Es war ein Freundes- und Familienfest, und Einzelheiten leuchten in meiner Erinnerung auf wie die erhaltenen Teile eines abbröckelnden Mosaiks. Nach der Ouverture blieb es still im Theater. Ein Mann im Orchester küßte Wolfgangs linke Hand; der lächelte und gab mit der Rechten weiter den Takt an. Der Vorhang ging auf. Man sah Schack als Tamino; aus der Kulisse erschien der böse Lindwurm, der ihn verfolgte. Das sprach Schikaneders Publikum an, und die Stimmung wurde wärmer. Der Beifall am Ende des Aktes war dennoch mäßig. Wolfgang war bestürzt. Schikaneder aber wollte dieses Singspiel durchsetzen und kündigte es unentwegt an, vierundzwanzigmal allein im folgenden Monat. Letzten Endes wurde es der größte Erfolg seiner Laufbahn.

Mir saß der Teufel im Nacken, wie es mir heute scheint: es wollte mich in Wien nicht mehr leiden. Ich suche keine Entschuldigung, aber doch eine Erklärung: ich war neunundzwanzig Jahre alt, noch in manchem kindlich, vielleicht kindisch; ich war müde von der Prager Reise, von der wie immer schweren Schwangerschaft und Entbindung, von den durchwachten Nächten beim Bettchen des kleinen Wowi; Karl, schon sieben Jahre alt, hielt mich auch den ganzen Tag lang in Atem; die Proben zu ‚Zauberflöte‘ hatte ich aus zweiter Hand in Wolfgangs Erzählungen mitgemacht und war tief in sie verwickelt; in diesen Erzählungen gab es Lücken, und man hatte mir gegenüber schmunzelnd auf die kleine Gerl angespielt; ihr Mann war auf der Bühne gewesen, sie derweilen im Gartenpavillon, während Mozart geschrieben hatte; mit wem? Wo? Mit Schikaneder? Nein, der war ja auch auf der Bühne; Wolfgang war spät ins Theater gekommen, da er an jenem Tag eine Lektion hatte; bei Hofdemel? Ja, aber Hofdemel selbst war nicht zu Hause gewesen. Unnötige, quälende Gedanken. Eine Erklärung, wenn auch keine Entschuldigung.

Nach der Probenarbeit war Wolfgang immer müde, gereizt, ungeduldig. Er kam nicht los von seinen, wie mir dünkte, absurden Anspielungen auf den Tod. Er arbeitete wie unter einem Zwang. Er war rastlos; bleich; mehr als einmal fiel er während der Arbeit in eine Art kurzer Ohnmacht. All das war zuviel für mich, zu schwer, zu bedrückend. ‚Die Zauberflöte‘ würde nun wohl etwas Geld ins Haus bringen. Wolfgang stimmte mir zu, daß ich zur Erholung nach Baden gehen sollte. Vielleicht hätte ich ablehnen sollen? Weniger auf seine Zustimmung dringen sollen? Nach der ersten Aufführung von ‚Zauberflöte‘ fuhr ich nach Baden. Im Oktober. Das hätte ich nicht tun sollen.

Wolfgangs Briefe hatten wie immer den Ton lebendiger Zwiesprache. Nannerl, die glaubte, Zerwürfnisse hätten uns entzweit, oder daß Leichtsinn und Selbstsucht mich von ihm ferngehalten hätten, kann ich diese Briefe vor Augen halten, die Wolfgangs Liebe atmen; wir waren nicht Amadé Mozart und eine Weberische, sondern Wolfgang und Stanzi-Marini; seine Briefe an mich waren nicht ein Beitrag zur Musikgeschichte.

Er schreibe schon frühmorgens um sechs am Requiem, schrieb er, das ihn bis abends beschäftige. Er esse allein zu Hause mit unserem Doppelleuchter auf dem Tisch, wie Don Giovanni. Josef Deiner bringe sein Essen aus dem Gasthof herauf. Es sei zu feierlich, so auf einem weißen Tischtuch zu speisen, aber er könne kein anderes finden.

Wie solche Einzelheiten im Gedächtnis haften! Und warum wohl? Königreiche vergehen, Menschen verschwinden, sterben, man vergißt so viel im Leben, fast alles, und doch bewahrt das Gedächtnis dies und jenes sonderbare Bild.

Wolfgang freute sich über die Aufmerksamkeit des Publikums im Theater: den stillen Beifall nannte er das. Er ging von Loge zu Loge, um die Zuhörer zu beobachten; ärgerte sich über einen fetten Bayern, der sich unentwegt auf die Schenkel schlug und lachte, offenbar in der Annahme, daß dies der Zweck jedes Theaterbesuchs sei. Im Orchester sitzend, spielte Wolfgang das Glockenspiel, und als Schikaneder auf der Bühne die Hand senkte und zu spielen aufhörte, ließ Wolfgang sein Glockenspiel weiter erklingen, um dem verdutzten Vogelfänger einen Streich zu spielen. „Sei still!" improvisierte Schikaneder und versetzte seinem Glockenspiel einen Schlag mit der Hand. Wolfgang liebte diese Melodie; nach meiner Rückkehr müsse ich sie aus einer Loge statt von der Galerie hören, schrieb er.

Hofkapellmeister Salieri kam mit der Cavalieri ins Theater, und sie lobten die Musik. Wolfgang war stolz auf das Lob. Er schickte meiner Mutter durch Franz Hofer ein Libretto; sie las es, und er führte sie am nächsten Abend ins Theater; sie freute sich über Josefas Arien, über das Federkostüm des Vogelfängers, über Monostatos' abscheuliche Fratze und über Sarastro, der in einem von sechs Löwen gezogenen Triumphwagen auf die Bühne kam. Sie habe in der Oper mehr gesehen als gehört, meinte Wolfgang.

Als Wolfgang in Baden erschien, erschrak ich. Er war gekommen, um mich nach Wien zu bringen. Er war totenbleich. Seine Augen blickten matt und verschleiert. Seine Wangen waren aufgedunsen.

So schnell es ging, kehrte ich mit ihm nach Wien zurück, aber dort wartete Arbeit auf ihn. Ich wollte ihn ablenken. Da er sich keine

Ruhe gönnte, bat ich diesen und jenen seiner Freunde wie von ungefähr zu Besuch zu kommen und ihn auf andere Gedanken zu bringen. Wolfgang freute sich über die Besuche, denn er liebte Menschen; er plauderte eine Weile mit ihnen; seine Gedanken aber waren bei den Notenblättern, bei der Totenmesse; er war von dem Gedanken besessen, er müsse sie schnell beenden; er war von dem Gedanken besessen, es sei die seine.

Ich überredete ihn, mit mir in den Prater spazierenzufahren. Ich schützte Müdigkeit und Lufthunger vor, bestellte einen Wagen, und mir zuliebe willigte er ein. Wir saßen nebeneinander im Wagen; ich hielt seine Hand, und wir lauschten auf das Schnauben und den wiegenden Trab des Pferdes, aber es war eine traurige Ausfahrt. Der November hatte seine Nebelschwaden auf die Baumkronen gelegt; Haufen von toten Blättern lagen in den Straßengräben, und von Zeit zu Zeit trieb ein Windstoß sie wie eine Schar verschreckter Vögel über den Fahrweg. Ich blickte auf Wolfgang, der vor sich hinstarrte. Bevor er noch den Mund geöffnet hatte, wußte ich, was er sagen würde; es war, als hörte ich die Worte zweimal:

„Mit mir dauert es nicht mehr lange."

Dann Stille. Das Traben des Pferdes. Sein Schnauben. Sein Atem, der wie ein leichter Nebel vor seinen Nüstern verwehte. Wolfgang sprach davon, daß ihm nicht genug Zeit bleiben würde, die Totenmesse zu vollenden:

„Mit mir dauert es nicht mehr lange. Gewiß hat man mir Gift gegeben."

Dieser seltsamen Bemerkung maß ich keine Bedeutung zu, aber ich mag sie später im Gespräch erwähnt haben, als ich meine Mutter und Sophie im ‚Goldenen Pflug' aufsuchte und von Wolfgangs Zustand sprach. Vielleicht hat meine Mutter davon mit anderen gesprochen, als das Unglück mit Wolfgang geschah. Dies vermutete jedenfalls Karl, und Wowi stimmte ihm zu. Möglich wäre es, daß das Gerücht oder der Verdacht auf diese Art in die Welt kam: meine Mutter sprach ja gern mit vielen von vielem. Es hätte ihr ähnlich gesehen. Ob es aber ein bloßes Gerücht war, das werde ich wohl nie wissen. Vielleicht sind das bloß Nachtgedanken einer alten Frau; so will ich davon schweigen. Loswerden aber kann ich den Gedanken nicht.

Wolfgang mußte Ruhe haben, mußte von seinem Schreibpult ferngehalten werden. Ich schmeichelte ihm das Requiem ab und versteckte die Notenblätter in einer Lade im Speisezimmer. Dann ließ ich unseren Hausarzt, Doktor Closset, holen. Der klopfte Wolfgang ab, wie das damals Mode geworden war, legte sein Ohr an Wolfgangs Brust und horchte totenstill nach Doktorenart, stellte seine Doktorsfragen und verordnete Ruhe. Ich will ihm keine Vorwürfe machen; er war ein guter Arzt und aufrichtig beflissen, wenn Karl oder Wowi einen Fieberanfall hatten, wenn ich als Schwangere den Appetit verlor, aber wie ernst Wolfgangs Zustand war, das hat er eben nicht erkannt. Wer weiß, ob es einen Unterschied ausgemacht hätte? Der liebe Gott nimmt uns ja nicht vor unserer Zeit zu sich.

Wolfgang fühlte sich ein wenig besser. Nach wenigen Tagen begann er wieder zu arbeiten. Er setzte eine Freimaurerkantate Schikaneders in Musik und führte sie selbst in der Loge auf. Neu belebt durch die Freude an der Arbeit und den Kontakt mit alten Freunden, beseligt durch den wachsenden Erfolg von ‚Zauberflöte‘, gestärkt durch die kurze Ruhe, die er sich gegönnt hatte, nahm er sein gewohntes Leben wieder auf. Er verlangte seine Noten und schrieb am Requiem weiter. Damit aber kehrten auch die bösen Ahnungen zurück und die schwarzen Gedanken.

Am 19. November ging er ins Theater und kam spät nach Hause. Er sei noch auf einen Sprung in die ‚Silberne Schlange‘ gegangen, habe sich aber plötzlich nicht wohlgefühlt; er habe nicht einmal sein Glas leeren wollen und es Josef Deiner überlassen. Dem habe er auch aufgetragen, am nächsten Morgen Brennholz für den Winter in die Wohnung zu schaffen. Kalt sei es schon, schrecklich kalt! Entmutigt und schlaff ging Wolfgang so schnell er konnte zu Bett. Das war sein letzter Ausgang.

Er erwachte mit geschwollenen Gliedern und gedunsenem Gesicht. Die kleinste Bewegung bereitete ihm Schmerzen. Doktor Closset kam, riet zur Ruhe und ließ ihn zur Ader. Josef Deiner erschien. Er blickte ins Zimmer, um Wolfgang eine gute Besserung zu wünschen, der brave, einfache Mann. Wolfgang lächelte ihm schwach zu, schüttelte den Kopf und sagte:

„Heut' ist nichts, Josef. Nun haben wir mit Doktors und Apothekers zu tun."

Deiner schlich auf den Fußspitzen hinaus und winkte mir, ich möge ihm in die Küche folgen.

„Dem Herrn Musikmeister geht's nicht gut", flüsterte er mir dort zu; „gestern abends im Wirtshaus, als ich ihm seinen Wein brachte, hat er traurig mit dem Kopf genickt und mich bei der Hand genommen – ‚Josef, Josef', hat er gesagt, ‚ich fühl', daß es bald ausmusiziert sein wird' ".

Mir schoß der Schreck in den Kopf. Mir wurde ganz heiß. Dieser Josef Deiner hatte gesagt, was ich mir selbst nicht hatte sagen wollen. Der hatte die Wahrheit gesprochen. Der wußte mehr als unser Doktor Closset. Wem sollte ich meine Angst anvertrauen? Dem kleinen Wowi, der noch nicht vier Monate alt war? Seinem Bruder Karl, der, die Nase an der Fensterscheibe, auf den ersten Schnee wartete? Unserem Dienstmädchen? Wo waren denn Luise, Sophie, Josefa, meine Mutter? Wo war Schikaneder? Seine Leute? Die Brüder von der Loge? Wo waren sie denn alle?

Wolfgang erbrach von Zeit zu Zeit. Seine Glieder waren fast unbeweglich. Ich dachte an das Gift. Trotz seiner Schwäche verlangte Wolfgang Notenpapier, Tinte und Schreibfedern. Man mußte ihm ein Brett aufs Bett legen, ihn mit dem Kissen im Rücken stützen, so daß er aufrecht sitzen konnte, und er schrieb am Requiem weiter. Es war, als wollte er mit der Musik das Leben erzwingen. Tatsächlich sah es eine Weile lang aus, als dürfte man hoffen. Die Arbeit beseelte ihn, aber er hatte nicht die Kraft, die eben vollendeten Stellen selbst zu spielen.

Sophie erschien. Sie brachte zwei Bettjäckchen, vorne geschlossen und hinten zu knöpfen, so daß er sie anziehen konnte, ohne seine schmerzenden Arme nach rückwärts strecken zu müssen; sie und meine Mutter hatten diese für ihn gestrickt. Nun konnte er trotz der feuchten und kalten Zimmerluft aufrecht im Bett sitzen, ohne zu frieren, und weiterarbeiten. Weiterarbeiten – dieser Gedanke verließ ihn nicht.

Dann kamen Besucher, dieser und jener aus dem Theater. Sie brachten gute Nachrichten. Der Erfolg von ‚Zauberflöte' war im Wachsen. Wolfgang erzählte ihnen von zwei Briefen, die eingetroffen waren: ein Auftrag des ungarischen Adels, der tausend Gulden im Jahr bringen könnte, und ein noch besseres Angebot aus Holland. Wolfgang sprach von der Zukunft.

Nur eine Woche war vergangen, seit die Krankheit ihn ins Bett gezwungen hatte – welch eine lange Woche! –, als eine plötzliche Verschlimmerung eintrat. Doktor Closset brachte den Primararzt des Allgemeinen Krankenhauses zu einer Beratung beim Krankenbett ins Haus. Aderlaß, Ruhe, Umschläge. Mein verstörter und ratloser Blick wurde als Frage verstanden.

„Ein hitziges Fraiselfieber", bedeutete man mir mit ernstem Kopfnicken. Ich fühlte mich ein wenig beruhigt, da die Krankheit nun einen Namen hatte, und doch ratlos und ängstlich, da ich den Namen nicht verstand. Wolfgangs Zustand aber verschlimmerte sich von neuem. Rastlos und unstet bewegte er den Kopf am Kissen, von rechts nach links, von links nach rechts; die schmerzenden Hände versagten ihm den Dienst, und so ließ er das Notenpapier vom Bett räumen, lag flach auf dem Rücken und starrte an die Decke. Er komponierte im Kopf weiter, um später Süssmayer Instruktionen zu geben, wie die Musik zu Papier zu bringen sei.

Ich hielt Karl von ihm fern; das gelegentliche Wimmern Wowis, mein ratloses Gerede, das Geplauder von Freunden, die auf ein paar Augenblicke erschienen, all das störte ihn nicht. Die Arbeit ging weiter hinter seiner von Fieberschweiß feuchten Stirn. Dann aber begann der Kanarienvogel in seinem Käfig in der Ecke zu singen; das war eine Art Musik, die den Fluß von Wolfgangs musikalischen Gedanken unterbrach. Ich wollte den Käfig vom Mädchen hinaustragen lassen, aber da bestand Wolfgang doch darauf, daß das kleine Tierchen bei ihm bleibe. Wir hatten immer einen Vogel in der Wohnung, denn Wolfgang hatte ein seltsames, fast abergläubisches Verlangen nach diesen Tieren. Nun wollte er absolut seinen Kanari, der ihn doch störte, bei sich behalten. Einmal hatte er einen Star besessen, der das Rondothema aus einem Klavierkonzert pfeifen konnte; er hatte ihn am Vogelmarkt selbst gekauft und in seinem kleinen Holzkäfig nach Hause gebracht. Er war nicht müde geworden, ihm das Thema vorzupfeifen. Damals wohnten wir auf der Landstraße, und als das kleine Tierchen eines Tages tot in seinem Käfig lag, mußten Karl und ich Trauerschleier anlegen und in feierlicher Prozession eine Art Vogelrequiem singen; im Garten bestatteten wir das arme Vöglein; Wolfgang setzte ihm einen kleinen Stein und schrieb ein paar liebe Worte zum Gedächtnis darauf. Der Kaiser hätte am Ende einen Zornesausbruch gehabt, wäre ihm der prunkvolle Leichenzug zu Ohren gekommen. Und da war nun ein Vogel eines der letzten Lebewesen, deren Stimme Wolfgang auf dieser Welt hörte. Die Stimme brachte seine Gedanken wieder auf den Vogelfänger und ‚Die Zauberflöte‘. Seine Papagenomusik war vielleicht auch ein Liebeswort für die kleinen Kreaturen, die es ihm so angetan hatten.

Die ‚Zauberflöte‘ wollte ihm nicht aus dem Sinn. Um sieben Uhr, als er so dalag mit seinem fahlen Gesicht, das im Kerzenlicht fahler schien als die Kissen, waren seine Gedanken im Theater. Dann schaute er auf die Uhr und sagte: „Die Ouverture . . . jetzt hängen die Damen dem Papageno das Schloß an den Mund . . . jetzt spielt Pamino auf der Flöte und die Tiere kommen aus dem Wald . . . jetzt singt der Priesterchor . . . der Vorhang fällt . . . ich höre den Applaus.“

Zwei Tage vor dem Ende kam Theaterkapellmeister Rosner zu Besuch. Wolfgang lag da ganz müde, ganz still und unbeweglich, denn die Glieder schmerzten ihn.

„Einmal möchte ich doch noch meine ‚Zauberflöte‘ hören“, sagte er. Rosner ging ans Klavier und spielte das Vogelfängerlied. Als er geendet hatte, wandte Wolfgang den Kopf und sah ihn dankbar an; er hatte ein Lächeln auf den Lippen. Später kamen andere Freunde: der Bassist Gerl; dann Tamino – der Tenorist Schack. Wolfgang verlangte das Requiem von mir und breitete die Notenblätter auf seiner Bettdecke aus. Er wollte es in seiner Krankenstube bis zum

‚Lacrimosa' durchgehen; so weit war er gekommen. Er selbst summte die Altstimme, Schack den Soprano. Alle rückten sie eng zusammen, um die Noten besser sehen zu können, und zum erstenmal hörte ich die Totenmusik, gesungen an einem Sterbebett. Als die letzte Note verklungen war, hörte man Wolfgang leise weinen. Er werde die Messe nicht beenden können, sagte er dann leise, ruhig und bestimmt. Erschöpft lag er da, den Kopf auf dem Kissen, und sein stetes Wimmern füllte das Zimmer, wurde schwächer und verstummte schließlich, als er eingeschlummert war.

Damals hatte ich noch geglaubt, ich kenne Wolfgang völlig, besser als irgend jemanden. Ich hatte mich getäuscht. Ein mir Fremder mochte dieses Requiem geschrieben haben, denn zur selben Stunde, als er das ‚Dies Irae' schrieb, das uns erzittern macht, hatte er die heitere Hoffnungsmusik in ‚Zauberflöte' geschrieben: zwei Seelen wohnten in seiner Brust, und zwei Tage vor dem Ende, als er auf seinem Totenbett lag, fragte ich mich, ob mir nicht beide fremd seien.

Josefa zog mich in die Küche, wo ich ihr meine ratlose Angst klagte und schluchzte. Die Nacht, die folgte, verbrachte ich in dem dunklen Zimmer, in dem Wowis leeres Bettchen stand. Den hatten sie in den ‚Goldenen Pflug' gebracht, den armen Wurm, zu meiner Mutter. Karl war auch aus dem Haus, aber wer ihn weggebracht hatte und wohin, das weiß ich nicht mehr. Ich beobachtete mich selbst, mit zunehmendem Erstaunen, als wäre ich mir selbst eine Fremde. Meine Willenskraft erschlaffte, und ich ließ alles um mich geschehen. Andere faßten Entschlüsse und führten sie aus, ich aber wurde zur Zuschauerin. Das schuf Erleichterung. Ich hatte das Gefühl, daß es unendlich viel zu tun gab, daß es aber nun zu spät war, es zu tun; es ließ sich nichts mehr ändern. Die Nacht in dem Zimmer, allein in der pechschwarzen Finsternis, war eine Nacht, verbracht in einer Welt, die aus Tönen, Geräuschen und Lauten bestand. Erst wurde es still draußen in der Rauhensteingasse. Hie und da die hallenden Schritte eines verspäteten Fußgängers, die näher kamen, lauter wurden, dann wieder leiser, und verstummten. Dann ein Wagen; der Trab des Pferdes wiederholte das selbe Thema wie im Prater, als ich Mozarts

Hand hielt, piano – forte – fortissimo – piano – pianissimo. Ich stand auf, um ans Fenster zu gehen, das als graue Lichtfläche im Dunkel hing, und das Wetzen meines Stuhles auf dem blanken Boden riß ein schrilles Getöse in die Stille der Nacht. Erschreckt schlich ich zur Tür und öffnete sie, um mich zu vergewissern, daß ich Wolfgang nicht aufgeweckt hatte. Er lag auf dem Rücken, bewegte sich ein wenig und atmete mühevoll; mit schierer Willenskraft schien seine Lunge Luft zu pumpen, seine Backen blähten sich, fielen dann rhythmisch in sich selbst zusammen und formten das Echo eines Posaunenstoßes; ich dachte an das ‚Dies Irae'.

Das Grau der Fensterfläche erhellte sich endlich schwach. Ich merkte, daß meine Wangen feucht von Tränen waren. Ich fühlte mich hilflos. Als wäre es eine Geste der Ergebung, streckte ich mich im Dunkel auf dem Sofa aus. Ich war todmüde und schlief in dem Augenblick ein, als mein Kopf das Kissen berührte. In das quälend lebhafte Gewebe meiner Erinnerung an jene Nacht reißt dieser tiefe Schlaf ein schwarzes Loch. Ich erwachte so jäh, wie ich in Schlaf verfallen war. In der Welt, in die ich zurückkehrte, war es Tag; auf der Straße gab es wieder Lärm; Wolfgang lag unbeweglich auf seinem Bett, sehr bleich, schwer atmend, mit aufgedunsener, feuchter Haut. Es war während der Nacht schlimmer geworden, und er erwachte zu seinem letzten Sonntagmorgen. Menschengestalten bewegten sich wie Schatten durch die Zimmer, erschienen an einer Tür, sprachen zu mir, zu Wolfgang, sagten etwas zueinander, wurden mehr oder weniger, und verschwanden wieder. Wer sie waren, was sie wollten, was sie sagten, weiß ich nicht mehr. Ich wußte es damals auch nicht. Wer sie in die Wohnung gelassen hatte oder sie zur Tür geleitete, weiß ich nicht. Freunde, Bekannte, Nachbarn, Kollegen. Ein ganzer Tag verging. Ich glaube, ich hockte auf einem Stuhl in einer Ecke, kraftlos, willenlos, todmüde, unfähig zu denken, unfähig etwas zu tun. Dann raffte ich mich auf und lief in die Küche, um einer ungeheuren Drohung zu entkommen, aber als ich in die Küche kam, war die Drohung auch da und wartete schon auf mich. Ein endloser Tag. Am Nachmittag wurde Wolfgang etwas lebhafter, wie das bei ihm schon immer gewesen war. Er bewegte sich, er begann zu sprechen. Abends kam Sophie. Das habe ich meiner lieben kleinen Schwester, die nun eine so alte Frau ist, nie vergessen.

„Gut, daß Sie da sind", sagte Wolfgang; „Sie müssen heute nacht bleiben. Sie müssen mich sterben sehen. Ich habe ja schon den Totengeschmack auf der Zunge. Wer wird denn meiner liebsten Constanze beistehen, wenn Sie nicht hier bleiben?"

‚Liebste Constanze', hatte er gesagt. Die Tränen schossen mir in die Augen, und ich lief in die Küche. Weiß Gott, warum es mir immer schien, als sei die Küche der rechte Ort, um für sich allein zu schluchzen. Sophie folgte mir. Sie legte ihren Arm um meine Schulter und sagte, sie wolle schleunigst zum ‚Goldenen Pflug' laufen, um unsere Mutter wissen zu lassen, daß sie die Nacht bei uns verbringen werde. Sie nahm ihr Schultertuch, küßte mich auf die Wange und lief zur Tür hinaus. Sie war schon im Stiegenhaus, als mir der Gedanke an Wolfgangs Seelenheil kam. Ich lief zur Tür, rief ihr nach, unten zu warten, und bat sie hastig, sie möge einen Sprung zur Peterskirche machen und einen Priester zu Wolfgang bitten; wie von ungefähr möge er vorbeikommen, sagte ich, um Wolfgang nicht zu erschrekken. Weiß Gott, was ich damit meinte! Er wußte doch, daß es mit ihm zu Ende ging. Und ich wußte, daß er unseren Herrgott kindlich liebte. Sophie tat, was ich ihr gesagt hatte, und deshalb wurde der geistliche Herr wohl mißtrauisch und sagte ihr, er wolle nur kommen, wenn es des Sterbenden Wille sei, seinen Herrgott zu empfangen. Einen Unmenschen nannte Sophie ihn später, aber damals waren eben manche Priester mißtrauisch und verbittert; als Kaiser Josef noch am Leben war, hatten sie sich ja oft fragen müssen, ob er nicht gar ihnen und der Heiligen Kirche selbst übelwolle. So kam es, daß Wolfgang nicht versehen wurde und nur die Letzte Ölung erhielt. Das hat mir Kummer gemacht und mein Gewissen belastet. Die Zeit heilt Wunden, und die Jahre verwischen altes Leid, aber noch heute, wenn ich ein Gebet für Wolfgangs Seelenheil verrichte, bitte ich meinen lieben Herrgott mit besonderer Inbrunst, er möge diese arme Seele schützen.

Gerade als ich Sophie im Stiegenhaus den unglückseligen Auftrag gab, kam Süssmayer die Stufen herauf.

„Sprechen Sie nur mit Mozart", sagte ich, „es geht ihm schlimm." Als ich wieder ins Zimmer trat, saß er bei seinem Bett. Wolfgangs Hand lag auf den Notenblättern des Requiems, und er wies ihn an, wie das Werk zu vollenden sei.

„Habe ich es nicht gesagt, daß ich es für mich schreibe?" sagte Wolfgang. Das war die reine Wahrheit, aber er hatte ja jede Note, die er je geschrieben hat, für sich geschrieben. Süssmayer nahm die Blätter an sich, ersuchte mich aber dann, sie für ihn aufzubewahren, denn ich wollte, daß er Doktor Closset oder einen anderen Arzt ins Haus rufe. Wolfgang war nach dem Gespräch mit ihm schwach und erschöpft, und Angst übermannte mich. Er hatte den Kopf zurückgeworfen, und rasselnd kam der Atem aus seinem Mund. Sophie kam wieder, gerade als Süssmayer aus der Tür schlüpfte. Sie zog mich in die Küche, um mir zu sagen, daß der geistliche Herr später kommen würde. Dann ging sie ins Zimmer zu Wolfgang. Ich glaube, daß ich mein Gesicht an die Fensterscheibe preßte und zu wimmern begann, ganz hilflos, vielleicht nur leise, vielleicht ganz laut heulend, vielleicht nur eine Sekunde, vielleicht eine Stunde lang. Ein Aufschrei Sophies brachte mich zur Besinnung. Ich lief ins andere Zimmer. Wolfgang lag reglos am Rücken mit geschlossenen Augen, bleich wie Kreide, und atmete schwer mit schmerzhaften, tiefen, rasselnden Atemzügen. Er hatte das Bewußtsein verloren.

Süssmayer kam gerade durch die Wohnungstür, die offen geblieben war. Er hatte Doktor Closset endlich im Theater ausfindig gemacht, wo er Dienst hatte. Alle Hoffnung sei verloren, habe dieser gesagt, und er dürfe das Theater nicht verlassen, aber wir mögen dem armen Kranken kalte Umschläge auf die Stirn legen, um ihm Erleichterung zu schaffen. Sophie brachte einen Umschlag aus der Küche. Ein Zittern ging durch Wolfgangs Körper, als das kalte Tuch seine Stirn berührte. Ich nahm meinen Platz am Fenster ein, drückte meine Stirn wieder an die kalte Scheibe und wimmerte. Ich versuchte, mir vorzustellen, wie das sein mochte, wenn ich selbst im Sterben läge.

Ich hörte die Glocke vom Stephansturm Mitternacht schlagen. Der Tag vor St. Nikolaus war angebrochen, und ich fragte mich, ob er den wohl noch erleben würde; ich dachte daran, daß er den ulkig schrecklichen Krampus nie mehr sehen würde, der an diesem Tag die Straßen der Stadt für schlimme Kinder unsicher macht, und den Wolfgang, wie allen Volksbrauch, liebte. Der rasselnde Atem schien plötzlich auszusetzen. Ich drehte mich um und blickte zum Bett hin. Wolfgang hatte sich aufgerichtet und starrte mit offenen Augen ins Leere, still, lautlos. Dann sank er ganz langsam wieder auf sein Kissen zurück, den Kopf an die Rücklehne des Bettes gestützt, geisterhaft ruhig und unbeweglich. Langsam, unmerklich fast wendete er den Kopf, war dann still. So lag er da. Die Uhr stand auf fünf Minuten vor eins, als er leicht seufzte. Ich sah ihm in die Augen. Er war tot.

Ich wollte mich über ihn beugen, ihn berühren, ihn umfassen, ihn halten, ihn zurückrufen, aber da war irgend etwas in mir, oder in ihm, das mich daran hinderte. Wie ein Fremder sah er plötzlich aus. Ich fühlte Sophies Arm auf meiner Schulter. Sie legte meinen Kopf an ihre Wange und küßte mich mit schnellen, zitternden Gesten. Süssmayer nahm meine Hand. Wolfgangs Bett, er selbst, das Zimmer begannen sich zu drehen.

„Ich bin schwindlig", stammelte ich, „ich muß schwindlig sein." Aber dann merkte ich, daß das Zimmer sich wahrhaftig drehte, und dann, daß es mir so schien, weil ich mich losgemacht hatte und mich ratlos um mich selbst drehte. Dann stand ich plötzlich allein in der Mitte dieses sich drehenden Zimmers:

„Salieri hat ihn vergiftet", sagte ich keuchend. „Ganz gewiß hat er das getan. Die aufgeplusterten Wangen! Der üble Geschmack auf der Zunge! Die geschwollenen Glieder! Das hohe Fieber! Aus Eifersucht hat er das getan. Der welsche Kerl. Der falsche Kerl."

Ich lief in das Zimmer mit dem Sofa, wo Sophie plötzlich bei mir war und mich entkleidete. Ich ließ alles mit mir geschehen, und es schien mir, als sei es nun sehr wichtig, daß ich ruhen und schlafen könne. Sophie drückte meinen Kopf auf ein Kissen und hob meine Beine auf das Sofa. Das Gefühl dieses weichen, wundervollen Kissens ist in mir heute noch ganz lebendig, und wie schön es war, nicht mehr stehen zu müssen, und wie alles vielleicht in Ordnung kommen würde, wenn ich versuchte zu schlafen, und in Ordnung sein würde beim Aufwachen. Ich legte meinen Kopf auf dieses Kissen und war auch schon weg.

Fahles Licht. Ich tauche so plötzlich aus dem Schlaf auf, wie ich in ihn versunken bin. Einen glücklichen Augenblick lang ist mein Bewußtsein leer, unbeschwert, dann erfüllt mich wieder die Wucht der Wahrheit, das Wissen dessen, was geschehen ist. Ungewohnte Geräusche, Rascheln, das Schieben von Möbeln, flüsternde Gestalten, die ich durch die Spalte einer halb geschlossenen Tür erspähe. Sophie. Süssmayer. Ich muß jemanden zum Organisten Albrechtsberger schicken. Der soll als erster von Mozarts Tod erfahren. Das hat Wolfgang mir aufgetragen. Er solle sich bereit halten, die Stelle einzunehmen, zu der Wolfgang vor kurzem ernannt worden ist. Ernannt worden war, sollte ich sagen. Adjunkt des Domkapellmeisters. Wird Albrechtsberger so zeitig in der Stephanskirche sein? Welcher Tag der Woche ist es denn? Montag? Ja, Montag. Herr van Swieten muß auch verständigt werden. Der wird kommen und helfen. Wie denn? Ja, der wird irgendwie helfen. Ich muß zu ihm schicken. Da ist so viel zu tun. Ich springe auf, nehme hastig mein Hauskleid um und laufe in das Zimmer, zu Wolfgang, nur schnell. Ich reiße die Tür auf, und da steht das Bett. Das Bett ist leer.

Die Kissen und die Daunendecke liegen da in Unordnung, aber das Bett ist leer. Weiß Gott, was da geschehen ist! Ich starre auf das leere Bett. Ist Wolfgang nicht tot? Habe ich bloß geträumt? Welch ein Traum! Die Tür zum Arbeitszimmer steht offen. Ich blicke hinein und da sehe ich ihn, da sehe ich Wolfgang, in seinem Arbeitszimmer, neben dem Klavier. Da ist er. Während ich schlief, hat man Josef Deiner geholt; der hat ihn gewaschen, hat ihm sein schwarzes Freimaurergewand angelegt und ihn aufgebahrt, da, neben seinem Klavier. Nach dem kurzen, wilden, verwegenen Augenblick der sinnlosen Hoffnung, ist es, als wäre er zum zweitenmal gestorben. Ich erschlaffe, und meine ganze Kraft, all die Kraft, die noch in mir ist, fließt aus mir. Ohne darauf zu achten, daß ich nicht allein bin, reiße ich mir das Hauskleid vom Leib, heule auf und werfe mich auf das leere Bett. Ich klammere mich an die Matratze, an die Bettdecke, an das Kissen. Ich schreie aus voller Kehle, ein krampfhaftes Schluchzen packt mich und schüttelt mich. Ich bin sein wehrloses Opfer. Je mehr ich mich bemühe, das Schluchzen zu unterdrücken, desto mehr werde ich mir seiner Ursache bewußt, desto mehr denke ich an diesen Tod, desto mehr schüttelt mich das Schluchzen, wird stärker, lauter, wird ein rhythmischer Krampf. Ich habe wie ein Tier geheult, sagte man mir später, einfach einen heulenden Laut ausgestoßen; ich dachte jedoch Worte zu äußern, Sätze, einen Wunsch, nur einen Wunsch: ich wollte in Wolfgangs Bett liegen, um mich der Ansteckung auszusetzen, zu erkranken, zu sterben, hinausgetragen zu werden, wie er, nicht mehr da zu sein, nichts mehr zu wissen, tot zu sein.

Ich wußte nicht, was ich da tat, und auch nicht, wie lange das gedauert hat, und doch sehe ich mich selbst heute auf jenem Totenbett, und ich hämmere mit den Fäusten auf die Matratze und schreie laut, schreie, daß ich nicht leben will, daß ich sterben will, daß ich an Wolfgangs Krankheit sterben will und daß ich in seinem Bett sterben will. Ich weiß nicht, wie lang das dauerte.

Schließlich war ich aber wieder auf den Beinen. Menschen kamen und gingen, nahmen ihren Hut ab, traten vor die aufgebahrte Leiche, murmelten ein Gebet, flüsterten miteinander, nahmen meine Hand, flüsterten wieder etwas, wischten sich eine Träne von der Wange, setzten den Hut auf und schlichen auf den Zehenspitzen davon. Viele Menschen wanderten da vorbei, und jeder hatte einen schwarzen Hut. Das Flüstern und Murmeln höre ich wann immer ich an jenen Dezembermorgen denke. Woher sie nur alle wußten, was geschehen war? Als ich diese Frage später stellte, sagte man mir, ich täusche mich; nur eine Handvoll von Besuchern seien erschienen. Der erste war Herr Müller. Der forschte immer nach anziehungskräftigen Objekten für sein Wachsfigurenkabinett; da es sich nicht weit von unserer Wohnung befand, und er selbst auch häufig bei der ‚Silbernen Schlange' einkehrte, wußte er wohl Bescheid: vielleicht hatte Josef Deiner ihm von Wolfgangs Erkrankung berichtet. Mit weltmännischen Manieren trat der ehemalige Graf leise in das Leichenzimmer, begleitet von einem Arbeiter, der Werkzeuge und einen Behälter mit Gips trug; er wollte Mozarts Totenmaske abnehmen. Meine Erlaubnis hätte ich ihm nicht verweigern können, da er ein geschätzter Auftraggeber gewesen war. Die Maske verwendete er später in seinem Kunstkabinett. Ich gab ihm einige von Wolfgangs Kleidungsstücken, die man dann in der Ausstellung an der Puppe sah, die seine Züge trug. Nach Jahren fand die Maske dann wieder ihren Weg zu mir zurück. Als man sie mir übergab, hatte ich Mühe, des Zitterns meiner Hände Herr zu werden; die Tür schloß sich hinter dem Boten, ich ließ die Maske fallen, und mir schien, als hätte ich es absichtlich getan. Sie zerschellte in tausend Stücke, und ich dachte damals, die Erinnerung an die Todesnacht sei mit ihr zerschellt. Die Maske, die mir erst als ein körperlicher Zeuge von Wolfgangs lebendiger Gegenwart erschienen war, schien nun nichts weiter als eine wertlose Handvoll von Scherben und keines Bedauerns wert.

Der Herr Graf mit seinem gespenstischen Anliegen hatte die Prozession der Besucher eröffnet. Herr van Swieten folgte ihm. Ich konnte nicht wissen, daß er am selben Morgen durch ein kaiserliches Handbillet seiner Stellung als Präses der Hofstudienkommission und Direktor der Hofbibliothek enthoben worden war: ein Schützling seines vor so kurzem verstorbenen Bruders, dem der Kaiser seine Gunst entzog. Ein neues Zeitalter in der Geschichte des Landes brach an; Herr van Swieten ließ es sich nicht anmerken, welchen Hoffnungen er Lebewohl sagte; er und seine Freunde hatten mit Hilfe des alten Kaisers eine neue Welt schaffen wollen, eine Welt voll gelassener Würde, wenn auch arm an Gefühl. Darüber gab es keinen Zweifel, als er meine Hände in die seinen nahm, mich ‚Liebes Kind' nannte und mir sein Beileid ausdrückte: für diese neuen Denker waren Geburt und Tod zu erwartende medizinische Zwischenfälle im Leben des Menschen, deren Bedeutung man nicht übertreiben sollte. ‚Liebes Kind.' Ich war fast noch ein Kind, und doch schon eine Witwe; eine Witwe mit zwei Kindern; mit zwei lebenden und vier toten Kindern. Er nahm meine Hände in die seinen und versprach mir, für die Erziehung von Mozarts Kindern zu tun, was in seinen Kräften stand, sagte ein paar Worte des Lobes für den ‚tüchtigen Mann, den wir so früh verloren' hatten und riet mir, mich in seinem Wagen von ihm zu meiner Mutter führen zu lassen, wo ich die nächsten Tage verbringen sollte. Die Aufregungen, welche die

Vorbereitungen zur Bestattung mit sich bringen würden, seien in meinem Gemütszustand zu vermeiden. Auf meine hilflose Geste antwortete er mit einem beruhigenden Druck seiner Hand. ‚Mein liebes Kind.' Er werde Süssmayer veranlassen, alles Nötige zu besorgen. Alles Nötige! Mein Gemüt reagierte auf dieses Wort auf seltsame und unerwartete Weise, wie das in Augenblicken höchster Erregung vorkommt: der Weinkrampf packte mich wieder. Besänftigend legte Herr van Swieten seinen Arm um meine Schultern und führte mich hinunter zu seinem Wagen.

So war ich während der Einsegnung und Bestattung schon mit Sophie bei meiner Mutter, im ‚Goldenen Pflug'. Bis zum Stephansdom gaben jene Wolfgang das Geleite, die er hätte bei sich sehen wollen: Herr van Swieten, Süssmayer, Deiner, Kapellmeister Rosner, der Cellist Orsler, Franz Hofer, Josef Lange, einige Schauspieler, ja, und Salieri. Natürlich keine Frauen. Am nächsten Abend erst, nach Einbruch der Dunkelheit und ohne Geleite, wie das Gesetz es forderte, brachte ein Leichenwagen, von Herrn van Swieten bestellt, den roh gezimmerten Sarg hinaus auf den noch schwach belegten Friedhof von St. Marx; Begräbnisstätten innerhalb der Stadt waren nicht mehr erlaubt. Der private Leichenwagen war der einzige Prunk, der noch gestattet war, und kostete drei Gulden; im Bestattungsregister, das man für mich und Herrn von Griesinger so viel später vom Regal in der Friedhofskammer holte, wurde der Preis für die Ewigkeit verzeichnet. Der Wagen holperte wohl durch die Schulerstraße, vorbei an unserem alten Haus, wo Wolfgang ‚Le Nozze di Figaro' geschrieben hatte. Zur Beerdigung war niemand zugelassen; so wollte es das Gesetz. Je vier Erwachsene und zwei Kinder mußten in Schachtgräbern gemeinsam begraben werden. Ein Begräbnis dritter Klasse nannte man das, und ein solches nur wählten Familien aus dem Bürgerstand. Wolfgangs Weggefährten in die Ewigkeit waren zwei Frauen, ein neunjähriges Mädchen und zwei Neugeborene. So weiß niemand, wo er liegt, mein erster Mann – mein Mandl. Man hat ihm das Sterben zuletzt leichter gemacht als das Leben; vielleicht hat man deshalb einen Sündenbock gesucht und zu fragen begonnen, ob Mozarts Witwe immer ihre Pflicht als Ehefrau und als

Witwe getan hat. Ein bescheidenes Begräbnis war es ja, und das lag an dem toten Kaiser Josef; der war ein Knauser, sagte Wolfgang. Heute haben sich die Zeiten geändert: für Nikolaus habe ich für eine würdige Grabstätte gesorgt, die nicht verwischt und unauffindbar sein wird, und in der auch für mich Platz ist.

Als ich zurück nach Hause kam, war alles vorbei. In der verlassenen Wohnung lauerte eine Entdeckung auf mich, die in mir Grauen vor mir selbst erregte und mich noch heute erschauern läßt – die Entdeckung, daß ich meine Kleinen und die Sorge um sie als eine Bürde empfand, die ich vorgezogen hätte, nicht tragen zu müssen. Ich hatte nicht gewußt, daß ich eines solchen Gefühls fähig war. Ich schrieb an Freunde, hier und dort, wie eine Ertrinkende, die Leuten am Ufer zuruft, sie mögen ihr ein Seil zuwerfen. Ich unterbreitete Seiner Majestät mein Pensionsgesuch. Ich ging Freunde um Rat und Hilfe an; ich ging sie um Unterstützung an. Ich starrte auf Wolfgangs Schriften, auf die Noten, die überall umherlagen, ich berührte sie, legte sie wieder beiseite, unentschlossen, hilflos. So plötzlich war er dahin. So plötzlich war ich allein. Und wie war denn alles geschehen?

Dann überfiel mich der Gedanke an Salieri wieder und plagte mich, raubte mir den Schlaf. Diesen Gedanken habe ich nie loswerden können, bis heute nicht. Das Gerücht von der Vergiftung, das gerade vor unserer Abreise nach Kopenhagen in Wien kursiert hatte, ist nach unserer Übersiedlung nach Salzburg wieder aufgelebt. Karl ist ihm in seinem Zeitungsartikel in Mailand entgegengetreten, und dennoch weiß ich nicht, was ich davon denken soll. Ist Salieri vielleicht auch von der Welt als Sündenbock auserkoren worden? Oder hat er das Verbrechen doch begangen? Hat er am Ende so viel für Wowi getan, um den Verdacht von sich abzulenken? Er könnte ja in geistige Umnachtung verfallen sein, weil sein Gewissen ihn plagte, und unser Herrgott ihn bestrafen wollte! Er mag sich vor seinem letzten Atemzug und vor Zeugen zu dem Giftmord bekannt haben, weil er seinem Beichtvater die schreckliche Sünde nicht gestanden hatte. Oder gestand er, weil er geistesverwirrt war, eine Sünde, die er nie begangen hatte? Es könnte ja auch sein, daß er sie gar nie gestanden hat, daß er am Sterbebett, wie manche wissen wollen, nur geflüstert hat: ‚Ich habe Mozart nicht vergiftet'. Vielleicht verdächtige ich ihn wirklich ungerecht, weil es mich dazu treibt, ihn zu meinem eigenen Sündenbock zu machen. Wer kann das wissen?

Am Tag des Begräbnisses gab es in Wien ein Ereignis, das allen bedeutender schien als der Tod des Hofkompositeurs: Herr Hofdemel attackierte an diesem Tag seine junge Frau, verwundete sie schwer in einem Anfall brutaler Wildheit, indem er ihr mehrere Messerstiche versetzte, und tötete sich dann selbst. Die Tat war umso abscheulicher, als die junge Frau damals schwanger war. Sie genas, Gott sei gelobt, und schenkte fünf Monate später einem Knaben das Leben. Der Kanzlist muß wohl aus Eifersucht gehandelt haben, bestärkt dadurch, daß es seine Frau gewesen war, die ihn überredet hatte, Mozart Geld zu leihen. Die Nachricht von dessen Tod hätte den Verlust dieser Summe bedeutet, wenn Hofdemel den Wechsel nicht schon weitergegeben hätte. Sein barbarisches Verhalten aber mußte unverständlich scheinen, was immer die Umstände waren, und so verbreitete sich ein Gerücht, das eine Erklärung für diese Gewalttat zu finden suchte: ein verleumderisches Gerücht – daß Mozart der Vater des Kindes gewesen sei.

So endete ein unvollendetes Leben mit einem häßlichen Nachklang und mit einem unvollendeten Werk – denn das Requiem war nicht fertig, wenn auch wenig fehlte. Der Auftraggeber, wer immer er sein mochte, würde vielleicht auf der Rückzahlung der Angabe bestehen. Meine Lage erlaubte es mir nicht, wenigstens in den Tagen der Trauer nicht, an Geld und an Mangel zu denken. Ich wollte, daß Kapellmeister Eybler die Messe vollende, aber er instrumentierte nur einen Teil und gab mir die Handschrift wieder zurück. So ließ ich endlich Süssmayer, den ‚dalketen Buben', den Totengesang seines Lehrers vollenden. Zwei Monate später erschien der schweigsame Mann, dürr und düster wie je; er hatte von Mozarts Tod nichts gehört; es gab wichtigere Dinge als den Tod eines Kammerkompositeurs; ich übergab ihm die fertige Partitur. Sie sei außer dem Introitus und Kyrie von anderer Hand abgeschrieben worden, sagte ich, versicherte ihm aber, daß Mozart die Komposition noch vor seinem Tod selbst beendet hatte. Das vereinbarte Honorar wurde auf der Stelle ausbezahlt, und ich wurde daran erinnert, daß der Name des Auftraggebers geheim bleiben müsse.

Nach einer Abschrift, die ich behalten hatte, führte Herr van Swieten ein Jahr später das Requiem in Wien auf als Benefiz für die Witwe Mozart und die Kinder des Kompositeurs; der Erlös von dreihundert Golddukaten versickerte wie ein Tropfen Wasser auf trockenem Wüstenboden. Diese Musik bestürzt mich, überwältigt mich, raubt mir den Schlaf, wie die des ‚Don Giovanni'; sie ruft die Erinnerung an das Sterben an jenem Dezembermorgen wach, ganz wie ‚Se il padre perdei' aus ‚Idomeneo' die Erinnerung an Wolfgangs zarte Liebkosung wachruft, weil er mich diese Arie gerne singen hörte. Schon auf meiner Konzertreise durch Deutschland brachte die Totenmesse immer die Tränen in meine Augen; im Leipziger Gewandhaus brach ich während meines Singens in Schluchzen aus, weil das Requiem, das damals jeder hören wollte, die erste Nummer auf dem Programm gewesen war, gefolgt von der Arie aus ‚Idomeneo'.

Schon hatte ich begonnen, Wolfgangs Todesahnungen, als der geheimnisvolle Bote ihn heimsuchte, höheren Mächten zuzuschreiben, wie er es getan hatte, als endlich und unerwartet, nach zehn Jahren das Geheimnis gelüftet wurde. Als der Verlag Breitkopf und Haertel die Veröffentlichung des Requiems ankündigte, meldete sich der Auftraggeber; mit einem Mal schien die Bestellung des Requiems ein possenhaftes Nachspiel zur Tragödie von Mozarts Sterben. Ein Graf Walsegg war es, der dieses erdacht hatte. Auf seinem Schloß nahe der steirischen Grenze, in Stuppach, war seine junge Gattin gestorben, und der Graf wollte ihr Gedenken mit einer eigenen Messe feiern. So sandte er seinen Gutsverwalter zu Mozart, den man ihm gesprächsweise als tüchtigen Musiker genannt hatte, um bei ihm ein Requiem zu bestellen. Der Herr Graf galt aber gern selbst als Musiker – ein recht österreichischer Ehrgeiz für einen Grafen –, und so führte er das Requiem auf seinem Schloß auf, und als nach der Aufführung Freunde ihm ihre Bewunderung aussprachen und ihn fragten, ob er wohl gar der Komponist sei, antwortete er mit einer falsch bescheidenen, ausweichenden, stummen Geste. Nissen sagte . . . das habe ich aber wohl schon geschrieben . . . ich wiederhole mich, wenn ich sehr müde bin, das habe ich schon gemerkt . . .

* * *

Die Aufzeichnungen der Etatsrätin Constanze von Nissen, gewesene Witwe Mozart, wie sie sich selbst zu nennen liebte, brechen hier, wohl irgendwann zwischen 1837 und 1840, unvermittelt ab.

Die Episoden Hofdemel und Graf Walsegg zu Stuppach sind mit zittriger Greisenhand geschrieben und schwer leserlich. Constanzes Gichtbeschwerden im rechten Daumen und Zeigefinger waren allmählich schlimmer geworden; wahrscheinlich haben auch ihre geistigen Fähigkeiten schließlich völlig versagt; diese Episoden stehen ja mit Constanzes Lebenserinnerungen in keiner Weise in Zusammenhang und erscheinen als sinnlose und verworrene Anhängsel, wurden aber der Vollständigkeit halber belassen, wie Constanze sie niedergeschrieben hat. Abgesehen davon ließe sich ja dasselbe von anderen Episoden in diesen Lebenserinnerungen sagen, die von einer Frau niedergeschrieben wurden, die, schließlich und endlich, keine Schriftstellerin war.

Constanzes sonst gut leserliche Handschrift wird dort, wo ihre letzten Jahre mit Mozart den Gegenstand ihres Berichtes bilden, allmählich unsicher und zögernd. Die im allgemeinen verworrene Zeitenfolge ihrer Lebensbeschreibung, die für diese Aufzeichnungen als Ganzes kennzeichnend ist und von Anfang an die Lektüre erschwert, wird im Laufe der Jahre immer betonter, bis sie zum Schluß manchmal wie ein bevorstehendes Versagen des Denkvermögens anmutet. Es ist durchaus möglich, daß die Erinnerung an die letzten Wochen mit Mozart und, im besonderen, an die Todesnacht für Constanze so aufregend war, daß sie den an sich natürlichen Altersprozeß des Gedächtnisverfalls beschleunigt hat. Die an sich überraschende Klarheit ihres Gedächtnisses, die es ihr ermöglichte, sich selbst an Einzelheiten lange zurückliegender Ereignisse zu erinnern, war offensichtlich ein persönliches Charakteristikum, für das der historisch interessierte Leser dankbar sein wird; die Umstürzung der Zeitenfolge, die dazu führt, daß die weiter zurückliegenden Jahre mit Mozart an das Ende ihres Lebensberichtes verlegt wurden, ist vielleicht die Folge des wohlbekannten physiologischen Vorgangs, der alternden Personen gewisse Erinnerungen aus ihrer Jugend mit überraschender Lebendigkeit ins

Gedächtnis ruft, ja, wie eine Zwangsvorstellung förmlich aufdrängt, während Ereignisse der jüngsten Vergangenheit leicht vergessen werden und nur trübe in der Erinnerung aufleben. Die scheinbar zwangsweise Geschwätzigkeit der Greise, wenn es sich um Jugenderinnerungen handelt, ist das unmittelbare Ergebnis dieser rein physiologischen Alterserscheinung, und Constanzes Drang, ihre Lebenserinnerungen in loser Folge zu Papier zu bringen, mag nichts weiter gewesen sein als eine literarische Variante dieser Geschwätzigkeit der Alten.

Es wurde hier kein Versuch gemacht, die holprige Darstellung oder den Alltagsstil Constanzes durch wesentliche Änderungen zu ‚verbessern'; häufige Rechtschreibfehler und historisch bedingte Schreibungen wurden allerdings ausgemerzt; darüber hinaus soll dem Leser mitgeteilt werden, daß es notwendig war, ihren Stil durchgehend druckreif zu machen, ohne daß diese Retuschen den Inhalt berührt hätten. Constanze war eben leider selbst in vorgeschrittenem Alter (wenn sie sich auch schmeichelte, im Lauf ihrer Ehe mit Nissen die Gelegenheit gehabt zu haben, sich Durchschnittsbildung anzueignen) immer noch mit der Sprache auf Kriegsfuß und gewiß keine erfahrene Schriftstellerin. Um ihre Aufzeichnungen lesbar zu machen, mußten wir sie in der eben beschriebenen Weise behandeln, wenn dies auch dem wissenschaftlich interessierten Leser bedauerlich erscheinen mag, da die Originalhandschrift nunmehr aus den im ‚Music Journal', im dreizehnten Monatsband des letzten Jahrganges, angeführten Gründen in keiner Bibliothek der Welt mehr zugänglich ist.

Wenn es, wie sie sagt, Constanzes Absicht war, sich in diesen Lebenserinnerungen gegen zu erwartende Anwürfe der Nachwelt zu verteidigen, so mag ihr dies wohl gelungen sein. Bis vor gar nicht allzu langer Zeit wurde sie oft als ein unheilbringender Geist in Mozarts Leben hingestellt:

‚Daß sie in Wirklichkeit keine gute Hausfrau, ja geradezu eine Faulenzerin gewesen ist, davon spricht klar und deutlich der allmähliche Verfall der Mozartschen Häuslichkeit . . . Ein hervorstechender Zug, der uns das Charakterbild Constanzes nicht in freundlichem Licht erscheinen läßt ... ist ihre oft bekundete Gemütskälte ... Diesem Mangel an Feingefühl, das doch sonst nicht so bald einem Weibe fehlt, begegnen wir in Constanze Webers Leben zu wiederholten Malen ... War Constanze die richtige Gefährtin für einen Mozart? Wußte sie die volle Größe ihres Gatten zu würdigen? Vermochte sie, deren enger Sinn über die Sorge um Tand und Flitter nicht hinausging, dem kühnen Fluge seines Genius zu folgen? ... Statt ihm seinen Weg zu ebnen, ihm alle Sorgen von der Stirne zu verscheuchen, quälte sie ihn immer wieder mit ihrem lieben Ich und bürdete ihm unerschwingliche Kosten auf. Ja, mehr als das, sie kränkt den Gatten noch zuweilen durch ihr Benehmen ...‘

So hat man sie beurteilt, um nur eine Quelle zu zitieren. Was man ihr vorgeworfen hat, erscheint in ihren Erinnerungen in einem neuen Licht. Der erste und einzige Hinweis darauf, daß derlei Erinnerungen existieren könnten, geht auf den englischen Musikverleger Vincent Novello zurück, der Constanze und Nannerl im Sommer 1829 in Begleitung seiner Frau Mary auf einer Art musikalischer Pilgerfahrt in Salzburg besuchte, gerade als Constanzes Sohn Wolfgang auch dort weilte. Eine herzliche, wenn auch kurzlebige Freundschaft entwickelte sich damals, und auf seine Anregung gestand Constanze ihrem Besucher aus England, daß sie sich versucht fühle, ihre Lebenserinnerungen niederzuschreiben; wenn sie nur jemanden fände, dem sie diktieren könnte, fügte sie hinzu, damals vielleicht noch ihrer Schreibgewandtheit unsicher. Novellos Eindruck von Constanze bestätigt das Bild, das wir durch die Erinnerungen selbst von ihr gewinnen: er lobte ihr freundliches Entgegenkommen, ihre Lebhaftigkeit, ihre wohlerzogene Würde, ihre offensichtliche Bildung – was an sich überraschend scheinen könnte – und ihre Gewandtheit im Französischen und Italienischen – Novellos Muttersprache. Das Urteil dieses bedeutenden Mannes kann nicht bezweifelt werden: er war Organist und Chordirigent an der Kapelle der Portugiesischen Gesandtschaft in London gewesen, wo seine Aufführungen von Messen Haydns und Mozarts Aufsehen erregten. Mendelssohn, Paganini, Liszt und die Dichter Keats und Shelley verkehrten später in seinem Hause.

Novellos Anregung mag dazu beigetragen haben, in Constanze den Wunsch zu erwecken, ihre Erinnerungen niederzuschreiben, denn alle Fragen, die er ihr stellte, bezogen sich ja auf die weit zurückliegenden Jahre ihrer Ehe mit Mozart und machten damit die Vergangenheit wieder lebendig. Als sie ihm zum Abschied ein Exemplar von Nissens Mozartbiographie übergab, schrieb sie auf das Schutzblatt eine Widmung, die Zeugnis dafür ablegt, daß der Gedanke an Zeit und Vergänglichkeit diese alte Frau beunruhigte: ‚La misère des pauvres, le bonheur des riches, la gloire des héros, la majesté des rois, tout finit par ci-gît' – Das Elend der Armen, das Glück der Reichen, der Ruhm der Helden, die Majestät der Könige, alles endet mit: Hier ruht . . .'

Nach der Beendigung der Lebenserinnerungen ist über das ungewöhnliche Schicksal dieser gewöhnlichen Frau wenig mehr zu berichten.

Ihre von Zweifeln unbeschwerte Religiosität artete mit fortschreitendem Alter in Frömmelei aus und nahm, zum Beispiel, in einem Brief an den Rostocker Lehrer Schwaan, der in seiner Stadt gerade ein Mozart-Gedenkkonzert veranstaltete, übertriebene Formen an, da er fast ausschließlich aus Dankesbeteuerungen an Gott besteht. 1837 war für Constanze ein psychisch schweres Jahr, vielleicht dadurch erschwert, daß die Abfassung ihrer Erinnerungen sie nun nicht mehr beschäftigte. Der alte, selbstverständlich grundlose Verdacht gegen Salieri ging ihr wieder im Kopf herum. Das Jahr 1838 brachte die Übersiedlung ihres Sohnes Wolfgang von Lemberg nach Wien, und zwar in Begleitung der Familie Baroni-Cavalcabò. Constanze übergab ihm die Betreuung der Restbestände von Nissens Buch; er verkaufte diese und das Veröffentlichungsrecht an Breitkopf und Haertel. Nachdem Wolfgang mit der begabten Tochter der von ihm einst geliebten Frau, einer Pianistin, eine Konzertreise nach Sachsen unternommen hatte, nahm er im Hause der Familie in der Grünangergasse eine Wohnung. Seine Beziehungen zu Frau Josephine waren nun zweifellos platonisch, aber seine Liebe zu ihr war vielleicht nicht ganz erloschen. Er hat sie als Universalerbin eingesetzt. Sein Wiener Heim wurde ein bekannter musikalischer Salon und Treffpunkt von Berühmtheiten. Mary Novello besuchte Constanze in diesem Jahr wieder und fand sie bei guter Gesundheit und guten Mutes. Constanze war bereits in das Domherrenhaus am Michaelsplatz übersiedelt. Der Besuch rief wieder Gedanken an die Vergangenheit wach, und Constanze mußte weinen, als Clara, Mary Novellos Tochter, zwei von Mozarts Arien für sie sang, die sie zuletzt von ihm selbst gehört hatte. Constanzes Angst vor Armut, früher nur allzu berechtigt, nahm in diesem Jahr krankhafte Formen an, denn sie schrieb unnötige Bittgesuche um Geldunterstützung an Fernstehende, wie etwa an die Söhne des bereits verstorbenen Mozartschülers und Komponisten Hummel.

Im Mai 1839 starb Constanzes Schwester Aloysia, die nach Salzburg übersiedelt war und dort allein wohnte. Ein letzter Schmerz – Constanzes Gefühle für sie waren herzlich, aber nicht innig gewesen.

Das Jahr 1840 ließ das Gedächtnis an Mozarts Werk in Constanze wieder aufleben. Obwohl zögernd, spät und undeutlich, festigte sich vielleicht endlich in ihr die Gewißheit, daß sie die Gefährtin eines der größten Genies der Menschheit gewesen war: der König von Bayern, der sie schon 1832 in Salzburg aufgesucht hatte, lud sie zu einer Aufführung von ‚Don Giovanni' in München ein, und sie wurde bei Hof als Witwe Mozart mit Verehrung empfangen; in Wien führte die Hofkapelle auf Veranlassung Wolfgangs und Karls, der damals nach Wien kam und endlich seinen Bruder wiedersah, die F-Dur-Messe auf. Constanze erhielt die Ankündigung des Rostocker Konzertes und hängte sie stolz in einem Goldrahmen in ihrem Zimmer an die Wand. Im folgenden Jahr, am Todestag Mozarts – also am 5. Dezember 1841 –, gründete Salzburg das Mozarteum. Constanzes Hoffnung, daß ihr Sohn Wolfgang sein erster Direktor sein würde, wurde enttäuscht.

Von ihren Fenstern aus konnten Constanze und Sophie die Grabungen am Michaelsplatz, dem heutigen Mozartplatz, beobachten, wo man die Aufstellung des heute dort stehenden Mozartdenkmals vorbereitete. Die Errichtung mußte hinausgeschoben werden, als man dabei auf zwei römische Mosaikböden stieß; so sah denn

Constanze das Denkmal nie. Sein Modell traf aber gerade noch ein paar Stunden vor ihrem Ende aus München ein.

Diese einfache, vielleicht allzu einfache, aber seelensgute Frau, die durch einen seltsamen Zufall neun Jahre lang Mozarts Lebensweg und die menschlichen Freuden und Leiden seines Daseins teilte, starb drei Stunden vor Sonnenaufgang am 6. März 1842. Der Arzt gab Lungenlähmung als Todesursache an. Sie war achtzig Jahre alt. Geboren, als König Ludwig XV. noch im Frankreich der Rokokozeit herrschte, hat sie bis in die Zeit der ersten Fabriksschlote gelebt. Die Nachwelt hat sie so übel behandelt, wie sie es befürchtet hatte.

Außer einem bösen Nachruf hinterließ sie eine beachtliche Summe Geldes und einen Letzten Willen. Er soll hier zitiert werden, da sonst kein Buch, Lexikon oder biographischer Sammelband Anlaß hat, sie um ihrer selbst willen zu erwähnen, und die Originalhandschrift ihrer Lebenserinnerungen nun auf so seltsame Weise (siehe ‚Music Journal‘, wie oben angegeben) wieder verschwunden ist.

Der Letzte Wille setzt ihre zwei Söhne als Universalerben ein. Sophie wurde mit einer Pension für Lebenszeit bedacht und, wie auch andere, die durch ihr Leben gegangen waren, mit Kleidung, Hausrat, Bargeld und allerlei Andenken; in ähnlicher Weise bedachte sie ihr Dienstmädchen; eine Förstersfrau, mit der sie in einsamen Stunden geplaudert hatte; arme Salzburger Studenten; Enkelinnen ihrer Schwestern Aloysia und Josefa; die ‚arme Mozart‘ in Augsburg, das Bäsle von einst, die, wie vielleicht zu erwarten gewesen war, ein loses Leben geführt, ein uneheliches Kind geboren hatte, auf böse Zeiten gekommen war und übrigens im selben Jahr schon sterben sollte; für die Fortsetzung von Gedächtnismessen für Constanze und ihre Lieben war auch Vorsorge getroffen.

Uhren schenkte sie in ihrem Willen seltsamerweise ihre besondere Aufmerksamkeit, vielleicht weil sie so viel entstehen und vergehen gesehen und die Macht der Zeit erfahren hatte. Ihre Hängeuhr, ‚die acht Tage geht‘, und ihre Wanduhr wurden Eigentum ihrer Söhne, mußten aber auf Lebenszeit vorläufig bei Sophie belassen werden. So dachte sie behutsam an die Gefühle derer, die sie überlebten. Man ahnt Tränen, vergossen in einer längst vergangenen

Zeit, wenn sie in diesem von Greisenhand kalligraphierten Willen sorgfältig über ein ihr besonders liebes Besitztum verfügt, die ‚kleine Uhr, die ich als Braut von Mozart bekam'.

ABBILDUNGSVERZEICHNIS UND -NACHWEIS